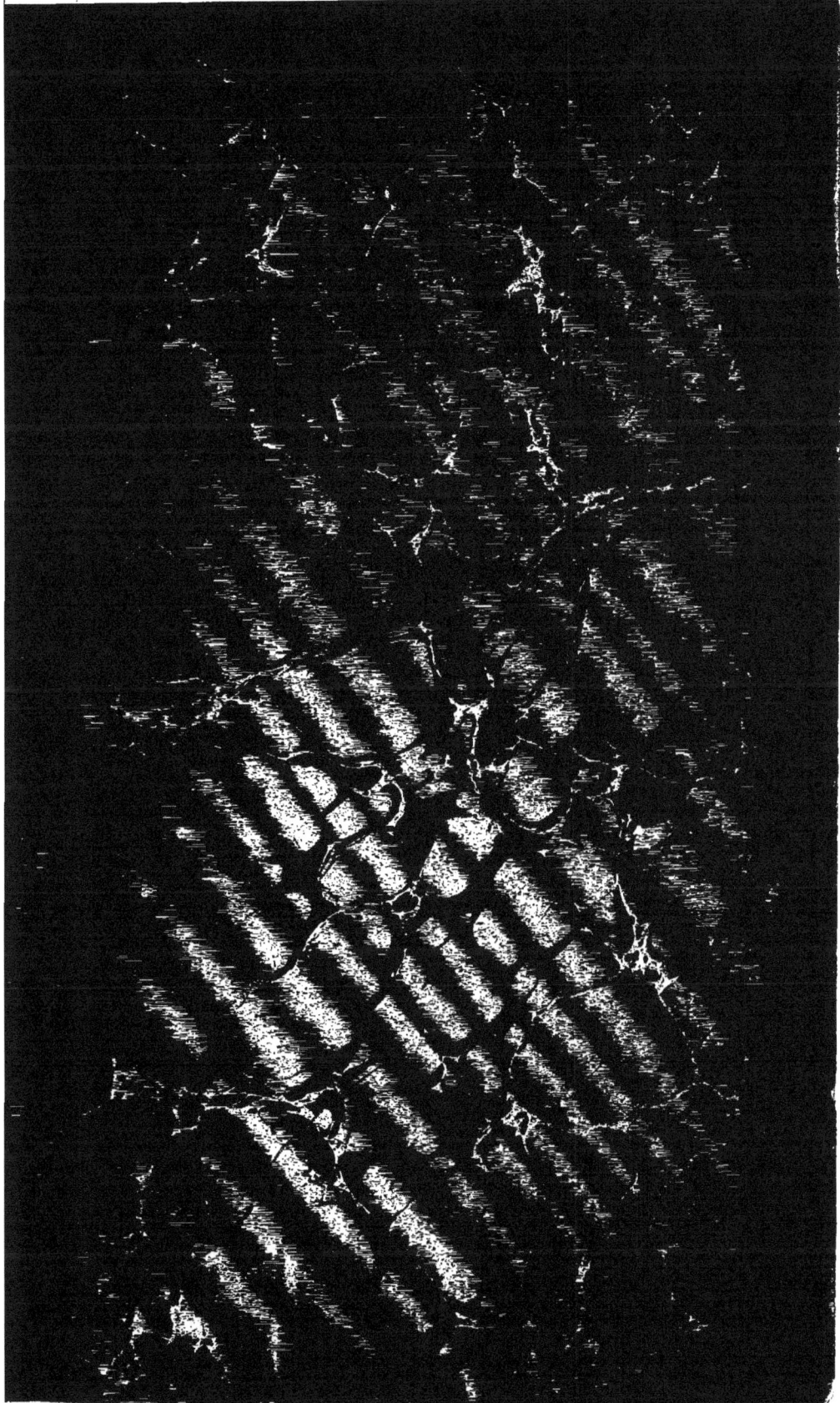

LES
PRINCIPES FONDAMENTAUX
DE L'HISTOIRE

PAR

A.-D. XÉNOPOL

PROFESSEUR À L'UNIVERSITÉ DE IASSY
MEMBRE DE L'ACADÉMIE ROUMAINE

PARIS
ERNEST LEROUX, ÉDITEUR
28, RUE BONAPARTE, 28

1899

4º G
786

LES

PRINCIPES FONDAMENTAUX

DE L'HISTOIRE

BAUGÉ (MAINE-ET-LOIRE). — IMPRIMERIE DALOUX

LES
PRINCIPES FONDAMENTAUX
DE L'HISTOIRE

PAR

A.-D. XÉNOPOL

PROFESSEUR A L'UNIVERSITÉ DE JASSY
MEMBRE DE L'ACADÉMIE ROUMAINE

PARIS
ERNEST LEROUX, ÉDITEUR
28, RUE BONAPARTE, 28

1899

AVANT-PROPOS

Ce n'est pas une philosophie de l'histoire que nous avons voulu donner en écrivant ce livre, et nous n'avons nullement cherché à interpréter le passé, d'un point de vue quelconque. Notre ouvrage poursuit un tout autre but que celui de fournir une explication des événements accomplis par le genre humain. Nous ne voulons que rechercher et établir les principes sur lesquels repose la connaissance du passé, démontrer le caractère parfaitement scientifique de cette connaissance, et défendre l'histoire contre les imputations qui tombent sur elle de tous côtés. En un mot, nous avons voulu essayer de constituer *la science de l'histoire*.

En effet, dans l'exposition du passé humain, il faut distinguer la pratique, de la théorie, distinction qui existe aussi dans la sphère des arts, par exemple, pour l'architecture et la musique, dans celles des questions économiques, pour l'agriculture. Ces branches de l'activité humaine présentent un côté pratique, par lequel elles donnent naissance à leurs productions, et un côté théorique qui comprend les principes sur lesquels elles se basent. Il en est de même en histoire. La pratique de cette discipline consiste dans l'exposition du passé, tel qu'il résulte des faits constatés ; la théorie examinera les fondements de cette connaissance. Les historiens qui ont exposé le passé des peuples, ont fait de l'histoire, pratiquement, appliquant d'une façon inconsciente les principes sur lesquels reposaient leurs investigations. Ils ont fait comme les agriculteurs qui ont cultivé la terre pendant des siècles, se dirigeant d'après l'expérience, sans se rendre compte des vérités scientifiques sur lesquelles se base l'exploitation du sol. Ils ne sont pas différents des architectes qui, eux aussi, ont élevé pendant bien longtemps des édifices parfaitement en harmonie avec les lois de l'équilibre, sans que ces lois leur fussent connues théoriquement, ni des musiciens qui appliquèrent les règles de l'harmonie, bien avant que les principes scientifiques de celle-ci ne fussent établis.

Avec le temps, les lumières de la science vinrent éclairer les procédés pratiques. Il en est de même en histoire. C'est de nos jours seulement que l'on a commencé à s'enquérir, d'une façon plus sérieuse, des principes sur lesquels repose la connaissance du passé, et qu'une théorie de l'histoire commence à être formulée.

Et pourtant, chose qui paraîtra peut-être étrange, au premier abord, ce ne sont pas les historiens qui s'inquiétèrent des principes de leur discipline. Car, comme l'observe *Gervinus* : « l'historien aime tout aussi peu à réfléchir sur sa façon de procéder, que l'artiste ; et cependant, de nos temps, il n'est que très naturel de se rendre compte du but que l'on poursuit, et on ne saurait hésiter un instant à reconnaître, que l'on ne pourrait arriver à produire quelque chose de remarquable, dans l'art, ni dans la science, sans chercher à s'éclairer sur leur façon de procéder [1] ». Cette négligence est grandement préjudiciable aux progrès de l'histoire. Les plus grands historiens pratiques ne se rendent pas compte du but qu'ils poursuivent dans leurs études. Nous n'en voulons d'autre exemple que celui du célèbre Ranke qui, dans ses 50 volumes

---

1. Gervinus, *Grundzüge der Historik*, Leipzig, 1837, p. 13.

d'histoire pragmatique, a été amené parfois à caractériser l'occupation à laquelle il s'était voué. On ne saurait pourtant jamais tirer au clair la conception qu'il se faisait de l'histoire, le but qu'elle poursuivait selon lui, ce qu'elle tendait à établir, comme le reconnaît un de ses plus fervents disciples, M. *Ottokar Lorenz*. « On peut admettre comme certain, dit-il, que Ranke cherchait, derrière les phénomènes de la vie historique, quelque chose qui ressemblait aux conceptions philosophiques sur l'histoire. Il l'exprime souvent, et presque toujours par les mêmes mots : direction généralisatrice, enchaînement du tout, contenu spirituel des phénomènes historiques, développement général objectif, action des idées, différence entre la science de l'histoire universelle et celle des périodes spéciales. Qui ne se rappelle d'avoir rencontré des milliers de fois ces expressions, ou leurs semblables, dans les écrits de Ranke ? Mais ce qu'il veut dire par là, c'est une question à étudier ; car il n'est nullement facile de pénétrer sa véritable pensée[1] ». Il en est de même de tous les autres historiens. Le manque de principes qui dirigent les recherches fait le plus grand tort à la science. Les terrains qu'elle devrait cultiver sont assez souvent négligés ; une foule de questions qui devraient lui être indifférentes, sont étudiées avec une grande dépense de travail, qui pourrait produire plus de fruits, si elle était appliquée ailleurs.

Plusieurs voix autorisées se sont élevées, pour déplorer cet état d'anarchie dans lequel se trouve l'histoire. *Droysen*, après avoir reconnu « que l'on ne saurait contester que les études historiques ont pris une certaine part au mouvement intellectuel de notre époque », ajoute, que si l'on s'enquiert de leurs titres scientifiques, de leur rapport avec les autres sphères des connaissances humaines, si on les interroge sur les fondements de leurs procédés, sur

---

1. *Leopold von Ranke, die Generationslehre und der Geschichtsunterricht*, Berlin, 1891, p. 32.

le but qu'elles poursuivent, elles ne sont pas encore en état de donner, sur ces points, pleine et entière satisfaction. Malgré tout le sérieux et la profondeur que quelques uns de nos confrères ont voués à leurs études, *notre science n'a pas encore établi sa théorie et son système*, et pour le moment, on se contente de proclamer qu'elle n'est pas seulement une science, mais bien aussi un art et — peut-être même — à en juger par l'opinion publique, plutôt un art qu'une science [1] ». M. *Ottokar Lorenz* affirme aussi que « nous ne possédons aujourd'hui, ni principes fondamentaux, ni direction reconnue dans l'histoire [2] », et M. *Bernheim* qui, dans son ouvrage, s'occupe spécialement de la méthode historique, est forcé de convenir que « quoique aucune autre science ne jouisse de la faveur dont jouit l'histoire, il n'y a pas de nos jours, chose curieuse, une autre science, dans laquelle les opinions sur son essence et son but soient aussi différentes que dans la nôtre [3] ». « Nous pouvons certainement soutenir, dit l'éminent philologue, M. *Herrmann Paul*, que jusqu'à présent, les méthodes employées pour l'investigation historique, ont été trouvées plutôt par l'instinct, que par la réflexion sur la nature intime des phénomènes [4] ».

Un pareil état de choses a eu pour conséquence, que l'histoire a vu sa méthode, son but et ses principes, formulés par d'autres penseurs que les historiens eux-mêmes, notamment par les philosophes et les naturalistes. C'est ainsi que prit naissance l'idée, absolument fausse, d'appliquer à l'histoire les principes d'investigation usités pour les sciences naturelles ; et il s'est trouvé des historiens qui, sans examiner la question, se sont empressés d'adopter ces vues.

---

1. *Die Erhebung der Geschichte zum Range einer Wissenschhaft* dans son *Grundriss der Historik*, Leipzig, 1875, p. 44.
2. *Die Geschichtswissenschaft in ihren Hauptrichtuntgen und Aufgaben*, Berlin, 1886, p. 5.
3. *Geschitschauffassung und Geschichtsphilosophie*. Göttingen, 1880, p. 1.
4. *Principien der Sprachgeschichte*, Halle, 1880, p. 6.

Il en est résulté des théories historiques qui, heureusement, sont complètement inapplicables ; car si elles pouvaient être mises en pratique, elles réduiraient à néant la science du passé.

Voilà le triste état dans lequel se trouve, de nos jours, la science théorique de l'histoire. Il est grandement temps de reprendre la question, et de l'étudier en elle-même, sans se laisser leurrer, ni par les principes philosophiques, ni surtout par les triomphes des sciences naturelles qui croient pouvoir occuper, à elles seules, tout le domaine de la vérité.

Quoique nous différions, quant au fond, sur la conception de la science du passé, de presque tous ceux qui s'en sont occupés avant nous, leurs opinions ont été partout prises en considération, soit pour les réfuter, soit pour les adopter, là où elles semblaient avoir touché à la vérité De nos jours, on ne saurait plus penser d'une façon solitaire ; le travail scientifique a pris un caractère collectif ; la découverte de la vérité n'est plus réservée à quelques natures privilégiées ; elle est le produit de l'effort de nombreux savants qui, tous ensemble, et s'aidant les uns les autres, contribuent à la faire briller aux yeux de l'humanité. La science s'est, pour ainsi dire démocratisée, comme toutes les autres formes de la vie. De notre temps, on ne peut plus tirer des vérités rien que de son propre fonds, et se baser seulement sur ses propres recherches. Il faut absolument connaître ce qu'ont pensé, ce qu'ont découvert les autres chercheurs, dans chaque branche des connaissances humaines. Mais l'accumulation des travaux dans chaque champ d'études, rend très difficile et presque impossible, une connaissance complète de tout ce qui a été écrit sur une matière. Malgré tous les efforts, il peut toujours arriver qu'une pensée, fouillée par un auteur, reste ignorée. Et pourtant, cette pensée aurait pu jeter une lumière bien vive sur l'objet qu'elle reflète. Le chercheur, de nos jours, sera toujours placé entre Charybde et Scylla. Il risquera, ou bien de rester incomplet, et de ne pas atteindre pleinement le but qu'il se propose — la découverte de la vérité — ou bien de succomber sous le poids trop lourd des connaissances que le temps a rassemblées. Ce danger peut être encouru par celui-là même, qui entreprend de traiter une matière qui n'en est encore qu'à ses commencements ; car, même dans ce cas, le champ labouré par la pensée humaine est déjà très étendu.

PRINCIPES FONDAMENTAUX DE L'HISTOIRE

CHAPITRE Ier

Les phénomènes coexistants et les phénomènes successifs

RAPPORT DES PHÉNOMÈNES A L'ESPACE ET AU TEMPS. — L'espace et le temps sont les deux grandes formes, dans lesquelles viennent se placer tous les faits de l'univers ; ces formes réelles et existantes, perçues et abstraites de la réalité par notre intelligence, ne sont pas seulement des catégories à priori de notre entendement comme le veut Kant. Notre raison n'est en effet que le reflet de la raison universelle des choses. L'espace s'étend hors de nous et le temps coule indépendamment de nous. Sans cette conception fondamentale, l'histoire ne serait qu'une immense fantasmagorie.

Conformément à ces deux grandes formes qui enveloppent l'univers, les faits que la perception amène à l'intelligence sont aussi des deux sortes : les faits coexistants qui occupent des positions dans l'espace et les faits successifs qui se développent dans le temps. Il ne faut pas croire pourtant que ces deux sortes de faits dépendent chacune de son seul mode de perception, sans aucune relation avec l'autre. Les faits coexistants n'appartiennent pas à l'espace seul, ni les faits successifs au temps seul. La relation de ces deux ordres de faits avec les formes dans lesquelles ils apparaissent est plus compliquée.

D'abord, aucun fait de l'univers ne peut être perçu par une seule de ces formes, ni absolument sans aucune relation avec l'autre.

Les phénomènes de l'espace ont besoin d'un certain temps pour se produire et ceux du temps ont, à leur tour, besoin d'espace pour se développer ; car comme le dit *Schopenhauer* « nonobstant le flux perpétuel du temps, la substance, c'est-à-dire la matière y est permanente, et malgré la rigidité immobile de l'espace, les états et la matière y changent [1] ».

Les faits perçus comme existants à côté les uns des autres, dans l'espace, constituent les faits coexistants. Considérés dans leur développement à travers le temps, ils constituent les faits successifs.

Un fait ne peut être coexistant ou successif que par rapport à un autre. La coexistence et la succession sont des relations établies par le moyen des grandes formes de l'espace et du temps. Pour abréger, nous désignerons par faits coexistants les faits qui se trouvent en relation de coexistence, et par faits successifs ceux qui se trouvent entre eux en relation de succession. Le rapport de coexistence peut être facilement perçu, lorsqu'il s'agit de phénomènes matériels, car la matière implique l'idée d'espace et ne saurait être pensée sans elle. Mais peut-on parler de faits coexistants, lorsqu'il s'agit de phénomènes purement intellectuels ? *Bain* observe très bien, à ce sujet, que « l'esprit, quoiqu'il ne puisse donner naissance à des propositions de contiguïté, possède des facultés qui lui sont inhérentes. Nous affirmons que dans l'esprit coexistent les sentiments, les volontés, la pensée, et nous considérons ces facultés, non comme localement séparées, mais comme unies dans leur manifestation [2] ». Les faits coexistants intellectuels occupent pour ainsi dire des espaces idéaux dans notre esprit. Mais pour l'histoire, la question des faits coexistants intellectuels se pose autrement. Nous verrons que l'histoire ne s'occupe que des faits sociaux, c'est-à-dire des faits qui sont communs à un groupe plus ou moins considérable d'hommes [3]. Les faits intellectuels de cette nature seront donc coexistants même à l'extérieur, puisqu'ils occupent en même temps plusieurs cerveaux distincts. Tels sont : les langues, les religions, les systèmes philosophiques, les écoles artistiques et littéraires. Seront donc considérés comme coexistants tous les faits matériels ou intellectuels qui occuperont un espace quelconque.

---

1. *Quadruple principe de la raison suffisante*, trad. Cantacuzène, Paris, 1882, p. 42.
2. *Logique*, trad. Compayré, I, p. 156.
3. Voir ci-dessous, chap. IX, *Le matériel de l'histoire*, § *les faits historiques*. Dans un travail, comme le nôtre qui expose un système d'idées, il arrivera souvent que nous nous baserons sur des notions, dont l'existence ne sera démontrée que plus tard.

Mais, dans quelle relation les faits coexistants se trouvent-ils avec le temps ? Nous constaterons d'abord que chaque fait coexistant a besoin d'un temps pour être perçu, attendu que notre intelligence ne peut percevoir, ni surtout exprimer les notions, qu'à la suite l'une de l'autre. Mais ce n'est pas de cette relation subjective qu'il s'agit. Il faut établir dans quelle relation le temps se trouve *objectivement* avec les faits coexistants, c'est-à-dire dans quel sens l'intervention du temps est nécessaire, pour rendre la coexistence possible ?

Il y a des faits qui n'ont aucunement besoin du temps pour exister, ni comme faits individuels, ni comme faits sociaux. Tels sont les relations entre les lignes et les nombres, les rapports entre les notions, les lois logiques et psychologiques. *Steinthal* observe avec raison, relativement à ces dernières, que « la liberté et le progrès manquent à la psychologie ; voilà pourquoi aussi le temps ne joue aucun rôle dans la conception psychologique [1] », et M. *Herrmann Paul* ajoute que « la psychologie est une science de lois qui s'occupe seulement de comparer les phénomènes singuliers, sans se préoccuper de leur rapport de temps entre eux, et ne recherche, dans le changement de ces phénomènes, que ce qui reste toujours constant et permanent [2] ». Pour tous ces phénomènes, la forme du temps n'est nécessaire qu'à leur perception. En eux-mêmes ces rapports de pure coexistence existent indépendamment de toute idée de temps.

Mais le temps peut être mêlé plus intimement à l'existence de certains phénomènes, sans que pour cela cette existence en dépende. En d'autres termes, on pourrait faire abstraction du temps, sans que la production des phénomènes devint impensable. Tels sont les nombreux phénomènes de la nature physique qui demandent tous un certain temps pour s'accomplir, sans que pourtant cet intervalle de la durée soit absolument nécessaire à leur production. Ainsi, le tonnerre et la foudre sont les effets de l'électricité condensée dans les nuages, effet qui ne peut se manifester que dans le temps, mais qui n'en dépend nullement.

---

1. D'après Schopenhauer, *Le monde comme volonté et représentation*, trad. Cantacuzène, Bucarest, 1888, I, p. 86, les nombres dériveraient de l'idée du temps. Nous pensons, avec Lange, *Die Grundlegung der mathematischen Psychologie*, Duisburg, 1865, p. 25, que les nombres dérivent de l'espace, comme en général tous les rapports mathématiques. Laggroud, *L'univers, la force et la vie*, Paris, 1884, p. 15, dit aussi qu'avec *l'espace* viennent s'imposer les vérités des *nombres* et de la géométrie ».
2. Lazarus und Steinthal, *Einleitende Gedanken über Völkerpsychologie* dans leur *Zeitschrift für Völkerpsychologie und Sprachwissenschaft*, I, 1860, p. 16. Herrmann Paul, *Principien der Sprachgeschichte*, Halle, 1880, p. 2.

Le temps enfin peut devenir un élément indispensable à la manifestation des faits, sans que ces derniers cessent pour cette raison de rester des faits coexistants. La rotation de la terre autour de son axe et sa révolution autour du soleil constituent des mouvements qui s'accomplissent dans l'espace ; mais ces mouvements ne peuvent se produire, sans que le temps nécessaire à leur accomplissement s'écoule. Il est indispensable de bien déterminer le rôle du temps dans l'existence de cette dernière classe de phénomènes. Quoique la rotation de la terre autour de son axe s'accomplisse en vingt-quatre heures et sa translation autour du soleil en une année, ce ne sont pas ces intervalles de temps qui déterminent les déplacements de notre planète. Ces derniers sont le produit de forces coexistantes qui agissent sur la terre d'une façon continue et provoquent ses mouvements qui se répètent continuellement depuis un temps infini, et continueront probablement à se reproduire aussi dans l'infini de l'avenir. Le temps employé pour l'accomplissement de ces mouvements devient parfaitement indifférent, vu leur perpétuelle répétition, et les phénomènes de mouvement qui emportent la terre, quoiqu'ils aient besoin du temps pour pouvoir s'accomplir, n'en sont pas le produit. La répétition de la rotation de la terre n'est pas une succession de phénomènes ; ce n'est au contraire qu'un seul et unique phénomène répété à l'infini. Le temps que la terre met à l'accomplir est nécessaire à sa manifestation, nullement à sa production.

Nous avons vu le temps intervenir d'une façon toujours plus importante dans l'existence de certains phénomènes, et pourtant nous appliquons à tous ces phénomènes le qualificatif de coexistants et nous leur refusons celui de successifs. *La raison en est que le temps ne modifie aucun de ces phénomènes* ; que, soit qu'ils se produisent dans l'espace d'une façon simultanée ou bien à la suite l'un de l'autre, tous n'en restent pas moins invariables. Les vérités mathématiques, les déductions logiques, les lois psychologiques, celles de la chimie, de la physique ont été toujours les mêmes. Le temps n'exerce sur elles aucune influence modificatrice ; elles sont toujours ce qu'elles ont été, et on ne saurait trouver aucune différence de principe, entre des faits qui se produisent identiquement à côté les uns des autres et ceux qui se reproduisent, aussi d'une façon identique, à la suite les uns des autres.

L'intervention du temps, *comme élément modificateur* dans l'existence des phénomènes, donne naissance aux phénomènes *successifs*. Aussitôt qu'un fait coexistant se modifie dans le cours du temps, il donne naissance à une succession. Tout fait successif a commencé par être coexistant ; mais tout fait coexistant ne donne pas le jour à des successions. Ce ne sont que ceux qui se modifient dans le cours de la durée. Les vérités mathématiques, les lois de la logique ou de la psychologie, la rotation et la révolution de la terre, les lois chimiques, physiques et biologiques restent éternellement les mêmes. Il ne saurait y avoir de progrès que dans leur connaissance, aucun dans leur essence. Elles ont été, sont et seront toujours les mêmes ; elles existaient lorsque l'esprit humain ne les avait pas encore découvertes ; elles existeraient même si cet esprit sombrait dans le cours des âges. Cette classe de faits coexistants ne peut engendrer des successions objectives. Ils peuvent provoquer dans l'esprit qui les perçoit une succession subjective, un progrès dans leur connaissance. Il existe une histoire de la logique, des mathématiques, de la physique, de la chimie, de l'astronomie ; les connaissances relatives à ces différentes classes de phénomènes ont progressé dans le cours du temps ; les phénomènes eux-mêmes sont restés immuables. Mais ce même univers qui répète continuellement les mêmes procédés, est soumis à l'action transformatrice du temps et change sans cesse de formes. Ces changements commencés à l'origine des choses, c'est-à-dire dans l'infini, ne peuvent être établis qu'hypothétiquement pour la genèse du monde. Pour trouver l'histoire, il faut descendre sur la terre, où elle commence à se montrer d'une manière visible, et au genre humain, où elle se développe dans toute sa majesté.

La terre possède son histoire, attendu qu'elle s'est transformée peu à peu, jusqu'à ce qu'elle soit arrivée à sa forme actuelle. Le temps a présidé à cette transformation, et l'action des forces transformatrices s'est exercée dans la durée. Il a fallu des millions d'années pour que le rayonnement de la terre incandescente vers les espaces célestes amenât sa solidification. Ce refroidissement s'est bien accompli sur un espace, donc comme un fait coexistant à d'autres ; mais ce fait a changé continuellement sous l'action du temps. Pour que la terre arrive à la forme qu'elle possède aujourd'hui, il a fallu que le temps intervînt. Les modifications subies par la croûte terrestre ont eu besoin du temps pour pouvoir s'accomplir, et l'espace n'a offert que la possibilité du développement, tout comme dans la translation de la terre autour du soleil c'est l'espace qui est l'agent principal du phénomène, tandis que le temps n'offre à ce dernier que la possibilité de se manifester. La coexistence peut donc faire naitre la succession, lorsqu'elle est soumise à l'action continue d'une force transformatrice à travers le temps.

L'action discontinue mais répétée de la même force de caractère coexistant peut aussi donner naissance à la succession, *lorsqu'elle s'incorpore dans un résultat stable*. La répétition dans le cours du temps ne produit que des faits coexistants, lorsqu'elle se perd sans laisser des traces de son action, lorsqu'elle ne s'incorpore dans aucun résultat, par exemple : la rotation de la terre autour de son axe ou sa révolution autour du soleil, le flux et le reflux continuels des marées, les changements atmosphériques. Mais aussitôt que la répétition s'incorpore dans un résultat, qu'elle donne le jour à une formation quelconque, cette formation prend le caractère d'une série successive, attendu qu'elle est le résultat des traces laissées par des faits coexistants répétés dans le temps. Les diverses étapes, les couches qui composent cette formation seront d'autant moins dissemblables que la formation appartiendra à la matière ; elles se différencieront toujours davantage, à mesure que la formation se rapprochera du domaine de l'esprit, en passant d'abord par la matière animée, puis par l'élément de l'inconscient intellectuel. Dans les formations dues à la vie consciente, le caractère successif s'accentuera de plus en plus, c'est-à-dire les faits qui composent la série seront toujours plus différents les uns des autres.

C'est ainsi que les inondations du Nil, faits coexistants répétés dans le temps, donnent naissance, par les dépôts qu'elles laissent à l'embouchure du fleuve, à la formation successive de son delta. Les différences qui s'accentuent toujours davantage, par répétition entre les individus vivants, conduisent à la formation d'espèces nouvelles. Les mêmes influences, répétées avec certaines variations, contribuent à former le caractère des peuples, à modifier les formes du langage. La répétition des batailles dans le cours d'une guerre, bien que différentes entre elles, conduisent à un seul et même résultat, la victoire ou la défaite.

Quoique dans les formations plus primitives surtout, la différence entre les faits coexistants répétés soit négligeable, il n'en est pas de même des traces que cette répétition imprime dans les formations dans lesquelles elles s'incorporent et qui, se superposant ou se greffant l'une sur l'autre, font ressortir cette différence continuellement accumulée. L'action uniforme et semblable des faits coexistants a pour résultat d'imprimer des traces différentes et dissemblables dans la formation successive, à laquelle leur répétition donne l'existence. C'est ainsi que la formation des espèces animales est due à la répétition des mêmes phénomènes, auxquels sont exposés les individus vivants. Ces phénomènes, quoique identiques ou très peu différents, laissent des empreintes stables dans l'organisme de ces êtres, empreintes qui, avec le temps, les transforment en organismes tout à fait différents. Pour que cette transformation puisse s'effectuer, il est nécessaire que la différence s'accentue à chaque pas, quoique souvent d'une façon insensible. L'accumulation de ces transformations successives produit comme résultat, la transformation de l'espèce. Mais cette transformation est due à l'action presque uniforme de la répétition des mêmes phénomènes. Nous voyons donc comment la répétition des mêmes faits coexistants peut donner naissance à des formations successives.

Il existe un grand nombre de faits coexistants qui changent avec le temps, non plus par l'influence répétée de la même action, mais bien par celle d'autres faits, avec lesquels ils viennent en contact. Ici la succession se détache encore davantage de la coexistence ; elle prend une marche propre prédominante, sur les faits qui la composent. Chacun de ces faits pourra être étudié dans ses relations de coexistence ; mais s'il est placé en relation avec les faits qui viennent le modifier, si la modification et le résultat auquel elle aboutit sont l'objet de l'investigation, il acquerra le caractère d'un fait successif, attendu qu'il contribue à former une série successive. C'est ainsi que le système d'instruction ou d'enseignement d'un pays présentera à notre esprit, si nous le considérons tel qu'il est à un moment donné, un nombre de faits coexistants ; mais ce système est *devenu* ce qu'il est, à la suite d'un développement plus ou moins long, et ce développement qui s'est poursuivi jusqu'au moment où il forme l'objet de notre étude, reprend son cours ensuite. Il le poursuit même sous nos yeux et pendant que nous l'étudions, car chaque instant de la durée modifie sa constitution. Les lois qui régissent un peuple, considérées à un moment quelconque, forment l'objet d'une connaissance de caractère coexistant ; mais ces lois sont le produit d'un long développement antérieur qu'elles continuent aussi par la suite. Le budget d'un Etat constitue un tout coexistant : l'état des recettes et des dépenses à un moment donné. Mais si l'on veut étudier le développement de la fortune publique pendant un certain temps, le budget de chaque année constituera un fait successif. Il en est de même de tout élément de la vie d'un peuple. Tous ces faits sont par eux-mêmes coexistants ; mais aussitôt qu'ils sont considérés au point de vue du développement, ils deviennent des faits successifs.

Il arrive quelquefois que le développement se fige et semble s'arrêter pour quelque temps ; puis on voit tout d'un coup les institutions se liquéfier à nouveau, et elles recommencent à couler le long du temps. Tel fut le gouvernement absolu de la France, dans son expression suprême, sous Louis XIV, Louis XV, et Louis XVI, gouvernement qui semblait une forme dans laquelle la société française s'était pétrifiée pour toujours, et qui fut pourtant emporté tout d'un coup par le puissant courant de la Révolution française. Le catholicisme qui paraissait devoir dominer les esprits à l'infini, recommence un nouveau développement historique, ébranlé par le coup que lui porta la Réforme, et ainsi de suite.

La coexistence peut donc à tout moment se changer en succession ; mais elle peut être rétablie de nouveau, en arrêtant la succession, au moins dans notre esprit, et en examinant la coexistence sur laquelle elle se déroule. Cette vérité on pourrait l'exprimer aussi par l'axiome suivant, formulé par M. *Oswald Orth*, que « l'histoire est de la statistique en mouvement, tandis que la statistique est de l'histoire qui s'arrête [1] », pourvu que l'on entende, par le terme de statistique, la description complète de l'état d'une société.

La relation continue de ces deux formes de l'existence produit l'enchevêtrement inextricable des faits de la vie sociale ; celle-ci se complique toujours de courants nouveaux et devient de plus en plus difficile à débrouiller. Mais si les faits de la coexistence et ceux de la succession sont serrés les uns contre les autres, pour former le tissu de la vie sociale, il n'en est pas moins vrai que chaque fil conserve son existence particulière et qu'il peut être détaché des autres fils avec lesquels il est en contact et étudié à part, dans toute son étendue, longitudinale ou transversale. Il est vrai que si l'on extrait seulement la chaine du tissu, les figures du dessin perdront de leur vivacité, et que si on en prend seulement la trame, elles deviendront tout à fait informes. Pour que le dessin apparaisse dans toute sa force, il est nécessaire que chaine et trame forment un seul tout ; mais il n'en est pas moins vrai que pour compren-

---

1. *Versuch einer Theorie des historischen Wissens*, Rostock, 1879, p. 17.

dre comment ce dessin a pu être composé, par l'entre-croisement des fils, il est nécessaire de séparer la chaîne et la trame, et d'étudier les fils indépendamment les uns des autres. Chaque groupe de fils, plus ou moins étendu, nous donnera l'explication d'une partie du dessin qui s'étend sur tout le tissu. L'étude de la trame est celle des états coexistants ; celle de la chaîne, c'est l'objet de l'histoire.

Il résulte encore, de l'analyse poursuivie jusqu'ici, une autre vérité très importante, celle que la coexistence dans l'espace ne saurait être attribuée aux phénomènes de la matière seule, tandis que les changements qui interviennent dans le temps ne concerneraient que les phénomènes de l'esprit. Ce prétendu contraste est une erreur assez répandue, partagée par bon nombre d'esprits éminents. Nous rapporterons les formules de quelques-uns : *Lazarus et Steinthal* soutiennent que « ce qui distingue la nature de l'esprit, c'est que la première vit dans le courant strictement mécanique et dans le cercle organique des processus régis par des lois. Ces courants se répètent continuellement, et il ne se produit rien de nouveau. L'esprit, au contraire, vit dans une succession continue de créations qui supposent chacune la précédente ; mais comparées à elle, présentent quelque chose de nouveau, montrent un progrès [1] ». *Carrau* dit aussi que « toute la série des phénomènes psychologiques se déroule dans la durée [2] ». D'après ces auteurs, il n'y aurait pas de phénomènes psychologiques coexistants. M. *Otto Henne am Rhyn* soutient d'autre part que « la nature consiste seulement en des choses corporelles tandis que l'histoire est l'œuvre de l'esprit [3] ». Il n'existerait donc pas, d'après cet auteur, un développement, une histoire *lato sensu* de la matière. *Droysen* commence par les paroles suivantes son étude sur la nature et l'histoire : « nature et histoire sont les conceptions les plus vastes, dans lesquelles l'esprit humain se représente le monde des phénomènes, et il les sépare ainsi conformément aux idées de l'espace et du temps [4] ». Parmi les auteurs français, nous citerons même un des plus récents, M. *Gustave Belot*, qui partage ces vues erronées. « Tant que nous considérons la nature extérieure, dit-il, elle nous paraît *nature faite*, fixée et soumise à des lois permanentes et inéluctables. Quand

1. *Einleitende Gedanken* (voir plus haut, p. 3, note 2) p. 15.
2. *Études sur la théorie de l'évolution*, Paris, 1879, p. 41.
3. *Culturgeschichte im Lichte des Fortschrittes*, p. 13.
4. *Grundriss der Historik*, p. 2.

nous considérons les choses humaines, nous avons l'impression que cette nouvelle nature est en perpétuelle transformation ; nous la voyons comme une *nature qui se fait*, impossible à résumer et à fixer en formules immobiles [1] ». La *nature faite* de M. Gustave Belot est devenue telle, à la suite d'une série de transformations. Quant à la nature humaine, elle n'est pas non plus en fluxion continuelle ; elle présente aussi un côté fait, fixe et immuable. M. *Georges Winter* abonde dans le même sens. « Les sciences de la nature, ont pour objet de nous faire comprendre le monde de la nature par la connaissance de ses lois ; la mission de l'histoire est de nous faire saisir, par sa genèse, le monde spirituel et moral [2] » ; comme si les sciences naturelles n'étudiaient pas aussi la genèse de la nature matérielle, et les sciences spirituelles ne constituaient que de l'histoire, et pas aussi des sciences concernant les lois des phénomènes. M. *Hermann Paul* critique avec beaucoup de justesse toutes ces idées. « Ces auteurs, écrit-il, trouvent comme différence entre la nature et l'esprit, que la première se mouvrait éternellement dans le cercle de ses lois, chacun de ses mouvements conservant son caractère particulier et ne faisant que reproduire ce qui a toujours été, pendant que l'esprit vivrait dans une série de créations enchaînées les unes aux autres et montrerait un progrès. Cette distinction, poursuit M. Paul est sans aucun doute inexacte, dans la forme générale qui lui est donnée. La nature aussi, tout au moins celle de caractère organique, se meut dans une série de créations enchaînées les unes aux autres ; elle présente aussi un progrès. D'autre part l'esprit se meut aussi dans des orbites tracées par des lois, reproduisant continuellement les mêmes procédés fondamentaux. On comprend deux antithèses différentes qui doivent être soigneusement distinguées : d'une part celle qui existe entre la nature et l'esprit ; de l'autre celle qui existe entre le règne des lois et le développement historique [3] ».

Et en effet, il n'est pas difficile d'observer que l'esprit tout comme la matière, présente des phénomènes coexistants et que la matière à son tour a présenté des changements dans le temps, si même de nos jours, ces changements sont à peine perceptibles.

---

1. *Stuart Mill, la logique des sciences morales* (Logique, Livre VI). Traduction nouvelle par Gustave Belot. Paris, 1897, p. XXXV.
2. *Geschichte und Politik*, dans la *Vierteljahrsschrift für Volkswirtschaft und Politik*, 1889, p. 174.
3. *Principien der Sprachgeschichte*, p. 11, note.

L'étude de la nature matérielle n'est pas complète, si on ne l'envisage aussi sous le rapport de son développement, comme dans la géologie, la paléontologie, la succession des êtres à la surface du globe. D'autre part, comme nous l'avons déjà remarqué, l'étude de l'esprit présente également un grand nombre de faits coexistants, dans la psychologie, la logique, les mathématiques, le droit, l'économie politique, etc. M. *Hinneberg* observe donc avec justesse que « l'on s'est habitué à réserver le terme d'histoire pour l'humanité seule ; mais cette restriction date du temps où l'on croyait devoir admettre un abîme profond entre l'homme et le reste de la nature[1] ». Or, précisément cet abîme a été comblé par l'étude historique de la nature, et M. *Jodl* a grandement raison, lorsqu'il dit que « la possibilité d'appliquer les conceptions modernes de la nature à l'histoire repose principalement sur la circonstance que la première est devenue aussi une théorie du développement, et que cette notion qui formait autrefois le point de séparation de ces deux domaines, les relie maintenant comme un pont[2] ». Les phénomènes de la nature matérielle, tout aussi bien que ceux de l'esprit, présentent donc entre eux deux sortes de relations : celles de coexistence (réelle dans l'espace ou idéale dans l'esprit), et celles qui régissent leur transformation dans le temps. Conformément à cette vérité indiscutable, on trouve des auteurs qui reconnaissent l'existence de deux sortes de sciences historiques : les sciences historiques de la nature et celles de la civilisation, c'est-à-dire de l'esprit[3].

Il faut pourtant observer que, pour les phénomènes qui changent dans le temps, ce changement est d'autant plus lent que ces phénomènes ont un caractère plus matériel, et qu'il devient d'autant plus rapide que ces derniers se spiritualisent. C'est ainsi que les phénomènes astronomiques sont très peu exposés à des changements dans la durée. Ils se répètent toujours de la même façon, depuis les temps qui ont précédé l'apparition de l'homme sur la terre, et on ne saurait dire si l'humanité, tant qu'elle existera, pourra observer un changement dans la constitution et les mouvements des mondes. Voilà pourquoi l'histoire de ces phénomènes n'existe presque pas. Les phénomènes géo-

---

1. *Die Philosophischen Grundlagen der Geschichtswissenchaft*, dans la *Historiche Zeitchrift von Sybel*, vol. 63, 1889, p. 23.
2. *Die Kulturgeschichtschreibung, ihre Entwickelung und ihr Problem*, Halle, 1878, p. 80.
3. Herrmann Paul, *op. cit.*, p. 7.

logiques constituent une longue série de transformations, dont plusieurs s'accomplissent de nos jours et sous nos yeux ; mais ces transformations s'opèrent avec une extrême lenteur [1].

Il en est de même de l'évolution des formes animales qui est arrivée avec l'homme à son apogée, mais qui dans les temps géologiques a présenté une série de changements d'une grande importance.

Aussitôt que nous passons des phénomènes successifs de la matière à ceux de l'esprit, la faculté de transformation augmente. Les formes dues à la vie inconsciente de l'esprit, lesquelles touchent de plus près à la matière, se transforment plus lentement ; telles sont celles du langage, de l'état économique et des institutions qui poussent sur ce terrain. D'autant plus rapidement se modifient les formes de la vie consciente, celles qui sont dues au mouvement de l'esprit proprement dit.

COEXISTENCE ET SUCCESSION. — Les phénomènes considérés comme coexistants, dans l'espace réel ou idéal, sont tout autres lorsqu'on les envisage au point de vue des transformations que le temps leur fait subir, au point de vue de la succession. Il est très important, pour l'exacte compréhension de tout ce qui va suivre, d'établir au moins les points fondamentaux qui caractérisent cette différence. Cela est d'autant plus nécessaire, que nous aurons l'occasion de nous convaincre, que *ce qui a empêché jusqu'à présent tous les penseurs de se rendre un compte exact de la nature de la science historique, c'est la confusion originaire qui a toujours été faite entre les faits coexistants et les faits successifs.* Ces deux manières complètement différentes de considérer les phénomènes n'ont jamais été distinguées avec précision. La conséquence en a été qu'on a voulu appliquer aux sciences historiques les principes qui régissent celles de la coexistence, essais qui devaient rester absolument infructueux, vu la disparité totale des deux conceptions assimilées sans aucune raison. Cette distinction, dûment établie, jettera un jour tout nouveau sur le

---

1. D'après Pichot, *Cosmographie élémentaire*, p. 135, dans 12.000 ans l'étoile polaire ne sera plus le ɺ de la *Petite Ourse*, mais bien Wéga ou ɑ de la *Lyre*. — Draper, *Histoire du développement intellectuel de l'Europe*. Paris, 1887, 1, p. 46 : « Depuis l'époque tertiaire, les deux tiers de l'Europe se sont redressés au-dessus des mers ; les côtes de la Norvège se sont rehaussées de 200 mètres ; les Alpes de 300 ; les Apennins de 400 mètres ». Em. Vauchez, *La Terre*, Paris, 1893, 1, p. 32 : « Si quelques points de la terre nous semblent stables, c'est que notre vie trop courte ne nous donne pas le temps de les voir se modifier ».

domaine de la science entière et assignera aux sciences historiques la place qu'elles doivent occuper dans la hiérarchie des connaissances humaines. Les faits *coexistants*, c'est-à-dire les faits considérés comme s'étendant dans le sein de l'espace, sont toujours les mêmes, pour chaque ordre particulier de phénomènes ; ils se ressemblent dans tous les cas bien plus qu'ils ne diffèrent entre eux, et cela sans distinguer si le temps est ou n'est pas indispensable à leur manifestation. Ces faits se répètent continuellement, cette répétition pouvant se faire d'une façon simultanée, sans que le temps joue un rôle appréciable dans leur production, ou bien dans le courant du temps, par des mouvements toujours identiques. Nous considérons tous ces faits comme *coexistants,* même dans le cas où la répétition n'a pas lieu d'une façon simultanée, sur plusieurs points de l'espace et sans aucune relation avec le temps, c'est-à-dire dans le cas où elle a lieu *par des faits qui se suivent dans le courant du temps*. Un morceau de bois flottera sur l'eau à Paris, à Constantinople, à Pékin, aux Antipodes ; il a flotté de la même façon du temps des Romains, des Grecs, des Egyptiens, et flottera probablement toujours de la même manière dans les temps futurs. Une pierre tombe avec une vitesse initiale quelconque pendant la première seconde, et la rapidité de sa chute augmente en raison du carré des secondes parcourues. Une autre pierre ou un autre corps lourd tombera de la même façon sur toute la surface de la terre, avec une légère différence vers les pôles, à cause de l'aplatissement de notre planète vers ses deux extrémités. Elle est tombée et tombera de la même façon à toutes les époques. Il en sera de même de certains phénomènes de nature psychique. Les faits coexistants qui appartiennent à l'intelligence seront soumis à la même régularité. Partout l'augmentation de l'offre abaissera le prix des marchandises et celle de la demande le haussera ; partout la division du travail aura pour effet de produire mieux et plus rapidement ; partout et à toutes les époques du développement humain les règles du syllogisme ou les lois de la psychologie auront la même valeur. Tous ces faits coexistants sur un espace réel ou contigus dans notre esprit posséderont une valeur pour notre connaissance, indépendamment du temps, dans lequel pourtant notre esprit est forcé de les concevoir. Mais même pour les répétitions des phénomènes coexistants qui se produisent à la suite les uns des autres, l'élément du temps, quoique indispensable à leur manifestation, ne l'est pas pour leur production. Quelle importance peut-on accorder au temps dans la rotation de la terre autour de son axe, ou sa révolution autour du soleil ? La répétition continue du même phénomène, quoique cette répétition se poursuive dans le temps, enlève à ce dernier toute influence sur la production du phénomène, comme dans le cas de la flottaison d'une bûche de bois ou dans celui de la chute d'une pierre. Il n'y a d'autre différence entre la répétition simultanée et la répétition dans le cours du temps, que la circonstance, que dans le premier cas la répétition se fait d'une façon parallèle et dans le second, à la suite l'une de l'autre.

Prenons un autre exemple dans le monde de l'intelligence : Les Chinois sont un peuple stationnaire qui vit pourtant et dont la vie s'écoule dans le temps. Eh bien ! tous les faits intellectuels de ce peuple sont des faits coexistants, attendu que depuis des siècles ils sont toujours les mêmes et qu'ils se répètent presque sans changement. Comme le dit très bien *Steinthal*: « une vie quelconque peut être spirituelle parce qu'elle consiste dans un mouvement d'éléments spirituels ; mais cette vie ne présentera rien d'historique, si ce mouvement ne présente, comme l'existence de la nature, qu'un simple circuit, un éternel retour des mêmes phénomènes, et non la valeur toujours exhaussée de l'activité intellectuelle [1] ».

Nous employons donc le terme de *coexistant* dans un sens plus étendu que celui qu'on lui accorde habituellement. Il s'applique, selon nous, à *tous les faits qui se répètent continuellement, sans changements appréciables, soit que cette répétition se fasse dans l'espace d'une façon simultanée, soit dans le temps, un fait après l'autre, ou bien sous les deux formes à la fois.* L'essentiel est que ces faits soient toujours les mêmes, qu'ils ne changent point dans leur mode de production ou, plus exactement, que les variations qu'ils peuvent présenter n'aient aucune importance.

Les faits considérés comme *successifs*, au contraire, montrent, pour chaque ordre particulier de phénomènes, des changements continuels dans le cours du temps. Ils ne se ressemblent jamais complètement, et la différence qui les distingue sera toujours l'élément caractéristique. Si cette différence entre les faits qui se succèdent dans le temps n'existait pas, et si les mêmes faits se reproduisaient continuellement, l'idée même de succession serait

---

1. *Geschichte und Psychologie*, Berlin, 1864, p. 32. Steinthal aurait dû ajouter, au mot *nature*, le qualificatif de coexistante; mais nous avons vu plus haut, (p. 9, note 1), sa conception erronée du dualisme entre la nature et l'esprit.

éliminée, et on n'aurait à sa place que la répétition, donc des faits coexistants. La notion de succession dans une série quelconque de faits implique une continuelle différence, mise en relief précisément par l'enchainement qui les relie dans la succession. Prenons comme exemple la succession des batailles dans le cours d'une guerre, ou celle des artistes d'une école, ou bien encore celle des découvertes mathématiques. Dans chacune de ces séries, les faits qui la constituent sont différents. Chaque bataille donne l'avantage à l'un des deux adversaires ; elle fait avancer ou reculer l'ennemi. Les artistes qui constituent une école la feront progresser ou déchoir, selon le talent de chacun d'eux et les influences auxquelles ils seront exposés. Les découvertes scientifiques, pour constituer une série historique, devront absolument être différentes ; autrement ce ne seraient plus des découvertes nouvelles, mais bien seulement une répétition des faits antérieurs. Les faits successifs d'une seule et même série seront donc toujours dissemblables, et même dans le cas où ils présenteraient une certaine analogie, cette dernière serait toujours moins importante que les éléments qui les différencient.

On a toujours distingué ces deux sortes de phénomènes ; mais cette distinction a été faite à un point de vue trop restreint selon nous, et il faut l'élargir, si l'on veut se rendre pleinement compte de leur différence. Les logiciens opposent habituellement la coexistence à la causalité, reconnaissant ainsi à cette dernière un caractère successif, attendu que *la causalité se manifesterait toujours dans le temps*. La question de la production de la cause dans le temps n'est pourtant point indiscutable. Aussi voyons-nous précisément les penseurs qui soutiennent cette opinion avec le plus de force, obligés de faire quelques réserves, ou bien de se contredire par rapport à ce sujet. Ainsi *Stuart Mill* accorde « que quelquefois un effet peut commencer simultanément avec la cause » et *Schopenhauer* admet d'une part que « l'égalité des côtés est la *cause* de l'égalité des angles », faits qui ne se suivent nullement dans le temps, pendant qu'ailleurs il soutient précisément le contraire, et à la demande qu'il se pose si l'égalité des angles est la cause de celle des côtés, il répond par un *non absolu*, attendu, dit-il, « qu'il ne s'agit ici d'aucun changement dans le temps, par conséquent d'aucun effet qui doit avoir une cause [1] ».

---

[1]. Mill, *Logique*, I, p. 186. — *Schopenhauer*. Comparez : *Quadruple principe de la raison suffisante*, trad. Cantacuzène, p. 35, avec *Le monde comme volonté et comme représentation*, trad. idem., 1, p. 125.

Nous pensons que la relation de cause à effet ne doit pas absolument se suivre dans le cours du temps, et qu'il existe des causes simultanées avec leurs effets. Cette relation se reconnait à un autre critérium, notamment à son *irréversibilité*. Nous avons un rapport de cause à effet, indépendamment de l'intervention du temps, toutes les fois que ce rapport ne peut être renversé, de façon que ce qui était cause devienne effet et vice versa. Comme exemple citons le cas rapporté plus haut : la vérité géométrique de l'égalité des angles qui correspond à celle des côtés. Aucune de ces deux vérités n'est la cause de l'autre, non pas comme le dit Schopenhauer, parce qu'il ne s'agit d'aucun changement dans le temps, mais bien parce que le rapport entre ces deux vérités est parfaitement réversible, et chacune d'elles peut être considérée comme la résultante de l'autre. Au contraire la gravitation est réellement la cause de la révolution de la terre ou plutôt un des éléments de cette cause, non parce qu'elle la précèderait dans le temps, ce qui n'est pas, mais bien parce que la relation entre ces deux phénomènes est absolument irréversible.

La cause n'agit donc pas toujours dans le temps. Comme la définit *Mill*, elle n'est que « l'assemblage déterminé de phénomènes lequel étant réalisé, invariablement un autre phénomène commence ou prend naissance. Il importe peu que l'effet coïncide en temps avec la dernière de ces conditions, ou la suive immédiatement ; dans tous les cas il ne la précède pas [1] ».

Mais quand bien même on admettrait que la causalité agit dans le temps, est-ce une raison pour considérer comme phénomènes successifs tous ceux qui sont expliqués par des causes irréversibles, et n'admettre comme coexistants que « les phénomènes synchroniques des lois de nombres et celles de l'espace ou, en d'autres termes, celles d'étendue et de figure » comme le dit *Stuart Mill* [2], ou faut-il soutenir, avec *Bain*, que « la coexistence ne serait que la contiguïté dans l'espace et l'inhérence dans un même sujet [3] ». Nous ne croyons pas devoir restreindre à ces seuls cas la notion de coexistence. Le seul fait de trouver l'explication d'un phénomène dans un autre phénomène, par un rapport irréversible, ne suffit pas, selon nous, à donner naissance à une succession ; d'abord, puisque l'irréversibilité comme nous l'avons vu, n'est pas absolument conditionnée par le temps ; puis parce que,

---

1. *Logique*, trad. Peysse, I, p. 386.
2. *Idem.*, I, p. 365.
3. *Logique*, trad. Compayré, I, p. 153.

lors même que la cause se manifesterait dans le temps, elle servirait à l'explication dans le temps *du seul phénomène avec lequel elle est mise en relation*, sans pourtant que par là un lien de succession s'établisse entre le phénomène expliqué et d'autres phénomènes. Aussi ne pouvons-nous considérer avec *Mill* comme « une uniformité de succession, la loi qu'un corps mû autour d'un centre de force décrit des aires proportionnelles au temps [1] ». L'idée *d'uniformité de succession* est impossible à concevoir, la succession n'étant jamais composée d'uniformités, mais toujours de différences. La loi citée par Mill ne constitue que l'éternelle reproduction du même mouvement, donc *une répétition coexistante qui a lieu dans le temps*. Il en est de même de l'application que Mill fait de cette loi à la révolution de la terre autour du soleil, erreur que nous avons déjà réfutée plus haut. Pour la même raison, nous ne pouvons admettre la qualification *d'uniformité de succession* donnée par Mill aux lois psychologiques, telles que la loi de l'association des idées, celle de la mémoire, etc. [2]. Nous approuvons au contraire la façon de voir de M. Herrmann Paul et de Steinthal qui conçoivent la psychologie comme une science de lois, absolument indépendante de l'élément du temps, comme nous l'avons vu dans les passages de ces auteurs raportés ci-dessus (p. 3).

Pour nous, la succession n'existe que là où les phénomènes se poursuivent, dans le cours du temps, *d'une façon dissemblable*.

Cette distinction que nous avons établie entre les faits coexistants qui sont similaires et ne peuvent que se répéter, et les faits successifs qui, pour exister, doivent être dissemblables, constitue la pierre angulaire de tous les développements qui vont suivre.

Les conséquences que nous en tirerons seront des plus importantes. Il n'est pas inutile de les énumérer dès à présent.

1) La distinction énoncée nous servira à établir que l'histoire n'est pas une science particulière, mais bien un mode de conception du monde, le mode successif par opposition au mode coexistant. Elle confirmera la vérité, qu'il est absolument inexact d'établir une distinction fondamentale entre le règne de la nature et celui de l'esprit, sans prendre en même temps en considération une autre différence tout aussi importante : celle qui existe entre les faits coexistants et les faits successifs de ces deux règnes.

---

1. *Logique*, trad. Peysse, I, p. 367.
2. *Logique des sciences morales*, trad. Belot, p. 40.

2) Elle nous guidera dans la détermination du caractère scientifique de l'histoire, pour laquelle on ne peut exiger les mêmes conditions que pour les sciences des faits coexistants.

3) Elle nous fera comprendre le véritable sens qu'il faut attacher à la notion de l'évolution qui n'existerait pas, si les faits ne faisaient que se répéter continuellement.

4) Elle mettra en pleine lumière la raison pour laquelle les faits de l'histoire ne peuvent être soumis à des lois analogues à celles qui régissent les faits coexistants, mais constituent des régularités d'un tout autre caractère, qui sont toujours uniques et jamais universelles, comme le sont les lois de la coexistence.

5) La conséquence nécessaire de l'impossibilité de formuler des lois générales de *production* des faits successifs, sera l'impossibilité, tout aussi absolue, de la prévision des faits futurs eux-mêmes, et l'histoire ou sociologie dynamique devra se contenter d'entrevoir la direction que ces faits, en eux-mêmes inconnus, suivront dans l'avenir.

6) Enfin elle nous servira à découvrir la véritable méthode à employer en histoire, et qui n'est ni la déduction ni l'induction, mais bien une méthode particulière que nous essaierons de déterminer.

Il nous semble que rien que l'énonciation des conséquences qui découlent de la distinction établie entre les faits coexistants et les faits successifs, met son importance dans son plein jour. La démonstration des principes que nous avons formulés formera précisément l'objet de cette étude.

LES SCIENCES HISTORIQUES. — Il suit, de ce que nous avons exposé jusqu'ici, qu'il est souverainement inexact de faire de l'histoire une science particulière, à l'égal de la physique, de la chimie, de la biologie ou de la psychologie, comme le font toutes les classifications des sciences. Ainsi *Bentham* et *Ampère* placent l'histoire dans la classe des sciences ethnologiques, avec l'archéologie et la chronologie, dont ils font une science à part[1]. *Auguste Comte* et *Herbert Spencer* caractérisent l'histoire comme une science pareille à la physiologie et à la psychologie[2]. *Schopenhauer* la range parmi les sciences des motifs, parallèlement à l'éthique, la psychologie, la jurisprudence[3]. *Lazarus et Steinthal* partagent les

---

1. Bentham, *De dignitate et augmento scientiarum*, lib. II, cap. I. Ampère, *Essai sur la philosophie des sciences*, Paris, 1834.
2. Auguste Comte, *Philosophie positive*, I, 1re et 2e leçons. Herbert Spencer. *Classification des sciences*, trad. Rethori, Paris, 1881.
3. Le *Monde comme volonté*, II, p. 188.

sciences naturelles en descriptives, telles que la botanique, la minéralogie, l'astronomie et la géologie, et en rationnelles, telles que la physique, la chimie, la physiologie et les mathématiques. A côté de ces classes des sciences naturelles, ils en placent d'autres, celles des sciences de l'esprit. Parmi ces dernières, l'histoire correspondrait, suivant eux, aux sciences naturelles descriptives, et pour lui trouver une science rationnelle correspondante, il faut en créer une nouvelle, la psychologie des peuples (Völkerpsychologie) [1].

Toutes ces classifications sont erronées relativement à la place qu'elles assignent à l'histoire. Cette dernière ne constitue pas une science spéciale, coordonnée à d'autres, mais bien un mode général de conception des phénomènes, tant de la matière que de l'esprit, notamment les phénomènes qui *deviennent* et non pas des phénomènes qui *sont*.

La science universelle se divisera donc en deux branches : la première comprendra les sciences des phénomènes sur lesquels le temps n'exerce aucune influence : les *phénomènes coexistants* ; la seconde, les sciences qui auront pour objet les phénomènes soumis à l'influence transformatrice du temps : les *phénomènes successifs*. Nous désignerons les sciences de la première catégorie par le terme de *sciences théoriques* ou avec M. Herrmann Paul *sciences des lois*, réservant pour celles de la seconde le nom de *sciences historiques* [2].

Cette division devra être combinée avec une autre, relative à la source d'où émanent les faits, tant coexistants que successifs : la matière et l'esprit. Quoique entre la matière vivante et l'esprit en général, il y ait une transition presque imperceptible — comme il s'agit de la plus haute expression de l'esprit, celui dont l'homme est doué, cet esprit est déjà complètement différencié de la matière vivante qui lui sert de support. Cette combinaison de deux divisions biparties donne comme résultat quatre groupes de sciences, dont deux de caractère théorique (pour la coexistence) et deux de caractère historique (pour la succession) :

Sciences théoriques (phénomènes coexistants)

a) *De la matière* : physique, chimie, astronomie, biologie, physiologie, etc.

---

1. *Einleitende Gedanken über Völkerpsychologie* (cité plus haut, p. 3, note 2, p. 19).
2. *Principien der Sprachgeschichte*, Halle, 1880, p. 15. « *Gesetzwissenschaften*, et *Geschichtswissenschaften* ».

b) *De l'esprit*: psychologie, logique, économie politique, droit, sociologie statique, etc.

Sciences historiques (phénomènes successifs)

c) De *la matière*: géologie, paléontologie, théorie de la descendance.

d) *De l'esprit*: histoire dans toutes ses ramifications.

La grande classe des sciences historiques peut être encore subdivisée à un autre point de vue. Nous aurons d'abord les sciences relatives aux phénomènes eux-mêmes qui se développent et se transforment avec le temps. C'est ainsi que la géologie expose l'histoire de la terre, la paléontologie celle des organismes actuellement disparus, la théorie de la descendance la succession des êtres à la surface du globe ; l'histoire politique les transformations intervenues dans la vie des Etats ; celle des institutions économiques, des arts, de la littérature exposera les changements que ces formes de l'activité humaine revêtiront dans le cours des âges. Ce groupe de connaissances successives constituera la classe des *sciences historiques réelles*.

La seconde classe des sciences des faits successifs expose le développement des *connaissances* par rapport à certains domaines de faits *qui en eux-mêmes restent immuables* et ne changent pas avec le temps, au moins par rapport à notre existence humaine. Dans ce cas, l'objet de la connaissance étant fixe, ce qui peut changer c'est la façon dont l'esprit s'en rend compte, dont il comprend les faits. Ainsi les phénomènes astronomiques n'ont pas changé depuis l'éveil de la conscience humaine ; mais la façon de les comprendre et de les interpréter a progressé continuellement. Il y a donc une histoire de la science astronomique. Il en est de même de la physique, de la minéralogie, de la chimie, de la botanique, etc., dont le fonds n'a pas varié depuis que l'homme a commencé à en prendre connaissance, tandis que nos idées relatives aux phénomènes que ces branches de connaissance étudient se sont d'abord continuellement enrichies, puis ont changé du tout au tout, par une progression plus ou moins rapide. Il y aura donc une histoire de la science physique, de la science chimique, une histoire de la botanique, de la zoologie, de la physiologie. Mais les sciences historiques réelles pourront à leur tour être traitées historiquement (comme les sciences qui se rapportent aux faits coexistants), c'est-à-dire relativement au changement de nos idées sur la nature des phénomènes ; on peut ainsi exposer une histoire des théories géologiques et paléontologiques, une histoire des idées sur la théorie et la descendance, enfin une histoire des conceptions historiques [1]. Cette classe des sciences historiques qui exposent la succession de nos idées sur les phénomènes, pourrait être désignée, par opposition à la classe des sciences historiques réelles, *sciences historiques idéales*.

Nous croyons qu'une classification rationnelle des sciences devrait se baser sur la distinction fondamentale établie par nous entre les sciences *théoriques* et les sciences *historiques*, qui se subdivisent à leur tour en sciences théoriques et en sciences historiques de la *matière* et de l'*esprit*. Les sciences historiques se subdivisent encore en sciences historiques *réelles* et en sciences historiques *idéales*. Mais nous n'avons touché à cette question de classification que pour prouver notre assertion que l'histoire ne constituait pas une science particulière et unique, mais bien un des deux modes de conception du monde, le mode successif en regard du mode coexistant.

C'est le manque de cette conception véritable de l'histoire qui a toujours empêché de se rendre pleinement compte du rôle qu'elle est appelée à jouer dans le système des connaissances humaines. On s'est toujours aperçu que le champ de l'histoire était immense ; qu'il s'étendait presque à toutes les branches des connaissances qui peuvent être traitées à deux points de vue : celui de la coexistence et celui de la succession ; mais on n'a jamais remarqué que cette étendue de l'histoire dérivait de sa manière d'envisager les faits ; qu'elle ne constituait donc point une science spéciale, mais bien un caractère commun à toute une classe de sciences [2]. Les phénomènes de l'univers s'étendant sur

---

[1]. C'est ainsi que M. Robert Flint a exposé dans un volume l'*Histoire de la philosophie de l'histoire en France*. Paris, 1878, et dans un autre l'*Histoire de la philosophie de l'histoire en Allemagne*. Paris, 1878, et M. Wegele a écrit un volume intitulé *Geschichte der deutschen Historiographie*, München und Leipzig, 1885.

[2]. M. Bernheim dans son *Lehrbuch der geschichtlichen Methode*, Leipzig, 1894, p. 116, conçoit l'histoire toujours comme une science particulière. Il dit : « Vielleicht fragt mancher, wenn er sich den gewaltigen Umfang unserer Wissenschaft vergegenwärtigt, mit erschrokenem Zweifel : ist es denn möglich das alles zu beherrschen? Kann das überhaupt als Aufgabe *einer Wissenschaft* bezeichnet werden? Darauf wäre zu antworten. Es giebt auch sonst wenige Wissenschaften die von einem Einzelnen beherrscht werden können, etc ». La véritable réponse n'est pas celle qui est donnée par M. Bernheim ; mais bien celle que nous avons faite dans le texte.

un espace et se déroulant dans le temps, leur mode de perception ne saurait se soustraire à ce dualisme, qui a sa raison d'être dans la constitution de l'univers lui-même, et non pas dans celle de notre entendement, suivant la théorie de Kant, attendu que nous pensons, comme nous l'avons déjà remarqué, que la raison humaine n'est que le reflet de la raison universelle.

L'histoire s'occupe de toutes les choses qui deviennent ce qu'elles sont par le cours du temps. Elle touche à tous les phénomènes de l'univers, à ceux de nature matérielle, comme à ceux de caractère intellectuel. De nos jours, cette façon d'envisager les choses a pris une extension extraordinaire, et l'histoire intervient dans l'explication d'un grand nombre de faits qui, sans elle, resterait défectueuse ; ce sont les faits qui se développent dans le temps. Mais c'est à ces derniers seuls qu'il faut restreindre la maxime de *Comte* « qu'une conception ne saurait être comprise que par son histoire. » Il ne faut pas lui donner la portée trop générale que Comte semble lui attribuer ; car l'explication historique ne servirait par exemple à rien, dans la conception des vérités mathématiques, des lois physiques, chimiques, biologiques, logiques ou psychologiques. Aussi, de nos jours, toutes les notions qui plongent leurs racines dans le temps sont-elles soumises à des investigations historiques. Hors les objets d'étude de l'histoire proprement dite, pas une théorie n'est exposée, pas une loi n'est motivée, pas un procès n'est plaidé, sans une introduction historique qui montre comment la conception a pris naissance, comment elle s'est introduite soit dans le monde des faits, soit dans celui des idées.

La marque la plus caractéristique du siècle qui touche à sa fin, c'est cette direction historique donnée à l'esprit, c'est cette tendance à disséquer les faits et les idées dans leur sens longitudinal, dans le sens de leur succession.

Avant d'aborder l'étude des éléments qui concourent à donner naissance à la succession historique, il faut élucider une question qui prime toutes les autres, celle qui a trait au caractère scientifique de l'histoire, caractère qui lui a souvent été contesté.

CHAPITRE II

Caractère scientifique de l'histoire

OBJECTIONS CONTRE LE CARACTÈRE SCIENTIFIQUE DE L'HISTOIRE.
— Il est difficile de se rendre compte de l'erreur dans laquelle sont tombés tous les penseurs, en confondant le mode de manifestation des faits coexistants avec celui des faits successifs. Pour la plupart d'entre eux les premiers seuls paraissent exister, et ils ignorent ou passent sous silence les seconds. Ainsi *Stuart Mill* n'admet d'autre explication que celle qui donne la cause d'un phénomène sous la forme d'une loi de la coexistence. Il dit en effet « qu'un fait particulier est expliqué, quand on en a indiqué la cause, c'est-à-dire *quand on a établi la loi de causation dont sa production est un des cas* [1] ». *Bain* définit la science comme la connaissance du plus haut degré de la généralisation. Les faits successifs, l'histoire, ne pouvant se prêter à cette opération, Bain l'ignore presque complètement dans ses recherches sur la logique des sciences [2]. *Schopenhauer*, partant du même principe, nie même positivement à l'histoire le caractère d'une science. « Il lui manque, dit-il, le caractère fondamental de toute science, savoir, la subordination des faits connus, à la place de laquelle elle ne peut donner que leur coordination. En histoire, il n'y a donc pas un système comme dans toute autre science. L'histoire c'est un savoir, ce n'est pas une science, car nulle part elle ne reconnaît le particulier par le général ; elle est tenue de saisir directement le fait individuel. Les sciences, étant des systèmes de notions générales, traitent toujours des genres ; l'histoire des choses individuelles [3] ». Enfin, M. *Seignobos*,

---

1. *Logique*, trad. Peysse, I, p. 551.
2. *Logique*, trad. Compayré, II, p. 626.
3. Le *Monde comme volonté et représentation*, trad. Cantacuzène, Bucarest, 1880, II, p. 664.

dans un ouvrage tout récent, émet des doutes sur le caractère scientifique de la discipline qui forme l'objet de ses occupations. Il dit que « dans son exposition, la précision a été plus difficile à atteindre. L'histoire est une science encore tellement rudimentaire, si même on peut sans dérision l'appeler une science, qu'elle n'a pas de vocabulaire technique [1] ».

Avant de démontrer la fausseté du principe posé par le grand pessimiste allemand et partagé par tant d'autres penseurs, que les sciences ne seraient autre chose que des systèmes de notions générales, commençons par observer que Schopenhauer ne se rendait pas même compte de l'imputation qu'il faisait à l'histoire ; car quel serait le sens de son affirmation, que l'histoire ne pourrait donner la subordination des faits, mais seulement leur coordination ? Si l'histoire donnait la coordination des faits, elle donnerait implicitement aussi leur subordination, attendu que la coordination de plusieurs notions ne saurait exister qu'en tant que ces notions seraient subordonnées à une notion plus générale. Mais l'histoire ne s'occupe pas plus de la coordination que de la subordination des faits ; *elle expose leur succession*, ce qui est complètement différent, comme nous le verrons bientôt.

D'autres penseurs croient, au contraire, que l'histoire pourrait être constituée comme science au moyen des généralités, et que si elle ne l'a pas été jusqu'à présent, la faute en est à ceux qui s'en sont occupés et non à la matière elle-même.

Condorcet déjà se disait que « si l'homme peut prédire avec une assurance entière les phénomènes dont il connait les lois, pourquoi regarderait-il comme une entreprise chimérique celle de tracer avec quelque vraisemblance le tableau des destinées futures de l'espèce humaine, d'après les résultats de son histoire [2] ». Mais si Condorcet ne parle que de vraisemblance, *Auguste Comte* est bien plus positif, lorsqu'il dit que « les phénomènes sociaux sont inévitablement assujettis à de véritables lois naturelles comportant régulièrement une prévision scientifique [3] ». Le disciple de Comte, l'historien anglais *Henry Thomas Buckle*, sans faire aucune mention des efforts de son illustre prédécesseur, dans la même direction, se propose d'élever, lui le premier, l'histoire au rang de science. Il dit que « l'on admet généralement

---

1. *Histoire politique de l'Europe contemporaine*. Paris, 1897, p. X.
2. *Esquisse d'un tableau historique du progrès de l'esprit humain*, Paris, 1794, nouvelle édition, 1866, p. 37.
3. *Philosophie positive*, 1839, IV, 1. p. 317.

la nécessité de la généralisation dans tous les autres champs importants d'études et on fait actuellement de nobles efforts pour sortir des faits particuliers dans le but de découvrir les lois qui gouvernent ces faits. Mais les historiens sont si loin de suivre cet exemple, qu'une idée étrange semble prévaloir parmi eux, l'idée que tout ce qu'ils ont à faire est de raconter les événements et qu'ils peuvent à l'occasion les vérifier par des réflexions morales ou politiques de nature à être utiles ». Buckle est donc d'avis « que l'histoire présente cet aspect de confusion et d'anarchie, naturel à un sujet dont les lois sont inconnues et dont la base n'est pas même établie ». Par suite de ces considérations, Buckle se propose « d'accomplir, pour l'histoire de l'homme, quelque chose d'équivalent ou au moins d'analogue à ce qui a été accompli par d'autres investigateurs pour les différentes branches des sciences naturelles [1] ». M. *Bourdeau* affirme aussi que « l'histoire ne sera admise à prendre rang parmi les sciences, que lorsqu'elle aura, comme elles, fait preuve d'aptitude à constituer des lois [2] ». M. *Benjamin Kidd* constate que, malgré les progrès récemment accomplis en Allemagne et en Angleterre, les généralisations en forme de lois manquent presque complètement dans les connaissances historiques [3] ». M. *Lavollée* donne aussi pour mission à l'histoire de « s'élever du particulier au général, du phénomène à la loi. La philosophie de l'histoire dégage à travers la trame historique, ce qui est permanent de ce qui est passager, ce qui nécessaire de ce qui est contingent, ce qui est partout de ce qui est accidentel, en un mot la loi sous le phénomène [4] » ; et la même idée, moins le terme de loi, inusité encore en histoire à son époque, se trouve déjà dans *Guillaume de Humboldt* qui dit aussi « que l'exposition historique est la découverte du nécessaire et l'élimination de l'accidentel [5] ». M. *Lacombe* enfin abonde dans le même sens. Il soutient aussi « qu'on ne saurait tenter la constitution de l'histoire-science, qu'en diminuant le nombre et la masse énorme des phénomènes recueillis dans l'esprit et en les liant, et ce lien ne peut être qu'une généralisation scientifique ». La science consiste, selon lui, dans deux opérations : l'établissement des similitudes et la recherche des causes. Comme exemple frappant

---

1. *Histoire de la civilisation en Angleterre*, trad. Baillot, Paris, 1865, I, p. 8, 11.
2. *L'histoire et les historiens*, Paris, 1890, I, p. 328.
3. *Évolution sociale*, trad. Le Monnier, Paris, 1896, p. 27.
4. *La Morale dans l'histoire*, Paris, 1892, p. 302 et 370.
5. *Gesammelte Werke*, I, p. 8.

du terrain sur lequel il entend placer l'histoire, il donne « la similitude de la chute des corps qui ne devient une vérité, que lorsqu'on en découvre le lien qui l'attache à un phénomène plus général, l'attraction universelle. Par opposition dit-il, savoir que tel corps, la flèche d'une cathédrale est tombée, en écrasant plusieurs maisons, n'est pas de la science ; c'est simplement une notion, une connaissance de la réalité ». Conclusion : « il faut ou réformer l'histoire, ou elle n'arrivera jamais à constituer une science ». Aussi M. Lacombe propose-t-il d'exclure de l'histoire, autant qu'il est possible, l'étude des événements et de s'attacher à celle des institutions, éléments qui sont plus propres à se plier à une généralisation scientifique [1].

Nous pensons que tous ces auteurs font fausse route, par la simple raison qu'ils confondent les faits coexistants avec ceux de caractère successif. L'histoire, en effet, ne recherche pas les lois générales de production de plusieurs faits simultanés, mais bien la succession *sur une seule ligne* des faits qui s'enchaînent dans le cours du temps. Or comment pourrait-on généraliser des faits qui se suivent, qui se développent les uns à la suite des autres ? Une généralisation de faits tout comme une généralisation de représentations exige la similitude des éléments réunis dans une notion commune. Mais comment trouver cette similitude entre des faits successifs qui constituent le développement, le progrès, et *qui par conséquent ne sauraient rester les mêmes* ? Vouloir que les sciences historiques réduisent leurs explications à des lois pareilles à celles qui régissent les faits coexistants, c'est ignorer complètement le caractère de ces sciences, qui n'ont pas pour but d'établir des relations de similitude et de coexistence, mais bien des relations de différence et de succession.

Les objections formulées de ce chef contre le caractère scientifique de l'histoire sont tout aussi peu fondées que le moyen proposé, la généralisation, pour élever cette discipline au rang de science.

Définition erronée de la science. — Comment procède-t-on pour contester à l'histoire le caractère d'une science ? On formule la définition de la connaissance scientifique d'après les éléments que présentent une partie seulement des connaissances humaines, les sciences ainsi appelées naturelles, et on conteste ensuite à

---

1. *De l'histoire considérée comme science*, Paris, 1894, Préface et chap. I.

l'histoire le caractère scientifique, parce qu'elle n'entre pas dans la définition trop restreinte qu'on s'est plu à donner au terme de science — manière bien peu logique de procéder. M. *Dilthey* dit donc avec grande raison, que « les positivistes formulent la notion de science d'après les conceptions éveillées dans l'esprit par l'occupation avec les sciences naturelles et décident ensuite, d'après cette formule, les occupations intellectuelles auxquelles on peut attribuer le rang et le nom d'une science. C'est ainsi que des auteurs, partant d'une notion arbitraire du savoir, tentent d'une façon présomptueuse et bornée, de nier à l'histoire, telle qu'elle a été traitée par de grands maîtres, le caractère d'une science [1] ».

La définition la plus commune de la science est celle qui a été formulée par les penseurs cités plus haut, c'est-à-dire que *la science consiste dans un système de vérités générales ou plutôt universelles* [2].

Le premier élément de cette définition est exact. La science poursuit en effet la découverte et l'établissement de la vérité. C'est là son but, sa seule raison d'être. Tous les penseurs de toutes les époques sont d'accord sur ce point. Si l'on se demande ce que c'est que la vérité, on ne saurait y trouver une réponse plus satisfaisante que celle que la vérité est la correspondance à la réalité ou à la raison [3].

Mais la connaissance de la vérité par elle-même ne suffit pas à constituer la science. La pratique de la vie enseigne à l'homme une foule de vérités, sans que cette correspondance aux faits ou à la raison constitue ce que l'on est convenu d'appeler la science. Si donc toute science tend à posséder la vérité, on ne peut pas intervertir les termes et dire que toute vérité possédée par l'esprit humain constitue une connaissance scientifique. La science exige donc un second élément pour exister. Nous avons vu que la

---

[1]. *Einleitung in den Geisteswissenschaften*, Berlin, 1883, I, p. 6.
[2]. Nous employons de préférence le terme *universel* à celui de *général*, pour les vérités abstraites de la science. Nous réservons le terme de *général* pour les idées moins compréhensives qui, tout en ne possédant pas un caractère singulier, n'ont pas de valeur en tout temps et en tout lieu. Cette innovation terminologique est nécessaire, attendu que nous verrons que l'histoire ou la succession peut aussi formuler des *vérités générales, de caractère pourtant individuel* et non *universel*, c'est-à-dire précisément des vérités qui atteignent *un degré quelconque d'abstraction sans pour cela devenir universelles*. Nous opposons donc le terme de *singulier* à celui de *général*, et le terme d'*individuel* à celui d'*universel*.
[3]. Bain, *Logique*, trad. Compayré, I, p. 31, n'ajoute pas aussi la correspondance à la raison. Il définit la vérité comme la correspondance à la réalité. Cette définition est, selon nous, trop étroite.

définition rapportée plus haut, place cet élément dans la possibilité de la généralisation universelle. Examinons si c'est en effet ce nouvel élément qui, ajouté à la vérité, constitue la science. Car si cette définition est exacte, si la science ne peut exister sans vérités universelles, l'histoire qui ne se compose que de vérités de caractère individuel, lors même qu'elles ont une forme plus ou moins générale, ne peut rentrer dans la notion de science, et les auteurs qui contestent à l'histoire ce caractère sont dans le vrai.

Mais avant d'entrer dans cette discussion, il faut commencer par établir que l'histoire ne traite en effet que de vérités individuelles, assertion qui de prime abord, pourrait paraître choquante. Commençons par citer quelques autorités à l'appui de cette idée :

M. *Bernheim* dit que « l'histoire ne s'occupe que de la connaissance d'un seul objet, lequel peut être, ou un phénomène singulier, une personnalité, un groupe d'événements, un Etat ou un peuple, une époque entière ; tous ces objets de son investigation n'en constituent pas moins, au sein du développement général, des éléments individuels [1] ». M. *Gabriel Tarde* considère aussi « les faits historiques comme essentiellement individuels [2] ». M. *Charles Menger* ajoute « que c'est le contraste entre la connaissance de l'individuel et du général (mieux dit, de l'universel) dans les phénomènes de la vie humaine qui distingue les sciences sociales historiques des sciences théoriques de même nature [3] », observation aussi juste que profonde qui établit la vraie distinction entre les sciences de l'esprit, distinction analogue à celle qui existe entre les sciences de la matière, dont les unes et les autres peuvent être, ou de nature théorique ou de nature historique. Car, en effet, en quoi se distingue par exemple le phénomène social universel (pour l'humanité), de la division du travail, ou celui de l'offre et de la demande, du phénomène naturel, universel aussi, de la chute des corps ? Les sciences historiques au contraire et notamment non seulement celles de l'esprit mais encore celles de la matière, s'occupent de relations individuelles, établies entre des faits singuliers ou généraux qui ne se produisent qu'une seule fois dans le cours du temps. *Lazarus* soutient

---

1. *Lehrbuch der geschichtlichen Methode*, p. 8.
2. *Logique sociale*, Paris, 1894, p. 27.
3. *Untersuchungen über die Methode in den Socialwissenschaften*, p. 6, note 3.

aussi que « l'histoire ne s'occupe jamais de généralités (universelles, mais bien de faits concrets, individuels »[1]. *Schopenhauer* qui constate la même particularité de l'histoire, lui en fait une imputation, comme nous l'avons vu dans le passage rapporté plus haut (p. 23). Renchérissant encore là-dessus, M. *Lacombe* ne craint pas d'affirmer que « l'individuel n'est pas apte à devenir une cause »[2], affirmation qui, si elle était fondée, exclurait pour sa plus grande partie la causalité de l'histoire.

Le caractère de l'histoire, de relier toujours entre eux des faits individuels, existe même dans le cas où elle généralise les faits, comme l'a observé déjà M. Bernheim dans le passage rapporté ci-dessus. Par exemple, lorsqu'on étudie les faits et les causes de la grandeur et de la décadence des Romains, celles de la grande Révolution française, de l'établissement du régime féodal, des croisades, de l'émancipation des communes, de la Réforme, de l'expansion des Arabes, etc., etc. ; — toutes ces questions possèdent, quant aux phénomènes et à leurs causes, un caractère général ; mais ces généralisations limitées de l'histoire sont bien différentes des généralisations universelles de la physique, de la chimie, de la physiologie et de la sociologie statique (économie politique, droit, ethnographie, etc.). Ces dernières possèdent d'abord un caractère universel, quant à l'espace[3], au moins pour la terre ou le genre humain, et sont absolument sans limites dans le temps. Les faits historiques au contraire n'ont de valeur que pour une partie déterminée de l'humanité et n'existent que pendant un certain temps ; ils sont donc circonscrits et quant à l'espace et quant au temps. Les faits historiques généraux, sont totalement différents de ceux de caractère universel de la nature comme la pression des liquides, celles du gaz, la tension de la vapeur, la chute des corps — faits qui se rencontrent sur toute la surface de notre planète et sont soustraits absolument à l'action du temps.

Les généralités de l'histoire ne sont donc que des généralités limitées, par conséquent des vérités toujours individuelles. Comme le dit très bien *Lazarus* : « en histoire le singulier est

---

[1]. Uber die Ideen in der Geschichte dans la *Zeitschrift für Völkerpsychologie und Sprachwissenschaft*, III, 1865, p. 407.
[2]. *L'histoire considérée comme science*, p. 12.
[3]. Nous verrons au chap. VIII, § Lois de causation, que, dans les sciences théoriques de la nature, il y a aussi des vérités individuelles quant à l'espace, chose dont ne paraissent pas se douter tous ceux qui soutiennent que les sciences sont des systèmes de vérités universelles.

opposé à la totalité, dans les sciences au général (universel)[1] ». L'histoire, ne reliant entre elles que des notions individuelles, ne peut entrer dans la définition de la science, si cette dernière a été bien caractérisée comme un système de notions universelles.

Mais examinons maintenant cette définition, pour voir si elle correspond à la vérité. Or, cette définition est d'un côté trop large et de l'autre trop étroite : trop large, car elle comprend aussi les vérités pratiques qui sont pourtant essentiellement différentes des vérités scientifiques. Il existe en effet bon nombre de vérités enseignées par l'expérience de la vie, et qui possèdent un caractère parfaitement universel. Tous les hommes connaissent la régularité et l'alternance des saisons, celle du jour et de la nuit d'après les différentes régions du globe ; les agriculteurs connaissent les conditions dans lesquelles la végétation peut s'épanouir ; les maçons, la façon dont ils doivent procéder pour élever de solides constructions ; les forgerons, la manière dont il faut s'y prendre pour façonner le fer, et ainsi de suite. Tous ces individus appliquent à chaque instant des vérités universelles qui leur ont été enseignées par l'expérience ; mais ces vérités, quelque universelles qu'elles soient, ne possèdent pas le moins du monde un caractère scientifique. Elles constituent des connaissances pratiques qui sont précisément l'opposé de la connaissance scientifique. La définition de la science, comme *système de vérités universelles*, est donc trop large, attendu qu'elle comprend aussi les vérités universelles de caractère pratique, lesquelles ne constituent pas la science.

Mais cette définition est en même temps trop étroite, car elle exclut de son contenu une classe entière de sciences et notamment de sciences de la nature, qu'elle devrait pourtant comprendre dans leur totalité, attendu qu'elle a été donnée pour caractériser précisément ces sciences. Cette définition ne saurait s'étendre non plus aux *sciences historiques de la nature*, c'est-à-dire à celles qui s'occupent de son développement ; car ces sciences présentent aussi des relations individuelles. Les phénomènes du développement de la nature ne se produisent aussi qu'une seule fois dans le cours des âges et ne se répètent plus jamais. Les formations géologiques peuvent posséder un caractère universel, quant à notre globe ; les causes qui les produisent, de même. La liaison

---

[1]. *Uber die Ideen in der Geschichte, Zeitschrift*, l. c., p. 408 : « In der Geschichte ist der Gegensatz gegen das Einzelne, die Gesammtheit ; in der Wissenschaft, ist er das Allgemeine. »

entre ces causes universelles et leur effet, également universel, porte toujours un caractère individuel ; cause et effet ne se produisant *qu'une seule fois dans le cours des temps*. Les roches ignées, le gneiss, le mica, la houille, la craie et toutes les autres formations géologiques, les plantes et les animaux disparus, ne se sont produits qu'une seule fois dans l'histoire de la terre et ne se reproduiront plus jamais.

Pour les faits successifs, même dans le cas où il s'agit de causes et de phénomènes universels quant à l'espace, le lien qui s'établit entre la cause et l'effet reste toujours individuel quant au temps.

La seule différence qui existe entre les faits successifs de la matière et ceux de l'esprit, réside dans la circonstance que les premiers peuvent êtres universels quant à l'espace (terrestre), et avoir pour causes des phénomènes aussi universels quant à l'espace, tandis que les faits successifs de l'esprit sont toujours restreints comme étendue. Par rapport au mode d'enchaînement, ces deux classes de phénomènes se ressemblent parfaitement. La relation de cause à effet est toujours individuelle ; *elle ne se produit qu'une seule fois dans le cours des âges*. Voilà pourquoi il n'est pas exact d'opposer complètement l'histoire de la terre à celle de l'humanité, et de dire avec M. *Ottokar Lorenz* que « l'on ne saurait traiter l'histoire des états comme celle de l'écorce terrestre, attendu que la première dépendrait de décisions individuelles, tandis que les phénomènes de la nature obéiraient à des lois d'une valeur générale [1] ». Les phénomènes géologiques obéissent en effet à des causes universelles ; mais le mode d'action de ces causes, la connexion entre les causes et les effets se fait absolument de la même façon qu'entre les faits successifs de l'esprit ; elle agit toujours individuellement, c'est-à-dire elle ne se produit qu'une seule fois et ne se répète jamais.

L'esprit peut donc concevoir trois modes d'accomplissement des phénomènes de l'univers.

1° Celui des lois de coexistence des faits physiques ou intellectuels qui donnent naissance à des phénomènes universels dans l'espace (l'univers et la terre) ou au sein du genre humain, et qui ne sont pas soumis à l'action du temps ;

2° Celui des séries de succession de la matière qui présente des

---

[1]. *Die Aufgaben der Geschischtswissenschaft*, p. 138. (Remplacer le terme général par *universel*).

causes et des faits, universels quant à l'espace terrestre, mais individuels quant au temps ;

3° Enfin celui des faits successifs intellectuels qui, même lorsqu'ils revêtent une forme générale, possèdent toujours un caractère individuel, étant toujours restreints dans l'espace comme dans le temps.

Si on veut appliquer maintenant la définition de la science, comme système de vérités universelles, à ces trois classes de phénomènes perçus par l'esprit, on trouve qu'elle ne cadre complètement qu'avec le premier groupe, celui des faits coexistants de la matière comme de la pensée. Elle ne peut être appliquée à la connaissance des phénomènes successifs de l'esprit qui ne consistent que dans des notions individuelles ; mais *elle ne saurait s'étendre ni même à la connaissance des faits successifs matériels qui eux aussi sont reliés par une causalité individuelle.*

La définition de la science comme système de vérités universelles est donc aussi trop étroite, attendu qu'elle exclut de son contenu, une partie des sciences naturelles elles-mêmes, celles qui traitent du développement de la matière. Cette définition, étant en même temps trop large et trop étroite, n'est donc pas celle qui convient à la notion de science.

Essayons de trouver le véritable caractère de la connaissance scientifique.

VÉRITABLE NATURE DE LA SCIENCE. — Nous pensons que ce qui distingue une vérité scientifique d'une vérité pratique n'est nullement son universalité, mais bien la circonstance que la première est *prouvée*, tandis que la seconde ne l'est pas. *Bain* dit avec raison que « l'homme ignorant est exposé à affirmer, sans prendre soin de vérifier ses affirmations ; au contraire l'homme de science non seulement mettra à profit les procédés vulgaires de découverte, mais emploiera un système spécial d'instruments, un ensemble de moyens pour vérifier ses connaissances [1] ». La science ne tend à autre chose qu'à établir des vérités indiscutables, et une vérité n'acquiert ce caractère qu'à mesure que la preuve de son existence a été fournie. Voilà pourquoi dans les sciences on admet aussi des vérités probables, des hypothèses, c'est-à-dire des vérités qui ne sont prouvées qu'à moitié, mais dont on espère pouvoir compléter la preuve. Une vérité

---

1. *Logique*, I, p. 33.

pratique est celle qui est admise par suite de ses résultats, mais dont l'existence n'est pas prouvée. Une pareille vérité est *crue*, mais non démontrée. C'est ainsi que l'arithmétique pratique enseigne des règles pour le calcul des nombres ; ces règles sont admises comme vraies, sans que l'esprit se rende compte des arguments sur lesquels elles se basent. L'arithmétique raisonnée, scientifique, donne les raisons sur lesquelles ces règles reposent, fournit la preuve de leur exactitude, démontre leur vérité. Le terme de *science* (en allemand *Wissenschaft*, en anglais *Knowledge*) indique la condition expresse de cette forme de la connaissance. M. Adolphe Rhomberg dit très bien que « ce qui n'est que probable peut être *cru* ; on ne saurait *savoir* que ce qui est certain [1] ».

Pour pouvoir prouver, il est nécessaire de recourir à une opération qui elle aussi est particulière à la connaissance scientifique ; il faut isoler les éléments dont se compose un phénomène. « Chaque science expérimentale, dit M. *Herrmann Paul*, s'élève à une exactitude d'autant plus grande qu'il lui est possible de considérer, dans les phénomènes dont elle s'occupe, l'action des facteurs singuliers d'une façon isolée. C'est là que réside la différence spécifique entre la connaissance scientifique et la connaissance populaire [2] ». Nous pensons que cette condition de la connaissance scientifique est commune à toutes les sciences, et non seulement à celles de caractère expérimental, dont parle M. Paul. C'est ainsi que dans les mathématiques, la preuve d'une opération, d'un théorème, s'obtient toujours, en décomposant la vérité dans les éléments qui la constituent.

Il va sans dire que la science peut se tromper aussi et admettre comme prouvées des vérités qui ne le sont pas. La science ne peut être constituée qu'avec les idées existantes à une époque quelconque, et il se peut que la somme de ces idées soit insuffisante pour pénétrer dans la véritable essence des choses. Voilà pourquoi il arrive quelquefois, que ce que l'on croyait vrai et prouvé se trouve être entaché d'erreur, par exemple : le système de Ptolémée qui était admis comme une vérité scientifique, avant que Copernic vînt le renverser. Cela ne veut pas dire que toute vérité soit sujette à être rejetée plus tard ; car dans ce cas rien ne serait sûr, et la connaissance scientifique ferait complè-

---

1. *Die Erhebung der Geschichte zum Range einer Wissenschaft*, Wien, 1883, p. 12.
2. *Principien der Sprachgeschichte*, Halle, 1880, p. 19.

tement défaut, n'étant jamais certaine de posséder la vérité. Il existe au contraire une foule de vérités parfaitement prouvées et qui ne pourront plus jamais être renversées par les découvertes futures, comme le système solaire actuel, tel qu'il a été établi par les travaux des astronomes modernes.

Il ne faut pas confondre la preuve d'une vérité avec son explication. Il est vrai que la connaissance de la cause d'une vérité garantit davantage son existence, et qu'une vérité n'est complètement pénétrée par l'esprit que lorsque ce dernier en connait aussi l'explication causale. Mais il faut distinguer entre la conviction de l'existence d'une vérité et le contentement d'esprit qui résulte de la découverte de la cause. L'esprit peut être parfaitement sûr d'une chose, sans pouvoir l'expliquer, et le *Cogito ergo sum* de Descartes en est l'exemple le plus frappant. On est parfaitement sûr que l'on pense, par conséquent que l'on existe ; mais on ne connait ni la cause de la pensée, ni celle de l'existence. Peut-on nier les vérités que certains minéraux cristallisent sous certaines formes géométriques, que les corps chimiques se combinent entre eux dans des proportions mathématiquement définies, que les alliages soient plus durs que leur composants, que le téléphone et le phonographe transmettent des sons multiples par une seule série de vibrations, etc. etc., — et pourtant l'explication de toutes ces vérités, dont l'existence est parfaitement prouvée, est encore à trouver.

Mais si l'élément qui doit s'ajouter à la vérité, pour constituer la science, est la preuve, on voit immédiatement le champ de la science prendre une bien plus grande extension puisqu'une vérité, fût-elle universelle en tout, comme dans les phénomènes coexistants, ou universelle seulement en partie, comme dans les phénomènes successifs de la matière, ou bien même individuelle, de caractère singulier ou général, comme dans le domaine de l'histoire — aussitôt qu'elle est prouvée, cette vérité acquiert un caractère scientifique.

Si donc on pouvait contester à l'histoire le caractère de science, ce ne serait que dans le cas où elle ne n'arriverait pas à prouver les vérités qui la constituent, car comme le dit M. *Romberg* « tant que l'historien ne pourra établir que la probabilité et non la certitude, comme le naturaliste et le mathématicien, l'histoire ne constituera pas une science [1] ».

---

1. *Die Erhebung der Geschichte zum Range einer Wissenschaft*, p. 5.

Il faut encore observer que par le terme de vérité, on ne saurait entendre que des conceptions purement intellectuelles et non des impressions reçues par les sens, qui peuvent être les fondements sur lesquels s'élèvent les vérités, mais ne constituent pas des vérités proprement dites. Ces perceptions intuitives n'ont aucun besoin d'être démontrées ; et ne constituent par conséquent ni des vérités pratiques, ni des vérités scientifiques, mais bien des éléments sur lesquels reposent les unes et les autres. Il n'est donc pas exact d'opposer, comme le fait M. *Lacombe*, la notion ou la connaissance de la réalité, à la connaissance scientifique ou universelle [1]. La vérité scientifique n'est pas différente de la connaissance de la réalité, puisque dans bien des cas elle repose sur elle (l'induction). L'opposé de la connaissance scientifique ou prouvée, c'est la connaissance pratique ou populaire qui ne s'enquiert pas des preuves.

L'histoire de l'esprit humain sera donc une science, si elle peut prouver l'existence des vérités générales ou même singulières dont elle se compose.

Examinons ce point fondamental.

Etablissements des faits historiques. — Si l'objection que l'on a élevée contre le caractère scientifique de l'histoire, par suite de l'absence de vérités universelles dont elle souffrirait, ne peut nullement faire douter de ce caractère, il n'en est pas ainsi d'une autre objection que l'on a aussi soulevée contre cette discipline, le peu de sûreté des faits qu'elle prétend enregistrer. Si cette dernière imputation était fondée, l'histoire ne pourrait jamais aspirer au titre de science, la science n'étant autre chose que la vérité nantie de preuves, la vérité démontrée. Mais si les faits de l'histoire sont toujours soumis à controverse, c'est qu'elle n'est pas capable d'en fournir la preuve irrécusable, et qu'ainsi elle ne peut être classée parmi les connaissances scientifiques.

Examinons cette seconde objection — la seule sérieuse — contre le caractère scientifique de l'histoire, en commençant par reproduire la façon dont la formule le philosophe allemand *Schopenhauer*, Il dit que : « dans les sciences c'est le particulier et l'individuel qui est le certain, puisqu'il est né de la perception immédiate, tandis que les vérités générales en sont abstraites, et peuvent plus facilement avoir admis quelque chose par erreur. C'est

---

1. De l'*histoire considérée comme science*, p. 2.

l'inverse en histoire ; ce qu'il y a de plus général est aussi plus certain, par exemple, les périodes de temps, les successions des rois les révolutions, les guerres et les traités de paix ; au contraire le détail des événements et leur enchaînement sont plus incertains et le deviennent de plus en plus, à mesure que l'on spécifie davantage. Aussi l'histoire est-elle d'autant plus intéressante qu'elle est plus spéciale ; mais elle devient en même temps d'autant moins digne de foi, et se rapproche à tous égards du roman ». Schopenhauer ajoute ailleurs « que dans l'histoire il y toujours plus de faux que de vrai [1] ». Les historiens constatent aussi la même circonstance, quoiqu'ils n'en fassent pas une imputation à l'histoire. M. *Lavisse* dit que « le général en histoire est plus certain que le particulier, quelque paradoxale que cette assertion puisse paraître. Il est plus facile de ne pas se tromper sur tout un pays que sur un seul personnage. La vue qui se perd dans les broussailles, embrasse les ensembles ; les horizons les plus vastes sont les plus nets [2] ». M. *Berheim* observe aussi que « les traits principaux des événements sont constatés d'une façon indubitable et restent acquis à la science [3] ».

Cette différence entre les sciences historiques et les sciences théoriques, quant à l'établissement de la vérité sur les faits qui les constituent, est naturelle et nécessaire. Elle est la conséquence de la différence de ces faits eux-mêmes, les faits coexistants et les faits successifs. Dans les sciences théoriques, les lois, c'est-à-dire les faits généraux, ne peuvent être extraites des faits singuliers, que si ces derniers sont parfaitement et précisément connus. Les lois, les faits généraux, de la coexistence sont *l'essence* des faits singuliers, essence qui ne peut être saisie, si les faits singuliers sur lesquels elle repose ne sont dûment constatés. Dans la succession, les faits plus étendus existent et peuvent être constatés indépendamment des éléments de détail qui servent à les former. Les grands faits de l'histoire sont le *résultat* des faits plus petits qui s'enchaînent les uns aux autres, *et un résultat peut toujours être constaté, quoiqu'on ne connaisse pas ce qui l'a produit.* C'est ainsi que la loi de la pression des liquides n'a pu être établie, qu'en mesurant avec précision un certain nombre de cas de pression spéciaux, dont on a induit le fait général, la loi. Au contraire on peut parfaitement constater le

---

1. *Le Monde comme volonté et représentation*, II, p. 667 et I, p. 392.
2. *Vue générale de l'histoire politique de l'Europe*, Paris, 1894, p. VI.
3. *Lehrbuch der geschichtlichen Methode*, p. 136.

divorce de Henri VIII, quoiqu'on ne puisse savoir précisément, si les scrupules du roi contre le mariage qui l'unissait à sa parente Catherine d'Aragon, avaient pris naissance dans son esprit, avant son amour pour Anne de Boleyn, et seulement par suite de la mort successive de ses enfants, ou bien après qu'il eut connu cette beauté de sa cour. L'établissement et l'enchainement des grands faits de l'histoire ne dépendent pas de l'établissement et de l'enchainement des événements plus petits qui leur donnent naissance, et il n'est pas indispensable de connaître les détails pour acquérir les vues d'ensemble. C'est ainsi que l'on pourrait parfaitement établir l'existence et la succession des guerres du premier Empire, ainsi que le résultat auquel elles conduisirent, si même l'on ne connaissait pas la série exacte des faits qui donna naissance à chacune d'elles. La ruine de l'empire romain, l'établissement des Etats barbares, la prédominance des Etats des Francs et la soumission des autres organismes politiques à son autorité, la substitution de la famille carlovingienne à la famille mérovingienne, les luttes entre les successeurs de Charlemagne, la décomposition de son Etat en plusieurs royaumes, etc., sont autant de faits incontestables qui constituent la grande série historique du développement de l'Occident, et cette série subsisterait, quand même les séries composantes qui amènent ces faits au jour ne seraient pas connues ou ne le seraient qu'imparfaitement. Le progrès des connaissances historiques tend à faire pénétrer la lumière dans l'établissement et l'enchainement des détails, c'est-à-dire des séries composantes qui, par leurs résultats, donnent naissance aux séries plus compréhensives. Mais, nous le répétons, cette connaissance des détails n'est pas une condition d'existence pour la science historique; elle n'en est qu'une de son perfectionnement, pendant que les sciences théoriques ne peuvent établir leurs conceptions générales que sur la connaissance parfaite des détails.

Mais il est incontestable que les faits de l'histoire sont plus difficiles à établir que ceux de caractère coexistant. La nature de la connaissance historique donne la raison de cette difficulté. Les faits sur lesquels se base la connaissance du passé ne sont point de nature intuitive, comme ceux sur lesquels reposent les sciences théoriques — et cela pour le domaine entier des sciences historiques, y compris celles de la nature matérielle. Les faits passés n'existent plus comme actions; ils doivent être reconstitués par le moyen des restes de leur existence. Ces derniers sont seuls perçus d'une façon intuitive, par exemple : la présence des coquillages sur les cimes des montagnes, la houille dans les profondeurs de la terre, la disposition et la stratification des roches, pour la géologie ; l'empreinte des différents organismes laissés dans les roches, les squelettes d'animaux à l'état fossile, pour la paléontologie ; la concordance entre les organismes vivants confirmée par les restes qu'ils ont laissés dans les roches terrestres, la succession de l'apparition des êtres organisés, pour le développement des formes vivantes ; les instruments primitifs, les Kjökkenmöddings, les restes d'habitations lacustres, pour l'homme préhistorique ; les institutions des peuples sauvages existants, les traces laissées par les langues et en général par la vie des sociétés primitives dans notre civilisation actuelle, pour la partie inconsciente de l'histoire ; enfin les inscriptions, les monuments et les différents documents écrits, pour l'histoire proprement dite — voilà les seuls éléments que l'esprit puisse percevoir d'une façon intuitive et qui doivent lui servir à reconstituer les faits passés. Ces derniers eux-mêmes ne peuvent être qu'inférés, c'est-à-dire établis au moyen d'une induction individuelle [1]. « Notre connaissance intuitive, dit *Bain* avec justesse, est limitée au temps présent, et par suite la connaissance du passé et de l'avenir est nécessairement médiate [2] ». Mais de ce qu'une connaissance ne peut être obtenue que d'une façon quelconque, faut-il renoncer à la posséder, et déclarer que tout ce qu'on ne connait pas intuitivement se trouve en dehors des conditions de la science ? *Schopenhauer* semble même imputer à l'histoire sa propre essence, car il dit que « toutes les sciences sans exception parlent de ce qui existe toujours, tandis que l'histoire raconte ce qui a été une seule fois et ne sera plus jamais ». Or, ce n'est pas seulement l'histoire de l'humanité qui se trouve dans ce cas, mais bien aussi celle de la terre et celle des organismes, et Schopenhauer ne nous dit pas si, à ces dernières disciplines, il conteste aussi le caractère scientifique. Du domaine de la connaissance, comment peut-on prétendre rejeter tout le passé, et borner la science au seul temps présent ? Comment circonscrire cette connaissance au seul élément de l'espace et négliger celui de la durée ? L'esprit ne peut faire autrement que de porter, aussi sur le développement de l'univers dans le

---

1. Voir sur l'inférence, base de la méthode historique, le dernier chapitre : la *Méthode*.
2. *Logique*, I, p. 47.

temps, la curiosité naturelle qui le pousse à tout explorer. Cette dernière prise de connaissance ne peut être faite que d'une façon particulière ; elle doit se contenter d'être médiate. Est-ce à dire qu'une pareille connaissance ne peut jamais arriver à la vérité ? S'il en était ainsi, toute science serait impossible, car les généralités de la coexistence sont aussi le produit d'opérations logiques — induction et déduction — et possèdent aussi un caractère médiat. Ce qui est immédiat, c'est l'intuition de la réalité, intuition qui sert de base à la science, sans la constituer par elle-même. Il est vrai que dans les sciences de la coexistence, ce sont les vérités recueillies sur les faits qui ont un caractère médiat, tandis qu'en histoire vérités et faits possèdent ce caractère, attendu que ces derniers aussi doivent être reconstitués au moyen des restes qu'ils ont laissés. Les sciences historiques établiront les faits qui leur servent de base avec plus de difficulté que les sciences théoriques ; mais voilà tout. Elles peuvent atteindre la vérité tout aussi bien que ces dernières.

Compréhension des phénomènes historiques. — Comme nous l'avons observé plus haut, l'esprit n'est pleinement satisfait que lorsqu'il peut joindre l'explication des vérités à leur constatation certaine par le moyen des preuves. Dans ce cas seul on peut parler de science complète, au-delà de laquelle l'intelligence humaine ne peut aspirer à rien de plus. Il reste cependant quelque chose d'inconnu ; c'est la raison dernière, la cause finale des choses ; mais cette connaissance, à en juger par l'expérience des siècles, ne paraît pas être accessible à l'esprit humain, et il doit se contenter de saisir au moins les causes les plus rapprochées des phénomènes. Humainement parlant, la connaissance complète, d'un phénomène, est donc acquise, lorsque ce dernier est perçu par l'esprit dans sa réalité et lorsque nous en possédons la cause explicative jusqu'aux limites posées par les causes finales : M. *Menger* dit avec raison que « le but des recherches scientifiques n'est pas seulement la connaissance, mais aussi la compréhension des phénomènes. Nous connaissons les phénomènes lorsque nous en acquérons l'image intellectuelle dans notre entendement ; nous les comprenons, lorsque nous possédons les causes de leur manifestation et de leur manière d'être particulière, c'est-à-dire la cause de leur existence et de leur manière d'exister[1] ». *Fonsegrives* exprime la même idée lorsqu'il

---

1. *Untersuchungen über die Methode in den Socialwissenschaften*, Leipzig, 1883, p. 14.

dit que « nous ne pouvons, pour peu que nous voulions connaître les choses, ne pas nous demander qui les a faites. Notre connaissance n'est pas complète, si nous connaissons seulement leur essence ; il nous faut connaître encore ce qui les fait être [1] ». *Stuart Mill* place aussi l'explication des phénomènes dans la découverte de leurs causes [2]. La même idée est formulée par *Schopenhauer* lorsqu'il dit que : « le pourquoi est la source de toute science, car rien n'est sans raison d'être » et ailleurs, où il répète que « l'essence de la science consiste dans l'enchaînement des connaissances sur la base du pourquoi, enchaînement qui distinguerait la science du simple agrégat de connaissances [3] ». M. *Funk Brentano* remarque aussi que « la pensée ne progresse que par la découverte des causes [4] ». *Lazarus et Steinthal* établissent une distinction entre les sciences purement descriptives et les sciences explicatives des phénomènes. Ils disent que « ce n'est que lorsque la description des astres devient la mécanique céleste, lorsque la géographie et la géologie deviennent la géognosie, lorsque la zoologie et la botanique deviennent la physiologie ou la doctrine de l'évolution, que l'on peut parler de véritables sciences [5] ». M. *Arnold Guyot* donne comme raison de cette distinction, que « décrire sans remonter aux causes ou descendre aux conséquences, n'est pas plus faire de la science, que ne le serait le récit pur et simple d'un fait dont on aurait été témoin [6] ». M. *Lilienfeld* donne comme but à la science en général « la découverte du rapport causal des phénomènes [7] », et M. *Dilthey* attribue aux sciences naturelles l'analyse de l'enchaînement causal du monde matériel [8] ». Il en est de même de M. *Boutroux* qui dit que « la science est née le jour où l'homme a conçu l'existence de causes et d'effets naturels, c'est-à-dire de rapports invariables entre les choses données, le jour où au lieu de se demander quelle est la puissance suprasensible qui produit les phénomènes considérés isolément et pourquoi elle les produit, il s'est demandé quel est le phénomène de la nature d'où dépend celui qu'il s'agit d'expliquer [9] ».

1. La *causalité efficiente*, Paris, 1893, p. 43.
2. *Logique*, I, p. 372.
3. *Quadruple racine de la raison suffisante*, p. 6 et 241.
4. *La civilisation et ses lois*, Paris, 1876, p. 111.
5. *Uber die Ideen in der Geschichte. Zeitschrift für Völkerpsychologie und Sprachwissenschaft*, III, 1865, p. 410.
6. *Géographie physique comparée*, Paris, 1888, p. 26.
7. *Gedanken über die Socialwissenschaft der Zukunft*, 2 ter, Theil, *die Socialen Gesetze*, Mitau, 1875, p. 87.
8. *Einleitung in den Geisteswissenchaften*, Berlin, 1883, p. 19.
9. *De la contingence des lois de la nature*, Paris, 1895, p. 22.

Cette idée que la science en général et les sciences naturelles en particulier ont pour but l'établissement des causes est presque universellement adoptée. Nous la trouvons dans tout le domaine de la science et chez les représentants de toutes ses parties. Par exemple *Hugo Schuhardt* en parlant des lois du langage dit que « la rigueur ne saurait être cherchée dans l'établissement de lois plus rigoureuses, mais bien dans l'observation plus rigoureuse de la loi, sans laquelle il n'existe pas de science et qui par contre suffit par elle-même à toute science, la loi de causalité [1] ». Jusque dans les écrits des socialistes nous trouvons la même façon de voir. « Quelle est l'essence de la science dans la propre acception de ce terme, se demande *Krause* ? La connaissance de la cause et de l'effet, et le groupement de tout le matériel de l'expérience autour de ces deux points angulaires, dans les sciences de la nature comme dans celles de l'esprit humain [2] ».

Si la différence établie par Charles Menger entre la connaissance et la compréhension des phénomènes est une des vérités dont il faut le plus se pénétrer, si l'on veut se faire une idée *complète* de la notion de science, il s'en faut de beaucoup que cette dernière n'existe que par la connaissance des causes, comme le soutiennent tous les auteurs que nous avons énumérés et qui ne sont qu'une partie de ceux qui partagent cette façon erronée de concevoir la science. Cette erreur est tout aussi répandue que la caractérisation des sciences de la nature comme sciences de la coexistence et de celles de l'esprit comme sciences de la succession (v. p. 9).

La science n'est en effet complète, que lorsqu'elle peut donner aussi les causes des phénomènes, et bien des recherches sont dirigées dans ce but ; mais la connaissance scientifique en général et surtout celle qui se rapporte à la nature matérielle n'en dépendent pas absolument. Les sciences matérielles ne s'occupent pas habituellement des causes des phénomènes ; elles n'étudient que le *comment* des choses et laissent le plus souvent le *pourquoi* de côté. Il y a même des savants comme *Claude Bernard* et des philosophes comme *Auguste Comte* qui veulent restreindre la connaissance scientifique au *comment* des choses, sans y joindre l'explication du *pourquoi*. Si l'astronomie est arrivée, grâce à Newton, à expliquer la révolution des planètes

1. *Uber die Lautgesetze*, Berlin, 1885, p. 32.
2. *Die Entwickelung der Geschichtsauffassung bis auf Karl Marx*, Berlin, 1895, p. 40.

autour du soleil par la cause de la gravitation — la physique, la chimie, la biologie, la physiologie sont loin d'avoir trouvé l'explication de phénomènes, que d'ailleurs elles connaissent et prouvent parfaitement et qu'elles formulent d'une façon générale par des lois.

Les auteurs, que nous venons de citer, se trompent donc, lorsqu'ils assignent à toutes les sciences la mission d'expliquer aussi les phénomènes qu'elles enregistrent. Si cette condition était indispensable à l'existence des sciences, il y en a bien peu qui mériteraient ce nom.

Une science existe par la seule faculté de *constater* et de *démontrer* la vérité, c'est-à-dire de procurer à l'esprit la connaissance *certaine* de la réalité. L'explication parait un luxe que certaines sciences peuvent se permettre, ou qui est abordable pour certains phénomènes, mais on ne peut en faire la condition indispensable de toute connaissance scientifique. Citons-en quelques exemples frappants : Le téléphone et le phonographe sont des objets de connaissance physique des plus précis ; les conditions de leur fonctionnement sont parfaitement connues. Leur théorie pourtant, c'est-à-dire leur explication, est loin d'être donnée. On n'a pas expliqué comment une seule série de vibrations telle que l'est celle qui est transmise par le téléphone ou inscrite par le phonographe, peut reproduire une multiplicité de sons, comme l'audition d'un orchestre qui accompagne des voix et au milieu de laquelle on entend aussi les applaudissements des spectateurs [1]. Il en est de même d'une foule innombrable d'autres phénomènes, dont l'explication n'a pu être donnée et le plus souvent n'a pas même été tentée. Telles sont les causes de la cristallisation différente des minéraux, celles qui expliquent les affinités chimiques, la cause de la chaleur perpétuelle du soleil, celle pour laquelle l'eau augmente de volume avec sa congélation, celle du mouvement rétrograde des satellites d'Uranus et de Neptune, celle qui explique la dureté des alliages, supérieure à celle des métaux qui les composent, etc., etc.

Les sciences de la coexistence se contentent le plus souvent

---

[1]. William Henri Preece dans son livre sur le *Téléphone* (trad. de Floren, Paris, 1891, p. 8), aperçoit cette difficulté sans l'approfondir. Il dit que « la forme des ondes sonores est très compliquée et c'est une chose *merveilleuse* qu'elles puissent être reproduites par le téléphone ». Plus bas, p. 39. le même physicien ajoute que « bref, les actions et réactions en jeu dans le téléphone sont moins simples qu'on ne le penserait d'abord, et la théorie de cet admirable instrument est loin d'être fixée définitivement ».

d'enregistrer les vérités qui sont de leur domaine et de les démontrer par des preuves irrécusables ; elles en procurent à l'esprit la *connaissance* pleine et entière. Quant à *l'explication*, elle n'est donnée qu'accidentellement, pour certains phénomènes. On ne peut donc exiger, comme condition indispensable de l'existence des sciences théoriques, l'explication causale des faits. Le but principal qu'elles poursuivent, c'est de découvrir le mode général de manifestation des phénomènes ; quant au secret de leur provenance, elles ne s'en préoccupent pas absolument. C'est dans ce sens qu'il faut rectifier l'assertion, par trop absolue des auteurs cités plus haut, que les sciences auraient pour but l'explication causale des phénomènes.

Mais même dans le cas où les sciences de la coexistence expliqueraient les phénomènes, dont elles connaissent le mode de manifestation, les causes auxquelles ces phénomènes sont attribués touchent de bien près à l'inconnaissable, aux causes ultimes, dont la compréhension est inaccessible à notre entendement.

En effet, l'esprit qui admet la gravitation, la dilatation ou la condensation, comme causes explicatives des phénomènes, ne peut donner aucune explication à ces causes elles-mêmes.

Voilà pourquoi ce sont surtout les sciences qui n'ont pas besoin de la connaissance des causes, comme l'optique, la science des phénomènes électriques, la chimie, qui font les progrès les plus surprenants. Elles se contentent d'enregistrer le mode d'accomplissement des phénomènes, et quant aux causes, la plupart les remplacent par des hypothèses, ou ne s'en préoccupent même pas. Elles savent que sous ce rapport elles se heurteront bientôt à l'inconnu, au mystère de l'existence, mystère qui croit en proportion de l'augmentation de la somme des vérités acquises sur le mode de manifestation des phénomènes. Il est en effet évident que plus on connaîtra la façon dont les phénomènes se manifestent et plus le nombre des phénomènes connus augmentera, plus le mystère qui cache les causes productrices deviendra obscur. Les sciences théoriques qui sont destinées à un grand triomphe dans le champ de la manifestation des phénomènes, sont bien moins fécondes, lorsqu'elles veulent rendre compte des causes qui donnent naissance à ces derniers. M. *Brunetière* a donc tort, lorsqu'il impute à la science de ne pas avoir contribué à éclairer le mystère qui nous entoure[1]. C'est demander à la

---

1. *Revue des deux Mondes*, 1895 (*Après une visite au Vatican*), I, p. 99.

science ce dont elle ne s'occupe que d'une façon indirecte et sans grande chance de succès.

Mais si les sciences des faits coexistants ne peuvent pas trop pénétrer les causes des phénomènes, il en est autrement de celles des faits successifs, pour lesquelles la découverte des causes constitue l'attribut principal. Les faits successifs sont dans leur élément général la cause productive les uns des autres ; chacun d'eux est l'effet d'un antécédent et la cause d'un conséquent. Le champ de la causalité est bien plus vaste [1]. Cet enchaînement de causes et d'effets peut être poursuivi jusqu'à l'origine du genre humain et par conséquent jusqu'à celle du monde, ou tout au moins de la vie. Remontant à l'infini, la cause dernière peut être négligée, et l'explication causale des phénomènes peut être considérée comme complète et définitive. Citons quelques exemples, pour mettre en relief la différence du rôle que la causalité joue dans les faits coexistants et dans ceux de caractère successif.

Si l'on se demande quelle est la cause de la rosée, on obtiendra comme réponse qu'elle provient de la condensation des vapeurs d'eau contenues dans l'atmosphère, au contact des corps que les nuits sereines ont refroidis. Une seconde demande, pourquoi les corps se refroidissent-ils par les nuits sereines, obtiendra comme réponse, que la terre rayonne la chaleur absorbée pendant le jour, vers les espaces célestes. Une troisième demande, qu'elle est à son tour la cause de ce rayonnement, conduira à la troisième réponse, que les températures ont une tendance à s'équilibrer ; mais cette réponse sera la dernière, et on ne peut remonter au-delà. Il en serait de même dans les sciences théoriques intellectuelles. Prenons comme exemple la loi (phénomène général) de l'offre et de la demande. Pourquoi l'augmentation de l'offre fait-elle baisser le prix ? Parce qu'elle établit une concurrence entre les vendeurs qui, voulant se défaire de leurs marchandises, les offrent à des prix toujours plus réduits. Pourquoi offrent-ils leurs marchandises à des prix plus réduits ? Parce qu'ils savent qu'ils trouveront plus facilement des acheteurs. Pourquoi achète-t-on de préférence à bas prix ? Parce qu'on peut se procurer plus de jouissances, et finalement, quelle est la cause de cette tendance de l'homme à rendre sa vie plus facile et plus heureuse ? Dernière réponse, au-delà de laquelle on ne peut aller, c'est que l'intérêt

---

1. Pour la question importante de la causalité en général et en particulier dans l'histoire, v. chap. VIII. Pour la nature de faits individuels dans l'histoire, voir chap. IX.

de la conservation individuelle l'exige. Les sciences des faits coexistants physiques et intellectuels ont bientôt épuisé la connexion causale des phénomènes, et l'esprit s'arrête au grand point d'interrogation qui se trouve au fond de toutes les conceptions humaines. *Dans le domaine de la coexistence, l'inconnu entoure de bien près le connaissable.*

Il en est autrement dans les sciences de la succession. Demandons-nous par exemple comment il se fait que le roi Charles Ier de la dynastie des Hohenzollern règne en Roumanie ? Nous trouverons la cause de ce fait dans la demande d'une dynastie étrangère, formulée lors de la réorganisation des principautés roumaines à la suite du traité de Paris de 1856. Pourquoi les Divans ad hoc exprimèrent-ils un pareil desideratum ? La cause en sera trouvée dans l'instabilité des règnes indigènes qui faisait au pays un mal indicible, par le changement continuel du chef de l'Etat. La cause de cet instabilité à son tour sera trouvée dans le système électif-héréditaire de succession aux trônes roumains, système qui donnait à chaque rejeton de la famille régnante, plus tard même à des étrangers, le droit de parvenir au trône, s'il était élu par les boyards. Comment s'explique maintenant l'introduction de ce système de succession au trône des pays souverains ? Par le fait que ces pays ont été organisés en Etats, par une émigration des Roumains du royaume de Hongrie, où ce système prévalait à cette époque. Mais comment se fait-il que les principautés de Moldavie et de Valachie aient été fondées par des émigrants du royaume hongrois ? C'est parce que les Roumains qui habitaient ce royaume, étant d'une autre race et d'une autre religion que leurs maîtres, ne pouvaient plus souffrir les persécutions dont ils étaient accablés. Mais comment se fait-il que les Roumains habitassent le royaume de Hongrie ? La réponse sera que les Romains avaient conquis la Dacie sur laquelle les Hongrois vinrent plus tard implanter leur domination. Comment les Romains étaient-ils arrivés jusqu'au Danube ? Ici se place une nouvelle série de demandes et de réponses qui auront trait à l'extension de la puissance romaine, aux origines de Rome, à l'immigration des Latins en Italie, à la séparation des peuples de race aryenne, au berceau des Aryens, à la monogénèse ou à la plurigénèse du genre humain, à son origine et ainsi de suite, jusqu'aux origines de la vie, c'est-à-dire dans l'infini.

Il en serait de même de tout fait humain de caractère général, tel que la guerre de Cent ans qui remonte aussi par la rivalité des races latine et anglo-saxone, à la conquête de la Gaule par les Romains, donc à l'extension de ces derniers ; l'absolutisme de Louis XIV, par lequel on remonte au féodalisme et à la tradition de l'Etat romain, donc aussi à l'extension romaine ; la Révolution de 1789 qui a sa cause dans cet absolutisme, et ainsi de suite.

Pour les faits d'origine individuelle ou dus au hasard, la causalité s'arrête pour l'élément personnel ou fortuit à la personnalité ou à la circonstance qui a donné naissance au fait dont il s'agit. Mais il faut observer que tout fait individuel ne devenant historique que par sa relation avec les faits plus généraux, l'explication même du fait individuel remonte, par son côté général, toujours à l'infini. C'est ainsi que l'expédition de Napoléon Ier en Russie ne peut être comprise, ni sans sa personnalité, ni sans le hasard du froid rigoureux de 1812 ; mais, par eux-mêmes, ces éléments n'expliqueraient rien sans le fond de la révolution française sur lequel ils se détachent. Par ce côté, l'expédition de Napoléon en Russie remonte aux origines des sociétés. *En somme toute explication causale historique remonte à l'infini.*

La question de la cause finale peut donc être négligée, étant elle-même reportée à l'infini, et l'explication causale peut, dans l'histoire, être considérée comme complète et définitive.

Mais la causalité en histoire possède encore un autre caractère, pour la compréhension duquel il faut nous reporter à la division qui a été faite plus haut (p. 19), relativement à la source dont découlent les faits de l'univers.

Les sciences de l'esprit, tant celles de caractère coexistant, que celles de caractère successif, se distinguent des sciences de la matière en général, par la circonstance que la perception des phénomènes de leur ressort est plus profonde, plus compréhensive. Les faits que les sciences de l'esprit étudient, appartenant à l'organe d'aperception de ces faits, on comprend que la relation entre les faits intellectuels soit plus clairement saisie, que la relation entre les phénomènes extérieurs. Pendant que l'esprit ne saisit les phénomènes de la matière, tant ceux d'ordre coexistant, que ceux d'ordre successif, que par leur côté extérieur, les faits de l'esprit, coexistants et successifs, seront perçus par ce dernier, d'une double façon, par leurs deux côtés, l'extérieur et l'intérieur. « Les lois psychiques, observe M. *Fouillée*, sont plus radicales que les lois physiques, parce qu'elles se ramènent à l'appétit et que l'appétit est pour le philosophe une raison plus profondément explicative que les formules de la mécanique ;

c'est une ouverture sur le dedans des êtres et non plus sur leur dehors[1] » et M. *Gabriel Tarde* complète la pensée de Fouillée, lorsqu'il dit : « en matière sociale, on a sous la main, par un privilège exceptionnel, les causes véritables, les actes individuels dont les faits sont faits, ce qui est absolument soustrait à nos regards en toute autre matière [2] ». Ainsi par exemple, lorsqu'on attribue la formation de la rosée au refroidissement des corps, par suite de la radiation de leur chaleur, l'explication tout en étant générale, laisse beaucoup à désirer sous le rapport de la compréhension intime des phénomènes. L'esprit n'en saisit pas la cause directe. Lorsque, au contraire, on trouve la cause des guerres russo-turques dans la tendance des Russes à posséder les détroits de la mer Noire, l'explication des faits, donnée par un sentiment humain, dont nous pouvons pleinement apprécier la portée, est aussi complète que possible.

Si donc nous considérons les groupes de sciences établis plus haut (p. 19), sous le rapport de la prise de possession par l'esprit de leurs phénomènes, nous trouverons :

1) *Que les sciences des phénomènes coexistants de la matière* sont plus propres à établir la conformité à la réalité, mais que l'établissement de leurs causes est de très courte haleine et ne pénètre pas directement dans leur essence.

2) *Que les sciences des phénomènes coexistants de l'esprit* établissent la conformité à la réalité d'une façon presque aussi certaine que celles des faits coexistants de la matière ; que l'explication causale de leurs phénomenes est aussi très bornée, mais que cette explication, étant directement saisie par l'esprit, est profonde et claire.

3) *Que les sciences des phénomènes successifs de la matière* sont moins propres à reconstituer les faits réels ; que le champ de la causalité tout en étant très étendu, la compréhension est restreinte à l'extérieur des phénomènes.

4) Qu'enfin les *sciences des phénomènes successifs de l'esprit* établissent avec plus de difficulté la conformité à la réalité ; mais que le champ de la causalité est très étendu et que cette causalité est directement perçue par l'intelligence.

Là où, dans les sciences théoriques comme dans les sciences historiques, à la connaissance certaine de la réalité vient s'ajouter

1. L'*évolutionisme des idées-forces*. Paris, 1890, p. X.
2. *Les lois de l'imitation*, Paris, 1890, p. 2.

l'explication causale des phénomènes, l'esprit humain acquiert le plus haut degré de possession intellectuelle de ces phénomènes, et il ne saurait aspirer plus loin, car ce serait vouloir dépasser les limites que la nature lui a assignées. Ainsi par exemple dans le phénomène physique coexistant de la chute des corps, la science a atteint ses dernières limites, lorsqu'à la formule mathématique de la modalité de la chute, elle a ajouté son explication causale, par la force de la gravitation. Il en est de même dans les sciences historiques, par exemple avec le fait des croisades. Cet événement est établi dans ses phases générales d'une façon indubitable, et les causes en sont aussi parfaitement élucidées. L'esprit ne peut avoir d'autre exigence que celle de faire pénétrer aussi la même certitude, quant aux faits et aux causes, dans le détail des événements. Dans leurs traits généraux, la connaissance scientifique de ces deux ordres de faits est aussi complète que possible.

On ne saurait trouver de supériorité à aucune classe de sciences sur l'autre, attendu que les avantages que les unes possèdent sur les autres sont compensés par leur infériorité sous un autre point de vue. Pourtant, pour les grands faits de l'histoire, la supériorité de leur connaissance scientifique à celle des faits coexistants de la nature est évidente. Leur conformité à la réalité est tout aussi certaine que celle des faits matériels. Quant à leur explication causale, elle est évidemment supérieure à celle des faits de la nature.

Donc, loin de trouver que l'histoire ne posséderait pas le caractère d'une science, il est des cas assez nombreux (tous les grands faits de la vie des sociétés) où ce caractère est plus accentué que dans les sciences ainsi appelées naturelles qui prétendent pourtant être seules en mesure de posséder la vérité.

OBJECTION TIRÉE DE L'ÉQUIVALENCE ENTRE LA CAUSE ET L'EFFET. — Examinons une autre objection que l'on élève contre le caractère scientifique de l'histoire. Leibnitz et Newton ont établi tous les deux le principe qu'entre les causes et les effets il n'y a pas seulement proportionnalité, mais bien équivalence; donc que l'effet doit correspondre en intensité à la cause qui l'a produit. On a objecté que dans l'histoire ce principe ne serait pas suivi, attendu que les grands faits historiques ont souvent été le produit de causes insignifiantes, par exemple le manque d'enfants de Charles II qui amène la guerre de la succession d'Espagne ; la naissance d'un fils de second lit de Charles le Chauve qui cause la ruine de l'empire de Charlemagne ; la passion de Henri VIII pour Anne de Boleyn qui amène la séparation de l'Angleterre de l'église papale ; la mort d'Elisabeth de Russie qui sauve la Prusse dans la guerre de Sept ans, etc.

Mais d'abord, la loi de Leibnitz et de Newton n'est rigoureusement applicable qu'aux relations entre les phénomènes du règne inorganique. Ce n'est que dans ce domaine que la réaction est égale à l'action, et encore cette proposition pourrait-elle être discutée. Mais dans le domaine de la vie, l'excitation, l'une des formes de la causalité dans les phénomènes vitaux, peut donner naissance à des effets plus puissants que la cause qui les a produits ; par exemple, une piqûre peut provoquer le tétanos. Dans le domaine des faits de l'esprit, les motifs qui déterminent les actions ne correspondent pas non plus aux effets d'une manière exacte. La réaction n'est plus égale à l'action, et l'intensité de l'effet à tous ses degrés n'a nullement une marche conforme à l'intensité de la cause. Bien plus, il peut se faire que, par un renforcement de la cause, l'effet tourne en sens contraire de ce qu'il était au commencement [1]. L'histoire qui expose l'enchaînement des faits humains, les relie entre eux par la causalité sous forme de motifs, et il est donc très naturel que les effets ne correspondent pas toujours en intensité aux causes qui les produisent.

Il ne faut pourtant pas exagérer la disproportion qui souvent semble exister entre les causes et les effets en histoire ; cette disproportion n'est la plupart du temps qu'apparente. Si les motifs qui déterminent les faits historiques cités plus haut nous semblent au premier abord de minime importance, comparés aux effets auxquels ils donnèrent naissance, cette disproportion disparaît, si l'on prend en considération le système d'organisation des Etats lequel prédominait à l'époque où ces faits se sont passés, organisation qui donnait aux individualités qui se trouvaient à leur tête tant d'empire sur leurs destinées. Si le manque d'enfants de Charles II amena la guerre de la succession d'Espagne, source de tant de calamités pour les peuples qui y prirent part, c'est que le manque d'héritiers du roi d'Espagne déchaîna les convoitises du roi de France et de l'empereur d'Allemagne, souverains absolus qui, pouvant disposer à leur gré du sort de leurs peuples, les poussèrent à s'entre-déchirer pour des intérêts purement dynastiques. Il est évident que dans

---

1. Schopenhauer, *Quadruple principe de la raison suffisante*, p. 68.

le système actuel de l'organisation politique européenne, une pareille guerre serait impossible. Si Henri VIII d'Angleterre détacha du Catholicisme l'Eglise de son pays, pour pouvoir divorcer d'avec Catherine d'Aragon et épouser Anne de Boleyn, c'est que l'autorité absolue qu'il exerçait dans son royaume mettait dans ses mains la conscience même de ses sujets, et ainsi de suite. La proposition de M. *Mougeolle* « qu'une cause qui bouleversera toute la vie d'un homme n'exercera guère d'action appréciable sur la société » [1], ne peut être appliquée à toutes les époques de l'histoire. Pour les temps d'absolutisme, où la vie entière du peuple dépend des caprices de son souverain, la proposition de M. Mougeolle n'est vraie que pour le commun des mortels. Aussitôt que l'individualité a dépassé le niveau ordinaire, qu'elle est dans un rapport plus intime avec la source du pouvoir absolu, un accident dans sa vie peut exercer un contre-coup sur la société dont elle fait partie. Le sort de cette société et par suite son développement est puissamment influencé par les causes, en apparence futiles, qui déterminent le sort des individus. La disproportion entre les causes et les effets est donc très naturelle dans l'histoire ; d'abord, parce que ces causes peuvent comme motifs, avoir sur les déterminations individuelles une action bien plus forte qu'on ne pourrait s'y attendre ; puis, parce que cette excitation psychique individuelle, ainsi augmentée, est transportée sur la société, par la relation dans laquelle l'individualité se trouve avec elle.

Enfin notons encore l'accumulation des causes plus petites qui peuvent par leur réunion produire de puissants effets, et cela dans l'histoire, tout aussi bien que dans le domaine de la nature. Telles sont les causes de la Révolution française, celles de la Réforme, celles de la guerre de Trente ans, et dans les faits physiques, l'écroulement d'une montagne par suite de l'infiltration lente et continuelle des eaux, les microbes d'une maladie qui, multipliés à l'infini, peuvent tuer un organisme, ce qu'aucun d'eux ne pourrait faire à lui seul.

Théorie de M. Roberty. — Pour terminer, rappelons une vue de M. Roberty laquelle, pour être originale, n'en est pas moins fausse. Cet auteur, à un autre point de vue, conteste le titre de science à l'histoire. « Selon lui, ni l'histoire, ni la statistique, ne

---

2. *Problèmes de l'histoire*, Paris, 1886, p. 11.

constituent des sciences dans la véritable acception du terme, et elles ne pourront jamais devenir des sciences, ni des parties, des subdivisions quelconques d'une science. Ces disciplines sociales sont des moyens d'études et de découvertes, des modes d'investigation ou des méthodes qui sont propres à toutes les parties indifféremment et à toutes les divisions de la science sociale. Ces deux méthodes, la critique historique et la méthode statistique, ne sont que des formes particulières de la description, parfaitement adaptées au caractère des matériaux qu'elles servent à élaborer. L'histoire peut être définie : la description dans le temps, ou description des attributs de succession (filiation, évolution), et la statistique, la description dans l'espace, ou description des attributs de coexistence. En effet, qu'est-ce que la statistique, si ce n'est la classification par dénombrement, et qu'est-ce que l'histoire, sinon la classification des antécédents et des conséquents ? Mais qui dit classification, dit description [1] ».

M. Roberty ne fait que répéter la confusion habituelle et commune, jusqu'aujourd'hui, à presque tous les penseurs, entre les faits coexistants et les faits successifs, quoiqu'il semble les distinguer. Si non, comment pourrait-il parler d'une classification des faits successifs ? La classification ne peut exister sans généralisation, sans subordination ni coordination ; mais, comment généraliser, subordonner et coordonner des faits qui se suivent ? Puis, une méthode (déduction, induction, observation, expérience), sert à établir toutes sortes de vérités ; elle est un instrument intellectuel, pour arriver à la découverte de la vérité ; mais une méthode n'est jamais elle-même un système de vérités quelconques. Or, l'histoire en est précisément un. Elle expose une série de vérités relatives à des faits ; elle expose l'enchaînement du passé. Au lieu d'être une méthode, elle emploie elle-même certaines méthodes, pour établir ses vérités.

1. De Roberty, *Sociologie*, Paris, 1886, p. 116.

CHAPITRE III

Opinions erronées sur le but de l'histoire

L'HISTOIRE ET LE PATRIOTISME. — Après avoir montré ce qu'est l'histoire, il convient d'examiner ce qu'elle n'est pas et ne doit pas être.

Nous avons établi que l'histoire peut pleinement aspirer au rôle et au titre de science, attendu qu'elle poursuit les mêmes buts que les autres sciences, la découverte de la vérité et son explication causale. Nous avons vu, en même temps, que l'établissement de la vérité est plus difficile dans les faits successifs que dans les faits coexistants, par la raison que les faits qui sont du ressort de l'histoire n'existent plus, et qu'il faut les reconstituer par le moyen des restes du passé.

A cette difficulté vient s'ajouter, pour les faits successifs de l'esprit, la circonstance que ces faits étant en définitive l'œuvre de la conscience humaine, cette dernière a souvent intérêt à en cacher le véritable caractère. La tâche de l'historien doit être pourtant de faire tout son possible pour dégager la vérité des nuages volontaires ou involontaires qui l'entourent. Toute œuvre qui ne respecte pas ce principe dans toute sa rigueur, ne peut prétendre au titre d'histoire. Nous savons que notre discipline est surtout sujette à cet écart, et c'est cette prétention à la vérité de théories intéressées qui a surtout jeté le discrédit sur la valeur scientifique de l'histoire.

Ce n'est cependant point à cette difficulté que nous nous proposons de toucher. Celle que nous voulons aborder est bien plus grave. L'histoire, lors même qu'elle posséderait la vérité, doit-elle l'énoncer dans toute sa crudité, et ne doit-elle pas, dans certaines circonstances, ménager le sentiment populaire que la vérité toute nue pourrait blesser ; en d'autres termes, l'histoire ne doit-elle pas tenir compte du patriotisme ? N'est-il pas de son devoir de mitiger l'exposition des faits qui pourraient lui porter atteinte et d'enfler par contre ceux qui pourraient le vivifier ?

L'histoire expose les actions humaines, et son exposition peut exercer un effet sur le présent, grâce à la faculté si prononcée de l'homme pour l'imitation. La lecture de l'histoire peut inspirer de forts sentiments ; elle peut exercer une facination par l'exemple des grandes actions accomplies par les ancêtres, comme elle peut, d'autre part, déprimer l'esprit par la description des misères et des bassesses du genre humain. Ce n'est pas sans raison qu'Alexandre-le-Grand portait toujours avec lui l'Iliade d'Homère. Voilà pourquoi l'historiographie la plus ancienne poursuivait, comme but, celui de servir d'exemple au temps présent, et pour y parvenir, elle sacrifiait volontiers la vérité à la tendance moralisatrice. Elle voulait, comme le dit un chroniqueur roumain, « montrer aux peuples les actes des bons et ceux des méchants, des dignes et des indignes, des empereurs légitimes et des tyrans, afin de louer et de dire du bien des premiers, de blâmer et de flétrir les derniers, de démontrer qu'il faut suivre les bons exemples et fuir les mauvais [1] ».

On ne saurait repousser complètement ce rôle secondaire de l'histoire, mais pour le lui faire accomplir, on n'a nullement besoin de porter atteinte à la vérité. Si de beaux exemples, de grandes actions, des sacrifices désintéressés pour le bien public lui tombent sous la plume, qui pourrait en faire un reproche à l'historien qui les mettrait en pleine lumière ? Mais de pareils exemples ne peuvent exercer leur pouvoir sur l'âme que s'ils sont pleinement démontrés. Notre époque surtout, dont l'esprit scientifique est disposé à ne plus croire sur parole, mais seulement sur preuve, ne prêtera jamais foi aux déclamations pompeuses ; elle ne s'incline que devant l'éloquence, bien autrement convaincante, des faits. Nous pensons que l'histoire rendra beaucoup plus de services, même pour le relèvement moral d'un peuple, si elle ne reproduit que la pure vérité, et si cette dernière n'est pas rajustée selon les intérêts du moment. En effet un peuple a toujours besoin de connaître exactement son passé, s'il veut se rendre compte de son état présent et trouver le sens dans lequel il doit diriger ses

---

[1]. Chronique anonyme, dans A. D. Xénopol, *Histoire des Roumains de la Dacie trajane*, II, p. 130.

efforts dans l'avenir. Ce ne serait pas un service qu'on lui rendrait, si on lui cachait la cause véritable de ses défaites, du ralentissement de son progrès, du recul de son industrie ou de son art, et ce n'est pas en lui montrant son passé sous une couleur fausse qu'on pourrait lui enseigner les besoins qu'il a dans le présent ou les dangers qui le menacent dans l'avenir. L'état présent est quelque chose de réel, et c'est sur cette réalité qu'il faut réagir, si elle n'est pas avantageuse pour le bien-être du peuple. Pour que la réaction puisse avoir un effet, il faut connaître les causes réelles de l'état morbide et par conséquent la série exacte des états qui l'ont précédé. Ce n'est que la connaissance exacte de son histoire, l'exposition de la vérité sur son passé qui pourront aider ce peuple à vaincre les difficultés qu'il rencontrera sur sa route. Comme le dit très bien *Fustel de Coulanges :* « il est toujours dangereux de confondre le patriotisme qui est une vertu, avec l'histoire qui est une science[1] ». Tout ce que l'on peut permettre à l'historien, c'est de colorer davantage, par le style, certains événements, pour rehausser le moral de son peuple en les faisant pénétrer plus profondément dans sa pensée.

Enseignement pour le présent. — Parallèlement à ce but moralisateur dont on faisait l'essence de l'histoire, elle devait servir aussi à enseigner aux peuples et au genre humain, par les exemples qu'elle contient, la façon de se conduire dans les situations compliquées de la vie actuelle. Elle devait contenir un répertoire de faits, où l'on pourrait toujours trouver la leçon dont on aurait besoin dans une conjoncture présente.

Cette idée contient aussi une part de vérité, mais dans un autre sens que celui qui a été communément accepté jusqu'à ce jour. Les faits de l'histoire changent continuellement. Quoiqu'ils semblent se répéter, ils sont toujours autres. C'est le même fond humain, mais sous une forme toujours différente. Il est donc évident qu'on ne peut appliquer à un fait présent des principes de conduite empruntés aux faits analogues antérieurs. Que dirait-on d'un général qui, dans une bataille voudrait conserver les dispositions prises par lui dans une bataille précédente ? Les conditions de la lutte étant autres, il doit modifier, conformément à elles, son plan d'attaque ou de défense. Il en est de même pour l'histoire. Les faits ne se répètent jamais d'une façon identique. Ce sont les faits

---

[1]. Inédit, reproduit par M. Guiraud dans son étude sur le grand historien. *Revue des deux Mondes*, 1896, Mars, p. 78.

anciens, plus quelque chose de nouveau : $A + x$, dans lesquels c'est précisément l'x qui joue le rôle le plus important.

Dans quel sens l'histoire pourrait-elle devenir la *magistra vitae* de Cicéron ? Nous pensons qu'elle peut renseigner les hommes sur deux points importants ; premièrement, en leur montrant les moyens de redresser les fautes commises ; secondement, en leur indiquant dans quelle direction ils doivent porter leurs efforts à l'avenir.

Quant au premier point, il faut remarquer que, pour éviter de retomber dans les erreurs du passé, il ne suffit point de prendre connaissance des défauts que présente l'organisation sociale qui les a provoquées ; il faut — et ceci est le principal — adapter cette connaissance au temps où nous vivons, corriger l'organisation sociale d'après les exigences de notre époque, et ne pas se borner seulement à redresser les défauts de l'organisation, telle qu'elle se trouve dans le passé. Si nous voulons suivre une ligne de conduite qui a produit de bons résultats jusqu'alors, il faudra la modifier continuellement, dans le sens et d'après les exigences du progrès réalisé, et ne pas nous contenter d'appliquer les principes qui nous ont fait atteindre le résultat obtenu.

Ces considérations conduisent d'elles-mêmes au second point par lequel l'histoire peut servir à diriger notre conduite dans l'avenir. Nous verrons que l'histoire montre, par le moyen des séries historiques, la direction que prennent les successions d'événements et ce à quoi elles tendent dans les temps futurs. Les forces qui agissent sur le développement sont à la longue irrésistibles, et les efforts conscients de l'humanité ne sauraient que hâter la réalisation des résultats auxquels elles conduisent, lorsque ces efforts sont dirigés dans le sens de l'action des forces, ou la retarder, lorsqu'ils travaillent en sens contraire.

L'instinct de la conservation poussant l'homme à rechercher la plus grande somme de bonheur réalisable sur cette terre et à prolonger autant que possible toutes les conditions qui servent à la garantir, l'histoire pourra servir à atteindre ce but, par le moyen ci-dessus indiqué, c'est-à-dire en favorisant l'évolution vers le bien et en retardant autant qu'on pourra le faire celle qui tend vers le mal. Mais pour connaitre la direction de cette évolution, il faut en découvrir les lignes dans le passé. Voilà dans quel sens l'histoire peut devenir une source d'enseignements pour le présent.

Mais le profit principal que l'on peut tirer de l'étude de l'histoire, pour le temps dans lequel on vit, est celui qui résulte de la compréhension de ce dernier. Ce n'est que le passé qui nous fait comprendre les temps présents [1].

L'histoire censure. — Si l'histoire n'est pas un répertoire de faits qui puissent servir à corriger le présent, ce dernier a-t-il pour mission de jouer vis-à-vis du passé le rôle de censeur, d'approuver ou de désapprouver les faits qui ne sont plus, de trouver que tel événement n'aurait pas dû se produire, de se prononcer pour une direction qui aurait échoué et de regretter le triomphe de telle autre ; en un mot l'historien a-t-il le droit de s'ériger en juge du passé, et l'histoire a-t-elle pour mission de critiquer le passé, ou seulement celle de le comprendre ?

On sait que c'est précisément dans cette direction que s'est développée l'éloquence historique qui mettait, dans la peinture des caractères et dans les déclamations morales et utilitaires, l'objet principal de l'histoire. Traitée à des points de vue différents, par des esprits imbus de préjugés politiques ou partageant différentes croyances religieuses, l'histoire devenait le champ clos où se livraient, sous le masque du passé, les luttes du présent.

L'histoire-science qui poursuit comme but la vérité sur le passé, ne doit plus marcher dans cette voie.

Et d'abord, quant à la peinture des caractères, il faut distinguer chez les individus, tout comme chez les peuples, deux éléments différents : le fond naturel, et le caractère historique issu de l'action des événements sur ce fond indestructible. Mais, pendant que chaque peuple possède un fond organique et psychique inaltérable, chez les individus en général ce dernier est bien moins prononcé. Ce n'est qu'exceptionnellement que l'on rencontre des individus dotés d'un caractère originaire, constant et immuable. La plupart sont des natures neutres, facilement malléables et forment leur caractère sous l'action des événements. Le caractère des personnalités historiques étant l'œuvre du temps, on comprend qu'il doit changer avec ce dernier. Il s'en suit que l'esquisse d'un caractère pourra souvent porter à faux, à moins que le personnage dont il s'agit n'ait vécu que très peu de temps ; car si sa vie a été plus longue, ce qui arrive d'ordinaire, la peinture d'un seul trait du caractère individuel ne correspondra jamais à la

---

1. Plus de détails sur cette question seront donnés au chapitre VIII, *Les lois sociologiques*, § *Prévision et prédiction*.

réalité qu'elle veut reproduire. Le caractère historique (c'est-à-dire formé par le temps) de l'individu, comme celui du peuple, est le produit de la réaction que les événements provoquent dans la complexion organique et psychique de l'être dont il s'agit ; il est le produit du développement. Hormis les cas extraordinaires, l'individu n'est plus à la fin de sa vie ce qu'il était au commencement. Nous ne citerons qu'un seul exemple, celui de Tibère, si bien analysé par *Beulé*, et qui prouve surabondamment que l'être monstrueux qui fut le Tibère de l'île de Caprée, est un produit plutôt des circonstances que des dispositions innées. « Tibère était un homme comme nous, mieux doué que nous. Ce descendant des illustres Claudius, s'il avait vécu dans un temps régulier et dans un pays libre, aurait été contenu, fort utile et par conséquent heureux ; il aurait peut-être laissé une gloire pure comme la plupart de ses aïeux. Mais il est né et il a grandi dans un milieu malsain, entouré de détestables exemples, soumis à la contagion de la toute-puissance ; il a connu tous les appétits, toutes les illégalités, toutes les passions ; il a passé par la bassesse, la peur, le désespoir, la servitude volontaire, l'exil, avant qu'un brusque retour de fortune le jetât sur le trône, avili et énervé, au milieu des dangers, des trahisons, des flatteries, des soupçons, de sorte qu'il subit, pendant près d'un demi-siècle, une démoralisation lente, qui l'a dégradé, ravalé au-dessous de la bête et conduit à la rage et à la frénésie [1] ». Par contre un caractère comme celui de Napoléon se montre dès le premier moment comme tout formé. Les événements lui donnent pour cadre le monde ; mais il n'aurait pas été autre, même dans les plus modestes conditions de fortune.

Voilà pourquoi, à moins que l'on n'ait affaire à des natures tout à fait exceptionnelles, on ne pourra jamais esquisser d'un seul trait le caractère des personnages de l'histoire. Le faire lorsqu'un personnage entre en scène, c'est anticiper sur son développement ultérieur ; le résumer à la fin de sa vie, c'est condenser des faits séparés par le temps et dissemblables entre eux. L'exposition du caractère, pour être vraie, doit être faite au fur et à mesure de sa formation. Elle doit partir du fond humain, quelque pâle qu'il nous apparaisse au moment où il entre en scène, et développer une à une les particularités que le jeu de la vie lui fait contracter.

1. *Tibère ou l'héritage d'Auguste.* Paris, 1870, p. 353.

C'est la façon dont *Léopold Ranke* procède avec les personnalités de l'histoire. M. *Ottokar Lorenz*, dans son étude sur le grand historien allemand, nous dit à ce sujet : « Ce qui est caractéristique dans la manière dont Ranke apprécie les hommes, c'est le partage de leurs qualités, le refus de les considérer dans leur entier, comme quelque chose qui existerait une fois pour toutes. De cette façon, Ranke met, à la place d'un jugement sur la personnalité, l'appréciation des motifs qui déterminaient leur conduite [1] ».

Passons à l'appréciation des évènements et des personnalités. Il va sans dire que l'on pourra toujours faire des réflexions d'un caractère moral, lorsqu'on rencontrera des faits ou des hommes qui peuvent s'y prêter. Ainsi il est difficile de passer, sans la relever, sur la conduite admirable du général de Trajan, Longinus, trompé par Décébale et fait prisonnier par ce dernier. Décébale avait fait dire à Trajan, que s'il n'abandonnait pas la conquête de la Dacie, Longinus périrait dans les plus cruels supplices. Trajan qui aimait beaucoup son ami, était placé par la perfidie du roi dace, dans une position assez difficile, obligé qu'il était de sacrifier ou l'amitié, ou l'intérêt de l'État. Longinus, pour tirer son maître d'embarras, prit du poison. Cet acte, d'une grandeur morale si absolument supérieure, ne saurait laisser froid l'historien. Par contre, comment ne pas protester, au nom de l'humanité, contre les torches vivantes de Néron, et, au nom de la morale, contre le mariage de Marie Stuart avec l'assassin de son mari ? Aussi Ranke, l'historien le plus impassible de nos temps, ne manque-t-il pas de qualifier l'assassinat de Henri III d' « action horrible, fruit du fanatisme sauvage et ténébreux [2] ». Mais ces considérations morales ne formeront plus comme auparavant le fond même de l'histoire, le but en vue duquel elle était écrite. Comme le dit très bien M. *Ottokar Lorenz*, en parlant de l'historien moralisateur Schlosser : « Les historiens plus jeunes ne pourront que hausser les épaules, en voyant le pédantisme moral qui voulait employer l'appareil compliqué de l'histoire, pour enseigner ce que l'on pourrait bien plus facilement apprendre, sur la politique et la vie de l'Etat, dans le droit naturel et philosophique [3] ».

---

1. *Léopold Ranke, die Generationslehre und der Geschichtsunterricht.* Berlin, 1891, p. 136.
2. *Französische Geschichte*, II, p. 237.
3. *Die Geschichtswissenschaft in ihren Hauptrichtungen und Aufgaben.* Berlin, 1886, p. 70.

Mais la morale n'est pas seule à partager ce caractère de jugement universel et très peu sujet à discussion. Il en est de même d'une idée qui lui est très voisine, celle de droit, de justice. L'historien pourra toujours apprécier les événements au point de vue de la justice et du droit. Enfin il devra toujours s'enquérir du progrès, puisqu'il est appelé à exposer l'évolution de l'esprit humain, et chercher à se rendre compte si l'époque qu'il étudie, le fait qu'il veut comprendre, fait partie d'une onde qui avance, ou d'une onde qui recule.

Mais si l'appréciation est permise à ces trois points de vue, moral, juridique et progressif, c'est qu'elle possède un caractère universel et que tout le monde ne peut juger les faits que de la même façon, ou avec de très légères divergences d'opinions [1].

Il n'en est pas de même, aussitôt que l'appréciation part d'un point de vue personnel et qui a sa source dans les convictions politiques, sociales, économiques ou religieuses de l'auteur. Les jugements que l'historien portera, à son point de vue, sur le passé, n'auront plus le caractère universel des jugements moraux, juridiques et progressifs ; ils seront l'expression d'opinions individuelles ou, tout au plus, de l'opinion d'une classe de la société. Il est donc bien naturel que d'autres individualités, et surtout que les autres classes de la société, ne les partagent point. Tout aussi déplacées sont les réflexions que quelques historiens trouvent bon de faire sur la marche que l'histoire aurait dû prendre, et les regrets qu'ils expriment sur celle qu'elle a suivie. Que signifient par exemple les déclamations de *Beulé* sur le manque de volonté du peuple romain de reprendre sa liberté, lors de la mort d'Auguste ? Quel sens peut-on donner aux paroles suivantes : « Et combien le peuple romain est sans excuse devant la postérité, comme devant lui-même, de ne pas avoir saisi l'occasion que la Providence lui présentait si facile ; car il pouvait redevenir le maître de ses destinées, sans révolte, sans violence, sans pacte rompu, sans sacrifice, loyalement au grand jour [2] » ? Mais le peuple romain avait une excuse parfaite de ne pouvoir accomplir les vœux de Beulé : c'est qu'il en était complètement incapable ; c'est que, comme l'auteur le reconnaît d'ailleurs lui-même « il

---

1. Nous admettons donc parfaitement l'extension que M. Guiraud (*L'œuvre de M. Fustel de Coulanges* dans la *Revue des deux Mondes*; Mars 1886, p. 81) veut donner au rôle de l'historien ; seulement la restriction que de Coulanges met à l'historien, *qu'il aurait à s'interdire toute appréciation personnelle*, reste toujours entière.
2. *Tibère*, p. 22.

était voué au plaisir et à la paresse ; cent jours de fêtes et de jeux par an étaient sa première exigence ; du pain non gagné par le travail et des congiaires prodigués à tout propos par l'empereur, étaient sa seconde nécessité. Quand l'oisiveté est la reine d'une populace, elle bannit toute vertu politique. Celui-là seul est le maitre qui la nourrit et l'amuse, la caresse et la joue [1] ». Mais si le peuple romain n'était plus qu'une foule composée d'affranchis, d'aventuriers étrangers à tout pays, comment Beulé veut-il qu'il ait étendu la main pour ressaisir la liberté que la Providence lui offrait, et quel sens ont dans ce cas les lamentations de Beulé ? Il est évident que de pareils procédés ne font pas avancer d'un pas la vérité historique.

Cette question, de savoir si l'historien doit se permettre la censure du passé, est d'autant plus importante qu'il semblerait qu'en contestant ce droit à l'historien, on lui enlève toute influence sur le temps présent. Mais nous observerons à ce sujet que ce ne sont pas les jugements personnels de l'historien, quand bien même ils lui sembleraient les mieux fondés, qui déterminent ceux du public ; mais bien la succession des faits sur laquelle il les base. Les jugements que l'historien porte sur les faits passés auront beau être puissamment formulés et éloquemment exprimés. Par un effet de réaction naturelle, ceux qui partagent d'autres convictions, au lieu d'accepter les jugements de l'auteur, se dresseront avec force contre cette violence faite à leurs opinions, à leurs préjugés ou à leurs intérêts, et ils chercheront à renverser les jugements émis. L'histoire ainsi traitée prendra le caractère d'une œuvre de parti, au lieu de celui d'une œuvre scientifique. Si au contraire l'historien laisse parler les faits, s'il les rétablit dans leur véritable essence, et s'il en expose les véritables causes, en s'appuyant toujours sur des preuves solides et concluantes, la logique de la réalité persuadera bien plus les lecteurs que ne saurait le faire le plaidoyer le plus éloquent. Ceux-là mêmes qui partageront des idées contraires, ne pourront faire autrement que d'admettre les conséquences fatales qui découlent des faits exposés, et même ceux qui ne seraient pas assez sincères pour l'avouer, n'en seront pas moins ébranlés dans leur for intérieur.

Nous ne voulons apporter à l'appui de ce que nous disons qu'un seul exemple, mais celui-là concluant, puisqu'il s'agit de

---

1. *Ibid.*, p. 13.

OPINIONS ERRONÉES SUR LE BUT DE L'HISTOIRE

Henri Taine. Cet éminent écrivain qui a exposé, avec une abondance de détails vraiment extraordinaire, l'histoire de la Révolution française, au lieu de se borner, dans ce sujet si vaste et si profond par lui-même, à laisser parler, avec son autorité incontestable, la logique des faits, trouve bon de critiquer le grand événement dont il expose les péripéties, et veut *démontrer que la révolution était inutile*, qu'il n'y avait pas besoin d'autres réformes que de celles qui furent concédées de plein gré par les cahiers de la noblesse et du clergé et par la déclaration du roi. « C'était assez, dit Taine, car par là tous les besoins réels étaient satisfaits ». Il fait suivre cette affirmation d'une série de considérations qui doivent prouver, que « tout le sang versé, toutes les horreurs de la révolution étaient inutiles ; qu'on ne pouvait réformer l'état de la société du jour au lendemain ; qu'un système nouveau d'institutions ne fonctionne que par un système nouveau d'habitudes, et que décréter un système nouveau d'habitudes, c'est vouloir bâtir une vieille maison. Telle est pourtant, continue Taine, l'œuvre que les révolutionnaires entreprennent, en rejetant les propositions du roi, les réformes limitées, les transformations graduelles. Selon eux, leur droit et leur devoir sont de refaire la société de fond en comble ; ainsi l'ordonne la raison pure qui a découvert les droits de l'homme et les conditions du contrat social [1] ».

Taine n'expose pas seulement l'histoire de la révolution française ; il en fait le procès. Aussi son œuvre entière se ressent-elle de cette fausse conception de l'histoire. Taine a voulu juger la révolution et la condamner. Il a dû diriger ses recherches surtout dans le sens de la découverte des preuves dont il avait besoin pour y arriver. « Les résultats auxquels ces recherches ont abouti, pourraient, comme le dit M. Monod, être acceptés par tous les esprits libres de préjugés révolutionnaires, mais ceci à trois conditions : 1) Si Taine avait montré la différence entre les idées des Constituants et les conséquences qui en ont été tirées. 2) Si Taine avait indiqué que les crimes des Jacobins ont été le résultat, non seulement d'idées fausses, mais d'une situation extérieure et intérieure violente qui affolait les esprits. 3) Enfin si Taine avait établi quelques restrictions et quelques nuances [2] ». M. Monod revient sur la question, dans le nécrolo-

---

1. *Les origines de la France contemporaine, l'Anarchie,* p. 181.
2. *Revue historique,* XXVII, p. 130.

gue qu'il consacre au grand écrivain. Il y constate avec regret que Taine avait abandonné la sérénité qu'il puisait dans son déterminisme philosophique. Il ne se contente pas ici de décrire et d'analyser ; il juge et s'indigne ; au lieu de montrer simplement, dans la chute de l'ancien régime, dans les violences de la révolution, dans la gloire et la tyrannie de l'empire, *une succession de faits nécessaires et inévitables*, Taine parle de fautes, d'erreurs, de crimes[1] ». Nous ne voulons pas scruter les mobiles qui ont poussé Taine à s'écarter, dans sa dernière œuvre, de l'esprit vraiment scientifique qui se trouve dans tous ses écrits antérieurs et à enfreindre lui-même le principe qui l'avait guidé jusqu'alors, « que la science ne proscrit ni ne pardonne ; elle constate et explique[2] ». Nous nous contenterons de remarquer que, malgré l'immensité du travail déposé dans *les Origines de la France contemporaine*, Taine n'a pas livré une histoire de cette époque, mais bien une œuvre de parti. Pourquoi ? Parceque, au lieu de rechercher l'enchaînement nécessaire des faits qu'il étudiait, il s'est avisé de les juger et de les blâmer, comme si ces faits eussent pu être autres qu'ils n'ont été ; parce qu'il a abandonné le vrai terrain de l'histoire.

Il est vrai que cet enchaînement successif n'est jamais fatal et nécessaire *à priori*. En histoire, la cause étant connue, l'effet ne la suit pas toujours, et ce n'est qu'après que cet effet s'est produit qu'il se montre comme la conséquence nécessaire de la cause. C'est le seul nécessaire, parcequ'entre plusieurs effets possibles, c'est le seul qui se soit réalisé. Les événements historiques ne deviennent fatals et irrévocables qu'après leur accomplissement. *Ce qui est arrivé, devait arriver, attendu que cela est arrivé*, voilà la pensée fondamentale de l'histoire. Ce fatalisme quoiqu'il ne puisse être déterminé à l'avance, n'en est pas moins, après coup, tout aussi irrévocable, que l'accomplissement des lois fatales du monde coexistant. Aussi ne comprenons-nous guère l'utilité des raisonnements sur ce qui aurait pu arriver. *M. Tarde* possède là-dessus toute une théorie et *M. Lacombe* trouve « qu'il serait très utile d'exercer son esprit à des constructions d'histoires hypothétiques[3] ». Nous croyons au contraire que toute spéculation sur

---

1. *Ibid.*, LIX, p. 117.
2. *Philosophie de l'art*. Paris, 1865, p. 21.
3. G. Tarde, *Logique sociale*, p. 159 ; Lacombe, *De l'histoire considérée comme science*, p. 63. — L'essai le plus curieux de reconstitution possible de l'histoire a été fait par M. Renouvier, dans son *Uchronie, esquisse historique du développement de la civilisation européenne tel qu'il n'a pas été, tel qu'il aurait pu être*. Paris, 1876.

ce qui aurait pu advenir est une peine perdue, attendu que la science n'est que la reproduction de la réalité, et que la réalité historique n'existe pas virtuellement, mais seulement après son accomplissement. « L'hypothèse n'a pas de prise sur le passé ; rien ne peut changer de ce qui fut une fois » dit, avec beaucoup, de justesse, M. *André Lefèvre* [1]. On pourrait en définitive faire peu de cas des réflexions que les historiens se permettent sur les événements; pourvu que ces derniers fussent dûment établis et leur liaison causale mise en relief. Mais il faut remarquer qu'un auteur qui entreprend son travail, avec l'idée de critiquer et de censurer, sera poussé sans le vouloir à s'enquérir surtout des faits qui lui donnent raison et à négliger les autres. C'est précisément ce qui est arrivé à Taine, qui a laissé de côté les périls intérieurs et extérieurs qui menaçaient la révolution et affolaient les esprits et qui expliquent parfaitement comment la Révolution française arrive, de l'apothéose de la liberté, à une horrible boucherie.

S'abstenir de juger les évènements, c'est le seul moyen d'être impartial, attendu que, dans ce cas, on l'est forcément. Mais aussitôt que l'on s'avise de juger les faits, les efforts les plus sérieux pour conserver l'impartialité seront absolument vains. On ne peut se défaire de sa propre personnalité qui est un composé d'éléments appartenant à une époque. Chaque homme partagera certaines idées, certaines croyances qui font partie intégrante de sa personnalité intellectuelle et dont il ne peut en aucune façon se dépouiller. Tout historien qui entreprendra de juger les évènements, les jugera à sa manière, c'est-à-dire d'après son individualité particulière. Mais cet élément individuel exclut précisément le caractère scientifique.

Il existe, à l'encontre de la thèse que nous soutenons, bon nombre d'auteurs qui revendiquent comme le rôle le plus noble que l'histoire ait à remplir, celui de juge du passé et de mentor du présent. Par exemple *M. Lavollée* soutient que « l'histoire, par son jugement, rend les plus précieux services à l'humanité ; qu'il faut absolument que l'historien puisse juger impartialement et avec autorité; qu'il le faut, pour soulager la conscience du genre humain, pour intimider ou punir le coupable, pour donner confiance, soulagement et satisfaction à l'opprimé ; qu'il est juste et nécessaire qu'à un moment donné, en face du mal triomphant,

---

[1]. L'*homme à travers les âges*. Paris, 1890, p. 119.

de la scélératesse sur le parvis, du crime sottement adulé ou exalté par l'engouement populaire, l'histoire puisse, au nom des principes que le consentement des siècles et la loi morale ont consacrés sous le nom de philosophie de l'histoire, se dresser en face de la foule égarée et opposer son jugement au sien¹ ». M. *Caro* abonde dans le même sens : « L'histoire, dit-il, n'a ni le devoir de pardonner ni le droit d'oublier. Elle n'a pas de clients, elle est juge suprême ; elle ne se laisse ni attendrir, ni intimider, ni corrompre. Ce qu'elle a jugé est bien jugé, ce qu'elle a flétri est bien flétri ; sa sentence est sans appel² ». M. *Maxime Dolfus* continue sur le même ton : « L'historien accoutumé à ne marcher qu'avec l'appui des faits, sa pleine lumière de raison craint de mettre l'histoire au service des rancunes ou des haines de parti, et s'il ne s'interdit pas la sévérité, il ne croit pas non plus qu'il doive exclure la justice. Il condamne, mais il tient à comprendre, et comprenant davantage, il condamne moins. Juge plutôt qu'accusateur, l'historien admet, à la façon des jurés, des circonstances relatives, susceptibles d'atténuer les responsabilités³ ». Nous n'en finirions pas, si nous voulions reproduire les opinions de tous ceux qui attribuent à l'historien le rôle, passablement ridicule, de justicier des siècles.

Il ne faut pas confondre les tendances à juger, à censurer les faits, avec les jugements logiques ou dérivés de l'expérience auxquels on est obligé de les soumettre. Pour exécuter cette opération, il sera souvent nécessaire de recourir à des principes généraux qui expliquent la réussite ou la non réussite de certains évènements. Mais ces principes doivent avoir, comme ceux de la morale, du droit et du progrès, une valeur universelle. Aussi quand *Ranke*, pour expliquer les malheurs auxquels s'exposèrent les Huguenots par leur rapprochement du parti de la cour, leur applique le principe général, tiré de l'expérience, que nulle chose ne peut être plus dangereuse à un parti que de pactiser avec un autre d'opinions contraires, il ne fait qu'appliquer une maxime de sagesse universelle au cas singulier qu'il a devant les yeux.

L'historien pourra donc apprécier les évènements ; mais il ne pourra le faire qu'à des points de vue absolument généraux, conformément aux règles de la logique, aux principes du juste, aux

---

1. *La morale dans l'histoire.* Paris, 1892, p. 230.
2. *Réponse au discours de réception de M. Maxime Ducamp. Ibidem.*
3. *Considérations sur l'histoire.* Paris, 1876, p. 3.

vérités acquises par les sciences et par l'expérience des choses humaines.

Il peut être quelquefois difficile de tracer une ligne de démarcation précise entre les jugements de cette nature et ceux qui ont un caractère individuel. Dans tous les cas de doute, il faut s'abstenir de juger. Jugez donc le moins possible à tous les points de vue ; exposer la vérité et l'expliquer par l'établissement des causes, voilà le but que l'histoire doit poursuivre actuellement. Mais M. *Hellwald* va, pour sûr, trop loin, lorsqu'il veut exclure de l'histoire même l'appréciation morale des évènements [1] ; car, comme l'observe très bien M. *Richard Mayr*, « il y a loin de la chose causalement motivée au raisonnable, au juste et au bon, et le principe de *Hegel*, que tout ce qui est réel est raisonnable, est loin d'être lui-même raisonnable [2] ».

Plus les faits sont récents, plus ils sont avec nos propres idées dans une relation intime, plus la tendance à faire le justicier se manifeste chez l'historien. Voilà pourquoi il paraîtrait que l'histoire contemporaine est plus difficile à traiter, attendu qu'il est plus malaisé de conserver la froideur et l'impartialité voulues. L'histoire de notre temps est en effet plus difficile à reproduire, mais pour une tout autre raison. C'est parceque nous sommes trop rapprochés des évènements pour en pouvoir distinguer le sens et la portée ; parceque toutes les sources où elle pourrait être puisée ne sont pas abordables ; parceque tous les documents qui peuvent l'éclairer ne sont pas encore connus. Quant à l'impartialité, nous ne comprenons pas pourquoi elle serait plus difficile à conserver qu'avec les Pharaons, si *l'on s'en tient au strict enchaînement des faits*. On ne pourra être qu'impartial, aussitôt qu'on s'abstiendra de toute censure.

M. *Pirenne* pense que « la manière d'envisager l'histoire est imposée à l'historien par son temps ; que tandis que le progrès des sciences est continu, l'histoire obéit à une sorte de loi de recommencement perpétuel. Chaque époque refait son histoire, la transpose en quelque sorte dans un ton qui lui soit approprié. L'historien est dominé à son insu par les idées religieuses, philosophiques, politiques qui circulent autour de lui [3] ». Mais c'est précisément pour dégager l'historien de ces forces inconscientes que nous voulons qu'il s'abstienne de tout jugement personnel. L'his-

---
1. *Die Culturgeschichte in ihrer natürlichen Entwickelung*, 1875, p. 10.
2. *Die philosophische Geschichtsauffassung der Neuzeit*, p. 40.
3. *Une polémique historique en Allemagne*, Revue historique, Mai-Juin 1897, p. 51.

toire a en effet obéi à un recommencement perpétuel, tant qu'elle n'était qu'une production littéraire qui devait réfléchir dans son sein le milieu qui l'entourait. Mais aussitôt qu'elle prend le caractère d'une science, elle se dégage par là même de toute influence du milieu, à laquelle la vérité n'est pas soumise, comme nous l'établirons plus loin. (Chap. VI, Les forces auxiliaires de l'évolution, § Action du milieu intellectuel).

L'histoire doit donc s'interdire absolument tout jugement personnel sur les faits du passé. La vérité historique ne réside que dans la reproduction de la réalité des faits écoulés, ainsi que dans celle de leurs causes, et non *dans l'opinion personnelle que nous pouvons avoir sur cette réalité.* Cette opinion individuelle est un élément complètement en dehors de l'enchaînement causal des faits, seul objet de l'histoire. Que dirait-on d'un physicien ou d'un chimiste qui s'amuserait à blâmer la foudre ou les substances toxiques, parce qu'elles peuvent nuire à l'homme ? Toutes les lois naturelles ont une égale valeur devant la vérité, parce que toutes contribuent à expliquer la nature. Toutes les séries des phénomènes successifs possèdent aussi la même valeur, parcequ'elles contiennent l'explication du passé. Les faits qui constituent l'histoire sont débattus, critiqués pendant qu'ils s'accomplissent ; les personnages qui les introduisent dans la réalité des choses sont souvent bafoués, insultés, calomniés ou comblés de louanges par les différents partis qui luttent pour l'existence. Ce n'est pas d'une façon calme et tranquille que se dépose dans les archives du passé le matériel de l'histoire. Chaque trace en est souvent marquée par le sang ou les larmes de quelqu'un. C'est la vie qui se décharge peu à peu de son fardeau et le couche dans la tombe des morts. Le processus qui produit l'histoire est semblable aux grands bouleversements qui donnèrent naissance aux dépôts dont sont formées nos montagnes et nos plaines. Dans les mers bouillonnantes, les rocs étaient triturés, broyés, réduits en poussière ; peu à peu la mer se calmait et déposait sur son fond le sable fin qui constitue les couches actuelles. Il en est de même de l'histoire. Les temps présents avec leurs passions, leurs intérêts momentanés, aiguisés les uns contre les autres par la lutte pour l'existence, poussent les hommes à s'entredéchirer, à se haïr, à se détruire mutuellement. Mais les faits se réalisent d'une façon ou d'une autre ; les rancunes sont oubliées ; les intérêts se conforment au nouvel ordre de choses, et la mort vient répandre son baume consolateur sur les plaies encore ouvertes. Le dépôt historique commence à se former, et sa couche sera bientôt assez puissante pour y asseoir l'histoire. On comprend que si le rôle des partis politiques, des sectes religieuses, des écoles littéraires ou artistiques ressemble aux éléments que la nature déchaine de son sein pour alimenter les convulsions de la terre, celui de l'historien n'aura aucun motif de participer à ces luttes, dont il ne fait qu'exposer les péripéties, pas plus que le géologue ne saurait s'intéresser autrement aux phénomènes de l'écorce terrestre que pour en connaitre le développement. L'historien ne diffère du géologue que parceque les phénomènes qu'il est appelé à exposer sont l'œuvre de l'humanité, dont les tiraillements constituent l'histoire.

On peut, on doit même combattre pour ce que l'on croit être la vérité, tant que les courants ne se sont pas stratifiés dans le passé, tant que ces courants constituent des faits coexistants ; mais aussitôt que, par leur triomphe, ils sont devenus des facteurs de l'histoire, tout regret et toute approbation deviennent vains et sans objet. Les plus éloquentes récriminations ne feront pas disparaître les faits accomplis, « car rien ne peut changer de ce qui fut une fois [1] ».

Cette fatalité *a posteriori* des faits historiques rend parfaitement inutiles les jugements que nous pourrions porter sur eux. La compréhension des faits passés peut même exercer une bien plus profonde influence sur l'avenir que les déclamations les plus éloquentes. Possédant les causes des faits accomplis, nous pourrons, en tenant compte de l'évolution, reconnaitre plus facilement ce qu'il faut faire pour éviter les erreurs. Les idées acquises sur le terrain de l'histoire deviendront les mobiles de notre conduite. D'autre part les directions que ces séries de faits ont prises détermineront les hommes du jour à faire prévaloir celles qui leur paraîtront plus dignes d'être soutenues, pendant que d'autres prêteront leur appui à des séries opposées. C'est ainsi que se développera la grande lutte dont le résultat sera le triomphe des idées et des faits viables, aux dépens de ceux qui ne le sont pas. Les forces de l'histoire prononceront toujours leur verdict sur les efforts individuels, en attendant que de nouveaux ébranlements remettent en question la façon dont s'accomplira l'évolution.

Les forces qui créent l'histoire prendront nécessairement part

---

1. André Lefèvre, L'*homme à travers les âges*. Paris, 1890, p. 119.

à toutes les péripéties de la lutte pour l'existence ; l'exposition du résultat, auquel cette lutte aura abouti, devra être complètement détachée de tous les intérêts, de tous les sentiments, de toutes les passions qui lui auront donné naissance.

Nous pensons donc que le rôle de la Némésis historique a vécu, et qu'il doit être remplacé par le flambeau de la vérité qui doit éclairer toujours plus profondément les abimes du passé.

HISTOIRE DESCRIPTIVE. — Il nous reste à écarter une dernière conception erronée du but de l'histoire. Une école, assez puissamment représentée il y a peu de temps, qui porte, d'après la direction qu'elle représente le nom d'école descriptive, place le but de l'histoire dans la description du passé, et tout le talent de l'historien consisterait d'après cette école, à faire revivre dans l'esprit du lecteur, les figures et les scènes disparues. Pour y arriver, on donne à l'imagination un rôle bien plus grand que celui qu'elle doit avoir dans cette sphère des conceptions intellectuelles. D'après l'école descriptive, l'histoire aurait pour but de reconstituer le passé de toutes pièces, là où les matériaux existent, et s'ils font défaut, de suppléer par l'invention au manque de documents. Les figures doivent revivre ; les scènes se reproduire avec leur coloris particulier. On doit entendre remuer les sociétés que l'on décrit ; leurs personnages doivent parler leur langage, exécuter leurs mouvements, se démener enfin comme ils le faisaient dans leur vie réelle. La description d'une bataille doit nous la faire passer devant les yeux avec tout son cortège de sang et de fumée ; on doit entendre le cliquetis des armes, les cris des blessés, le râle des mourants. L'histoire, en un mot, aurait pour but, de faire revivre le corps du passé, pour les yeux, pour les oreilles du présent, et non celui de scruter les motifs intérieurs qui faisaient agir les hommes. L'histoire doit être une *résurrection*, comme dit Michelet [1].

Observons d'abord qu'une reproduction complète et fidèle des faits passés, au moyen des idées est impossible, par la raison que l'esprit ne peut jamais donner l'exacte description d'un corps. Les idées n'étant perçues que successivement, la coexistence ne peut jamais être complètement reproduite par ce moyen. Que l'on essaie par exemple de reproduire par une description le

---

[1]. Préface à l'*Histoire de France*.

tableau de la Madone sixtine ou la statue de la Vénus de Milo.

En second lieu, une description ne peut avoir d'autre effet que d'éveiller, dans l'esprit du lecteur, les notions que ce dernier possède sur les objets décrits. Le tableau esquissé par l'écrivain se reflètera dans l'esprit du lecteur, d'après les éléments que ce dernier possèdera. Au lieu de l'image objective du passé que l'historien a pour but de faire surgir dans la conscience de ceux auxquels il s'adresse, il ne pourra, dans le meilleur des cas, que réveiller des images subjectives. Donc le but poursuivi par l'histoire descriptive de faire revivre le passé dans l'esprit des lecteurs, ne pourra jamais être atteint.

Mais de nos jours, on n'a pas même besoin des efforts de l'esprit pour reconstituer le passé, quant à son corps. « Grâce aux progrès de la gravure sur bois et des autres industries d'art, telles que photographie, héliogravure, photochromie, il est devenu possible de réaliser matériellement la formule de Michelet, en figurant, à côté du texte, l'homme, l'édifice, l'arme, la monnaie le costume, l'objet qu'il s'agit de représenter. Si la résurrection n'est pas dans le livre, elle s'opère dans l'esprit du lecteur, sous ses yeux [1] ».

Mais cette résurrection du corps du passé, quel que soit le moyen employé pour la réaliser, est-elle suffisante ? Est-ce la connaissance des objets morts qui constitue la science de l'histoire ? Cette dernière est composée d'actes, de faits, de mouvements, et ce sont ces phénomènes instables dont il faut connaître le véritable caractère. Le corps peut être d'une grande utilité pour reconstituer le fond physique, dans lequel le fait historique était incorporé. Mais le corps n'est pas tout. Les objets corporels, que l'histoire a semés sur sa route, ne sont que les restes du passé qui peuvent nous aider à retrouver le fait intellectuel, élément essentiel de l'histoire.

L'histoire a donc pour but la découverte de la vérité sur les faits passés et leur enchaînement causal. Le but qu'elle poursuit la range donc parmi les sciences, et l'art ne saurait intervenir dans sa constitution que pour rendre les vérités qu'elle proclame plus attrayantes et plus faciles à saisir, comme c'est d'ailleurs le cas pour toutes les sciences, car il ne sied jamais mal à la vérité de se présenter sous une belle forme.

Les principes fondamentaux qui servent de base à l'histoire se-

---

1. André Lefèvre, L'homme à travers les âges, p. 148.

ront donc ceux d'une discipline scientifique, d'une occupation intellectuelle qui poursuit la découverte de la vérité.

Ces principes sont :

1) Les *facteurs constants de l'histoire* qui président au développement des différents groupes dont se compose l'humanité.

2) Les *forces historiques* qui déterminent ce développement.

3) *Le matériel de l'histoire,* sur lequel les forces agissent, et enfin,

4) *Les séries historiques,* résultat de l'action des forces sur le matériel de l'histoire.

CHAPITRE IV

Les facteurs constants de l'histoire

L'histoire de l'humanité se développe sur un espace, et par l'intermédiaire des peuples qui constituent des groupes plus ou moins étendus. Sa marche sera donc soumise à l'influence que ces deux ordres de faits coexistants exerceront sur le développement. L'esprit qui donne naissance aux phénomènes historiques sera conditionné dans son entier par ces deux éléments importants du *milieu*, c'est-à-dire de la nature et de la situation géographique, au sein de laquelle le peuple est appelé à vivre, et de la *race*, ou de la complexion organique et psychique des individus qui constituent le groupe humain. Le milieu favorise l'essor de certaines facultés, de certaines aptitudes, comme il pourra porter entrave à d'autres, par des obstacles plus ou moins difficiles à surmonter. La race dotera le peuple d'une certaine puissance d'esprit, d'une certaine envergure d'idées, de sentiments, de volontés. Si l'esprit peut lutter contre la nature environnante, pour la dominer et la faire servir aux besoins de l'homme, pour vaincre, au moins jusqu'à un certain point, les obstacles qu'elle oppose à son expansion, il ne peut rien tenter contre la race qui lui a précisément mesuré le degré de force intellectuelle dont il dispose dans sa lutte contre la nature. Donc, tandis que l'esprit peut dominer le milieu, au moins dans de certaines limites, il est toujours dominé par la race. Dans les deux cas pourtant, l'action que ces deux facteurs exercent sur le développement est constante et toujours la même. Cette action aura, pour le milieu, l'effet d'imprimer au mouvement successif des faits de l'histoire une direction constante ; pour la race, de déterminer le caractère de ce mouvement et de marquer les limites qu'il peut atteindre. Observons dès maintenant, que le milieu extérieur, le seul que nous considérions ici, n'exerce aucune action *modificatrice* sur le développement et que tout son rôle qui n'en reste pas moins des plus importants, se borne à une action *directrice* exercée d'une façon constante sur tout le mouvement d'un groupe humain [1].

LA RACE. — Plusieurs auteurs pensent que l'idée de race n'a été inventée que pour remplacer une explication sérieuse, et que les distinctions originaires de race ne sont que de pures hypothèses.

Les arguments par lesquels on s'évertue à contester l'influence de la race, ne sont pas soutenables. Ainsi M. *Lacombe* suivant en tout les opinions de l'historien anglais *Henri-Thomas Buckle*, objecte que s'il existe des génies spéciaux pour chaque race, ces qualités inhérentes devraient se manifester indépendamment de toutes conditions ; car dit-il, « si certaines conditions font que le génie n'apparait pas et l'annulent, d'autres font qu'il se montre un peu, et d'autres qu'il se montre avec éclat, tout se passe comme si le génie n'était rien et que les conditions fussent tout. Alors pourquoi cette supposition du génie [2] ? » La réponse est très facile : c'est que les conditions peuvent tout faire, excepté le génie lui-même *qui constitue le germe*, dont les conditions favorisent ou empêchent le développement. *Lazarus et Steinthal* observent avec beaucoup de justesse à ce sujet, que la décadence des nations, sous le même ciel qui a vu leur progrès, démontre que ce dernier ne dépend pas exclusivement des conditions dans lesquelles elles vivent, et que l'esprit, par lui-même, y joue un rôle assez important [3] ». Mais l'observation directe prouve que les races inférieures, même lorsqu'elles sont placées dans les conditions les plus favorables, sont loin de réaliser le progrès à l'égal des races supérieures. M. *Benjamin Kidd* dit que « dans les Etats-Unis, les Nègres ont été émancipés ; ils votent avec tous en citoyens ; ils se sont enrichis, ils se sont instruits ; mais ils restent inférieurs aux hommes d'une autre couleur. Ils sont toujours dans un état de subordination, sous toutes les apparences de la liberté, vis-à-vis de la race parmi laquelle ils vivent [4] ».

M. *Lacombe* ajoute « que le génie de race devrait se manifester

---

1. Cf. Lamprecht, *Was ist Kulturgeschichte* dans la *Deutsche Zeitschrift für Geschichtswissenschaft*, 1, 1896, p. 111 : « Diese Faktoren (la race et le milieu) sind nun im Allgemeinen konstant ; sie lassen sich mithin auch als Bedingungen des historischen Lebens bezeichnen ».
2. De *l'histoire considérée comme science*, p. 309. Cf. Buckle, *Histoire de la civilisation en Angleterre*, trad. Baillot, I, 1860, p. 12.
3. *Einleitende Gedanken* (cité plus haut, p. 3, note 2), p. 12.
4. *Evolution sociale*, trad. Le Monnier. Paris, 1896, p. 49.

dès que la première génération arrive à l'âge d'homme. Il ne devrait y avoir, dans l'histoire d'un peuple, ni phases, ni ce qui va ordinairement avec les phases, aucun progrès, et de décadence pas davantage ». Autant dire que la sève qui pénètre la plante doit lui faire produire aussitôt les graines, sans passer par l'intermédiaire des bourgeons, des feuilles, des fleurs et des fruits. M. Lacombe pense que les Chinois, placés dans le milieu où ont vécu les Grecs, auraient donné naissance à la même civilisation, et que la France, peuplée de Nègres, présenterait aujourd'hui identiquement le même degré de culture. Nous ne saurions voir, dans de pareilles affirmations, que de monstrueux paradoxes. Et pourtant M. Lacombe lui-même, sans apercevoir la contradiction flagrante dans laquelle il se place avec sa propre théorie, accorde que « tout homme considéré d'une certaine façon est unique, et que, si les étrangers n'ont pas de Molière, nous n'en avons qu'un[1] ». Mais un individu, qu'est-il sinon une race individualisée, et la race, qu'est-elle sinon une individualité généralisée ? Comment peut-on soutenir, en même temps, qu'il existe une complexion particulière de l'esprit dans chaque individu, et la contester pour les peuples ? M. Lacombe ne pourra certainement pas nier que chaque race de chiens, chaque variété même, possède des aptitudes différentes ; que les épagneuls, les ratiers, les lévriers, les dogues ne diffèrent pas dans leurs penchants, par suite du milieu où ils vivent, mais bien par suite de leur complexion organique particulière. Or, pourquoi contester aux hommes, dont l'organisme est bien plus compliqué, bien plus capable de donner naissance à des composés différents, ce que l'on ne saurait méconnaître pour les animaux ?

M. *Mougeolle*, autre adversaire de l'idée de race, confond cette dernière avec le caractère historique des peuples (confusion dont nous nous occuperons plus bas), attendu qu'il apporte, comme exemple de la mutabilité du caractère des races, le fait que « les Juifs dans leur pays s'adonnaient à peu près exclusivement à l'agriculture, tandis que, dans l'Europe moderne, ils se livrent presque tous au commerce de l'or ». Mais les races elles-mêmes, quelque irréductible que soit leur élément, peuvent se modifier par des procédés organiques, comme le croisement. Voilà par exemple la raison pour laquelle le peuple grec actuel a cessé d'engendrer les héros des Thermopyles et les génies qui illus-

---

1. De *l'histoire considérée comme science*, p. 313 et 316.

trèrent le siècle de Périclès. M. Mougeolle affirme que « ni les hommes, ni les races ne sont la raison dernière des événements ; qu'il y a un au-delà, et que cet au-delà c'est le milieu ».

On ne saurait douter que les races humaines, tout comme les diverses espèces animales, soient en partie le produit de l'influence du milieu extérieur. Mais cette influence qui a cessé de nos jours d'exercer une action transformatrice, a produit, dans le cours de l'évolution, des organismes particuliers qui sont devenus immuables, précisément par la fixation du milieu extérieur. M. Mougeolle reconnait d'ailleurs lui-même que « les peuples transforment leurs religions, en accommodant leurs dogmes et leur discipline à leur tempérament[1] ». Mais si les peuples possèdent des tempéraments particuliers, c'est qu'ils diffèrent les uns des autres par leur constitution mentale, par la complexion organique des individus qui la composent, en un mot par leur race. Nous voyons donc que les auteurs qui s'efforcent de nier l'évidence, l'existence de différentes races humaines, sont obligés de se contredire, reconnaissant implicitement ce qu'ils contestent explicitement. Il nous semble que *Taine* soutient avec bien plus de raison, que « ce que l'on appelle race, ce sont les dispositions innées et héréditaires que l'homme apporte avec lui à la lumière et qui, ordinairement, sont jointes à des différences marquées dans le tempérament et dans la structure du corps. C'est la première et la plus riche source de ces forces maîtresses d'où dérivent les événements historiques[2] ». Il en est de même de M. *Brunetière* qui définit la race : « l'élément irréductible entre tous, celui qui sépare l'humanité en familles tranchées, le dernier terme de l'analyse littéraire, philolologique, linguistique et psychologique, au-delà duquel il n'y a plus qu'incertitude et mystère[3] ». Car en définitive, il faut bien se résigner à ne pas vouloir tout comprendre. La nature présente incontestablement une partie inconnaissable, dernière raison des choses.

Les races humaines n'existent pourtant qu'exceptionnellement et dans leurs représentants les plus inférieurs, comme pures de tout mélange. Les peuples historiques, au contraire, proviennent presque tous d'amalgames plus ou moins prononcés entre les différentes races ou sous-races humaines. Les peuples ne constituent point des races naturelles, mais bien des composés « formés

---

1. *Les problèmes de l'histoire*, Paris, 1886, p. 247, 244, 254.
2. *Histoire de la littérature anglaise*, 1, p. XXIII.
3. De *l'évolution des genres dans la littérature*, Paris, 1894, p. 242.

depuis les temps historiques d'après les hasards des conquêtes, des migrations ou des changements politiques [1] ». Mais, même dans ces produits artificiels du hasard de l'histoire, l'élément fondamental et distinctif reste toujours l'élément physiologique, la complexion organique, reconstituée à nouveau chez chaque peuple par les combinaisons des éléments qui lui ont donné naissance. Cette complexion organique, traduite en manifestations intellectuelles et influencée par l'action des événements, produit ce que l'on appelle le *caractère national*. Ce dernier s'accentue toujours davantage, à mesure que le peuple prolonge son existence, attendu que les manifestations, d'abord spontanées, tournent à l'habitude et prennent une consistance de plus en plus marquée.

On ne saurait contester l'influence de la race sur la constitution mentale des peuples, par suite du fait que « les peuples où la question pourrait être posée, les peuples européens, appartiennent tous à une seule et même race, la race « aryaque » comme le soutient M. *Büdinger* [2]. Non seulement les races principales présentent des différences organiques et, par suite, des différences physiologiques et psychologiques ; mais aussi leurs sous-divisions et, d'autant plus, leurs différents mélanges.

Ces dispositions ou aptitudes organiques et psychiques innées expliquent, d'un côté, la hauteur à laquelle s'élèvera une civilisation, de l'autre, le caractère qu'elle présentera. C'est ainsi que les Chinois (race jaune) sont arrêtés dans leur développement qui s'est pour ainsi dire ossifié. « On fait grand cas, observe M. *Gustave Le Bon*, des progrès réalisés de nos jours par les Japonais. Nous craignons fort que ces progrès ne soient qu'un vernis qui pourra facilement disparaître. Les Japonais appartiennent à la race jaune et ne sauraient, sous le rapport de la faculté de se civiliser, se distinguer profondément des Chinois ». Le caractère différent de la civilisation allemande, française, anglaise, italienne, américaine, s'explique, dans sa partie irréductible, seulement par l'élément de la race.

Si quelques auteurs s'efforcent de nier l'évidence en contestant l'influence de la race sur le développement des peuples, l'auteur que nous venons de citer, M. *Gustave Le Bon*, l'en fait dépendre entièrement. Nous nous occuperons plus longuement de sa

1. Gustave Le Bon, *Lois psychologiques du développement des peuples*. Paris, 1895, p. 4.
2. *Über Nationalität* dans la *Zeitschrift für Völkerpsychologie und Sprachwissenschaft*, III, 1865, p. 105.

théorie, car elle nous fournira l'occasion d'élucider plusieurs questions importantes qui ont trait à la race.

Selon M. Le Bon, les « caractères moraux et intellectuels d'un peuple représentent tout son passé, l'héritage de tous ses ancêtres. Les morts ont créé, siècle par siècle, nos idées, nos sentiments et par conséquent tous les mobiles de notre conduite. L'ensemble d'idées, de sentiments, que tous les individus d'un même pays apportent en naissant, forme l'âme de la race ». L'auteur ajoute, pour préciser davantage sa pensée, que « la constitution mentale d'un peuple ne demande pas, comme la création d'une espèce animale, ces âges géologiques, dont l'immense durée échappe à tous les calculs. Elle exige cependant un temps assez long. Pour créer un peuple comme le nôtre, et cela encore à un degré assez faible, il a fallu plus de dix siècles » (pp. 9, 12, 13). Dans ces passages et dans nombre d'autres, l'auteur attribue la formation de la *race* ou du *caractère* (termes qui sont employés indistinctement l'un pour l'autre par M. Le Bon), de la *constitution mentale* des peuples, à l'influence des circonstances, des événements, donc à l'histoire des groupes humains. Et pourtant M. Le Bon écrit son livre précisément pour prouver le contraire. Il revient à plusieurs reprises sur son idée favorite que « l'évolution dérive des caractères moraux et intellectuels des races ; que l'âme des races régit en réalité toute l'évolution d'un peuple ; que toute la vie d'un peuple découle de sa constitution mentale, aussi fixe que ses caractères anatomiques ; que le caractère c'est le roc invariable (sic) que la vague doit battre jour par jour, pendant des siècles, avant d'arriver à pouvoir seulement en émousser les contours ; c'est l'équivalent de l'élément irréductible de l'espèce : la nageoire du poisson, le bec de l'oiseau, la dent du carnivore » (pp. 3, 5, 12, 30). Mais si M. Le Bon soutient, d'un côté, que c'est le caractère qui donne naissance à l'évolution, c'est-à-dire à l'histoire, et d'autre part, que ce sont les morts, les générations antérieures, donc l'histoire qui forme le caractère, il nous semble que ces deux idées ne sauraient subsister ensemble, attendu qu'elles contiennent des assertions contradictoires.

La raison de cette contradiction ne réside pas dans une inadvertance de M. Le Bon. Elle devait être amenée fatalement par la confusion que l'auteur fait entre deux notions complètement différentes, mais que le langage usuel désigne par un seul et même terme, celui de *caractère*. Il confond le caractère, à proprement parler le *fond* de la race, constitué par les particularités anatomiques, physiologiques et psychologiques des individus qui composent les différents groupes humains, avec le *caractère historique* des peuples, issu de la réaction exercée par les événements sur le fond organique primitif. Pendant que le premier — le fond de la race — est en effet irréductible, qu'il ne change jamais que sous l'influence de causes aussi organiques, le caractère historique se forme dans le cours des temps, et notamment dans des intervalles qui n'ont nullement besoin d'atteindre l'immensité des âges géologiques. Le moindre coup d'œil jeté sur les peuples nous fait apercevoir aisément ces deux éléments différents, dont la combinaison constitue ce que l'on appelle aussi le caractère d'un peuple. Ainsi chez les Juifs, la finesse d'esprit est une qualité naturelle-organique, dépendante de la constitution de leur cerveau, tandis que leur prédisposition actuelle pour les affaires d'argent a été contractée par les conditions dans lesquelles ils ont été forcés de vivre presque jusqu'au seuil de notre époque. Si les Anglais possèdent le phlegme, le sang-froid, le sérieux, comme qualités naturelles, la direction pratique de leur esprit, qui constitue leur caractère principal comme peuple, est due à l'application de leur vie au commerce. Mais cette application n'a pas plus de six siècles d'existence. Le caractère du peuple français était incontestablement tout autre du temps des croisades qu'aujourd'hui. Et pourtant le fond de la race gauloise, son esprit gai, mordant, satirique, sa pensée claire et précise, sont restés les mêmes à toutes les époques de son histoire.

M. Le Bon, confondant indistinctement ces deux éléments, complètement différents, de la constitution mentale d'un peuple, et désignant par le même terme, tantôt l'un, tantôt l'autre, tantôt le résultat de leur combinaison, ne pouvait faire autrement que de se contredire dans tout le cours de son ouvrage. Voilà pourquoi, par exemple, d'un côté il soutient que « le croisement est le seul moyen infaillible que nous possédions de transformer, d'une façon fondamentale, le caractère d'un peuple, l'hérédité étant seule assez puissante pour lutter contre l'hérédité. Le croisement est l'élément fondamental dans la formation de la race » (p. 46), — passage qui se rapporte évidemment au fond organique des races. D'autre part, M. Le Bon confond les races humaines avec les classes développées chez les peuples par leur histoire. Après avoir cherché à établir qu'un abîme mental séparait les races entre elles, en races primitives, inférieures, moyennes et supérieures, division qui se rapporte évidemment au fond organique humain, M. Le Bon ajoute « qu'il n'est pas besoin d'aller chez les purs sauvages pour trouver les *races inférieures et primitives*, puisque les couches les plus basses des sociétés européennes sont homologues des êtres primitifs » (p. 26-27). Les basses couches du peuple français ou du peuple anglais, constituent donc des races primitives ? Mais entre ces couches basses et les couches supérieures, il n'existe aucun abîme mental, puisque les dernières recrutent souvent dans les premières leurs esprits d'élite.

Les races sont en effet irréductibles, comme la nageoire du poisson, le bec de l'oiseau ou la dent du carnivore ; mais ce ne sont nullement des produits historiques, ce sont des formations organiques créées précisément pendant les époques géologiques par l'action toute-puissante du milieu extérieur sur l'organisme humain. Le caractère historique des peuples est, au contraire, un produit de la réaction des événements sur le fond animal organique. Ce caractère change souvent avec le cours des événements.

Examinons maintenant le rôle que M. Le Bon attribue à la race, au caractère, à la constitution mentale, tels qu'il les comprend.

L'auteur admet un principe, selon nous complètement erroné, que « l'influence du *caractère* est souveraine dans la vie des peuples, alors que celle de l'*intelligence* est véritablement bien faible » (p. 30). M. Le Bon, dans ce passage, donne au terme de caractère, un troisième sens qui n'est ni celui du fond de la race, ni celui du caractère historique. Il le dépeint lui-même comme « la combinaison en proportions variées de divers éléments que la psychologie désigne habituellement aujourd'hui sous le nom de sentiments : la persévérance, l'énergie, l'aptitude à se dominer et la moralité, synthèse de sentiments assez complexe » (p. 28-29). Voilà bien un tout autre sens attaché au terme de caractère, le sens moral. M. Le Bon aurait dû expliquer dans quelle acception il entend employer ce terme à significations multiples, car rien n'est plus contraire à l'esprit scientifique que le manque de précision des notions et des termes qui les représentent. Conformément à cette nouvelle nuance du terme de caractère, à laquelle il oppose l'intelligence, M. Le Bon conteste à cette dernière presque toute action sur le développement. C'est ainsi qu'il rejette l'influence de l'éducation sur la marche des événements (p. 29) ; celle des grands hommes qui n'exerceraient une action durable sur les sociétés que lorsqu'ils synthétisent tous les efforts d'une race (p. 29) ; celle des religions qui, loin d'influencer le développement, se transforment selon l'âme des peuples sur lesquels elles s'étendent (p. 64). Il en est de même des arts (p. 77), des institutions, des langues (p. 70). Toutes ces manifestations de la vie des peuples, loin de déterminer leur histoire, ne font que se mettre d'accord avec le caractère fondamental du peuple au sein duquel elles se développent. Ici, le caractère est évidemment pris, par M. Le Bon, dans un autre sens que le caractère moral ; il pense au caractère historique, ou plutôt au caractère organique de la race.

On comprend qu'il est presque impossible de suivre l'idée multiforme de l'auteur sur le caractère. Mais quelle qu'elle soit, nous pouvons nous demander si l'évolution du genre humain en dépend uniquement, et si l'intelligence n'exerce, sur la marche des événements, qu'une bien faible influence.

Nous pensons que le fond de la race et par conséquent, jusqu'à un certain point aussi, le caractère historique, ne jouent d'autre rôle dans l'évolution que celui d'en conditionner la marche, de fixer précisément par la force de l'intelligence dont la race est douée, la hauteur jusqu'où l'évolution pourra s'élever et de colorer le développement d'une certaine façon. Le grand rôle dans le développement n'appartient et ne saurait appartenir au roc invariable de M. Le Bon, pour la raison bien simple que ce qui est immuable ne peut évoluer. Les facultés innées de la race, les dispositions acquises du caractère historique, ne sauraient jouer qu'un rôle passif dans la marche évolutionniste. Cette dernière est le produit de la force intellectuelle, attendu que l'homme n'évolue que par l'esprit. Aussi dans quelles contradictions M. Le Bon n'est-il pas poussé par son erreur fondamentale ! Nous le voyons soutenir, par exemple, « que l'une des principales conséquences de la civilisation est de différencier les races par le travail intellectuel, chaque jour plus considérable, qu'elle impose aux peuples arrivés à un haut degré de culture ». Mais si l'*intelligence* ne joue qu'un rôle bien faible dans la vie des races, comment le *travail intellectuel* peut-il les différencier ? Et si l'intelligence n'est qu'un élément négligeable dans la vie des peuples, si même, d'après M. Le Bon, la prédominance de l'élément intellectuel amène souvent leur décadence, comment peut-il approuver les paroles de Saint-Simon disant que « si la France perdait subitement ses cinquante premiers savants, ses cinquante premiers artistes, ses cinquante premiers fabricants, ses cinquante premiers cultivateurs, la nation deviendrait un corps sans âme ; elle serait décapitée » ? L'auteur commence même son ouvrage par l'analyse des ravages que l'*idée* de l'égalité a déjà accomplis dans les sociétés humaines, et craint bien que ces ravages ne se poursuivent aussi dans l'avenir, car, dit-il, « une idée vraie ou fausse doit faire son chemin ». Dans un autre livre, le même auteur dit que les grands bouleversements qui précèdent les changements de civilisations sont dus à des modifications profondes dans *les idées* des peuples [1]. M. Le Bon reconnaît donc aussi aux idées, c'est-à-dire aux produits de l'intelligence, un rôle important dans la vie des sociétés, et paraît révoquer son affirmation par trop absolue que l'influence de l'intelligence sur la vie des peuples est bien faible. Mais M. Le Bon, pour éviter cette contradiction, soutient ailleurs que les « idées n'ont d'action réelle sur l'âme des peuples que lorsqu'elles sont descendues dans la région stable et inconsciente du sentiment, où s'élaborent les motifs de nos actions. Elles deviennent alors des éléments de notre caractère » (p. 125). Cette affirmation de M. Le Bon est dénuée de tout fondement. Toutes les grandes idées qui ont remué le genre humain ont poussé ce dernier à l'action peu après leur manifestation intellectuelle, et il n'est nullement exact d'affirmer qu'il faut plusieurs âges d'homme pour faire triompher les idées nouvelles, et que celles-ci n'évoluent qu'avec une extrême lenteur. Toutes les transformations historiques qui sont dues aux idées en font foi. Ainsi le christianisme était maître de bien des consciences dès le premier siècle après Jésus-Christ ; le mahométanisme poussa les Arabes à la conquête du monde déjà sous les premiers califes ; les doctrines de Wycleff, Huss, Luther, Calvin, Zwingli, furent acceptées par les différents peuples, du vivant même de leurs fondateurs ; la Révolution française suivit de bien près l'éclosion de la philosophie critique du xviiie siècle, et, ainsi de suite, toutes les idées produisirent leurs effets dans la vie des sociétés peu après leur apparition, au moment où leur mode d'action était encore pleinement conscient, et c'est précisément ce mode d'action qui rendait leur force plus irrésistible. Il est vrai que lorsqu'une idée puissante envahit la conscience humaine, elle y prend pied d'une façon solide, et qu'alors son évolution s'opère très lentement, et que de pareilles idées met-

---

1. *La psychologie des foules*, p. 33.

tent quelquefois très longtemps *à disparaître*. Il y a même toute une classe d'idées qui ne s'effacent plus jamais ; ce sont celles qui sont basées sur la vérité. Mais si les idées évoluent lentement, elles sont au contraire bien promptes à s'emparer de l'âme humaine.

Pour donner un dernier exemple du peu de consistance des idées de l'auteur, nous rapporterons une autre contradiction de M. Le Bon. Ce n'est d'ailleurs pas la dernière. A la page 25, il soutient que « les qualités intellectuelles sont susceptibles d'être *légèrement* modifiées par l'éducation ; celles du caractère *échappent à peu près entièrement* à son action ». A la page 168, M. Le Bon est d'avis pourtant, comme moyen de régénération *du caractère* du peuple français, « de *changer tout d'abord notre éducation latine*, qui dépouille de toute initiative et de toute énergie ceux à qui l'hérédité en aurait laissé encore ! »

Ce n'est donc pas le caractère seul et les idées stratifiées qui entrent dans sa composition, qui déterminent l'évolution, mais bien les idées, comme produit direct et immédiat de l'intelligence. C'est dans l'intelligence et dans sa faculté maîtresse de s'élever toujours plus haut au-dessus de l'animalité, que réside le principe de l'évolution et la genèse de l'histoire. Le caractère, la race du peuple, tout comme le milieu où cette dernière se développe, ne font qu'imprimer à sa marche une certaine direction et lui donner une certaine couleur. Soutenir le contraire, c'est peut-être une idée très originale, mais peu conforme à la vérité [1].

Cette analyse du livre de M. *Gustave Le Bon* nous conduit aux résultats suivants :

1) Que la race, c'est-à-dire les qualités naturelles et immuables de l'âme des peuples, déterminées par la complexion organique, physiologique et psychologique des individus humains, constitue l'élément constant et principal qui conditionne l'évolution.

2) Qu'il ne faut pas confondre cet élément avec le caractère historique, produit accumulé par l'histoire, résultat de l'action d'évènements répétés. Ce caractère change avec le temps ; mais il contribue aussi à conditionner les différentes étapes du développement.

3) Que la race ne doit pas être non plus confondue avec le caractère moral, faisceau de qualités qui, selon sa composition, peut venir en aide au développement ou l'entraver.

---

[1]. Cette critique du Livre de M. Le Bon a paru dans la *Revue Critique*, 1896, n° 22

4) Que tous ces éléments constituent des facteurs constants qui conditionnent l'évolution et y président, sans la déterminer ; que cette dernière, au contraire, est due au mouvement de l'esprit.

5) Que la race constitue une force qui manifeste son action permanente dans tout le cours de l'histoire ; qu'elle donne naissance au caractère national qui n'est à son tour qu'une force dérivée de la force fondamentale de la race.

MÉLANGES DES RACES. — Les races humaines peuvent se diviser en quatre groupes, eu égard à leur faculté de se civiliser. Le plus bas échelon sera constitué par les races *primitives*, chez lesquelles on ne trouve aucune trace de culture, et qui sont restées à cette période voisine de l'animalité qu'ont traversée nos ancêtres à l'époque de la pierre polie. Au-dessus de ces races primitives se placent les races *inférieures*, représentées surtout par les Nègres de l'Afrique, qui n'ont jamais pu dépasser des formes de civilisation tout à fait barbares. Le troisième échelon est constitué par la race *moyenne* ou jaune (Chinois, Japonais, Mongols, Turcs), qui a créé des types de civilisation assez élevés, sans pourtant arriver à la hauteur de la race *supérieure* (blanche) qui porte sur ses épaules l'arche de la civilisation.

Toutes ces races se subdivisent en groupes plus restreints, caractérisés aussi par des particularités organiques différentes et qui constituent, on peut le dire, autant de sous-races distinctes.

Le mélange de ces diverses races ou sous-races, dans les peuples historiques, a donné naissance à des composés différents, selon les éléments qui ont contribué à leur formation. Ainsi le mélange des rameaux d'une même race, par exemple d'une race supérieure, a donné ordinairement naissance à des produits tout aussi capables de progrès que les peuples purs de toute atteinte. Les Français, les Italiens, les Espagnols, issus du mélange des Celtes avec les Romains et les Germains, ou les Roumains, issus du mélange des Thraces avec les Romains et les Slaves, ont donné des composés tout aussi capables de progrès que les Romains, les Germains ou les Slaves isolés. Quelquefois les composés se sont trouvés être inférieurs aux éléments entrés en combinaison. Tels sont les Grecs modernes, provenus du mélange des Grecs anciens avec les Slaves. L'explication de ce phénomène serait selon nous la suivante : Le sang des Romains n'était pas de beaucoup supérieur en qualité à celui des peuples qui se mélangèrent à eux, pendant que le sang des Grecs, d'une finesse extraordinaire (à preuve leur civilisation si parfaite), ne put que se corrompre en se mêlant à celui des Slaves [1].

Le mélange de races *différentes* a pour résultat de faire toujours pencher le composé vers l'élément dominant. Cette prédominance peut se manifester parfois dans l'usage de la langue, comme chez les Bulgares où prédomine l'élément slave sur le finnois, ou chez les Hongrois où l'élément mongol, représenté précisément par la langue, a le dessus. D'autres fois, c'est par le caractère et par les dispositions que la prédominance s'accentue, comme c'est le cas chez les peuples de l'Amérique du Sud, chez lesquels, sous une croûte extérieure espagnole, fermente le sang des Peaux-Rouges [2]. C'est donc sans raison que M. Le Bon considère la race hispano-américaine comme une race latine pure et attribue l'infériorité de la civilisation hispano-américaine, comparée à celle des Etats-Unis, à une prétendue infériorité de la race latine vis-à-vis de la race anglo-saxonne ; car M. Le Bon ne pourra pas trouver cette infériorité en Europe ; comment donc et pourquoi existerait-elle en Amérique ? Nous pensons que le mélange de la race latine (supérieure) à la race rouge (moyenne), dans lequel cette dernière constitue l'élément prédominant, donne la seule explication possible de l'anarchie continuelle dans laquelle vivent les républiques sud-américaines et de leur impossibilité de constituer des organismes politiques durables.

Dans tous les cas, le progrès sera toujours déterminé par l'élément de la race dominante. C'est ainsi que chez les Bulgares, où l'élément slave a pris le dessus, la faculté de progresser sera celle qui caractérise les races aryennes, c'est-à-dire qu'elle sera infinie. Au contraire, chez les peuples de l'Amérique du Sud, où ce sont les races inférieures qui constituent l'élément principal de la nationalité, le progrès ne sera possible que dans une certaine limite. Les Hongrois sont presque totalement transformés comme race, par suite des nombreux croisements qu'ils ont subis. Mais leur race qui, ainsi transformée, pourrait progresser indéfiniment, rencontre un puissant obstacle dans la langue finnoise qui a persisté, malgré les transformations physiques de la race.

---

1. Voilà donc comment on pourrait résoudre la difficulté que pensait trouver dans cette infériorité M. Mougeolle (Voir plus haut, p. 73) et Léon Metschnikoff, *La civilisation et les grands fleuves*, Paris, 1889, p. 99.
2. Elisée Reclus, *Géographie universelle*, XVII, p. 112. « On peut dire que pendant les trois siècles du régime colonial, entre la chute de Tenochtitlan et la proclamation de l'indépendance mexicaine, le grand fait d'histoire nationale est cette formation lente de la race métis, à la fois nahua et ibérique, destinée à constituer tôt ou tard le corps et la nation ».

INFLUENCE COMBINÉE DE LA RACE ET DU MILIEU. — Si nous ne nous occupons de l'influence du milieu qu'en relation avec la race, c'est pour une raison très facile à saisir. Le développement ne s'accomplit point par l'humanité comme conception abstraite ; il ne s'effectue que par l'intermédiaire des races qui la représentent. Le milieu exercera donc toujours son influence à travers une race quelconque ; mais les races et les peuples étant différents comme complexion intellectuelle, il en résultera nécessairement que la même influence, mise en œuvre sur des éléments différents, devra conduire à des résultats différents. Au contraire, l'influence de la race est indépendante du milieu extérieur *actuel*, quoiqu'en elles-mêmes les races soient le produit des milieux géologiques.

Le milieu peut venir tantôt en aide, tantôt à l'encontre des facultés octroyées par la race. Le milieu, c'est-à-dire la nature environnante, peut être soumis à l'action de l'esprit et servir d'instrument à son progrès. Mais il s'entend que cette action sur la nature est circonscrite dans de certaines limites, et que dans tous les cas l'homme doit se conformer aux conditions dans lesquelles les forces matérielles peuvent satisfaire à ses besoins. L'homme ne saurait en effet transformer la nature. Tout ce qu'il peut, c'est adapter son esprit aux conditions d'existence créées par la nature environnante, de façon à utiliser les forces qu'elle met à sa disposition. Bacon l'a déjà dit : « Natura non nisi parendo vincitur ». Cette adaptation dépend elle-même de la qualité de la race. Plus cette dernière sera élevée, plus le peuple saura utiliser les moyens que la nature lui offrira pour pouvoir se développer ; d'autant mieux saura-t-il vaincre dans la lutte pour la vie. Il s'en suit donc, comme loi générale de combinaison entre l'action de la race et celle du milieu, que la race la mieux douée, exerçant plus d'empire sur la nature, pourra s'émanciper davantage de l'influence du milieu, et que ce dernier exercera une plus grande puissance sur les races inférieures.

Cette loi aura pour corollaires les suivantes : Si le milieu est favorable au développement et si ce milieu est occupé par une race supérieure, la marche du progrès sera la plus énergique (Europe). Lorsqu'une race moyenne se trouve placée dans un milieu favorable, elle peut atteindre un développement assez élevé (Chine, Japon). Lorsqu'au contraire une race supérieure se trouvera rejetée dans un milieu moins favorable, son progrès en sera entravé (Inde). Si une race inférieure se trouve confinée, en même temps dans un milieu défavorable, le progrès sera presque complètement annihilé (Nègres d'Afrique).

C'est ainsi que doit être formulée la loi, ou plutôt la résultante des lois, qui explique les divers degrés de hauteur des civilisations. Il ne faut pas la réduire à une simple influence du milieu, comme le fait par exemple *Arnold Guyot* qui partage la terre en deux hémisphères : l'hémisphère civilisé et l'hémisphère sauvage[1].

Examinons maintenant les conditions que le milieu doit présenter pour favoriser le développement. D'abord, le climat doit être tempéré. Les climats extrêmes ont pour effet d'entraver la marche du progrès : le froid, par les conditions très difficiles dans lesquelles il place l'homme pour subvenir à ses besoins matériels ; la chaleur, par la lassitude qu'elle provoque et qui le rend incapable d'un travail soutenu, dont il n'a d'ailleurs pas même besoin pour vivre. Le froid, lorsqu'il n'est pas excessif, peut être plus facilement supporté par l'homme, que la chaleur, le progrès de l'esprit le mettant à même de lutter plus aisément contre lui (Scandinavie, Islande), tandis que les effets déprimants de la chaleur arrêteront toujours le développement, après un certain temps, et lui imprimeront un caractère stationnaire, même dans le cas où la race posséderait la faculté de progresser indéfiniment (Inde, Egypte). C'est sans raison que *Herbert Spencer* soutient que « les faits ne viennent pas à l'appui de l'idée reçue, que les grandes chaleurs mettent obstacle au progrès » ; car M. *Mougeolle* lui répond victorieusement, que « si les premières sociétés se sont développées dans les régions chaudes, si d'autres sociétés ont grandi ensuite dans les régions froides, et si celles-ci, bien que venues les dernières, n'ont pas tardé à dépasser leurs ainées, c'est donc que dans les régions froides (plus exactement tempérées) le progrès est plus rapide ; c'est donc que les régions chaudes font obstacle au progrès [2] ».

Si la chaleur se joint à une fertilité extraordinaire du sol, elle a pour effet de faire éclore rapidement la civilisation qu'elle arrêtera plus tard, tandis que les pays tempérés, dont la fertilité demande à être toujours provoquée par le travail de l'homme, mettront bien plus de temps à se civiliser (Europe). La cause de cette différence réside dans le fait que la civilisation ne peut commen-

---

1. *Géographie physique comparée*. Paris, 1888, p. 249.
2. *Problèmes de l'histoire*, p. 451, note.

cer que là où l'acquisition des richesses a quitté la forme collective pour devenir individuelle, ce qui permet leur accumulation entre les mains d'une classe qui peut se donner le loisir de créer des idées et d'augmenter le trésor intellectuel de l'humanité. Cette forme individuelle de la propriété se réalise plus tôt dans les régions chaudes ; voilà pourquoi ces dernières présentent les plus anciennes civilisations.

L'accumulation des richesses individuelles ne doit pas être identifiée avec le passage des peuples à l'état agricole. Les Phéniciens et les Carthaginois ont développé la richesse individuelle, sans jamais s'être occupés sérieusement d'agriculture.

Mais le milieu géographique peut encore déterminer les tendances constantes, les aspirations éternelles de la vie d'un peuple. Chaque situation géographique crée des besoins permanents qui demandent à être contentés et qui imposeront la ligne de conduite qu'un peuple devra suivre à tous les moments de son existence. Les lignes générales tracées par les conditions immuables de la configuration géographique seront tout aussi immuables qu'elle-même, et elles influenceront d'une façon constante les principes de conduite qu'un peuple devra suivre dans toutes les circonstances de sa vie.

Prenons quelques exemples. Une situation maritime finira par diriger l'activité du peuple qui la possède vers la navigation et le commerce, quelles que soient les péripéties de son histoire. Voilà ce qui explique le caractère du développement des Phéniciens, des Carthaginois, de Venise et d'une partie du peuple grec. L'Angleterre, dont l'histoire a fini aussi par être dominée par sa situation maritime, malgré ses engagements comme grande puissance dans les complications de la politique européenne, n'en suit pas moins, en premier lieu, l'impulsion de ce facteur constant. Elle subordonne tous ses autres intérêts à ceux qui sont de nature commerciale. Il en fut ainsi lorsque, pendant la guerre de Sept ans, l'Angleterre qui combattait à outrance la France pour lui ravir ses colonies, attira vers elle la Prusse qui avait été l'alliée de la France, dans le but d'affaiblir cette dernière, qui fut forcée, par cette circonstance, d'accepter l'alliance de l'Autriche.

La même tendance de l'Angleterre explique pourquoi, après avoir été pendant bien longtemps l'alliée la plus constante de la Russie contre la Turquie, elle passa tout d'un coup, en 1822, du côté de cette dernière. Ce changement si brusque de la politique britannique fut dû au système prohibitif introduit en Russie à cette époque, système qui ruinait d'un seul coup le commerce que les Anglais faisaient jusqu'alors avec la Russie.

Un troisième exemple nous sera fourni par cette dernière puissance, dont la politique de conquête, constamment poursuivie contre l'empire ottoman, ne trouve d'explication que dans la situation géographique de la Russie. Ce pays n'a pas d'issue sur l'Océan : la possession des détroits du sud de la Mer Noire lui en ouvrirait une, au moins sur la Méditerranée. Il ne faut pas croire que c'est Constantinople seule qui attire les Russes vers le sud. C'est la circonstance que cette ville domine la gorge par où la Russie peut arriver à la mer. Cette politique, qui dirige toujours la conduite de la Russie vis-à-vis de la Porte, explique pourquoi les Russes ont plusieurs fois offert leur secours aux Turcs pour les sauver des périls qui les menaçaient, par exemple lors de l'expédition de Napoléon contre l'Egypte, lors de la révolte de Méhémet-Ali, et de nos jours contre l'attaque des Grecs. Les Russes ont toujours craint qu'une domination plus puissante ne remplaçât l'empire languissant des Turcs sur le bord de la Mer de Marmara.

Comme dernier exemple de la direction constante imprimée à l'histoire d'un peuple par les facteurs immuables de la nature environnante, citons l'influence que la situation des Carpathes au sein de la nationalité roumaine exerce sur ses destinées, situation qui explique d'un côté la division de ce peuple en plusieurs états, d'autre part les dominations étrangères sous lesquelles ces parties d'un même corps durent courber la tête : celle des Turcs et des Russes pour le tronçon qui se trouve établi en dehors des montagnes, celle des Allemands et des Hongrois pour celui qui se trouve à l'intérieur.

Cette influence du milieu et de la race, quoique due à des forces constantes et immuables, ne prend pas une forme générique, attendu que, pour chaque peuple, elle est la résultante de forces composées de différentes manières, qui agissent d'une façon spéciale sur chaque groupe humain.

Le caractère toujours différent du milieu s'ajoute au caractère toujours différent de la race pour soumettre chaque peuple à des conditions de développement absolument spéciales. Sur toute l'étendue du globe, il n'existe pas deux pays à milieu identique, comme il n'existe pas deux peuples qui possèdent la même constitution organique et psychique. Il ne saurait donc y avoir des lois générales qui expliquent les phénomènes historiques, même au point de vue des conditions naturelles de leur développement. La combinaison des influences du milieu et de la race, ayant lieu pour chaque peuple d'une façon différente, donnera toujours naissance à des vérités individuelles, jamais à des vérités universelles. L'action de plusieurs éléments combinés ensemble ne sert qu'à expliquer un seul fait, les conditions du développement de tel ou tel peuple ; jamais on ne pourra formuler des lois qui expliquent des catégories de faits semblables.

Voilà pourquoi le mode d'action des facteurs constants de l'histoire que nous avons examiné est complètement différent de celui des prétendues lois naturelles de l'histoire formulées par quelques auteurs.

Fausses lois établies par Buckle. — L'historien anglais, confondant les conditions physiques du développement de l'humanité avec les principes qui dirigent ce développement lui-même, s'efforce de formuler quelques prétendues *lois de l'histoire*, qui ne pourraient que fausser l'interprétation des faits historiques.

Il partage les civilisations en deux grands groupes, celles de l'Europe et celles des contrées extra-européennes. *Généralisant* les faits qu'il croit communs aux différents pays situés en dehors de l'Europe, Buckle trouve que tous ceux d'entre ces derniers chez lesquels une civilisation s'est développée, possèdent un climat très chaud et une terre fertile, qui procure facilement une nourriture abondante, ce qui donnerait naissance à une rapide augmentation de la population, augmentation qui, à son tour, aurait pour conséquence l'accumulation des richesses entre les mains du petit nombre, l'asservissement des masses et l'établissement des castes et de l'esclavage [1].

Commençons par observer que cette loi, quand bien même elle existerait, ne constituerait nullement une loi historique, comme le croit Buckle, mais rien qu'une simple loi de coexistence qui servirait de base au développement. Même sous ce rapport, cette prétendue loi ne correspond pas aux faits. Elle prétend faire dépendre le sort de l'homme, du milieu où il vit, sans tenir compte de la race ; en outre elle simplifie l'action du milieu, en la réduisant au seul mode de production de la nourriture. Mais *la loi* de Buckle est renversée complètement par les phénomènes que présente la Chine, c'est-à-dire un pays dont la population cons-

---

1. *Histoire de la civilisation en Angleterre*, I, p. 51.

titue presque le quart de l'humanité entière, et qui doit peser lourdement dans la balance. La plus grande partie de ce vaste empire, notamment la Chine proprement dite, qui en est la partie la plus peuplée, est une région assez chaude, où la nourriture, le riz, s'obtient tout aussi facilement qu'en Egypte ou dans l'Inde. La densité de la population y est excessive, trois fois supérieure à celle de la Belgique. Quoique les prémisses de Buckle se rencontrent en Chine à profusion, sa conclusion ne peut lui être appliquée. La Chine ne possède pas de castes ; la classe dominante est celle du mérite, et l'esclavage y est inconnu [1]. Aussi, chose très caractéristique, Buckle se garde-il bien de rappeler même le nom de la Chine dans tout le cours de son ouvrage.

Une autre loi, formulée par Buckle avec tout aussi peu de succès, est relative à l'influence de l'aspect de la nature sur les créations de l'esprit. Les phénomènes puissants de la nature, tels que les tremblements de terre, les éruptions volcaniques, auraient pour effet de donner à l'imagination un rôle prépondérant au détriment de la raison, ce qui expliquerait, entre autres faits du même genre, pourquoi l'Italie et l'Espagne sont devenues le berceau des arts [2]. Buckle néglige ici aussi le facteur important de la race et veut généraliser des faits, qui ne se laissent pas soumettre à une pareille opération. Sa généralisation porte encore complètement à faux. L'Italie, en effet, possédait du temps des Romains le même caractère physique, et pourtant le peuple romain fut, de tous les peuples, le moins doué peut-être de qualités imaginatives. De nos jours même, l'Italie et l'Espagne sont loin de tenir le sceptre artistique, quoique ces pays n'aient pas changé, sous le rapport des phénomènes naturels dont ils sont le théâtre. Au contraire, l'art fleurit maintenant en France, en Allemagne, en Angleterre, régions où l'action des phénomènes terrestres est très peu ressentie. Observons d'ailleurs que, parallèlement au grand art italien de la Renaissance, que Buckle avait en vue lorsqu'il formulait sa *loi*, un autre tout aussi puissant se développait dans les Pays-Bas qui, ni de nos jours, ni à cette époque, n'ont été bouleversés par des tremblements de terre, ni par des éruptions volcaniques.

Les prétendues lois de Buckle, qui veulent expliquer les phénomènes historiques par des causes générales coexistantes, ne sont que des généralisations arbitraires, plutôt spécieuses que consciencieuses.

1. Elisée Reclus, *Géographie universelle*, VII. p. 625.
2. *Histoire de la civilisation*, I, p. 137.

D'ailleurs cette tendance à trouver l'explication des phénomènes de l'esprit dans des rapports simples, à l'égal de ceux qui sont destinés à expliquer les phénomènes de la matière, est absolument fausse. Plus on monte dans l'échelle des formes naturelles, plus les phénomènes et par conséquent aussi les causes qui les produisent se compliquent, et plus leur compréhension devient difficile. Les phénomènes physiques sont déjà plus compliqués que ceux qui sont dus aux lois de la mécanique ; ceux de la chimie le sont encore davantage. Si nous passons aux faits organiques, la complication s'accroit d'une façon notable, pour les plantes d'abord, pour les animaux ensuite. Les faits de l'esprit enfin qui sont le résultat final de tous les états antérieurs présentent aussi la complication la plus prononcée. On ne saurait les comprendre qu'en étudiant toutes les causes qui concourent à les produire et non par voie d'élimination et en simplifiant leur explication. Les éléments qui donnent naissance aux phénomènes historiques sont multiples. Il y a d'abord l'influence des facteurs constants et des lois qui la régissent, lois de coexistence, et dont la résultante constitue la base constante sur laquelle se déploie l'évolution. Puis vient l'action des forces du développement, qui, exercée sur les manifestations de l'esprit, pousse d'un côté les faits, de l'autre les séries qui les enchaînent à la lumière du jour. Nous verrons que ces forces sont multiples, et que, par leur action combinées diversement avec l'infinie variété des manifestations de l'esprit, les causes explicatives des phénomènes historiques sont aussi en nombre infini.

Buckle, voulant réduire cette action de la causalité historique à sa seule première forme, et encore celle-là faussement comprise comme action d'un seul élément, l'action du milieu, ne pouvait arriver qu'à l'interprétation erronée des faits à laquelle il aboutit.

Cette seule considération suffit pour montrer combien un système qui prétendait être scientifique était loin de remplir la première condition de toute investigation scientifique, la possibilité d'arriver à la vérité.

L'action de la nature ne peut s'exercer que par l'intermédiaire de la race. Comme nous l'avons vu plus haut, les races supérieures s'émancipent de l'influence du milieu plus que ne peuvent le faire les races inférieures. En conséquence, plus un peuple se civilise, plus il se soustrait à l'influence du milieu. Telle circonstance, qui, à une époque primitive, était un obstacle au développement d'un peuple, devient, par la suite, lorsque l'esprit a pris possession des moyens d'adaption au milieu où il est placé, une condition de son progrès. Avant que les Anglais eussent appris l'art de la navigation, la mer qui entoure leur pays constituait un obstacle à leur développement. Avec le temps, elle devint la source principale de leur bien-être et de leur richesse. La Suisse, pays couvert de montagnes qui ne peuvent que d'une façon très restreinte être exploitées par l'agriculture, fut pendant longtemps obligée de s'occuper exclusivement de l'élevage des bestiaux. Avec le développement de l'industrie et le goût des voyages, ce pays, tout en maintenant et perfectionnant la culture du bétail, augmenta aussi la production de ses richesses par d'autres moyens. Ses chutes d'eau devinrent de puissants moteurs industriels et le mirent en état de lutter avec avantage contre les nations qui emploient les combustibles. D'autre part, les voyageurs qui venaient admirer ses beautés naturelles exigeaient la création d'une foule d'occupations, autres que celles auxquelles la nature du pays semblait devoir convier ses habitants. Le sud de l'Algérie a été de tout temps disputé au désert par le percement de puits artésiens qui ont pris un développement extraordinaire, depuis que la France est devenue la maîtresse de cette région [1]. Les Hollandais ont, à force de patience, d'énergie et d'habileté, conquis sur la mer une grande partie du sol même de leur pays. De nos jours, les montagnes percées de tunnels n'opposent plus des barrières infranchissables aux communications ; les mers elles-mêmes, qui auparavant étaient des espaces isolateurs, sont devenues des liens entre les divers continents.

La nature du sol et la configuration géographique sont donc, jusqu'à un certain point, modifiables par l'action de l'intelligence. Le seul élément coexistant qui conditionne l'évolution, sans en être nullement influencé, est celui de la race.

Nous voilà donc bien loin des théories de Buckle qui attribuait le rôle principal dans le développement à l'influence du milieu et contestait complètement celui de la constitution mentale.

LOIS INEXACTES FORMULÉES PAR HERDER ET M. MOUGEOLLE. — En dehors de cette influence exercée par les conditions extérieures sur le développement de l'humanité, et dont la raison peut se rendre compte au moins en partie, on a essayé de formuler encore quelques lois, de nature absolument mystérieuse, qui se rapporte-

---

[1]. Elisée Reclus, *Géographie universelle*, XI, p. 348.

raient à l'influence que le milieu extérieur exercerait sur la marche de la civilisation à la surface de la terre.

Quelques auteurs ont soutenu que la civilisation s'était propagée de l'Orient à l'Occident, en sens inverse de la rotation de la terre. Si cette direction peut être établie jusqu'à un certain point pour la marche des civilisations anciennes, de nos jours il est évident que c'est l'Occident qui civilise l'Orient ; à preuve l'influence civilisatrice de la France, de l'Angleterre, de l'Italie, de l'Allemagne sur la Russie, la Roumanie, la Bulgarie, la Serbie et, dans l'Extrême-Orient, sur l'Inde, sur la Chine et sur le Japon. Une pareille loi n'existe donc pas [1].

Une autre loi de même nature a été formulée par M. Mougeolle, mais avec une certaine réserve, à savoir que la civilisation serait descendue des montagnes vers la plaine, terrestre d'abord, liquide ensuite, la mer. Cependant M. Mougeolle observe lui-même que « de ce que l'homme a bâti ses premières villes sur le sommet des monts, il n'en résulte pas nécessairement qu'il est né sur ces sommets. Il est probable que les montagnes n'ont été peuplées qu'après la plaine, l'homme allant d'abord là où la nature lui offre ses dons en abondance. Ce n'est que plus tard, avec la lutte des races, que les plus faibles se réfugièrent sur les monts ». Nous ne comprenons vraiment pas comment une pareille observation peut subsister à côté de la loi imaginée par M. Mougeolle ; car, par cette dernière il affirme que la civilisation a commencé sur les montagnes, et par l'observation il dit que les premiers hommes habitèrent les vallées, où la vie était plus facile. Mais les faits les mieux établis démontrent que les plus anciennes civilisations se développèrent toujours sur les grands cours d'eau, et notamment près de leurs embouchures, donc dans des régions

---

1. Herder est probablement le premier qui ait formulé cette prétendue loi. Voir L. Benloew, *Les lois de l'histoire*, Paris, 1883, p. 351, qui se donne plus longuement la peine de le réfuter. Basile Couta, *Théorie de l'ondulation universelle*, Paris, 1895, p. 105, applique la même loi aux migrations. M. Mougeolle, l. c., p. 107, n'admet pas cette loi qu'il nomme loi des longitudes. Cette *loi*, précisément à cause de son caractère mystérieux, a frappé l'imagination et a été admise comme une vérité incontestable par maint écrivain. C'est ainsi que nous trouvons dans un article signé Albert Callet, dans le *Figaro* du 6 sept. 1897 le passage suivant : « Toutes les grandes invasions se sont faites en sens contraire du mouvement de rotation de la terre. Les Chaldéens, les Kouschites Egyptiens, les Sémites, les Grecs, les Romains, les Normands, les Arabes, les Turcs, les Barbares, vont toujours à l'ouest. Tout retour en arrière, toute entreprise vers l'est, qu'elle soit guidée par Alexandre, Godefroy de Bouillon ou Napoléon est condamnée à un échec certain ». Laissant de côté l'ancien Orient et nous bornant aux peuples plus nouveaux, nous constatons que les Grecs se sont répandus aussi sur les côtes du Pont-Euxin, les Romains vers la Grèce, la Dacie, l'Asie Mineure, les Normands en Italie et en Russie, les Arabes vers l'Inde, tous pays situés à l'*est* des régions d'où ces peuples sortaient.

planes et absolument dépourvues de montagnes. *Léon Metschnikoff*, dans une étude spéciale, constate « que les quatre grandes civilisations de la haute antiquité se sont toutes épanouies dans les régions fluviales. Le Hoang-Ho et le Iang-tse-Kiang arrosent le domaine primitif de la civilisation chinoise ; l'Inde védique ne s'est point écartée des bassins de l'Indus et du Gange ; les monarchies assyro-babyloniennes se sont étendues sur la vaste contrée dont le Tigre et l'Euphrate forment les deux artères vitales ; l'Egypte enfin, comme le disait déjà Hérodote, est un présent, une création du Nil [1] ». Or toutes ces régions, où la civilisation s'est pour la première fois épanouie, sont des régions basses, des plaines et non des montagnes. La loi des hauteurs de M. Mougeolle n'est pas destinée à remplacer la loi des longitudes répudiée par cet auteur. Mais venons à une troisième loi géographique à laquelle M. Mougeolle tient beaucoup et qu'il a désignée sous le nom de loi des latitudes.

Cette loi dit que la civilisation progresse toujours de l'équateur vers les pôles. L'existence d'une pareille loi de propagation des civilisations est admise aussi par M. *Yves Guyot*, dans la préface qu'il consacre au livre de M. Mougeolle [2]. Nous croyons que cette loi est tout aussi peu fondée que les deux autres. Pour le prouver, examinons la direction de la propagation de quelques faits culturaux, dont se compose précisément la civilisation de nos jours. La monarchie constitutionnelle, qui est incontestablement un progrès sur la forme absolue, se développe d'abord en Angleterre et ne descend que bien plus tard vers le sud, sur le continent. La Réforme, qui était un progrès sur le Catholicisme en décadence, prit naissance en Allemagne, et, par l'action qu'elle exerça sur l'église romaine, détermina la régénération de cette dernière, au concile de Trente. De notre temps, la France est le premier pays de l'Europe qui soit passé de la forme monarchique à la forme républicaine, accomplissant sans aucun doute un progrès dans le sens de l'évolution des formes de gouvernement. L'Italie, l'Espagne, pays plus méridionaux, sont donc restées en retard sur ce point. Ajoutons l'observation faite par Metschnikoff que les deux grandes civilisations de l'Extrême-Orient, celle de la Chine et celle de l'Inde, ont suivi une marche diamétralement opposée à celle qui est préconisée par M. Mougeolle. Elles se sont dirigées du nord au

---

1. *La Civilisation et les grands fleuves*, p. 135.
2. *Les problèmes de l'histoire*, p. 121. Cette loi a été établie d'abord dans le livre de M. Mougeolle, *Statique des civilisations*.

sud, des bords du fleuve Jaune vers la rivière de Canton, du Pendjab vers Ceylan et les îles équatoriales de l'Inde néerlandaise [1]. M. Mougeolle, pour établir sa loi, ne craint pas de faire violence aux faits historiques les plus certains. A l'encontre de tous les historiens qui se sont spécialement occupés de l'histoire de l'Egypte, comme Dunker, Lenormant, Maspéro, Perrot et Chipiez et qui soutiennent tous que les premières ébauches de la civilisation égyptienne se firent dans le delta du Nil, autour de Memphis, et que l'opinion généralement admise autrefois — que le peuple égyptien appartenait à une race africaine dont le premier centre de civilisation aurait été Méroë et qui aurait graduellement descendu les bords du Nil jusqu'à la mer — ne saurait plus se soutenir [2], M. Mougeolle s'en tient toujours à l'opinion, universellement abandonnée aujourd'hui, que la civilisation égyptienne aurait pris naissance à Thèbes qui aurait été « la première cité égyptienne [3] », et de là serait descendue le long du Nil. Mais pour soutenir sa loi, qui fait remonter toutes les civilisations de l'équateur vers le pôle, il fallait nécessairement faire violence à l'histoire, et M. Mougeolle n'a pas hésité à sacrifier la vérité à l'amour de sa loi.

Mentionnons enfin encore une autre prétendue loi géographique, imaginée par M. *Metschnikoff*, que nous avons vu critiquer les lois de M. Mougeolle, tout comme ce dernier critiquait la loi de Herder. Mais, à ce qu'il paraît, il faut à tout prix découvrir des lois dans l'histoire, — sans cela, comment serait-elle une science ? — et voilà pourquoi aussi chaque auteur a la sienne. M. Metschnikoff prétend que la civilisation se serait transplantée successivement dans trois milieux différents, ou plus exactement dans quatre. Elle prend naissance dans les régions fluviales (Egypte, Assyrie, Babylonie, Inde, Chine); de là elle passe à la région méditerranéenne (Phénicie, Carthage, Grèce, Rome); plus tard elle se transplante sur les bords de l'Océan Atlantique (Europe et Amérique); en dernier lieu elle embrasse toutes les mers et toute la terre ferme.

Cette constatation très juste de l'extension de la civilisation n'est qu'un fait unique et non une loi, qui ne peut exister que lorsque l'action qu'elle exprime se répète indéfiniment, comme nous le verrons plus loin. Jamais on ne peut formuler une loi d'après

---

1. *La Civilisation et les grands fleuves*, p. 59.
2. Comp. Lenormant, *Histoire ancienne de l'Orient*. Paris, 1869, I, p. 329.
3. *Statique des civilisations*, p. 131 et 261.

un fait isolé. En somme, il était très naturel que la civilisation commençât par se développer quelque part, pour s'étendre progressivement. Dans cette extension, elle devait toucher à la mer, à un océan, à tous les océans, attendu que les races humaines, habitent la terre qui confine partout à l'océan.

CHAPITRE V

L'évolution dans l'histoire

L'ÉVOLUTION. — L'histoire de l'humanité n'est que le dernier anneau d'une longue chaîne de phénomènes successifs qui commencent avec les transformations de la nébuleuse qui constituait à l'origine la masse informe de l'univers. La matière homogène se différencia insensiblement dans le long cours des âges, jusqu'à ce qu'elle eût revêtu les formes de l'extrême variété qu'elle possède aujourd'hui. Cette transformation progressive, qui eut pour résultat de donner naissance à une infinité de mondes, peuplés d'une infinité d'êtres, tous dissemblables, s'appelle l'évolution [1]. La transformation de la matière, brute d'abord, organique ensuite, se poursuit jusqu'à l'apparition de l'homme, puis s'arrête tout à fait, ne donnant plus naissance à aucune forme organique supérieure. La période de la formation matérielle des êtres a été close par l'apparition du genre humain ; mais la force qui faisait surgir auparavant du sein de l'inconnu des êtres de plus en plus parfaits n'en continue pas moins son action, qu'elle applique maintenant à l'être humain lui-même, pour en tirer des formes de civilisation, d'une façon tout aussi mystérieuse qu'elle tirait auparavant des formes organiques du sein inépuisable de la nature. « La vie universelle qui se succède de genre en genre, d'espèce en espèce, de cataclysme en cataclysme, se continue en lui et devient l'histoire [2] ».

---

[1]. M. Edmond Perrier, (*Les Colonies animales et la formation des organismes* dans la *Revue encyclopédique*, 24 avril 1897) dit que « c'est avec raison que MM. Espinas, Izoulet, René Worms, voient dans nos sociétés humaines le dernier terme actuel d'une évolution qui s'est poursuivie à travers le règne animal tout entier ». Nous croyons que l'évolution du règne animal n'est qu'une continuation de l'évolution antérieure.

[2]. Edgard Quinet, *La Création*, I, p. 299.

La cause dernière de cette perpétuelle transformation de l'univers est inconnue, comme toutes les causes finales des phénomènes. Il est pourtant incontestable, que cette métamorphose semble être de l'essence même de l'existence, tout aussi indestructible, que ses formes sont instables.

La composition de la substance cosmique présente plusieurs degrés de cohésion. Le premier, celui qui offre le plus de consistance, appartient au règne inorganique ; le second, qui se désagrège bien plus facilement, constitue le règne organique ; le troisième degré enfin, le moins stable de tous, c'est le domaine de l'esprit. Car ce dernier, quoique considéré comme immatériel, n'en constitue pas moins un des éléments de la substance de l'univers, et nous ne saurions admettre, avec M. *Laggrond*, que « l'esprit, par certains côtés, pourrait être placé hors de ce monde [1] ».

Nous ne toucherons pas à la question, si débattue de nos jours, de l'origine de la vie. Pour le moment, il est incontestable que cette origine est inconnue. Quoique la physiologie ait démontré, que la chimie vitale et celle des corps bruts sont assujetties aux mêmes lois, et que les éléments chimiques de toutes les matières sont toujours identiques, il n'en est pas moins vrai, que le mode de combinaison de ces éléments est différent dans la matière vivante. La synthèse de cette dernière résiste jusqu'à présent à tous les efforts. L'homme ne peut encore devenir Dieu, en créant la vie [2].

Pour le but que nous poursuivons, il nous suffira de constater, d'une part, qu'il y a une profonde différence entre la matière inorganique et les corps organisés ; de l'autre, qu'entre la vie et l'esprit, il existe une transition insensible, quoique l'esprit, dans son plein développement, soit aussi profondément différent de la vie matérielle.

Les corps organiques se distinguent de la matière brute sur deux points principaux. D'abord, la matière vivante, au lieu d'exister par masses continues, comme les roches, est distribuée en individus distincts [3]. Ces individus n'ont pas une existence

---

1. *L'Univers, la force et la vie*, Paris, 1884, p. 17.
2. A l'encontre de MM. Vianna de Lima, *Exposé sommaire des théories transformistes*, Paris, 1885, p. 9 et Lanessan, *Le Transformisme*, Paris, 1883, p. 153, M. Edmond Perrier dit encore en 1897 (*Les Colonies animales et la formation des organismes, Revue Encyclopédique*, 24 avril 1897) : « Supposant résolu le problème de l'origine de la vie, qu'il nous faudra sans doute léguer nous-mêmes aux savants du siècle futur ».
3. A Bain, *Logique*, trad. Compayré, II, p. 386.

éternelle, quoiqu'ils soient constitués aussi par l'éternelle matière. Ils apparaissent et disparaissent continuellement. Les éléments matériels qui les composent se combinent de façon à leur donner naissance, puis ils se décomposent pour les détruire. La vie se renouvelle constamment et se perpétue par une reproduction incessante des individus dans lesquels elle s'incorpore. La matière inorganique, par contre, ne possède pas d'existence individuelle. Ses formations portent toutes un caractère général. On trouve du granit, de l'or, du fer, mais non des individus de l'espèce granit, or, fer. Il en est de même des éléments géographiques qui ont été créés par l'évolution de la terre et qui conditionnent celle de l'esprit. C'est dans ce sens seul, de combinaisons spéciales, individuelles, d'éléments généraux, qu'il faut entendre les paroles d'*Arnold Guyot*, lorsqu'il dit que « les causes diverses qui sollicitent et combinent, d'une infinité de façons, le jeu des forces physiques inhérentes à la matière qui compose les masses terrestres, assurent à chaque région un climat, une végétation, une faune, un ensemble de caractères physiques et de fonctions qui lui sont propres et en constituent réellement une *individualité*[1] ».

En second lieu, la matière vivante possède, comme caractère distinctif, la faculté de réagir contre les sollicitations du dehors. Cette réaction est l'effet de la force intime, qui n'est autre chose que la vie. Les corps vivants ne supportent pas d'une façon passive, comme le fait la matière brute, l'action des forces qui les touchent. La vie se manifeste par la matière, mais son existence en est complètement différente, preuve que la matière continue d'exister après la mort ; mais l'existence vivante a disparu. M. *Elimar Klebs* dit très bien que « les individualités vivantes sont les porteurs des processus historiques, et leur rapport aux lois générales de développement, en tant que de pareilles lois existent, est complètement différent de la manière dont la physique conçoit les atomes, dépourvus de qualités, et qui ne sont que le substratum pour le jeu mécanique des forces [2] ». C'est ainsi que le fulminate fait explosion par suite de la force de la dilatation des gaz ; mais si la nourriture vient à manquer dans un endroit, les animaux qui en émigrent, n'obéissent pas à la seule force de la sécheresse, mais bien à la réaction que la vie oppose au péril qui les menace. Cette faculté de pouvoir réagir contre l'extérieur, faculté primor-

1. *Géographie physique comparée*, p. 32.
2. *Zur neueren geschichtswissenschaftlichen Litteratur, Deutsche Rundschau*, 1887, p. 281.

diale et irréductible de la matière vivante, a été appelée *l'irritabilité*. Elle est le point de départ de la forme la plus rudimentaire de la sensibilité [1]. Mais la sensibilité est l'origine de l'esprit. L'intellect le plus compliqué, celui dont l'homme est doué, en sort. On pourrait objecter que les corps bruts possèdent aussi la faculté de réagir (réactions chimiques) ; mais cette réaction de la matière inorganique n'est que le résultat de l'action des forces sur elles, et non, comme dans la matière vivante, celui d'une force particulière, intime, contre les actions du dehors. La réaction vivante part toujours d'un centre commun qui la commande et l'exécute, d'une âme, quelque obscure, quelque rudimentaire qu'on la suppose. C'est ainsi que la multiplication des corps vivants inférieurs par fissiparité, s'opère seulement lorsque l'élément qui se détache a constitué un centre de réaction particulier. Voilà pourquoi aussi les corps vivants, touchés par un côté, réagissent par le tout, tandis que les corps bruts ne réagissent, si l'on veut employer improprement le même terme, que par la partie qui a souffert le contact extérieur.

La matière organique se distingue donc de la matière brute par ces deux caractères fondamentaux : incorporation dans des formes d'existence individuelles et propriété de ces individus de réagir contre l'action des forces qui les touchent [2].

Par contre, la matière organique est dans la plus intime connexion avec l'esprit, qui n'en est que l'efflorescence. La vie matérielle commence par le règne végétal qui arrive, par certaines de ses formes, à se confondre avec le règne animal (plantes insectivores d'un côté ; de l'autre ascidies, éponges). Il existe donc une progression continuelle de la vie végétale, jusqu'à ce qu'elle passe dans le règne supérieur de l'animalité. Mais l'animal, aussitôt qu'il apparait, laisse entrevoir la lueur de ce qui constitue plus tard l'esprit. Ce dernier est donc indissolublement lié à la vie animale. Il progresse et se développe parallèlement à elle, et il est d'autant plus parfait que les formes de la vie sont plus élevées.

Après l'arrêt du développement des formes de la vie matérielle,

---

1. Claude Bernard, *Phénomènes de la vie*, p. 35.
2. M. René Worms, *Organisme et Société*, Paris, 1896, p. 18 et suiv., analyse les caractères qui distinguent les organismes de la matière brute. Il omet selon nous le plus important : l'individualisation des organismes, et ne voit pas la différence entre la réaction de la matière brute et celle de l'organisme. C'est cette même distinction qui tranche aussi l'embarrassante question : qu'est-ce qu'une société ? Nous répondons : c'est la réunion d'organismes à centres de réaction différents.

celui de l'esprit n'en poursuit pas moins sa course et donne naissance aux formes de la civilisation.

L'évolution se manifeste donc par les trois règnes, plus ou moins différents l'un de l'autre, de la matière inorganique, de la vie matérielle et de l'esprit. Le premier de ces trois domaines est plus distant des deux autres que ces derniers, reliés par la vie, ne le sont entre eux. Cette distance plus grande n'empêche pourtant point le domaine inférieur de posséder, avec ceux qui lui sont superposés, l'élément commun de la matière, base aussi de la vie et de l'esprit. Les forces qui pousseront l'évolution de la matière brute devront se retrouver en partie dans les domaines de la vie et de l'esprit. D'autre part, ce dernier, quoiqu'il soit dans une relation intime avec le domaine de la vie, n'en diffère pas moins d'une façon prononcée, dans ses formes supérieures. Il s'en suit que les forces qui dirigeront son évolution, quoique faisant partie du faisceau de celles qui dirigent l'évolution de la vie, s'en distingueront d'une façon assez tranchée.

Évolution dans les trois règnes. — L'évolution de la matière brute s'accomplit par les formes générales de cette dernière. Elle suit la même marche sur toute la surface de la terre qui présente les mêmes éléments. C'est cette grande force qui a poussé la matière à se différencier continuellement et à se combiner en des composés toujours plus complexes et plus élevés. Mais l'évolution a agi par d'autres forces qui ont amené ces résultats. En premier lieu, nous rappellerons l'action du *milieu*, due au rayonnement de la chaleur terrestre et au refroidissement graduel du globe, ainsi qu'aux formes auxquelles ce refroidissement donnait naissance. Il faut pourtant observer qu'on ne saurait attribuer les transformations subies par la matière brute, à la seule action du milieu ; car le refroidissement de la terre n'explique pas par lui-même la progression des formes par lesquelles passe la matière ; cette progression est l'effet de la force évolutionniste qui est une force par elle-même et non seulement, comme la définit M. *René Worms*, « le résultat de l'échange d'influences réciproques exercées par les éléments du développement [1] ». L'action du milieu s'effectua parallèlement à celle d'autres forces qui présidaient aux transformations de la matière. Le refroidissement réduisit, par l'action des forces

---

1. *Ibidem*, p. 266.

physiques, une partie de la matière gazeuse de l'univers en matières liquides, et une partie de ces dernières fut changée, par les mêmes procédés, en matières solides. Les différents éléments primitifs de la matière différenciée se combinèrent entre eux, par l'action des forces *chimiques*, en différents corps composés, ce qui donna naissance aux substances multiples dont se compose actuellement l'écorce terrestre. Tous ces corps obéissaient aux lois générales de la pesanteur et de l'équilibre, dans toutes leurs formes et manifestations, lois de nature *mécanique*. C'est en vertu de toutes ces lois que les métaux les plus lourds allèrent au fond, dans la terre en fusion; que les matériaux les plus denses que l'eau tenait en suspension, se déposèrent les premiers dans les terrains sédimentaires. Lorsque le volume de la terre commença à diminuer, par suite de sa condensation, la croûte solidifiée dut se rider et se boursoufler, produisant l'élévation des montagnes. Les lacs se formèrent là où les cours d'eau rencontrèrent une dépression. Les volcans ne se montrèrent qu'à proximité de la mer, et partout où, par suite des mouvements de l'écorce terrestre, la mer se retira, les volcans s'éteignirent, parceque l'infiltration de l'eau dans les profondeurs du sol est indispensable à leur fonctionnement.

Les transformations successives de la matière brute furent donc l'effet, en premier lieu, de la force de l'évolution agissant sur la terre dans des conditions connues. Comme forces secondaires, l'évolution se servit de l'influence du milieu, ainsi que des forces mécaniques, physiques et chimiques. Les transformations opérées étaient grandioses et simples. La force mystérieuse de la genèse universelle martelait à grands coups la nature, pareille à un forgeron qui frappe le fer en barres, d'où plus tard d'autres artisans tireront des épingles et des ressorts de montre.

Lorsque l'évolution passa dans le règne de la vie, elle dut prendre une marche assez différente et appeler d'autres forces à son secours. La vie étant représentée par des individus dont l'existence était limitée dans le temps, l'évolution devait avant tout assurer la perpétuation de ce nouveau mode d'incorporation de la matière, ce qu'elle fit au moyen de la tendance des formes vivantes à maintenir le type primitif par l'hérédité et à retourner même aux formes ancestrales par l'atavisme. Il était en effet nécessaire, pour que des transformations pussent s'accomplir, qu'il se conservât un esprit de suite dans les formes qui devaient être soumises à ces transformations; il était nécessaire que la matière qui devait subir cette opération fût maintenue dans un état quelconque de cohésion ; car, comme l'observe très bien *Carrau* : « il ne saurait y avoir de changement que dans quelque chose de permanent [1] ». La matière organique remplaça donc l'inertie de la matière brute par la cohésion successive des individus qui la représentent.

Les forces qui aidaient à transformer cette nouvelle forme de l'existence, furent en partie les mêmes que celles qui avaient transformé la matière inorganique : celle de l'évolution qui domine tout, et celle de l'action du milieu. Quant aux forces de nature mécanique, physique et chimique, elles cessèrent d'avoir, dans la matière vivante, un pouvoir transformateur et descendirent au simple rôle de supports de l'existence.

Ainsi, les compositions et décompositions chimiques qui ont lieu pendant la respiration, de même que les opérations mécaniques qui provoquent la circulation, ne servent qu'à l'entretien des individus vivants, sans contribuer d'aucune façon à leur transformation.

Ces forces sont remplacées, dans le règne de la vie matérielle, par d'autres qui n'existent point dans celui de la matière brute ; mais ces forces nouvelles, nous les retrouverons, modifiées et augmentées d'énergies nouvelles, dans le règne de l'esprit. Cette différence dans le faisceau de forces qui accompagnent l'évolution, d'un côté dans le règne de l'inorganique, de l'autre dans celui de l'organique, constitue l'une des preuves les plus évidentes, que la distance qui sépare ces deux règnes est plus grande que celle qui sépare les deux étages de l'organique : la vie matérielle et l'esprit. Mais les deux forces communes, celle de l'évolution et celle de l'action du milieu, maintiennent pourtant la continuité des trois règnes. Nous verrons encore que l'action du milieu conserve le même caractère dans le règne de la matière inorganique ou organique, celui d'agir par une pression extérieure, tandis que cette action cesse d'avoir un effet sur le règne de l'esprit ; elle se change en une action intérieure, celle du milieu intellectuel.

Les forces qui régissent le développement dans le domaine de la matière vivante, seront donc, d'abord, les forces que ce domaine possède en commun avec celui de la matière brute : l'évolution et l'action du milieu ; puis un faisceau de forces nouvelles, particulières au règne de la vie, et qui sont l'instinct de conservation de

---

1. *Etudes sur la théorie de l'évolution.* Paris, 1875, p. 45.

l'individu et de l'espèce, la lutte pour l'existence, dans ses deux formes, pour la nourriture et pour le besoin génésique, la force de l'individualité, produit du milieu générateur, et la force du hasard qui intervient souvent dans le développement de la vie.

Plus l'évolution approchait du moment où elle devait donner naissance à l'homme, et passer avec lui dans le domaine de l'esprit, plus sa marche prenait un caractère différent. Son principal élément d'action, l'influence du milieu extérieur, diminuait d'importance ; la terre prenait sa forme définitive, qui ne parait plus devoir être soumise à de puissantes transformations ; les continents et les mers se séparaient définitivement ; les mouvements de l'écorce terrestre devenaient toujours plus doux, plus insensibles ; la chaleur interne cessait de parvenir à la surface, et les climats étaient déterminés par le seul état de l'atmosphère ; en un mot, le milieu extérieur se fixait, pour chaque partie de l'écorce terrestre, et prenait un caractère permanent.

Comme première conséquence de cette fixation du milieu, se manifesta la fixation des espèces dans la vie matérielle. Les espèces animales qui, pendant l'époque des changements prononcés du milieu environnant, étaient tout aussi instables que ce dernier, prirent, en même temps que lui, un caractère constant. « On pourrait dire que l'espèce qui, en voie de formation, n'était que la glaise encore docile au doigt du sculpteur, maintenant, fixée dans son caractère, était devenue le marbre que seul le ciseau peut entamer [1] ».

Les dernières transformations des formes matérielles, tant de la nature inorganique, que de la vie, s'accomplissent parallèlement aux premières lueurs de l'esprit dans le cerveau humain. L'homme est incontestablement contemporain de l'époque quaternaire, et on n'a pas encore désespéré de le retrouver même plus haut, dans l'époque tertiaire. Il a donc passé par de grandes transformations du milieu extérieur, comme par exemple la période glaciaire, et il a vu disparaitre maint organisme vivant qui ne pouvait supporter les changements intervenus dans les conditions de l'existence. Il nous parait donc très naturel que l'homme ait subi aussi de profondes transformations dans son organisme, tant extérieur qu'intérieur. Voilà pourquoi nous croyons que les races humaines se sont succédées sur la terre, toujours de plus en plus parfaites ; qu'elles ont commencé par le

---

1. Lanessan, *Le Transformisme*, p. 389.

type noir, pour passer au jaune, et de là au blanc, expression suprême de l'humanité. « Les races humaines, nous dit *Bagehot*, commencèrent à exister à des époques très reculées, et depuis lors, il ne s'en est plus formé de nouvelles, si ce n'est par le croisement des anciennes. Cette force inconnue agit avec une énergie extraordinaire aux époques primitives, et demeure singulièrement inactive dans les époques récentes. Il y a de fortes présomptions, et de grandes autorités le soutiennent aujourd'hui, que ces différences furent produites avant que la nature de l'homme et surtout son esprit et sa faculté de s'adapter au milieu eussent pris leur constitution actuelle [1] ». Il n'est donc pas exact de dire, comme le fait M. *Bresson*, qu'aussitôt que *l'homme apparut* sur la terre, les conditions du milieu acquirent une fixité qui permit aux espèces de vivre et de se reproduire dans les mêmes lieux [2]. Au contraire, les transformations du milieu se continuèrent après l'apparition de l'homme, jusqu'à ce que ce dernier eût atteint sa plus haute expression, la forme de la race blanche ; c'est alors que le milieu se fixa. « Si nous avions à retracer, observe *M. Mougeolle*, l'évolution de l'humanité depuis ses origines, nous aurions à nous préoccuper, dans une certaine mesure, des changements de milieu ; mais, dans le courant de la civilisation, on peut admettre rigoureusement que le milieu n'a pas changé [3] ».

La nature avait commencé par une seule série de transformations, celle de la matière inanimée. Avec le temps, il vint s'y ajouter une deuxième, celle de la matière vivante ; et vers la fin de ces deux séries de transformations, une troisième qui devait les remplacer toutes les deux, celle de l'esprit, vint accompagner pour quelque temps leurs dernières manifestations.

Pour l'évolution du genre humain, l'influence du milieu extérieur n'a exercé son action que sur le perfectionnement de la vie. Dès que celle-ci fut arrivée à son plus haut point d'expression, l'influence du milieu s'arrêta tout à fait ; de sorte que, pour l'évolution de l'esprit proprement dit, l'influence du milieu extérieur ne peut plus avoir qu'un caractère fixe, et n'exerce plus une action transformatrice. (Voir le chap. précédent).

Ce qui peut paraître plus extraordinaire, c'est que, même de nos jours, dans le seul cas possible d'une rénovation de l'influence

---

1. *Lois scientifiques du développement des nations*, Paris, 1897, p. 148.
2. *Les trois évolutions*, Paris, 1888, p. 35.
3. *Statique des civilisations*, Paris, 1883, p. 69.

du milieu physique, lorsqu'il intervient une émigration, même dans ce cas, disons-nous, l'influence s'exerce sur la seule forme extérieure ; l'intérieur, l'esprit, reste presque totalement soustrait à toute modification. Voilà pourquoi « les chevaux diminuent bien vite de taille aux iles Falkland ; les chèvres perdent l'ampleur de leurs mamelles en Amérique ; les porcs se rapetissent dans la même partie du monde, ainsi que les moutons en Australie ». L'organisme matériel de l'homme souffre aussi une certaine transformation, par suite de sa transplantation sous d'autres climats. « L'Anglais des Etats-Unis présente dans ses traits une altération qui le rapproche de la race locale : la peau se dessèche et perd son coloris rosé ; le système glandulaire est réduit au minimum ; la chevelure se fonce et devient lisse ; le cou s'effile, la tête diminue de volume ; à la face, les fosses temporales s'accusent, les os des pommettes deviennent saillants ; les cavités orbitaires se creusent ; la mâchoire inférieure devient massive ; les os des membres s'allongent, en même temps que leur cavité se rétrécit ; enfin, chez les femmes, le bassin, par ses proportions, se rapproche de celui de l'homme [1] ».

Pourtant ces modifications organiques, qui ont jusqu'à un certain point changé le type de l'Anglais émigré en Amérique, sont loin d'avoir affecté aussi son intérieur. C'est une race tout aussi intelligente, tout aussi énergique que celle dont elle est sortie. Si le caractère des Américains présente certaines nuances différentes de celles qu'offre celui des Anglais, ces différences sont de provenance historique ; elles sont dues au développement, et non à une organisation psychique particulière. Il en est de même des Norvégiens transplantés depuis bientôt 1,000 ans sous le climat si rude de l'Islande. Quoiqu'ils y aient « gagné en taille et que leurs attaches soient devenues plus grossières, si peu nombreux qu'ils soient parmi les Européens civilisés, les Islandais sont certainement les premiers, par la force de l'intelligence, la profondeur de la pensée, l'amour de l'étude [2] ». En regard de pareils faits, nous ne saurions attribuer à l'émigration, surtout à celle des races humaines actuelles, le rôle prépondérant que veut y voir *Basile Conta* [3].

L'esprit humain, qui s'est développé en dehors de l'influence du

1. Darwin, Rollin et Andrew Murray résumés par Edgard Quinet, *La Création*, I, p. 276, note. De Quatrefages, *L'Espèce humaine*, p. 190. Comp. Elisée Reclus, *Géographie universelle*, XVI, p. 88.
2. Elisée Reclus, *Géographie universelle*, IV, p. 929.
3. *Théorie de l'ondulation universelle*, Paris, 1895, p. 95.

milieu extérieur, n'y obéit presque plus du tout, même dans le cas où cette influence pourrait se manifester. La grande différence entre l'évolution de l'esprit et celle de la matière, et cela sans distinction de matière brute ou organique, c'est que, tandis que dans le développement des formes matérielles, l'évolution se fait par les formes extérieures, elle passe à l'intérieur dans celui de l'esprit. La transformation de la matière physique cessa, aussitôt que l'évolution s'appliqua aux transformations du monde intellectuel qui se levait sur la terre, comme l'aube immense d'un soleil nouveau.

La cause du changement des formes extérieures, cessant par l'arrêt de l'influence du milieu, il n'y a plus aucune raison de croire, comme le font *Quinet* et M. *Dreyfus*, que « de même que l'homme a été précédé par une longue série de formes organiques, de même il sera remplacé par des êtres plus perfectionnés [1] ». Les formes organiques antérieures à l'homme ont évolué, parce que le milieu extérieur changeait. Maintenant que ce changement s'est arrêté, il s'en suit nécessairement que les formes extérieures se sont aussi fixées. L'homme est certainement le dernier être physique qui doit passer sur la terre. Les formes nouvelles, destinées à remplir l'avenir, ne peuvent plus être que des conceptions spirituelles, des formes de civilisation.

Évolution de l'esprit humain. — Nous avons dit que l'évolution, en passant à l'esprit, change complètement de caractère, et devient intérieure d'extérieure qu'elle était auparavant. En effet, le genre humain est resté immobile comme type extérieur, comme race, depuis l'apparition de la race blanche jusqu'à nos jours, et parallèlement à cette fixité de la race, nous rencontrons sa condition indispensable, la fixité du milieu.

Le milieu et la race n'ont pas changé depuis l'apparition de la race blanche sur la terre ; pourtant, il existe une différence énorme entre l'homme de nos jours et son ancêtre préhistorique. A l'intervention de quels changements pourrait-on attribuer cette différence, si, extérieurement, l'homme est resté le même ? Il est évident qu'elle est due au changement de son intérieur, de ses facultés mentales. Les peuples ont changé de langue, de mœurs, de régime familial, social, économique et politique, de superstitions et de religions, de droit et de morale ; les arts se

---

1. Camille Dreyfus, *l'Evolution du monde et des sociétés*, Paris, 1889, p. 203. Edgard Quinet, *La Création*, II, p. 326.

sont perfectionnés, les sciences se sont développées. Mais tous ces changements, tous ces progrès se sont accomplis par le seul côté intellectuel de l'être humain, par son intérieur, et non par son corps, par sa forme extérieure. Ainsi la famille s'est constituée plus fortement, parce que l'idée est venue resserrer les liens instinctifs placés dans le cœur de l'homme ; si celui-ci a changé de régime politique, c'est que les idées le poussaient à rechercher continuellement une sauvegarde plus sûre de ses intérêts ; si l'art s'est perfectionné, c'est toujours parce que l'idée qu'il voulait manifester à l'extérieur cherchait une expression plus complète ; si les procédés de culture de la terre se sont améliorés, si les animaux ont été apprivoisés, si les instruments sont venus en aide à ses forces défaillantes, c'est parce que l'idée poussait encore l'homme à faire usage de ses facultés pour lutter plus facilement contre la nature. En un mot, l'évolution du genre humain s'est faite sur le terrain des idées. *Littré* caractérise très bien le progrès de l'esprit humain, lorsqu'il dit que « les sociétés sont stationnaires quand la somme de ce qui doit être appris reste la même, elles rétrogradent quand elle diminue et avancent quand cette somme grossit [1] ». *Bernheim* dit aussi que « les événements historiques ne sont autre chose que la mise en action de la pensée, du sentiment et de la volonté de l'homme, la mise en action de l'unité psycho-physique que nous nommons âme ou esprit [2] ».

Mais nous avons remarqué que les idées en elles-mêmes constituaient pour la marche de l'évolution une base encore moins stable que les formes de la vie matérielle. Les idées n'ont pas même une existence individuelle ; elles vivent au jour le jour, incorporées quelquefois dans des actes, le plus souvent dans les formes fugitives du langage ; elles meurent dans leur immense majorité aussitôt après leur naissance. Quel nombre incalculable d'idées ne vivent pas même « ce que vivent les roses, l'espace d'un matin » ! Que l'on pense seulement à celles qui sont débitées dans les conversations journalières.

Cependant ces éléments qui paraissent si instables, présentent aussi un côté par lequel ils acquièrent de la consistance. C'est lorsque les idées cessent de reproduire les impressions individuelles et revêtent un caractère général.

---

1. *De la condition essentielle qui sépare la sociologie de la biologie*, Revue positive, II, p. 187.
2. *Lehrbuch der geschichtlichen Methode*, p. 499.

Il y a deux sortes d'idées générales : ce sont d'abord les idées abstraites qui se forment dans l'esprit, par suite de la condensation des représentations en notions de plus en plus larges. Ce n'est pas de ce genre d'idées générales qu'il s'agit en histoire, mais bien *des idées abstraites ou concrètes, partagées en commun par un groupe plus ou moins étendu du genre humain.* Par exemple la croyance en Jésus-Christ, figure et idée concrètes, constitue une idée générale, dans le sens de l'évolution, parce qu'elle forme la base de la religion de plusieurs centaines de millions d'hommes.

D'autre part, les idées abstraites, sur lesquelles reposent les sciences, constituent aussi une base pour l'évolution, attendu qu'elles sont *in actu* ou *in potentia*, le bien commun de l'humanité entière. Donc, tandis que les idées générales extraites des représentations singulières n'ont qu'une valeur subjective pour celui qui les perçoit, les idées générales, concrètes ou abstraites, qui servent de base à l'évolution humaine, existent aussi objectivement dans l'esprit de tout un peuple, de toute une classe, de toute une race. Elles ressemblent sous ce rapport aux formes de la vie qui n'éveillent pas seulement en nous des connaissances abstraites, mais ont aussi, par elles-mêmes, une existence objective, incorporée dans les qualités communes des individus qui se ressemblent. Les idées gagnent en fixité, à mesure qu'elles deviennent plus générales. Tandis que les idées individuelles naissent, vivent et meurent sans laisser de traces, celles qui ont un caractère général finissent par dominer les sociétés, et survivent pendant bien longtemps aux existences individuelles. Plus leur base sociale est étendue, plus longue est leur durée.

L'évolution qui a besoin d'un terrain d'une certaine consistance pour pouvoir exercer son action modificatrice, ne saurait choisir celui des idées individuelles, dont l'existence est éphémère ; il faudra nécessairement qu'elle agisse sur les idées les plus stables, sur celles de caractère général objectif.

Nous voilà donc arrivés, par un raisonnement des plus rigoureux, à cette importante conclusion que *l'évolution de l'humanité se fait sur le terrain des idées générales objectives, idées qui donnent naissance à des faits sociaux.*

PROCESSUS DE L'ÉVOLUTION. — Dans la nature inorganique, l'évolution suit une marche continue. La force qui l'accompagnait, l'influence du milieu, représentée par le refroidissement de l'écorce terrestre, a agi continuellement et sans s'arrêter un seul instant. Lentes ou subites, les transformations de l'épiderme terrestre ont suivi une marche continue, et il n'y a jamais eu de recul vers un état antérieur. Le développement a été toujours un perfectionnement. Dans la matière vivante, le processus de l'évolution a été tout autre. Les formes végétales et animales ne se sont pas développées d'une façon continue, passant par degrés de la forme inférieure à la forme supérieure. « L'hipparion tertiaire n'est pas devenu par degrés insensibles le cheval de nos jours ; mais à un moment donné, l'espèce du cheval s'est détachée de l'ancêtre commun, l'hipparion. Peu à peu elle s'est distinguée, au point de se séparer entièrement de sa souche restée immuable [1] ».

Dans le domaine de la vie matérielle, ce sont les types qui se supplantent les uns les autres. Il y aura donc toujours des développements parallèles : un type qui arrive à la fin de son existence ; un autre qui acquiert pendant ce temps les forces nécessaires pour le remplacer.

Dans le règne de l'esprit, les choses se passent d'une façon analogue. « Ce n'est pas le grand empire assyrien ou égyptien ou romain qui change brusquement d'instinct, de formes et qui, si on le suppose rampant, se met tout à coup à voler, à se donner des pieds et à prendre des ailes ou des mamelles pour allaiter la postérité. La transformation de l'espèce humaine est tout autre. C'est dans quelque région inconnue un type négligé, perdu, dont le développement a été jusque là impossible ; c'est une peuplade ignorée qui existait déjà, mais que personne n'avait encore aperçue ; c'est l'imperceptible nation juive, c'est une tribu germaine cachée dans les forêts ; c'est une famille arabe végétant dans le désert qui apporte une nouvelle forme, un monde nouveau, dans lequel se fondent les organisations antiques ; il en sort une nouvelle face humaine [2] ».

Jusqu'ici l'analogie du mode d'évolution de l'esprit avec celui de la vie matérielle est parfaite. L'évolution de l'esprit s'en distingue pourtant par les deux points suivants :

1). Dans l'évolution de l'esprit, la forme nouvelle destinée à supplanter l'ancienne, ne la fait pas disparaitre purement et simplement. Elle l'assimile, l'avale, se nourrit et se fortifie du sang

---

1. Edgard Quinet, *La Création*, I, p. 144.
2. *Ibidem*, p. 158.

qu'elle lui soutire. « Les organisations antiques se fondent dans le monde nouveau », comme l'observe déjà Quinet. Il n'est donc pas exact de dire avec M. *Mougeolle*, que « toutes les formes de l'activité mentale se développent les unes après les autres, se *juxtaposent*, pendant un certain temps, jusqu'à ce que l'une progressant toujours, pendant que l'autre décline, la première finit par prendre la place de sa rivale [1] ». Ceci n'est vrai que des formes de la vie animale. Pour le domaine de l'esprit, les formes nouvelles ne font pas seulement que se juxtaposer pendant un certain temps aux anciennes, avant de les supplanter. Ces formes nouvelles s'inspirent, se nourrissent aux dépens des anciennes qu'elles finissent par remplacer.

L'évolution de l'esprit ne juxtapose donc point les formes nouvelles aux anciennes ; elle les greffe dessus.

2). Cette différence dans le mode de développement entre la vie matérielle et celle de l'esprit a pour conséquence une autre encore plus importante ; c'est le recul apparent que la civilisation semble faire quelquefois, avant de s'élancer de nouveau en avant. Jamais les formes de la vie matérielle ne reculent pour avancer. Celles qui restent en arrière périssent au profit de celles qui les ont devancées. Dans la vie de l'esprit, la marche de l'évolution est autre. Cette dernière semble non-seulement s'arrêter, mais même rebrousser chemin, avant de prendre de nouveau son élan. Comme le dit M. *Federici* : « Toutes les fois que la civilisation a repris son essor vers une sphère plus élevée, elle a essayé de retrouver dans les entrailles de l'antiquité la révélation ou, pour mieux dire, la direction de l'avenir. Ainsi la Grèce, où le pèlerinage de ses sages en Egypte et en Asie a précédé son admirable développement ; à Rome, où l'enquête des institutions helléniques et étrusques fut la base légale de son gouvernement ; chez les Arabes qui, par la traduction des livres grecs et phéniciens, par leur communication avec les Indes, préparèrent la gloire des arts et des sciences de Bagdad et de Cordoue, et enfin en Italie, qui rouvrit à elle-même et au monde entier les portes de la vie intellectuelle, pendant la grandiose période qu'on a exactement appelé l'époque de la Renaissance, et qui fut précédée par la recherche, recommencée à deux reprises, de l'héritage gréco-romain. Les peuples qui tombent ne cessent pas pour cela d'exister [2] ». M. Lefèvre ajoute que « toute civilisation dominante résume

---

1. *Les problèmes de l'histoire*, p. 92.
2. *La loi du progrès*, traduit de l'italien, Paris, 1888, I, p. XIX et II, p. 159.

les civilisations antérieures qui ont été sa raison d'être et qui restent son patrimoine. En ce sens, on peut dire que le groupe aryen porte aujourd'hui dans son sein l'humanité passée[1] ».

Il est vrai que, lorsqu'on considère l'histoire générale, la civilisation paraît s'éteindre complètement à la chute de l'empire romain et à l'établissement des barbares sur ses ruines. Pour ces derniers, la civilisation paraît devoir recommencer *ab ovo*, et l'évolution de l'humanité semble souffrir une solution de continuité.

Le procédé suivi par l'évolution dans ce dernier cas, est pourtant exactement le même que pour les civilisations antérieures. Les Romains furent pour les barbares ce que les Grecs avaient été pour les Romains et ce que les Orientaux avaient été pour les Grecs. Si l'intervalle de temps écoulé, jusqu'à ce que les barbares eussent pu s'assimiler la culture antique et continuer le progrès commencé, fut plus long, si le recul de la force évolutionniste fut bien plus fort, c'est qu'aussi le bond que la civilisation allait faire devait être bien plus puissant. Il paraît être même le dernier que l'homme ait fait vers les régions du progrès sans limites, pareil à un aigle qui essaie d'abord la force de ses ailes et retombe plusieurs fois, avant de prendre son élan vers les cieux. Il n'est que très naturel de rencontrer dans ce cas une plus longue période de gestation, attendu que l'enfant qui allait naître appartenait à une espèce plus vigoureuse que toutes celles qui l'avaient précédé. C'était la civilisation, non plus d'un peuple seul, mais celle de toute la race blanche, et par elle, celle de l'humanité entière, qui allait y puiser le lait nourrissant.

La loi générale qui régit le développement des formes de l'esprit est que : *l'évolution s'accomplit par ondes qui avancent, puis reculent, pour avancer de nouveau, plus loin que ne l'avaient fait les ondes précédentes.*

Cette façon de concevoir le dévelopement de l'humanité permet d'y voir un progrès constant, quoiqu'il se soit accompli par différents peuples et différentes races. On ne saurait donc souscrire aux paroles de M. *Dürkheim* « qu'en fait, le progrès de l'humanité, n'existe pas. Ce qui existe, ce sont des sociétés particulières qui naissent, se développent, meurent, *indépendamment les unes des autres*. Un peuple qui en remplace un autre n'est pas sim-

---

[1]. André Lefèvre, *L'homme à travers les âges*, p. XXII.

plement un prolongement de ce dernier, avec quelques caractères nouveaux ; il est autre ; il a des propriétés en plus, d'autres en moins et constitue une individualité distincte, étant hétérogène et ne pouvant pas se fondre en une même série continue, ni surtout en une série unique [1] ». Il en serait ainsi, si un peuple recommençait toujours à nouveau l'œuvre de la civilisation ; si les peuples qui se suivent, n'héritaient pas de ceux qu'ils remplacent les trésors des connaissances acquises par ces derniers. La vérité dans cette question est bien plutôt du côté de *Pascal* qui l'a rendue dans la belle et immortelle pensée, que « toute la succession des hommes, pendant la longue suite des siècles, doit être considérée comme un seul homme qui subsiste toujours et apprend continuellement. »

Mais le progrès, quoique constant, n'est point continu. M. André Lefèvre dit avec raison que « l'histoire dément ce dernier à chaque page ; un état postérieur n'est pas nécessairement en avance sur celui qui l'a précédé, le Moyen-Age sur l'Antiquité, la Rome d'Auguste sur l'Athènes de Périclès. Il y a eu des flux et des reflux, des reculs définitifs, des arrêts momentanés, des recommencements. Tel peuple en est resté à l'égalité dans la servitude, tel autre est mort en pleine barbarie, avant même d'avoir pu raisonner ses aspirations instructives. Mais tous ceux qui ont survécu ont tendu et tendent encore vers la fin, c'est-à-dire à s'élever à une liberté que l'égalité assure et que le droit seul limite [2] ». Voilà pourquoi on pourrait donner raison à *Stuart Mill*, que « le mot progrès ne doit pas toujours être pris dans le sens de perfectionnement et de tendance au perfectionnement [3] », quoique l'usage commun lui donne cette signification. Bien souvent en effet, le progrès consiste dans une décadence qui prépare un nouvel essor.

Ce recul semble n'être qu'une période de recueillement, dans laquelle les forces, dépensées avec trop de prodigalité pendant une période de haute floraison, paraissent se reposer, pour acquérir l'élasticité nécessaire à une nouvelle tension. Les peuples sont comparables, sous ce point de vue, aux existences individuelles qui ont aussi besoin d'un repos plus ou moins

---

1. *Les règles de la méthode sociologique*, Paris, 1895, p. 26.
2. *L'homme à travers les âges*, p. XXIII.
3. *Logique des sciences morales*, trad. nouvelle du VIe chapitre de la Logique par Gustave Belot, Paris, 1892, p. 144 ; M. Francisque Bouillet, *Revue philosophique*, 1888, avril, veut restreindre le terme *d'évolution* au développement de la nature et désigner celui de l'esprit par le terme de *progrès*.

prolongé, après une tension musculaire ou nerveuse qui a accompagné un puissant effort. Ce serait là l'explication, il est vrai seulement par voie d'analogie, de l'énigme irréductible d'après M. *Ottokar Lorenz* : « pourquoi, après une production puissante, l'humanité doit se reposer quelquefois plusieurs centaines d'années [1] ».

PRINCIPE DE L'ÉVOLUTION INTELLECTUELLE. — Comme dernier produit, l'évolution de l'univers a donné naissance à l'esprit humain, sur lequel elle continue son action. On peut donc dire que cet esprit a été le but vers lequel a tendu l'évolution de la matière qui a donné naissance à cette forme plus parfaite de l'existence. Ce but, il nous a été donné de le connaître, parce que nous nous trouvons placés en dehors de lui ; nous l'avons dépassé et pouvons le considérer rétrospectivement. Il n'en est pas de même du but vers lequel tend l'évolution intellectuelle, dans le courant de laquelle nous sommes pris, et dont le terme est caché à nos yeux.

A quoi tend le perfectionnement de l'esprit ? Pour répondre à cette question, il faut chercher à connaître la direction du courant qui nous emporte ; il nous faut découvrir le principe de l'évolution intellectuelle.

Nous avons vu qu'aussitôt que l'évolution a passé de la matière à l'esprit, la matière a cessé de se transformer ; elle est devenue de principe actif, principe passif, sur le domaine duquel s'exerce la force de l'esprit. Dans l'évolution de la vie matérielle, c'était la matière qui modifiait continuellement l'esprit. Sous l'empire de l'évolution de ce dernier, ce sera lui qui modifiera continuellement la matière, pour la soumettre à son service. L'esprit arrivera à dominer toujours davantage la matière. Cette domination aura pour effet d'augmenter continuellement la distance qui sépare l'homme du règne animal dont il s'est détaché, et cette distance sera d'autant plus grande, que la race sera plus supérieure. Cette domination s'opère par quatre voies qui constituent l'élément différenciel humain, comparé à l'élément bestial sur lequel il se greffe. La première sera la tendance à dominer la nature et à la faire servir à ses besoins. Cette tendance se réalisera par la prise de possession intellectuelle de la nature, c'est-à-dire par la découverte de ses lois, qui donnera à l'homme la possibi-

[1]. *Léopold Ranke, die Generationslehre und der Geschichtsunterricht,* Berlin, 1891, p. 181.

lité de diriger ses efforts dans le sens de ses besoins, et d'en faire les instruments de son bien-être. Mais en dehors de ce besoin pratique, l'homme sera poussé par la curiosité, à se rendre compte de ce qui se passe autour de lui, et il s'efforcera de pénétrer dans le secret de l'univers, même sans poursuivre un but utilitaire. Cette seconde tendance se manifestera par la science, la philosophie et en partie par la religion. Elle viendra bien souvent en aide à la tendance de soumettre la nature, attendu qu'elle poursuit aussi entr'autres, le but de découvrir les lois de cette dernière. La troisième tendance de l'esprit sera celle qui recherchera l'admiration et plus tard la création du beau, la tendance esthétique ; la quatrième, poursuivra comme but la juste répartition des jouissances que procure à l'homme la réalisation toujours plus complète des trois autres tendances.

On peut résumer ces quatre tendances en deux principales : celle qui procure à l'homme les trois sortes de jouissances, par son élévation au-dessus de l'animalité, et celle qui a pour objet la juste répartition de ces jouissances. En effet, les trois premières tendances procurent à l'homme trois espèces de biens qui relèvent sa vie et l'éloignent toujours davantage du règne animal, dont il est sorti. Car, découvrir une vérité, ou contempler une belle création, procure une jouissance de même nature que la domination de la nature. La juste répartition des biens de ce monde doit s'étendre à toutes ces formes de la jouissance, et il est juste que tous les hommes arrivent à en goûter une somme proportionnelle à la participation qu'ils ont mise à leur production. Chaque homme a, dans cette mesure, le droit de connaître les hautes vérités de la science, de la philosophie, de la religion, et de se délecter aux grandes créations de l'art et aux sublimes spectacles de la nature. La condition de l'humanité n'est pas ce qu'elle devrait être, lorsque sa plus grande partie doit se contenter de la vie animale. C'est dans ce sens qu'il faut entendre les paroles de M. *Fouillée* que « le but auquel la société doit tendre est à la fois, la plus grande utilité possible (la plus grande somme de jouissances) et la plus grande justice possible (la juste répartition de ces jouissances), deux choses aussi inséparables que la forme et le fond. En dehors de la justice, l'utilité n'a plus de valeur et n'est même plus vraiment utile ; d'autre part, la justice sans l'utilité ne serait qu'une formule abstraite et vide[1] ». *Heinrich von Sybel* recon-

---

[1]. La *Science sociale contemporaine*, Paris, 1885, p. 56 ; A. Javary, dans son

naît aussi la même vérité, lorsqu'il dit que « la société actuelle ne parviendra à éloigner les dangers qui la menacent de la part des doctrines subversives du socialisme et du communisme, que lorsqu'elle aura mis les plus puissants efforts de l'homme à résoudre les deux problèmes : travail infatigable de l'esprit (procuration de toutes les jouissances possibles) et amour sans bornes du prochain (juste répartition de ces jouissances)[1] ». Le progrès, c'est-à-dire l'évolution mentale de l'homme, a donc été très bien caractérisé par M. *Yves Guyot,* comme étant « en raison inverse de l'action coërcitive de l'homme sur l'homme et en raison directe de l'action de l'homme sur les choses[2] ».

Le vrai n'est donc qu'un des éléments du progrès, et on ne saurait le lui attribuer tout entier, comme le veulent quelques auteurs. Encore moins, peut-on attribuer le progrès au triomphe de la vérité obtenue par le canal des sciences. Cette façon de concevoir l'évolution intellectuelle est très étroite ; elle va de pair avec la fausse notion de la science, extraite seulement des sciences de la nature (de caractère coexistant). Voilà pourquoi nous ne saurions admettre les idées que l'historien anglais *H. Th. Buckle* émet sur cette question. Selon lui, « la civilisation européenne est due à la connaissance des rapports que les choses et les idées ont entr'elles et de l'une à l'autre ; en d'autres termes, à la connaissance des lois physiques et mentales ». Mais Buckle restreint, dans d'autres passages, le faisceau de connaissances auxquelles il attribue la civilisation de l'Europe et n'admet comme moteur de cette civilisation, que les sciences naturelles proprement dites, et les mathématiques, qu'il classe aussi, on ne sait trop pourquoi, dans cette même catégorie. Voilà pourquoi, lorsqu'il en vient à analyser les branches de l'activité intellectuelle civilisatrice du peuple français, n'énumère-t-il que les disciplines scientifiques naturelles, et notamment : la physique, la chimie, la botanique, la géologie, la médecine. Il abandonne plus tard la notion des lois mentales qu'il avait ajoutée aux lois physiques,

étude sur l'*Idée du progrès*, Paris, 1851, p. 177, expose la même pensée sous une forme plus amplifiée : « Bien qu'en vertu de certaines lois naturelles, la somme de science et de richesse que possède l'humanité, tende incessamment à s'accroître, cet accroissement ne se fait pourtant d'une manière vraiment saine, conforme à la vérité absolue et au bien réel de tous, qu'autant qu'il est dominé et réglé par une impulsion supérieure de la puissance volontaire, se déterminant d'après les notions essentielles de la conscience morale ». D'ailleurs, Javary est un partisan de la vieille école, avec le libre arbitre, la morale religieuse, etc.

1. *Die Lehren des heutigen Socialismus und Communismus* dans ses *Vorträge und Aufsätze*, Berlin, 1885, p. 130.
2. *Études sur les doctrines sociales du Christianisme*, III, p. 6.

dont la connaissance favoriserait la civilisation, et soutient que « c'est à notre connaissance des lois et des rapports *des choses*, que nous devons notre civilisation actuelle ». Lorsque Buckle arrive à s'occuper de la littérature, il est tellement absorbé par son idée préconçue, de l'importance unique des sciences naturelles, qu'il conteste à la littérature toute autre valeur que celle de nous aider à découvrir les lois de la nature, et soutient que « faire de la littérature pour elle-même, c'est-à-dire pour sa beauté, c'est sacrifier le but aux moyens. La fantaisie nous est utile, car elle nous est d'un grand secours pour la découverte des lois des phénomènes, et Shakespeare est le plus grand entre les hommes, parcequ'il est le fondateur des sciences naturelles [1] ! »

Le célèbre physiologiste allemand *Emile du Bois-Raymond* adopte en tout la deuxième façon de voir de Buckle. Selon lui « le plus grand malheur (?) qui ait frappé l'humanité, l'invasion des pays méditerranéens par les barbares, lui aurait été épargné, si les anciens avaient possédé les sciences naturelles, dans l'extension où elles se trouvent chez nous ». Il en déduit le principe que « les sciences de la nature sont l'organe absolu de la civilisation, et que l'histoire de ces sciences est à proprement parler l'histoire de l'humanité [2] ». *Liebig*, le fondateur de la chimie agricole, poussait encore plus loin la spécialisation du rôle de la science dans la vie des peuples. Il attribuait la chute de l'empire romain, au manque de connaissance des engrais minéraux [3] ! Qu'aurait dit un cordonnier, s'il s'était aussi avisé d'expliquer l'histoire ?

Un autre auteur, M. *Strada*, attribue le progrès au critérium scientifique. « Le progrès vaut, selon lui, ce que le critérium vaut. Le critérium scientifique étant trouvé par la science de la méthode, ce vrai infaillible engendrera un progrès indéfini comme la science, ordonné comme elle [4] ». Ceci nous rappelle une assertion semblable de Buckle qui fait dépendre la civilisation d'un pays, de la méthode d'induction ou de déduction employée par ses savants dans leurs recherches.

Toutes ces opinions sont fausses ou exagérées. La vérité est bien un des facteurs du progrès, et un facteur important, car elle alimente deux des quatre tendances que l'homme suit dans son évolution. Mais la vérité n'est pas le seul facteur du progrès ; il y a encore

---

1. *Histoire de la civilisation*, I, p. 303.
2. *Kulturgeschichte und Naturwissenschaft*, Leipzig, 1878, p. 19 et 34.
3. *Die Chemie in ihrer Anwendung auf Agricultur*, 7te Auflage, Braunschweig, 1862, p. 86.
4. *La loi de l'histoire*, Paris, 1894, p. 19.

le beau, et surtout le juste qui est tout aussi important que le vrai, pour mesurer le degré de civilisation atteint par un peuple. Il est d'ailleurs parfaitement indifférent que la vérité ait été trouvée par le canal des sciences, ou bien par celui de la pratique. Mais cette vérité, pour constituer un facteur du progrès, doit posséder un caractère spécial. Elle doit aider l'homme à s'élever au-dessus de l'animalité ; elle doit donc lui procurer une jouissance ; en d'autres termes, elle doit être *utile*. Mais la science précisément, ne poursuit pas toujours ce but. Sans nous occuper des inventions destructrices de la guerre, nous nous contenterons de citer les falsifications qui inondent aujourd'hui la production alimentaire et industrielle, et qui sont surtout le résultat des découvertes scientifiques. Voilà, certes, une application de la science, qui n'a pas pour but le progrès du genre humain ; voilà un cas où la vérité peut entraver le progrès, que d'ailleurs elle alimente.

Buckle s'est efforcé de prouver, qu'on n'avait fait aucune nouvelle découverte dans le domaine de la morale[1]. Quoique la chose soit discutable même à ce point de vue, il nous semble que le progrès de l'idée du juste ne consiste pas dans la découverte de principes moraux inconnus, mais bien dans l'application toujours plus large et plus complète, de la juste répartition des jouissances. La répartition plus équitable des biens, élément tout aussi essentiel de l'évolution de l'esprit, que l'acquisition des jouissances, a aussi progressé. La philosophie grecque lui fit faire les premiers pas, mais plutôt en théorie ; puis vint le droit romain qui introduisit des règles précises sur le mien et le tien dans la vie sociale. Le christianisme fit de beaucoup avancer cette idée, surtout par la suppression de l'esclavage. Avec la Révolution française vint le tour du servage, des corporations, des privilèges de certaines classes. Le mérite a conquis toujours davantage sa place au soleil. De nos jours, cette idée prépare son dernier assaut qui sera bien le plus difficile à aboutir. Il s'agit de corriger le trop grand écart de la mesure dans laquelle les individus se partagent les dépouilles opimes de la nature.

Ce problème est le plus ardu que l'homme ait jamais été appelé à résoudre. Les hommes qui voient se réaliser tous les jours davantage l'égalité devant la loi, pensent devoir aspirer, comme corollaire nécessaire, à l'égalité des fortunes. Mais l'égalité devant la loi était une conséquence du fait que les hommes sont égaux

---

1. *Histoire de la civilisation*, I, p. 210.

entre eux comme *êtres*, et que, comme tels, nul ne peut être inférieur à son semblable. Il en est tout autrement dans les rapports de l'homme avec la matière, et l'acquisition des jouissances que lui procure son élévation au-dessus de l'animalité. Ici, l'application de l'égalité absolue serait précisément la plus criante injustice, attendu que les hommes, quoique égaux comme êtres entr'eux, sont inégaux comme forces créatrices de jouissances. Leurs aptitudes, leurs talents, leur activité, leur énergie diffèrent, et par suite aussi le degré de leur participation dans l'asservissement de la matière. Les bénéfices que l'humanité arrache à cette dernière, ne sauraient être répartis entre ceux qui prennent part à la lutte, que *proportionnellement* à la force qu'ils y déploient. « A des services inégaux, doivent correspondre des récompenses inégales » dit avec justice M. *René Worms* [1]. On ne saurait se ranger à l'opinion de *Benjamin Kidd*, que « la raison nous enseigne que nous sommes tous les produits de l'hérédité et du milieu, et que personne n'est responsable de ses capacités ou de leur absence ; il s'en suit, que chacun doit avoir une part *égale* dans le bien-être. Ce dernier est tout aussi important pour l'homme incapable que pour l'homme capable, et toute loi permettant que le premier soit plus mal nourri que le second, quoique nous fassions, n'est qu'une loi de force brutale, pure et simple [2] ». La justice ne peut avoir pour but de corriger la nature ; tout ce qu'on peut exiger, c'est de ne pas faire travailler les autres gratuitement pour soi, ce qui arrive, lorsque les bénéfices ne sont pas répartis *proportionnellement* aux forces productives ; mais jamais la justice ne saurait exiger que l'on travaillât gratuitement pour les autres, ce qui arrive fatalement dans l'hypothèse de l'*égale* répartition du bien-être.

Mais même pour réaliser cette répartition proportionnelle, combien y a-t-il encore à faire, et que nous sommes encore loin de l'idéal auquel nous pousse l'évolution ! Vraiment cet idéal existe ; car s'il n'existait pas, on pourrait dire avec *Huxley*, que « si l'accroissement des connaissances et l'empire plus grand sur la nature qui en est la conséquence et enfin la richesse qui prouve cet asservissement de la nature, ne doivent pas diminuer l'étendue et l'intensité de la misère et de la dégradation physique et morale, résultat de la détresse parmi les masses, alors je

---

1. *Organisme et société*, p. 376.
2. *Evolution sociale*, trad. Lemonnier, p. 76.

n'hésite pas à dire que je saluerais comme la seule fin désirable, la venue de quelque comète secourable qui balayerait toute chose au loin [1] ».

Avenir de l'évolution. — Les considérations sur l'état dans lequel se trouve notre civilisation et sur les problèmes qu'elle est appelée à résoudre dans l'avenir, nous font croire, à l'encontre de plusieurs penseurs, que cette civilisation est loin d'être arrivée à la décadence ni qu'elle tend vers la fin. Nous ne saurions nous rallier aux opinions de *Bacon* et de *Pascal*, pour lesquels l'antiquité constituerait la jeunesse de l'humanité, tandis que nous vivrions dans sa période de décrépitude. Nous rejetons l'épithète de « notre pauvre vieille société » que M. *Julien Pioger* donne à la société actuelle, d'autant plus que nous ne comprenons pas comment cet auteur peut concilier cette qualification, avec les phénomènes qu'il voit bouillonner dans ses profondeurs : « l'annonce d'une profonde révolution dans les esprits et dans les cœurs, effet de la poussée irrésistible du courant scientifique qui emporte l'humanité vers une orientation nouvelle de ses aspirations, ainsi que l'éveil des sens de la vie sociale [2] ». L'éveil du sens de la vie sociale dans un organisme décrépit et en décomposition, qui n'aurait qu'à se préparer à la mort ! Nous ne pouvons ni comparer la vie de la civilisation, à celle d'un homme, comme le fait M. *Benlœw*, et considérer l'époque actuelle « comme le troisième âge de l'humanité [3] », par la raison que ne connaissant pas l'âge que notre civilisation doit atteindre, on ne peut le diviser.

Nous croyons au contraire que notre civilisation, avec la science pour flambeau, n'est encore qu'au commencement de la route qu'elle doit parcourir, attendu qu'elle ne date tout au plus que de 400 ans. Quant à la question sociale, c'est-à-dire à la réalisation plus complète de l'idée du juste, elle se pose à peine de nos jours. Nous avons encore tout à conquérir sur la nature et à organiser la répartition la plus équitable, c'est-à-dire la répartition proportionnelle au mérite de chacun, et on sonne déjà le glas de notre civilisation ? M. *Dolfus* dit très bien à ce sujet : « Après plus de vingt siècles de labeur, notre société sent encore le chaos, et tant s'en faut que l'esprit ait triomphé même

---

1. *Government or Regimentation* dans le *Ninetenth Century*, mars 1890.
2. *La vie sociale, la morale et le progrès*, Paris, 1894, p. 10 et conclusion.
3. *Les lois de l'histoire*, p. 53.

des besoins les plus élémentaires de l'existence physique corporelle. Puis, en dépit de tant de découvertes, des millions d'hommes ne vivent que pour s'empêcher à peine de mourir, la justice humaine est encore si imparfaite ! [1] ». Et M. *Fédérici* tire la conséquence inévitable de pareilles prémisses : « Comment l'humanité qui commence à peine à se connaître elle-même, et à se rejoindre lambeau par lambeau, molécule par molécule, à travers les mers illimitées et les déserts de sable brûlant ou de glace, on veut que déjà elle soit condamnée à la mort ? [2] »

Mais on prédit l'approche de notre fin, d'après l'analogie des civilisations qui ont précédé la nôtre. On prétend, depuis *Vico*, que l'humanité ne fait que tourner dans le même cercle ; que, comme le dit M. *Gustave le Bon*, « la répétition éternelle des mêmes choses est la loi la plus solide de l'histoire [3] ». Il nous semble que l'analogie, que l'on aperçoit entre notre civilisation et celle des temps passés, est complètement fausse. La différence profonde qui distingue les civilisations anciennes de la civilisation européenne actuelle, est que les premières *n'étaient basées qu'accidentellement et sans en avoir conscience sur l'idée du vrai et sur celle du bien*, preuve le peu de développement des sciences, et l'esclavage, tandis que la civilisation de l'Europe actuelle vogue en plein sur ces idées et se base sur les découvertes scientifiques, sur leurs applications utiles à l'humanité, et sur le progrès toujours croissant de la réalisation de la justice sociale. C'est un double problème que notre civilisation est appelée à résoudre : premièrement, tout connaître et tout exploiter ; secondement, partager les bénéfices entre les hommes de la façon la plus équitable. On comprend que, pour accomplir de si grandes tâches, il lui reste encore un immense trajet à parcourir.

Voilà pourquoi les peuples qui sont entrés dans le courant de l'évolution moderne ne tombent, ni ne déchoient, malgré les apparences ; au contraire ils se relèvent toujours de leurs chûtes momentanées. Ainsi le peuple allemand qui, pendant des siècles, était réduit à l'impuissance politique, s'est soudainement relevé aujourd'hui ; le peuple roumain qui ne paraissait plus qu'un cadavre, se redresse de nos jours comme un élément plein de force et de vie, et la France après le terrible désastre de 1870, redevient plus forte, plus riche, plus savante et plus artiste qu'à

---

1. *Considérations sur l'histoire.* Paris, 1872, p. 27.
2. *La loi du progrès*, trad. de l'Italien, I, p. 204.
3. *Lois psychologiques*, p. 121.

aucune autre époque de son histoire. Les Turcs au contraire, qui par leur race sont empêchés d'entrer dans le courant évolutionniste, et chez lesquels on rencontre, à côté d'un manque presque absolu de connaissances scientifiques, une dénégation presque complète de l'idée du juste, doivent, en vertu des principes de l'adaptation au milieu, céder la place à d'autres organismes doués de plus de réceptivité pour les bases de notre civilisation.

Bien qu'il existe des progrès et des reculs dans la marche de l'évolution spirituelle, on ne saurait prédire une décadence et une fin au progrès total de l'humanité, attendu que tout élément expérimental fait là-dessus absolument défaut.

Dans tous les cas, comme dit M. *Guillaume de Greef*, si même notre civilisation doit périr, la vie est toujours en rapport avec l'organisation de la structure, d'où la conséquence, qu'à mesure que la structure sociale s'étend en surface et en complexité dans l'espace et dans le temps, de manière à embrasser de plus en plus en plus dans cette unité supérieure tout le milieu physique et les variétés humaines qui le peuplent, plus aussi la vie des sociétés humaines particulières se confond avec celle de l'espèce entière, et acquiert des limites de croissance et de durée indéterminables[1] ». Nous croyons que *Littré* remarque très judicieusement que « quoiqu'on retrouve dans la société la naissance et le développement de la vie, on n'y trouve ni vieillesse, ni mort[2] », et nous pouvons clore ces réflexions avec la pensée de *Cournot* qui les résume : « que le progrès de la civilisation générale chemine toujours, tandis que les civilisations particulières brillent et s'éclipsent[3] ». Comme loi de développement, nous pouvons donc formuler la suivante : *le progrès de l'esprit humain est constant et il n'est pas possible de lui assigner une limite.*

Rappelons encore que M. *Gumplowitz*, quoiqu'il concède que le progrès constant ne saurait être contesté sur le terrain des découvertes et des inventions, conteste le progrès de l'humanité comme force intellectuelle. D'après lui, un Grec de l'antiquité, s'il avait vécu après la découverte de l'électricité, aurait pu parfaitement découvrir le téléphone[4]. Nous croyons aussi que la puissance intellectuelle — qualité inhérente à la race — ne peut être augmentée. Mais le progrès ne dépend pas d'une pareille

---

1. *Le Transformisme social*, Paris, 1895, p. 107.
2. *La Science au point de vue philosophique*, p. 335.
3. *Traité de l'enchaînement des idées fondamentales*, Paris, 1861, II, p. 332.
4. *Grundriss der Sociologie*, Wien, 1885, p. 223.

augmentation, mais bien de l'accumulation des connaissances.

DÉVELOPPEMENT PAR LE HAUT. — L'évolution ne s'accomplit que par les éléments supérieurs des formes qui lui sont soumises. Cette loi ne se retrouve qu'à l'état rudimentaire dans le domaine de la matière inanimée. Cette matière qui, à l'origine, n'était que sous forme gazeuse, passa à l'état liquide d'abord, solide ensuite. Tandis que les gaz et les liquides persistèrent dans leur état primitif, les forces supérieures de la matière, les éléments solides, ont seuls évolué, jusqu'à ce qu'ils soient arrivés à se différencier et à constituer les corps dont se compose actuellement la croûte terrestre.

Cette loi prend un caractère plus précis dans les formes de la vie matérielle. Les transformations des organismes s'accomplissent toujours par leurs formes supérieures, pendant que les formes inférieures restent stationnaires. Par là seulement on peut s'expliquer comment il se fait que la terre présente aujourd'hui, réunis sur sa surface, les genres et les espèces qui se sont succédé dans le cours des âges à travers les différentes transformations subies par l'écorce terrestre. Quoique quelques-unes d'entre ces espèces n'aient laissé que des représentants atrophiés, il n'en est pas moins vrai que les différents êtres qui se sont succédé sur le globe s'y retrouvent présentement. Comme les espèces inférieures se rencontrent dans la forme qu'elles possédaient à l'origine, il va de soi que le progrès n'a pu s'effectuer que par les espèces supérieures. Le développement des formes de la vie matérielle s'est donc toujours accompli par le haut.

Il en est de même pour le progrès réalisé dans les sociétés humaines, dans le domaine de l'esprit. Ce dernier s'accomplit aussi toujours par ses éléments supérieurs. La culture intellectuelle dans son entier, les inventions et les découvertes sont toujours l'œuvre d'individus mieux doués qui représentent la partie la plus intelligente et supérieure de la société. Cette culture, ces inventions, ces découvertes, sont adoptées, en premier lieu, par les classes les plus intelligentes, et ce n'est que plus tard, qu'elles arrivent à être partagées — et jamais complètement — par les classes inférieures. L'instruction descend aussi des foyers supérieurs dans la masse des peuples, et il est connu que ce sont les universités qui précédèrent en Europe la fondation des écoles inférieures. Si un peuple progresse, c'est parceque la somme de ses connaissances, de ses talents, de ses hommes d'élite augmente, et que le capital intellectuel de la nation s'agrandit continuellement.

Ce ne sont pas les masses qui font avancer un peuple. Au contraire, si son esprit était ravalé au niveau de celui de ses masses, son progrès en souffrirait. M. le Bon remarque très bien, quoiqu'à l'encontre de sa théorie, que « la petite phalange d'hommes éminents qu'un peuple civilisé possède, et qu'il suffirait de supprimer à chaque génération, pour abaisser considérablement le niveau intellectuel de ce peuple, constitue la véritable incarnation des pouvoirs d'une race. C'est à elle que sont dus les progrès réalisés dans les sciences, les arts, l'industrie, en un mot, dans toutes les branches de la civilisation [1] ». Rapportons aussi les paroles de *Lilienfeld* : « La grande masse des formations vivantes s'arrête, tant dans la nature que dans la société humaine, à leur forme la plus rudimentaire, et peu d'entre elles montent à des degrés supérieurs. La nature ainsi que la société sont des êtres aristocrates. Combien immensément étendu est le règne inorganique comparé au règne organique, et combien petit est le nombre des organismes supérieurs en regard de ceux de nature inférieure. Tout aussi restreint est le nombre des hommes sensés, cultivés et bons, dans la masse totale du genre humain, comparé à celui des grossiers et des incultes [2] ».

Il y a pourtant une grande différence, entre le mode d'après lequel évoluent les formes organiques et celui auquel est assujetti l'esprit humain. Dans les premières, les formes inférieures restent immobiles dans le champ de la vie, et ne sont pas influencées par celles qui évoluent vers les régions supérieures. L'évolution n'est soumise ici qu'à la loi, qu'elle doit s'accomplir par le haut. Il en est autrement des produits de l'esprit. Ces derniers, quoiqu'ils n'évoluent aussi que par leurs éléments supérieurs, n'en restent pas moins toujours en relation avec les formes inférieures dont ils se sont détachés. Ils exercent, sur ces dernières, une influence qui tourne à leur avantage. Les éléments inférieurs sont influencés par les conséquences pratiques des acquisitions intellectuelles faites par les éléments supérieurs. C'est ainsi que les inventions, produits de la science, améliorent la condition économique du genre humain. Les chemins de fer, les télégraphes, les procédés chimiques, ont pour beaucoup contribué à améliorer les conditions

---

1. *Lois psychologiques*, p. 151.
2. *Gedanken über die Socialwissenschaft der Zukunft*, 2, ter Theil, *Die socialen Gesetze*, Mitau, 1875, p. 72.

de la vie. Toutes ces inventions sont le produit d'une minorité très restreinte du genre humain ; tous les hommes pourtant en tirent profit. En outre, les principes de la tolérance religieuse, de l'adoucissement des peines, de l'égalité et de la liberté publiques, ont germé d'abord dans certains cerveaux d'élite, avant de devenir le bien commun d'une grande partie de l'humanité.

Aussitôt qu'une vérité est proclamée, qu'un principe peut être formulé, l'humanité en général se l'approprie, sans s'inquiéter nullement du travail intellectuel qui a été dépensé pour lui donner le jour. Elle fait tous ses efforts pour le réaliser dans la vie pratique, pour en tirer le plus grand bénéfice possible. Cette tendance à introduire dans la vie réelle certaines idées, certains principes, devient le levier le plus puissant du mouvement des masses. Mais il ne faut pas oublier que ce levier leur a été fourni par les éléments supérieurs de l'évolution.

La loi du développement par le haut devient donc, dans les sociétés humaines, celle *du développement par le haut et de haut en bas.*

CHAPITRE VI

Les auxiliaires de l'évolution

Dans chaque règne, l'évolution emploie un certain nombre de forces secondaires, par le jeu desquelles elle se réalise. Dans le règne de l'inorganique, ce sont les forces mêmes qui soutiennent l'existence : les forces mécanique, physique et chimique, avec toutes les lois qui en dérivent ; dans le règne de la vie matérielle ces forces sont : le milieu extérieur ; l'instinct de conservation de l'individu et de l'espèce avec ses conséquences : la lutte pour l'existence, la sélection, la ségrégation et l'émigration, le croisement ; la force de l'individualité avec ses particularités affermies par l'usage et transmises par l'hérédité ; enfin le hasard. Dans le règne de l'esprit, ces dernières forces se retrouvent, par suite de sa liaison plus intime avec celui de la vie matérielle ; mais elles se spécifient davantage ; elles gagnent en étendue ; leur jeu devient plus compliqué, se conformant au règne plus riche auquel elles s'appliquent.

Les forces auxiliaires de l'évolution dans le règne de l'esprit sont :

1. *Le milieu intellectuel*, à la place du milieu matériel qui est réduit au rôle de facteur constant.

2. *L'instinct de conservation* de l'individu et celui de l'espèce avec ses conséquences :
    a) La tendance à l'expansion.
    b) La lutte pour l'existence.
    c) La réaction contre l'action.

3. *La tendance à l'imitation*.

4. La force spéciale de *l'individualité*, qui se combine avec les forces précédentes, pour donner naissance à la vie de l'esprit. Cette force de l'individualité se subdivise en autant d'impulsions

que l'âme humaine contient de mobiles tant intellectuels que moraux et passionnels : l'amour, la haine, la jalousie, la vengeance, l'ambition, le courage, etc., etc.

5. *Le hasard.*

Examinons d'abord la nature de chacune de ces forces en particulier. La relation dans laquelle ces différentes forces se trouvent, tant entre elles qu'avec le grand courant évolutionniste auquel elles viennent en aide, sera étudiée plus tard, lorsque nous nous occuperons des séries historiques (chap. X).

L'ACTION DU MILIEU INTELLECTUEL. — Nous avons observé plus haut, que l'influence du milieu extérieur était un des agents principaux de l'évolution dans le développement de la matière inorganique, comme aussi dans celui de la vie matérielle. Mais cette force qui exerçait une si puissante action sur les transformation de la matière, cesse d'en avoir une sur celles de l'esprit. L'action du milieu extérieur ne possède plus d'influence transformatrice appréciable, même dans le cas où le milieu extérieur change par suite des migrations des peuples[1]. Aussi, n'est-ce pas du milieu extérieur qu'il s'agit, lorsque il est question de l'action de cet élément sur le développement de l'esprit, mais bien du *milieu intérieur,* de l'influence que l'atmosphère intellectuelle exerce sur la marche des idées, sur le maintien ou sur la disparition de certains phénomènes spirituels. Le mode d'action du milieu intellectuel sur les produits de la pensée, est en tout analogue à celui du milieu matériel sur les formes de la vie. Ces dernières ont toujours été conditionnées par l'état de la terre, et, aussitôt que cet état changeait, son changement entraînait celui des êtres qui la peuplaient. Des races entières disparaissaient, d'autres se transformaient pour s'adapter aux nouvelles conditions d'existence, que leur imposaient les modifications intervenues dans l'écorce terrestre ; des types, qui, jusqu'alors, avaient végétés dans un recoin oublié du sol ou des eaux, trouvant dans ces nouvelles conditions un terrain propice à leur développement, prenaient des forces, repoussaient les autres en s'étendant à leurs dépens, les confinant dans des régions de plus en plus restreintes et les forçant finalement à disparaître. C'est ainsi que périssaient continuellement les espèces anciennes qui étaient remplacées par des espèces nouvelles, dont les

1. Ci-dessus, p. 104.

formes se perfectionnaient sans cesse, sous l'impulsion de la force évolutionniste. L'action du milieu favorisait la lutte pour l'existence, ou lui était défavorable, et les diverses formes de la vie qui l'engageaient, triomphaient, ou devaient périr.

Une influence, en tout semblable à celle que les changements du milieu extérieur exerçaient sur les êtres vivants, se produit dans le domaine des faits de l'esprit, par l'action que l'atmosphère intellectuelle exerce sur les formes de la civilisation. Cette action va quelque fois si loin que, tuant l'esprit, elle arrive à tuer même les corps, et a pour conséquence la disparition physique des races humaines.

C'est ainsi que la race océanienne disparaît à vue d'œil, par la mort de ses représentants. Ce ne sont pas tant les maladies, ou l'alcool, qui expliquent son extinction. Cette dernière a une cause bien plus profonde, de nature morale. *Edgard Quinet* observe à ce sujet : « La race océanienne est partout investie et étouffée par un souffle étranger. Elle se voit entourée d'une civilisation qu'elle ne comprend pas, et ne saurait comprendre, car le changement de son état est trop brusque, trop inopiné. Les vaisseaux qui ont surgi tout à coup du fond des eaux, voiles déployées, gonflées de l'esprit moderne, ont apporté sans transition une autre température civile, morale, sociale, un autre âge du monde [1] ». Les Océaniens se sentent exilés dans leur propre patrie, privés de leurs libertés d'autrefois. Comment ne pas dépérir ? Il ne faut pas confondre cette cause d'extinction des races, avec celle qui a sa source dans la lutte pour l'existence proprement dite, et que nous étudierons plus loin. Dans le cas des Océaniens, l'extinction se fait sans aucune lutte, par le simple changement des conditions d'existence. M. *Benjamin Kidd* dit avec raison que « les races les plus faibles disparaissent devant les plus fortes, par le simple effet du contact ; cette extermination n'est pas le résultat nécessaire des guerres cruelles et sauvages, mais bien plutôt celui des lois [2] », et M. *Vianna de Lima* ajoute à ces observations, que « ce triste dépérissement n'est dû qu'à l'incapacité de s'adapter, et de soutenir la compétition avec la race supérieure qui vit et fleurit à côté. Ne pouvant s'assimiler cette civilisation trop élevée qui leur arrive toute faite, les races inférieures succombent promptement, victimes de leur impuissance même. Leur élimination

---

1. *La Création*, I, p. 306.
2. *L'évolution sociale*, trad. Le Monnier. Paris, 1896, p. 46.

définitive a lieu fatalement, sûrement, sans qu'il soit besoin de violence pour les supprimer. Elles meurent de blessures occultes, sous l'influence d'un sarclage silencieux mais meurtrier. Vainement les eût-on mises sous cloche, dit avec raison M. Lefèvre, pour graduer le passage à une atmosphère nouvelle ; elles seraient mortes d'être regardées [1] ». Cette race périt donc par suite du changement du milieu intellectuel dans lequel elle est obligée de vivre. L'atmosphère qu'elle est forcée de respirer, la décompose lentement, mais sûrement.

Si le changement du milieu intellectuel peut arriver à supprimer même les corps, son action sera d'autant plus sentie sur les formes de l'esprit. C'est ainsi que l'art gréco-romain disparut, par suite de la modification intervenue dans le milieu intellectuel, par l'avènement de la religion chrétienne à la domination des consciences. Les formes belles, pleines, nues de l'art antique, ne pouvaient plus subsister dans un état d'esprit qui tendait à détacher l'homme de la vie terrestre, à la lui faire haïr, à lui faire fuir, dans la beauté, l'élément diabolique de la chair ; un état d'esprit où l'idéal était le laid, où l'on se préoccupait très peu de la perfection de la forme, pourvu que l'âme fût élevée vers les cieux par l'idée. Un second exemple nous serait fourni par la disparition de l'institution de la chevalerie du Moyen-âge, par suite de la vie plus régulière, plus organisée des temps modernes.

Mais si dans ces cas, le milieu a pour effet de supprimer certaines formes intellectuelles, le plus souvent les changements du milieu intérieur ont pour effet de transformer seulement les produits de la civilisation, sans les détruire. Ces changements se font au fur et à mesure que se modifie le milieu ambiant. C'est ainsi que la littérature moderne a passé du classicisme au romantisme, par suite du changement dans la direction des idées qui, après la Renaissance, restèrent attachées pour quelque temps à l'Antiquité, pour passer ensuite au Moyen-âge. De nos jours, la prédominance de l'esprit scientifique à donné l'essor au réalisme qui poursuit la vérité aussi dans l'art, souvent aux dépens de la beauté, sans laquelle l'art ne saurait exister. Il en est de même de la monarchie qui, d'absolue, est devenue constitutionnelle ; du droit pénal, qui a dû renoncer aux tortures

---

1. *Exposé sommaire des théories transformistes*, Paris, 1885, p. 223. Cf. Elisée Reclus, *Géogr. universelle*, XIV, p. 931.

et aux peines atroces du Moyen-âge ; de la situation de la noblesse qui, bornée en dernier lieu aux distinctions sociales, voit tous les jours disparaître aussi ces dernières, et tend de plus en plus à se confondre avec le peuple, du sein duquel elle est sortie.

Cette loi de correspondance, entre le milieu intellectuel et les formes de l'esprit, conserve sa valeur à tous les degrés de l'échelle sociale, dans les sphères importantes de la vie de l'intelligence, comme dans les phénomènes individuels, où il s'agit d'un simple accident de la pensée. On pourrait l'étudier dans les institutions religieuses, politiques, sociales, dans le droit, les coutumes, les habitudes, dans les arts, les lettres, les langues, les dialectes, et jusque dans les mots employés par ces derniers et dont l'existence ou la transformation dépend du milieu intellectuel.

Une seule sphère de la pensée échappe à son influence : la vérité. Cette dernière ne saurait être influencée par les changements de l'atmosphère intellectuelle. Sa découverte peut être favorisée ou entravée, par les dispositions de l'esprit d'un peuple ou d'une époque. Mais aussitôt que la vérité a enrichi l'esprit d'une notion puisée à sa source immortelle, elle lui reste acquise pour toujours, et les changements qui se peuvent opérer dans le milieu ne sauraient l'atteindre. Elle seule se soustrait à toute pression, à tout changement, car elle est une et immuable. C'est ainsi que les religions mythologiques et les institutions sociales et politiques des peuples anciens ont disparu ; leurs mœurs et coutumes se sont perdues ; leurs langues n'existent plus qu'à l'état fossile ; leur droit n'est plus appliqué qu'indirectement, tandis que les vérités pratiques et scientifiques qu'ils ont découvertes sont restées debout. Elles ont pu être obscurcies pendant les temps barbares du Moyen âge ; mais elles n'ont jamais pu être anéanties, ni même modifiées par le changement du milieu intellectuel. Il est très naturel que la vérité ne puisse être influencée par le changement du milieu, attendu qu'elle constitue un des principes même de l'évolution intellectuelle. Elle prédomine sur toutes les forces auxiliaires que l'évolution emploie pour se frayer la route et ne saurait être dominée par aucune. On pourrait donc formuler de la façon suivante la loi de l'action du milieu intellectuel :

Il y a toujours une correspondance entre les faits intellectuels et l'état général des esprits, loi qui a comme corollaire : *que le changement du milieu entraîne toujours un changement dans les formes de la vie de l'esprit. La vérité seule n'y est pas sujette.*

Cette loi est de la plus grande importance en histoire. C'est, basé sur elle, que l'historien reconstruit avec des débris, tout un corps, un monde entier. Comme le dit E. Quinet : « Sous combien de formes tronquées se présente le passé du monde civil ? Que de sociétés, que d'époques qui n'ont laissé d'elles qu'un fragment ! Il n'arrive jamais que l'historien ait affaire à un corps complet, à moins qu'il ne s'agisse de la société contemporaine ; et encore là il ne possède qu'un commencement, qu'un embryon. Le plus souvent il n'a sous les yeux que les idées, et c'est par elles qu'il lui faut découvrir les évènements ; ou bien c'est le contraire : les faits ont survécu, il faut en déduire les idées. Pour refaire le tout avec une partie comment s'y prend l'historien ? Il part de l'idée, souvent inconsciente, que les éléments d'une société concourent à un même but, que le même esprit doit se retrouver dans chaque individu, ce qui permet à l'historien de saisir le général dans le particulier, le particulier dans le général, et quand il a atteint cette vue, le moindre détail lui représente l'ensemble [1] ».

Cette loi de l'unité de composition des états d'esprit constitue un des principes de l'histoire. Sans elle, il ne serait pas possible à l'historien de s'aventurer sur l'océan des âges, attendu que l'histoire ne se présente partout que par fragments, et que notre esprit exige, autant que possible, sa reconstitution entière.

Il va sans dire que le milieu n'explique rien par lui-même, ni sans les éléments, les faits historiques, sur lesquels il agit. Le milieu est un agent de transformation, il faut donc qu'il y ait quelque chose à transformer. Sans cette qualité créatrice, le développement serait lettre close. Le milieu exerce seulement une action modificatrice, sans attaquer l'essence même des faits intellectuels ; car sans cela nous demanderions avec M. *Pasquale Villari* : « Comment se fait-il que dans le même siècle, dans la même société, il y ait de la place pour toutes sortes de caractères, pour des héros, comme pour des assassins qui tous sont, de la même façon, un produit de leur époque, qui sont tous nés et ont été élevés dans le même milieu [2] » ?

Mais par quoi est-il donc constitué ce milieu intellectuel ? Ce n'est qu'une combinaison, qu'un résultat de toutes les manifestations de la vie de l'esprit : mœurs, religion, institutions politiques et sociales, littérature, droit, morale, arts et sciences. Ces différentes

---

1. *La Création*, II, p. 164.
2. La storia e una scienza, trad. allemande par Laevisohn, Berlin, 1892, p. 54.

manifestations intellectuelles se conditionnent les unes les autres. A de certaines époques, l'une d'elles prend le dessus et détermine des changements dans toutes les autres. Par exemple, du temps de Jésus-Christ, ce fut la constitution sociale de l'empire romain qui favorisa l'expansion de sa doctrine. C'était cette constitution sociale, et la pauvreté qui en était la suite, qui ouvrit une large voie à la religion des pauvres et des deshérités. C'était donc l'état social qui déterminait à cette époque le caractère du milieu intellectuel. La religion chrétienne, arrivant à son tour à dominer les esprits, ce fut elle qui donna le ton au milieu intellectuel et fit subir son influence à toutes les autres manifestations de l'esprit. La littérature, les arts, les mœurs, plus tard la constitution politique des sociétés et même leur constitution sociale qui avait pourtant servi de milieu, lors de l'extension du Christianisme, furent transformés par cette même religion, devenue milieu intellectuel. Avec la Renaissance, la religion chrétienne descend au rôle de simple élément composant du milieu, tandis que le caractère fondamental de l'atmosphère intellectuelle est donné par le courant littéraire, artistique et scientifique qui prend le dessus. Que de fois ce sont les exemples donnés par des individus, ou les directions qu'ils impriment à la marche des idées, qui changent, au moins pour quelque temps, le caractère du milieu ? C'est ainsi que les Stuarts exercèrent, par leur conduite désordonnée, une influence démoralisatrice sur la société anglaise de leur temps, et inspirèrent, par l'atmosphère de corruption qui les entourait, la littérature de leur époque. L'influence de Fichte, de Schelling et de Hegel changea en Allemagne le caractère de toutes les manifestations intellectuelles ; il en fut de même en France, par le milieu créé par les écrits de Montesquieu, de Voltaire et de Rousseau, ou par la domination de Napoléon.

L'INSTINCT DE CONSERVATION. — Ce puissant instinct qui apparaît, aussitôt que l'existence revêt une forme individuelle, se manifeste par trois forces qui partent de la même origine, comme trois branches d'un même tronc. L'instinct de la conservation de l'existence pousse les individus — et sous ce terme nous entendons aussi les individualités plus étendues, comme les espèces, les races, les peuples, les religions, les sectes, les partis politiques, les écoles, etc., en un mot tout ce qui possède une vie particulière — à étendre leur être, autant que le permettent les circonstances au milieu desquelles ils vivent, pour affirmer leur existence le plus solidement possible. Cette tendance constitue la *force de l'expansion*. Lorsque les êtres sont obligés, pour pouvoir vivre, de se disputer les moyens d'existence, alors intervient la *lutte pour l'existence*. Et cette dernière, lorsqu'elle se prolonge par des alternatives de succès et de revers, de la part des éléments qui l'ont engagée, donne naissance à la *réaction contre l'action*.

a) *L'expansion.* — Tout être vivant tend à assurer son existence, et pour le faire, il doit mettre à contribution la nature environnante. Cette dernière fournit de quoi satisfaire à ses besoins. Il y a pourtant une grande différence entre la manière dont les animaux procèdent pour y arriver, et celle qui est mise en œuvre par les hommes.

Les animaux ne prennent que ce que la nature leur offre de son plein gré, et on ne saurait trouver chez eux une tendance à faire servir à leurs besoins les forces de la nature. Les herbivores se nourrissent de plantes, les carnivores d'autres animaux ; les uns et les autres cherchent des abris contre les intempéries ; quelques-uns émigrent pour fuir le froid. Pour s'emparer de leur nourriture, les animaux n'emploient que leur propre force musculaire, doublée quelquefois de certains moyens intellectuels, comme par exemple, lorsque le chat guette la souris, ou quand le renard fait le mort pour attraper sa proie. Les animaux sont incapables de forcer la nature à subvenir à leurs besoins, en utilisant ses forces. Dans le monde de l'animalité, la recherche de la nourriture conduit à la lutte pour l'existence, tant à celle des races étrangères entre elles et dont les unes sont destinées à servir de pâture aux autres, qu'à celle des individus de même race, pour accaparer les moyens de subsistance. La lutte pour l'existence, dans le sens de la concurrence, existe bien aussi dans le sein de l'humanité, mais elle est de beaucoup mitigée, par le moyen que l'homme possède de soumettre, *toujours davantage*, la nature à ses besoins, et de la forcer de lui livrer les matériaux nécessaires à son existence. Le progrès de l'humanité tend précisément à amoindrir la concurrence entre les individus humains, et à remplacer la lutte pour l'existence entre les hommes par leur domination sur la nature. Ainsi, par exemple, si la chimie arrivait à produire les corps alimentaires, par la combinaison de leurs éléments, il est évident que les besoins de l'humanité seraient bien plus facilement satisfaits.

Les animaux sont toujours dans le même rapport avec les moyens de subsistance que la nature leur procure. L'homme force au contraire cette dernière à lui en procurer tous les jours de nouveaux. Tandis que les animaux ne jouissent que d'une quantité constante de force dans la domination de la nature, celle dont l'homme dispose croit continuellement. La force humaine s'étend donc continuellement aux dépens de la nature. On pourrait parler, dans ce sens, de la force d'expansion dont est doué l'être humain. Mais cette expansion est, comme nous l'avons vu, un des grands moteurs du progrès et de l'évolution en général, et à ce point de vue, la force de l'expansion se confond avec celle de l'évolution. La force de l'expansion proprement dite, comme auxiliaire de l'évolution, doit être cherchée ailleurs.

Nous entendons sous le terme de *force d'expansion* la tendance des hommes à étendre leur domination sur *leurs semblables*. Cette tendance est particulière à l'être humain, et ne se retrouve chez les animaux qu'à un degré tout à fait rudimentaire. S'il existe certains animaux qui en emploient d'autres pour subvenir à leurs besoins, ces derniers sont, ou d'une autre espèce, ou bien constitués de telle sorte, qu'ils sont destinés par la nature même à cette position subalterne, et non, comme cela arrive dans le règne de l'humanité, par suite d'une action voulue et consciente des éléments dominants sur des êtres de la même espèce. Telles les fourmis et les abeilles ouvrières d'une part, et de l'autre les pucerons qui servent de « vaches à lait » à certaines espèces de fourmis. Cette domination que certains animaux exercent sur d'autres, pour assurer leur existence, n'est dans tous les cas que la première étape de la force de l'expansion, telle qu'elle se trouve chez les hommes.

Il ne faut pas, se laissant tromper par certaines apparences, croire que les animaux se soumettraient à un supérieur et reconnaîtraient son autorité, ce qui constituerait sans contredit une expansion de l'animal-chef aux dépens de son troupeau. Les buffles, les antilopes, les bisons, les chiens sauvages, qui vivent par bandes, obéissent presque toujours à un individu particulièrement doué qui les conduit, organise la chasse ou la défense, guide les migrations. Mais ce chef ne tire aucun profit de sa situation. Son autorité n'est pas établie par ses propres ressources, mais bien seulement parce que les autres animaux reconnaissent sa supériorité en force, en capacité ou en agilité, et se soumettent à sa direction. Ce n'est pas le chef qui impose son autorité, mais bien le troupeau qui la reconnait, et cela seulement dans son propre intérêt, et nullement dans celui de son directeur. Il en est tout autrement chez les hommes, où le chef de la tribu impose son autorité *et l'exploite à son avantage*, en obligeant les individus qui lui sont soumis, à lui rendre certains services. C'est cette tendance, cette force qui poursuit la soumission de certains individus humains à l'autorité de certains autres, que nous désignons par *force de l'expansion*, et dans ce sens, c'est une des forces les plus considérables de l'histoire.

Cette force de l'expansion peut se manifester d'abord d'une façon pacifique, sans provoquer de résistance, et sans donner naissance à la lutte pour l'existence. C'est ainsi qu'une aristocratie se détache avec le temps du sein d'une population, et accapare peu à peu des droits et des privilèges. La position qu'elle acquiert étant l'œuvre du temps, et les prérogatives dont elle s'entoure, ne prenant naissance qu'au fur et à mesure, l'usurpation de l'autorité se fait d'une façon insensible, et le plus souvent sans provoquer de résistance de la part de ceux qui en sont les victimes. Ce n'est que lorsque le peuple, devenu conscient de ses droits, veut les reprendre, qu'une lutte est nécessaire pour ravir aux usurpateurs les prérogatives qu'ils se sont attribuées. Il en est de même de l'établissement du pouvoir monarchique qui s'empare aussi successivement et d'une façon insensible de l'autorité absolue. Comme autres exemples d'expansion pacifique, citons la colonisation phénicienne, celle des Carthaginois et celle des Grecs, l'extension du commerce des républiques italiennes du Moyen-âge, etc.

Une des voies les plus habituelles, que l'expansion pacifique suit pour se réaliser, est celle de l'imitation ; lorsqu'une institution, une coutume, une langue sont adoptées par d'autres organismes que ceux qui leur ont donné naissance, et que cette adoption se fait volontairement, sans contrainte ou violence. Cette forme de l'expansion sera implicitement étudiée plus loin, lorsque nous nous occuperons de la force de l'imitation.

Mais l'expansion rencontre souvent des obstacles qu'elle doit vaincre, et alors les éléments qui se rencontrent engagent la lutte pour l'existence qui prend en ce cas le caractère d'une force particulière. Avant de passer à l'examen de cette dernière, établissons quels sont les modes généraux de procéder de l'expansion sous toutes ses formes.

L'expansion peut s'étendre davantage dans l'espace ou dans le temps, ou bien encore dans les deux à la fois. C'est ainsi que l'expension de la puissance de Charlemagne fut grande comme espace, mais de courte durée ; que le peuple hébreu fut toujours peu nombreux, donc occupa un petit espace ; mais il traversa une longue suite de siècles ; que le christianisme au contraire se distingua par une puissante expansion dans l'espace comme dans le temps.

L'expansion est donc extensive ou intensive, ou bien réunit à la fois les deux qualités. La plus faible est celle qui ne triomphe que de l'espace ; plus puissante est celle qui résiste au temps ; la plus forte de toutes est celle qui prédomine dans les deux éléments.

L'expansion suit le même mode de propagation que l'évolution en général. Elle procède aussi par vagues qui avancent ou reculent ; mais tant que dure la force d'expansion d'un élément, la vague progressive l'emporte toujours sur la vague regressive. C'est le contraire qui arrive, lorsque la force de l'expansion décroit. Le flux et le reflux de l'expansion constitue à son tour les vagues dont se compose l'évolution qui, pourtant, ainsi que nous l'avons vu, avance toujours.

Quelquefois les ondes progressives de l'expansion concordent avec celles de même caractère de l'évolution ; par exemple l'expansion du commerce des républiques italiennes, qui créa le milieu riche et prospère au sein duquel put se développer la Renaissance. D'autres fois les ondes progressives de l'expansion contrecarrent et entravent la marche de l'évolution. C'est ainsi que Charlemagne, avec ses efforts pour restaurer l'absolutisme romain, s'oppose, pour la durée de sa vie et pour une étendue considérable de territoire, à l'évolution qui gravitait vers la décomposition de l'idée de l'état.

Enfin, la sphère d'expansion d'un élément dépendra toujours de la force dont il est doué, et servira à la mesurer. Cette force lui sera communiquée par la force fondamentale de l'évolution. Lorsque l'évolution pousse à la manifestation, l'expansion d'un élément qui s'oppose au progrès, l'évolution recule.

On pourrait formuler ces différents principes dans les propositions suivantes : *L'expansion est d'autant plus puissante qu'elle s'étend davantage dans l'espace et surtout dans le temps. L'expansion procède, comme l'évolution par vagues progressives et regressives. Ces vagues ne concordent pas toujours avec celles de même nature de l'évolution.*

b) *La lutte pour l'existence.* — Nous avons vu que lorsque

l'expansion d'un élément rencontre une résistance, il s'efforce de la briser ; alors prend naissance la lutte pour l'existence.

Le passage de l'expansion pacifique à celle qui s'accomplit par le moyen du combat, s'opère d'une façon insensible ; car la lutte pour l'existence se manifeste entre les éléments, à des degrés très divers d'intensité. Elle commence par une simple opposition, facilement écartée par l'élément envahisseur, pour culminer dans les alternatives des succès et des revers, déterminées par la réaction de l'élément absorbé. Ainsi, par exemple, l'expansion de l'influence française chez les Roumains ne rencontra presque pas de résistance, et envahit toute la classe cultivée de la société, en soulevant seulement d'insignifiantes protestations de la part de quelques nationalistes. Au contraire, l'infiltration de l'élément grec chez le même peuple, ne se fit pas sans luttes ni révolutions qui s'affaiblirent peu à peu, jusqu'à ce que cet élément devint prépondérant, avec l'époque phanariote. Il en est de même de l'expansion des idées anglaises en France au siècle dernier, qui eut lieu sans éveiller d'abord aucune opposition, mais qui, bientôt, s'attaquant à l'état social existant, provoqua une lutte pour l'existence qui culmina dans les péripéties sanglantes de la Révolution française.

La lutte pour l'existence deviendra donc d'autant plus aiguë entre les formations intellectuelles, que leur antagonisme sera plus prononcé.

On ne saurait parler que par analogie, et d'une façon figurée, d'une lutte pour l'existence, dans les formations générales de la matière brute, et nous ne saurions admettre avec M. *de Lanessan*, que les cristaux de sel luttent pour l'existence contre l'action dissolvante de l'eau, et que les rochers luttent pour l'existence contre les vagues de la mer[1]. La lutte pour l'existence ne peut avoir lieu qu'entre les formes individuelles.

Dans le règne de la vie matérielle, nous avons vu que cette lutte s'engage d'abord contre la nature environnante, dans laquelle sont comprises les espèces qui doivent servir de pâture à d'autres. En second lieu, ces êtres engageront une lutte entre eux-mêmes, pour monopoliser, autant que possible au profit de chacun d'eux, la proie que la première forme de la lutte offre comme prix de leurs efforts.

---

1. *Le Transformisme*, Paris, 1883, p. 425. Cf. J. Nowicoff, *La lutte entre les sociétés humaines*, Paris, 1896, p. 2. M. Lilienfeld, *Gedanken über die Socialwissenschaft der Zukunft*, II, Mitau, 1875, p. 50, dit aussi que « la lutte pour l'existence est valable pour la nature entière, et n'est pas une loi limitée seulement au règne organique ».

Tandis que la dernière forme de la lutte pour l'existence, celle qui se livre entre les individus de même espèce, dépendra surtout de l'adaptation de ces individus au milieu environnant, la première forme de cette lutte, celle qui se passe entre espèces différentes sera déterminée tout d'abord dans ses résultats, par les qualités des individualités qui l'engagent.

Examinons d'abord la lutte entre les individus de même espèce. « Les variations individuelles plus ou moins importantes tendront à se fixer, à se développer, à se transmettre aux descendants, si elles sont avantageuses pour l'individu [1] et pour l'espèce. Dans le cas contraire, si elles ne fournissent pas quelque aptitude de survivance suffisante, elles sont élaguées, éliminées, ou bien alors, les êtres chez lesquels elles se sont produites succomberont promptement dans la lutte [2] ». La concurrence des individus de même espèce, dans le domaine de la vie matérielle, aura donc pour résultat de faire triompher les plus forts, ou selon une expression plus exacte de *Herbert Spencer*, les plus aptes qui seuls survivent et peuvent faire souche. Cette souche, favorisée par le milieu qui a protégé ses premiers développements, formera avec le temps une nouvelle espèce.

Les choses se passent d'une façon analogue dans les sociétés humaines. C'est par la même voie qu'une tribu arrive à la domination d'une nation entière, l'emportant sur les autres, grâce à certaines qualités particulières qui correspondent mieux aux conditions d'existence du monde de son temps. Il en est de même d'une religion, qui en refoule d'autres et s'étend à leur place ; d'une école artistique littéraire, d'une coutume, d'une habitude d'une mode, d'un simple mot. Pour rapporter les paroles de *Bagehot* : « un caractère national n'est qu'un caractère local qui a fait fortune, exactement comme la langue nationale n'est qu'un dialecte qui a fait fortune, c'est-à-dire le dialecte d'un district qui est devenu plus influent que les autres et qui a imposé son joug aux livres et à la société [3] ». C'est ainsi que les Latins, et parmi eux la tribu des Romains, se sont emparés de la puissance, en Italie d'abord, dans le monde ensuite. En Gaule, ce furent les Francs qui arrivèrent à la prédominance. Chez les Slaves, ce furent les Grand-Russiens. Parmi les dialectes italiens, ce fut le Toscan qui l'emporta ; parmi ceux des peuples germains, celui de la Saxe ; en

---
1. C'est-à-dire si ces variations s'adaptent au milieu où les individus vivent.
2. Vianna de Lima, *Exposé sommaire des théories transformistes*, p. 167.
3. *Lois scientifiques du développement des nations*, Paris, 1877, p. 40.

France, ce fut la langue d'oil et ainsi de suite. Dans la sphère de la religion, rappelons le triomphe des doctrines protestantes sur le Catholiscisme, dans quelques pays de l'Europe qui présentaient des conditions favorables à leur extension. Dans la littérature et les arts, il est incontestable que, de nos temps, c'est la direction réaliste qui a prédominé, grâce au milieu, et malgré son infériorité patente comme manifestation du beau.

Il faut pourtant observer, que la concurrence entre les individus de même espèce n'a pas toujours pour résultat de créer des formes nouvelles qui sont destinées à vivre et à se développer. Le combat entre les individus n'a par lui-même d'autre effet, que celui de faire disparaître les éléments moins bien adaptés au milieu ; il n'amène qu'un résultat négatif, sans donner naissance à de nouvelles formes de la vie ou de l'esprit. Que de végétaux ou d'animaux périssent, parcequ'ils ne sont pas aussi bien doués que leurs congénères, et ne peuvent soutenir leur concurrence dans la lutte pour la vie ! Et parmi les hommes, combien d'individus ne sont-ils pas voués à l'indigence ou à la mort par la même raison ! Dans ces cas, la lutte pour l'existence ne fait que faucher les individus moins aptes, sans créer aucune forme nouvelle. Pour que la concurrence vitale entre les individus de même espèce, produise un résultat appréciable pour l'évolution, il faut absolument que les éléments vainqueurs ne se représentent pas seulement eux-mêmes, mais qu'ils soient aussi les représentants de formes générales (organismes ou idées). Ce n'est que lorsque les existences individuelles ont été sacrifiées au profit de formations génériques, que ces dernières persistent et procurent des éléments à l'évolution. Dans le règne de la vie matérielle, ce sont les caractères généraux des genres et des espèces qui persistent, tandis que les individus périssent sans laisser de traces. Dans le monde de l'esprit, ce sont, comme nous l'avons vu, les idées générales qui seules survivent et durent, reliant le temps passé au présent et ce dernier à l'avenir.

La première forme de la lutte pour l'existence dans le domaine de la vie, la concurrence des individus de même espèce, a donc pour résultat, dans le domaine de l'esprit, la création de nouvelles formes générales intellectuelles qui font avancer le développement de l'esprit.

Passons maintenant à la seconde forme de la lutte pour l'existence, la guerre entre espèces ennemies. Cette dernière forme, quoique dépendante elle aussi de l'action du milieu, s'en détache toujours davantage, suivant que les êtres qui luttent entr'eux s'élèvent sur l'échelle de la vie. Le milieu peut favoriser le développement d'une espèce et entraver celui d'une autre, affaiblir cette dernière et la livrer plus facilement en pâture à la première. Mais le triomphe sera toujours réservé aux qualités intrinsèques de l'espèce, à sa nature intime, à sa force, aux armes et à l'intelligence dont elle dispose. Cette forme de la lutte pour l'existence, précisément parce qu'elle dépend davantage de l'élément individuel, devra présenter, dans le domaine de l'esprit, un caractère tout autre que dans celui de la vie matérielle, attendu que l'individualisme s'accentue à mesure que l'on remonte l'échelle des êtres et acquiert son plus haut développement dans le domaine de l'esprit. Ici, la guerre entre les espèces ennemies possède une importance considérable.

Il faut en effet observer d'abord, qu'en ce qui concerne les hommes, il ne saurait être question, à proprement parler, de guerre entre espèces différentes, attendu que tout le genre humain ne constitue qu'une seule espèce, séparée en peuplades, en nationalités, donc en groupes distincts, mais qui peuvent tous procréer ensemble.

Une seconde observation tout aussi importante, est que dans la lutte entre les sociétés humaines, c'est toujours l'élément principal de l'être, la pensée, l'élément intellectuel, qui fait pencher la balance vers la victoire. « Si les populations nord-américaines n'ont eu qu'à pousser devant elles, pour faire disparaître les Peaux-Rouges, et se mettre à leur place, l'explication de ce triomphe de la race anglo-saxonne sur la race aborigène des États-Unis, est que la première était de beaucoup supérieure à la race autochtone, en civilisation, donc en force intellectuelle et par suite en force matérielle, par le moyen de l'asservissement de la nature [1] ». Comme le dit très bien *Victor Cousin* : « dans une guerre, chaque peuple représente une idée et, dans le choc, l'idée qui sera la plus faible sera détruite par l'idée la plus forte [2] ». M. *Hinneberg* répète aussi la même pensée, lorsqu'il dit que « partout ceux qui sont les plus forts par la pensée, l'emportent sur ceux qui sont les plus faibles [3] », et M. *René Worms* ajoute que « le facteur psychologique est le plus considérable de tous. Déjà dans les

---
1. Cf. Elysée Reclus, *Géogr. universelle*, XVI, p. 104.
2. *Introduction à l'histoire de la philosophie*, p. 189.
3. *Die Philosophischen Grundlagen der Geschichtswissenschaft* dans l'*Historiche Zeitschrift* de Sybel, 63 (1889), p. 23.

luttes entre individus vivants, on voit des êtres plus petits l'emporter sur de beaucoup plus volumineux, grâce à des qualités essentiellement mentales : l'adresse, le courage, la ruse. Il en est de même, a *fortiori*, dans les luttes entre sociétés humaines. Ici, les qualités intellectuelles et morales sont incontestablement les plus précieuses. A la guerre, c'est le courage des combattants, leur discipline, leur patriotisme, et aussi la science et l'habileté tactique des chefs, qui décident de la victoire ; dans les luttes industrielles, c'est l'ingéniosité de l'invention, la hardiesse et l'esprit pratique du chef d'entreprise, l'énergie et le zèle de ses ouvriers, qui font le succès ; dans les luttes diplomatiques, tout est affaire de tact ou d'audace ; dans les luttes de civilisation, c'est le degré de perfection d'une doctrine, ou d'une langue, qui assure son expansion [1] ».

Le combat entre les groupes humains rivaux se faisant dans un but de domination, un groupe ne tendra presque jamais à la destruction physique de l'autre, mais seulement à sa soumission, à son asservissement. Mais la coexistence, dans un habitat commun, de deux groupes de la même espèce qui peuvent procréer ensemble, aura pour effet le croisement des vainqueurs avec les vaincus, croisement qui donnera naissance à des éléments ethniques nouveaux, et changera l'une des bases constantes de l'histoire, l'élément de la race.

La lutte pour l'existence entre espèces animales, n'a plus aujourd'hui aucune influence transformatrice, les espèces s'étant fixées avec la fixation du milieu extérieur. La destruction n'a pas d'autre but, que d'assouvir les besoins de la vie. Les vautours dévorent partout les lièvres et les oiseaux moins forts qu'eux ; les chats font une guerre continuelle aux rats, aux souris, aux mulots ; les moineaux et les hirondelles détruisent les insectes ; les lichens et les autres parasites tuent les grands arbres ; les vers de terre coupent les racines d'une foule de plantes et les font périr. La nature semble avoir voué à l'extermination les produits de sa propre et incomparable fécondité ; elle crée toujours et elle tue toujours. Dans la vie, comme dans la mort, sa puissance est merveilleuse, infinie. Mais cette tuerie épouvantable des êtres, à quelle forme nouvelle de l'existence donne-t-elle lieu *de nos jours* ? A aucune. Elle sert, comme nous l'avons déjà fait observer, à nettoyer la place, pour la laisser libre et recevoir le trop plein de l'existence.

---

1. *Organisme et société*, Paris, 1896, p. 275.

En est-il de même de la lutte entre les éléments intellectuels ? Entre les sociétés, rarement le combat fait disparaître l'un des champions ; le plus souvent il fait fleurir sur la tombe des morts une vie nouvelle, incorpore l'idée humaine dans une nouvelle combinaison de forces intellectuelles, dans une nouvelle individualité ethnique. Lorsque le combat se livre entre les idées politiques, sociales, religieuses, littéraires, artistiques, philosophiques, le résultat de la lutte est aussi dans ce cas, très rarement, l'anéantissement d'une idée aux dépens d'une autre. Le plus souvent les idées, tout en se combattant, se mêlent et donnent le jour à une forme nouvelle de la pensée. C'est ainsi que la lutte entre le christianisme et le paganisme, qui d'un côté anéantit l'art antique, eut d'autre part pour résultat, d'infiltrer dans la nouvelle religion la conception polythéiste de la divinité, représentée par le nombre considérable de saints, de saintes, d'apôtres et de martyrs, auxquels l'Église rend les honneurs divins, et que le public adore tout autant, quelquefois même plus fervemment, que la Trinité chrétienne. La lutte entre le protestantisme et l'église romaine, eut pour effet de transformer cette dernière, et de lui faire adopter plusieurs doctrines patronnées par la secte nouvelle, entr'autres le sermon en langue nationale et non plus en latin. Un dialecte vainqueur emprunte toujours à ceux qu'il repousse, bon nombre de mots et de locutions, etc., etc.

Enfin la lutte s'engage souvent entre les idées nouvelles et les formes de la vie dominées par les idées anciennes. Les idées nouvelles veulent supplanter dans les consciences les idées dominantes, pour arriver à transformer l'état réel de la société, conformément aux nouvelles conceptions. La lutte s'engage sur le terrain des idées, pour transformer les institutions qui en dépendent, les croyances, les formes du gouvernement, le goût public, en un mot, les formes de la vie elle-même. La lutte ne cesse que lorsque l'harmonie a été établie entre les idées nouvelles et les formes de la vie, c'est-à-dire, lorsqu'un accord est intervenu entre ces deux éléments. Le processus qui conduit à cet accord peut être très long, très accidenté, plein des péripéties les plus douloureuses. Il présente assez souvent des alternatives de victoires et de revers, des hauts et des bas (action et réaction), jusqu'à ce que l'idée nouvelle reste maîtresse du terrain. Mais elle n'a pas plus tôt pris possession des consciences, qu'une nouvelle idée vient lui en disputer l'empire.

La seconde forme de la lutte pour l'existence, dans le domaine de l'esprit, a aussi pour résultat la création d'éléments intellectuels nouveaux.

Nous pouvons donc formuler les lois suivantes, relatives à l'action de la lutte pour l'existence :

1) *Elle a pour conséquence la mort de l'élément vaincu, lorsqu'il ne peut être assimilé par l'élément vainqueur.*

2) *Elle donne naissance à de nouveaux produits intellectuels, lorsque les éléments entre lesquels elle se livre, peuvent entrer en combinaison.*

c) *La réaction contre l'action.* — La lutte pour l'existence, dans la forme qu'elle revêt dans le règne de l'esprit, a comme corollaire une autre loi, qui joue un rôle très important dans le développement des sociétés humaines. Cette loi est celle de la réaction contre l'action, qui peut être formulée de la façon suivante : *Toute action exercée contre un organisme intellectuel, provoque un mouvement en sens contraire, destiné à repousser ou à neutraliser les effets de la première.*

Les rudiments de cette loi s'observent déjà dans le règne de la vie matérielle, où toute atteinte portée à un corps vivant, si elle ne le détruit pas, amène une réaction intérieure qui tend à réparer le mal qui lui a été fait. C'est ainsi qu'une entaille faite à un arbre, est bien vite remplie par des tissus nouveaux, reconstitués par la sève qui afflue en plus grande quantité à l'endroit blessé. Il en est de même de la plaie faite à un animal. Cette résistance de la vie contre les éléments qui tendent à la détruire, se manifeste aussi dans la vie collective des êtres. Après une grande mortalité, il y a toujours une recrudescence de natalité qui tend à remplir les vides faits par la mort.

La réaction qui tend à neutraliser les effets délétères, causés par une attaque contre l'organisme, sera toujours proportionnelle à l'énergie vitale de l'individu attaqué. Si l'organisme est fort, et si l'attaque est faible, la réaction sera immédiate et puissante. Il y aura lutte entre la vie et la mort, lorsque l'attaque aura atteint les limites de la résistance possible. Il y aura par contre déclin, aussitôt que cette limite sera dépassée. La réaction, dans ce dernier cas, sera d'autant plus faible, que la disproportion entre l'attaque et la force de résistance sera plus grande. Nous pensons donc que pour les phénomènes de la vie, tant physiques qu'intellectuels, on ne saurait appliquer le principe mécanique formulé par *Newton*, que la réaction est égale ou équivalente à l'action, et qu'*Auguste Comte* se trompe, lorsqu'il reconnaît que ce principe s'applique « à toute économie naturelle [1] ». Il est bien plus conforme à la vérité de soutenir, avec M. Benloew, que « rien n'est plus erroné comme l'axiome, que la réaction est égale à l'action et réciproquement. Action et réaction ne représentent que les péripéties du combat entre deux éléments rivaux, et il est vrai de dire, qu'en général, c'est l'action qui l'emporte [2] ».

La conservation de la vie étant la tendance universelle de tous les organismes vivants, il s'en suit qu'il ne saurait y avoir de réaction que dans le but de garantir l'existence. Par conséquent, toutes les forces qui contribueront à affermir, à consolider la vie, ne provoqueront aucune espèce de réaction.

La vie s'incorpore dans des existences individuelles, et les forces rivales qui veulent s'entre détruire, sont assez souvent représentées par ces individus eux-mêmes. Dans ce cas, l'action et la réaction seront représentées par les individus qui ont engagé la lutte pour l'existence. Mais tandis que, dans le règne de la vie matérielle, cette lutte ne peut se produire qu'entre les individus singuliers, dans le domaine de l'esprit ce sont souvent les idées générales objectives qui entreront en lice : un parti politique contre un autre, une secte religieuse contre sa rivale, une école artistique ou littéraire contre des écoles antagonistes. Tant que les éléments qui soutiennent la lutte ne seront pas mis hors de combat, il pourra toujours se produire une réaction en leur faveur, d'autant plus que celui qui a remporté la première victoire a dû faiblir par le fait même de son triomphe. C'est ainsi qu'après la grande Révolution française, l'idée monarchique qui n'était pas morte, malgré le coup terrible qui lui avait été porté, ne s'en releva pas moins, et conduisit d'abord à l'Empire, puis à la Restauration. Après un second choc, elle revint de nouveau, mais affaiblie, dans la personne de Louis-Philippe, et lorsque la révolution de 1848 vint derechef la renverser, elle essaya de se relever pour la troisième fois, mais sous une forme encore différente, le second Empire, qui rappelait à la France de glorieux souvenirs. Après 1870, l'idée monarchique fut, nous le croyons, définitivement renversée en France. Elle avait perdu toute sa force de résistance ; la réaction n'était plus possible ; elle alla s'ensevelir dans la tombe.

1. *Cours de philosophie positive*, I, p. 796.
2. *Les lois de l'histoire*, Paris, 1883, p. 362.

Il ne faut pas confondre la réaction d'une forme attaquée qui veut encore vivre, avec l'évolution d'une société, déterminée par le changement du milieu, quoique les résultats auxquels aboutissent ces deux modes de développement puissent être analogues. On a toujours comparé Napoléon à César, et le grand Corse aimait lui-même à prendre les allures du dictateur romain. Pourtant rien de plus différent que le piédestal sur lequel s'éleva leur puissance, à tant d'égards si semblable.

César n'était que le terme fatal, vers lequel gravitait l'évolution d'une société qui ne pouvait plus pratiquer la liberté et avait besoin d'un maître. Il était le couronnement nécessaire du développement de la république romaine. La preuve en est que, lui mort, il fut remplacé par Auguste, puis par Tibère ; et si ces premiers continuateurs de son système avaient quelque talent, il ne faut pas oublier qu'ils eurent pour successeurs des fous comme Calligula, des idiots comme Claude et des saltimbanques comme Néron. La société romaine les supporta tous, parcequ'elle était mûre pour l'absolutisme. En fut-il de même en France, et le césarisme de Napoléon revêt-il le même caractère que celui du Romain ? Pas le moins du monde. Il disparait avec Napoléon, et la société française, après quelques oscillations, arrive à réaliser le but suprême auquel avait tendu sa grande révolution, le gouvernement du peuple par lui-même. César signifie, pour les Romains, le passage de la république à la monarchie absolue ; Napoléon, chez les Français, marque la première étape du passage de la monarchie absolue à la forme républicaine du gouvernement. Ils signifient donc, dans le développement, des directions diamétralement opposées, dues à des forces complètement différentes : César à l'action du milieu ; Napoléon comme facteur de la réaction, au moins en ce qui concerne l'idée monarchique.

La loi qui régit donc cette force est que *la réaction est en proportion inverse de l'action*.

L'IMITATION. — Une autre force qui constitue un des rouages de l'évolution, et notamment de l'évolution mentale de l'homme, ou de l'histoire, c'est l'imitation. Cette force se retrouve en germe dans le règne de la vie matérielle. Chaque espèce, chaque variété d'animaux possède des mœurs, des aptitudes, des dispositions semblables qui se manifestent par des mouvements similaires. Si une partie de ces mouvements dérive de la constitution physique des individus, l'autre est due à l'imitation, figée bien souvent dans la vie inconsciente de l'instinct. Dans le domaine de l'esprit, cette disposition tend à s'étendre d'autant plus, que la vie inconsciente est remplacée par la vie consciente, l'instinct par l'intelligence, la volonté automatique par la volonté spontanée. Voilà pourquoi, chez les êtres les plus rapprochés du genre humain, les quadrumanes, nous trouvons cette tendance à l'imitation bien plus prononcée que chez les autres animaux ; elle s'applique surtout à imiter les actions humaines. Plus un animal est haut placé dans l'échelle des êtres, plus il manifestera de dispositions pour l'imitation spontanée. L'observation de M. *Gustave le Bon* que « l'imitation par voie de contagion, est une faculté dont les hommes sont généralement doués, à un aussi haut degré que les grands singes anthropoïdes, que la science leur assigne pour ancêtres [1] », pour être quelque peu ironique, n'en est pas plus juste. Ce ne sont pas les hommes qui ressemblent aux singes par la prédisposition à imiter, mais, bien au contraire, ce qui rapproche peut-être moralement le plus les quadrumanes des bimanes, c'est précisément leur faculté d'imiter.

M. *Tarde* donne à l'imitation un rôle prépondérant dans le développement des sociétés. Il en fait la force principale, on pourrait presque dire la force unique de l'histoire. Il reconnait bien à côté d'elle l'existence d'une autre force, celle de l'invention, mais comme l'action de cette force est imprévoyable, M. Tarde est enclin à la rejeter de la sphère de la science sociale, dans celle de la philosophie sociale. Il ne voudrait réserver, pour la science sociale, que l'étude des lois de l'imitation, attendu que l'imitation n'est qu'une répétition de similitudes, et « que la science a besoin, pour exister, de similitudes et de répétitions, car elle vit de nombre et de mesure. La science sociale doit porter, d'après M. Tarde, exclusivement, comme toute autre, sur les faits similaires, multiples, soigneusement cachés par les historiens (!!) tandis que les faits nouveaux et dissemblables, les faits historiques proprement dits, sont le domaine réservé à la philosophie sociale [2] ». Quoique M. Tarde reconnaisse ouvertement que les faits historiques proprement dits appartiennent au domaine imprévoyable de l'invention, il n'en définit pas moins l'histoire comme « la connaissance du destin des imitations [3] ». L'his-

---

1. *Lois psychologiques du développement des peuples*, p. 133.
2. *Les lois de l'imitation*, Paris, 1890, p. 157. Comp. p. 5 et 14.
3. *Loc. cit.*, p. 157.

toire exclurait donc de son sein les faits historiques proprement dits.

Par contre, M. Dürkheim incline presque à supprimer le rôle de l'imitation dans la marche des sociétés humaines. Il soutient que les actions sociales, c'est-à-dire les faits qui intéressent l'histoire, sont le résultat d'une contrainte. Ces faits consistent, en des manières d'agir, de penser et de sentir, extérieures à l'individu, et qui sont douées d'un pouvoir de coërcition, en vertu duquel elles s'imposent à lui. Partant de cette conception, M. Dürkheim conteste l'influence que M. Tarde attribue à l'imitation dans la genèse des faits collectifs, et se demande « si le mot imitation est bien celui qui convient, pour désigner une propagation due à une influence coërcitive [1] ».

Nous commencerons par examiner le caractère de l'imitation, pour établir ensuite la part de vérité qu'il faut reconnaître à ces deux assertions contradictoires. L'imitation, dans la véritable acception du mot, est la « reproduction *irraisonnée* d'un acte accompli par un autre [2] », et à ce point de vue, Buffon disait avec raison des animaux, que « le talent de l'imitation, bien loin de supposer de l'esprit et de la pensée chez les animaux, prouve au contraire qu'ils en sont absolument privés [3] ». Si l'on bornait l'imitation à cette forme animale, elle ne jouerait aucun rôle dans les sociétés humaines, où toute imitation, même celle qui parait la moins rationnelle, a toujours sa raison d'être.

L'imitation, prise dans son acception la plus générale, c'est-à-dire la reproduction de ce que font les autres, est de deux sortes : consciente et inconsciente, volontaire et obligatoire. L'homme imite consciemment ce que font ses semblables, pour s'épargner la peine de se décider seul à accomplir quelque acte, ou parce qu'il voit que l'acte accompli par ses semblables leur a fait du bien, a amélioré leur existence, leur a fait éviter un malheur. L'homme imite donc par instinct de conservation, pour éloigner le mal et acquérir le bonheur. Ceux-là mêmes qui se suicident par imitation, ne poursuivent pas d'autre but, que d'être délivrés de leurs souffrances.

L'imitation inconsciente, est au contraire, imposée à l'individu par les usages, les coutumes, les institutions dans le sein desquels sa vie se réveille et dont il doit respecter les règles, étant destiné

---

1. *Les règles de la méthode sociologique*, Paris, 1895, p. 8.
2. Le duc d'Harcourt, *Quelques réflexions sur les lois sociales*, Paris, 1886, p. 221.
3. *Nature des animaux.*

à vivre dans les sociétés de ses semblables, donc par instinct de conservation sociale.

Il y a pourtant une nombreuse classe d'actes imitatifs qui commencent par être parfaitement volontaires, pour devenir plus tard obligatoires et inconscients. Il en est ainsi de la coutume, de faire des cadeaux pour le nouvel an. Cette coutume a dû partir de l'initiative d'un individu, et cette action, quoique parfaitement volontaire à l'origine, a été imitée spontanément, et nullement par suite d'une contrainte sociale. Avec le temps, cette coutume s'étendant dans les sociétés et acquérant une autorité toujours plus puissante, par suite de sa répétition, prit un caractère obligatoire, de sorte qu'aujourd'hui, on est moralement obligé de faire des cadeaux à certaines personnes, pour le nouvel an. La mode ridicule de la tournure chez les femmes fut introduite pour la première fois par une excentrique; c'était donc une action parfaitement volontaire. Elle trouva d'autres femmes de même caractère comme imitatrices. Peu à peu la contagion gagna de plus en plus les femmes sensées. L'usage en devint si général, qu'il était ridicule de ne pas se rendre ridicule. L'usage de porter des lunettes chez les étudiants allemands, pour se donner l'air plus savant, a dû s'introduire par les étapes suivantes, dont les premières n'ont rien d'obligatoire. Ce furent d'abord les myopes, ceux qui en avaient réellement besoin, qui en portèrent. Mais cette myopie pouvait provenir de leur zèle pour l'étude. Les lunettes parurent donc comme le signe extérieur de l'application. Dans tous ces cas, et dans une infinité d'autres, l'imitation a passé par l'étape volontaire, pour devenir plus tard obligatoire. C'est la même marche que celle qui est suivie par les actions individuelles, dont un grand nombre deviennent instinctives par leur répétition : le parler, l'écriture, la marche, la danse, le jeu des différents instruments, etc., ou mieux encore, cette transformation d'actions sociales volontaires en actions sociales obligatoires, ressemble aux instincts des animaux qui, au commencement, consistaient aussi en actes volontaires et qui devinrent inconscients, par suite de leur répétition continuelle et de leur transmission par voie d'hérédité.

Mais si ces actes constituent une imitation, tant qu'ils sont volontaires, ne continuent-ils pas à posséder le même caractère, lorsqu'ils deviennent obligatoires ?

Une pareille distinction nous parait d'autant plus arbitraire, qu'il est impossible de déterminer le moment, où l'acte passe du conscient à l'inconscient, où il devient de volontaire, obligatoire. M. Tarde nous semble donc avoir raison contre M. Dürkheim, lorsqu'il étend le terme d'imitation à la reproduction « forcée ou spontanée, élective ou inconsciente des actions humaines [1] », et nous ne saurions partager le doute de M. *Dürkheim* qui se demande « si le mot d'imitation, est bien celui qui convient, pour désigner une propagation due à une influence coercitive [2] » ; car si on doit considérer comme imitatifs des actes involontaires, issus d'actes volontaires, pourquoi ne désignerait-on pas par le même terme les actes involontaires dès l'origine, c'est-à-dire les actes qui sont devenus tels de nos temps, mais qui ont dû avoir, eux aussi, une origine volontaire et consciente ? M. *Fouillée* observe d'ailleurs très justement, « qu'il y a à la fois du volontaire et de l'involontaire dans le lien social [3] », de sorte que la distinction absolue, entre l'imitation volontaire et l'imitation obligatoire, devient difficile encore à ce point de vue.

Mais examinons maintenant une autre question plus importante. Laquelle de ces deux sortes d'imitation, celle de nature volontaire ou celle de nature obligatoire, constitue la force historique ?

Il faut observer en effet, que l'imitation, comme force générale, sociale, intervient dans les faits sociaux, sans distinction de successifs ou coexistants, et cela dans ses deux formes, comme imitation consciente et inconsciente. C'est ainsi que l'imitation a déterminé l'établissement de la coutume de donner des cadeaux au nouvel an, de faire porter des tournures aux femmes, de faire porter des lunettes aux étudiants allemands, tous faits de nature coexistante, et qui n'ont par eux-mêmes rien d'historique. Il en est de même de tous les usages consacrés par le temps, tels que les nombreuses prescriptions du code de la politesse, les coutumes que l'on pratique aux naissances, aux mariages, aux enterrements, etc., etc., qui ne constituent par eux-mêmes que des actes coexistants, attendu qu'ils ne contribuent qu'à entretenir un état quelconque de la société, mais non à en déterminer le développement. Il y a aussi des imitations parfaitement spontanées, qui ne peuvent servir à constituer des événements historiques. Exemple la vélocipédie qui ne pourra

---

1. *Lois de l'imitation*, p. 3.
2. *Les règles de la méthode sociologique*, p. 8.
3. *Le mouvement positiviste et la conception sociologique du monde*, Paris, 1896, p. 243.

peut-être jamais prendre un caractère obligatoire, et qui, pourtant, constitue de nos temps, un des champs les plus vastes de l'imitation volontaire.

Tous ces faits, que l'imitation transforme de faits individuels en faits sociaux, ne constituent que des phénomènes coexistants qui ne possèdent aucune valeur pour le développement de l'humanité. Pour que l'imitation devienne une force historique, il faut que son action s'exerce sur des faits successifs, qu'elle contribue au développement des sociétés et non pas seulement à entretenir leur état à un moment donné. Mais l'imitation doit introduire, dans ce cas, des éléments nouveaux dans la marche des évènements. Il faut, d'après le langage de M. Tarde, qu'elle s'applique aux inventions. Sous ce point de vue, la vélocipédie peut être considérée comme un élément historique, si on la considère comme une des étapes de la locomotion mécanique. Mais, en elle-même, elle ne constitue qu'un groupe d'imitations de caractère coexistant.

C'est ici que nous nous séparons complètement de la doctrine de M. Tarde. Cet éminent sociologue ne voit, dans tout acte d'imitation, qu'une répétition du même fait, et c'est par cette répétition des similitudes, qu'il veut constituer l'histoire. Or, c'est ce que nous contestons formellement.

L'imitation ne conduit à la répétition, que dans le cas où elle travaille sur des éléments similaires ; lorsque ces derniers sont différents, le produit de l'imitation est différent aussi. Le cas se produit, toutes les fois que l'imitation, au lieu d'intervenir entre des phénomènes coexistants, se passe entre des phénomènes successifs. Nous sommes heureux d'apporter, à l'appui de notre manière de voir, le témoignage d'un esprit éminent, que M. Tarde tient à juste raison en grande estime, celui de *Cournot*, qui dit que « les phénomènes historiques qui se répètent, ne se répètent qu'avec des variantes qui témoignent, par le sens constant de ces variations, qu'il y a, outre les causes de reproduction ou de répétition, une cause de progrès continu [1] ».

Il est vrai que chaque acte imité, même pour les faits coexistants, est plus ou moins différent du modèle commun ; ainsi un chapeau de femme qui fera mode, se distinguera par sa couleur, par sa garniture, par sa richesse, dans chaque exemplaire ; la culture des vers à soie différera chez chaque individu qui l'adopte,

---

1. *Traité de l'enchaînement des idées fondamentales*, Paris, 1861, II, p. 334.

par son étendue, son installation, par les soins qu'il y apportera ; le perfectionnement d'une charrue sera imité d'une façon différente pour son adaptation aux différentes cultures où elle sera employée. Mais partout, ces différences peuvent être négligées, pour ne considérer que l'essence de la chose. Ce sera toujours la ressemblance entre les différents chapeaux, qui constituera la mode, la ressemblance entre les genres de culture ou de perfectionnement, qui prévaudra. On aura donc, comme résultat, une *répétition de la même forme*, et on pourra en extraire une notion générale : un chapeau Pompadour, Directoire, une culture italienne des vers à soie, une charrue Ransomes, etc. On pourra parler de telle mode, de telle culture, de tel perfectionnement industriel, *comme d'un fait unique*, rendre tous ces faits par des notions générales et communes. Il en est tout autrement des résultats de l'imitation, lorsqu'elle s'applique à des formes qui se suivent dans le temps. Comme le dit encore *Cournot* : « Dans ce cas, il ne s'agit plus de différences de l'ordre de celles qui font que rien ne se ressemble absolument dans les exemplaires d'un même type, et qu'il n'y a pas deux feuilles parfaitement semblables, deux visages parfaitement semblables, deux sons de voix, deux tournures parfaitement semblables. *Il s'agit des différences comparables en valeur caractéristique, pour les phénomènes que l'on veut étudier, à celles qui séparent un type d'un autre, en zoologie ou en botanique* [1] », et l'on sait que de pareilles différences entre les types sont le produit du développement dans le temps. L'imitation dans la succession ne conduit plus à une répétition du même modèle, mais bien à quelque chose qui en diffère d'une façon caractéristique. C'est l'élément différent qui prévaut, tandis que la ressemblance descend au second plan. C'est ainsi que les écoles de la peinture italienne ne constituent qu'une série d'imitations ; Raphaël a imité le Pérugin et a été imité à son tour par le Corrège et par le Titien. Dans la tragédie française, Corneille et Racine ont imité les anciens et ont été imités par Thomas Corneille, Pradon, Crébillon. Dans la sphère politique, la France a imité de l'Angleterre le système constitutionnel et a été elle-même imitée par l'Allemagne, l'Italie, la Roumanie, etc. La révolution de 1848, dans les différents pays de l'Europe, n'a été qu'une imitation du mouvement qui éclata la même année à Paris ; mais pourrait-on soutenir que cette révolution ne consti-

---

1. *Traité de l'enchaînement des idées fondamentales*, Paris, 1861, II, p. 323.

tuait dans les autres pays qu'une répétition de ce qui s'était passé en France, lorsqu'il est connu que ses péripéties prirent un caractère différent, chez les différents peuples où elle éclata ? Dans tous ces cas, et dans tous ceux qui leur ressemblent, peut-on parler d'*imitation similaire*, par voie de simple répétition ?

L'imitation, lorsqu'elle s'applique à des faits successifs qui doivent être par là même différents, ne saurait plus donner naissance à de simples répétitions d'actions similaires. C'est là, comme nous l'avons déjà remarqué, le point vulnérable de la doctrine de M. Tarde qui ne voit dans l'histoire, « la connaissance du destin des imitations », que des répétitions continuelles des mêmes faits et des mêmes évènements, et qui veut constituer la science de *l'histoire, c'est-à-dire du progrès* sur *l'éternelle répétition des mêmes phénomènes !* Cette erreur de M. Tarde provient toujours de la confusion, tant de fois relevée par nous, entre les faits coexistants et les faits successifs.

L'imitation joue donc un double rôle dans la vie des sociétés. Comme agent de la coexistence, elle donne naissance à des formes générales objectives : une mode, une coutume, l'application d'une invention, l'adoption d'une langue. Comme agent du développement, l'imitation produit des formes ressemblantes, mais toujours nouvelles de l'existence, et dans lesquelles la partie dissemblable constitue l'élément important. Cette fonction de l'imitation contribue à donner naissance aux séries historiques que nous étudierons plus loin.

L'imitation, tant qu'elle intervient entre des éléments successifs dissemblables, reste toujours consciente et volontaire. Elle peut descendre à l'inconscience, lorsque le développement s'arrête, lorsqu'une coutume qui a été jusqu'alors en voie de formation, s'est fixée, lorsqu'un art qui a évolué, a pris une forme stationnaire, lorsqu'une institution qui a grandi peu à peu, a acquis un caractère définitif, lorsqu'une langue s'est ossifiée dans les textes morts et a perdu l'empire sur l'esprit des vivants, lorsque, comme le dit *Cournot*, « l'histoire se réduit à une gazette officielle, servant à enregistrer les règlements, les relevés statistiques, l'avènement des chefs d'Etat et la nomination des fonctionnaires, et cesse par conséquent d'être une histoire, selon le sens qu'on a coutume de donner à ce mot. L'histoire, dans ce cas, s'absorbant dans la science de l'économie sociale [1], finirait à peu près comme

---

[1]. Science de caractère coexistant.

un fleuve, dont les eaux s'éparpillent, pour l'utilité du plus grand nombre, dans mille canaux d'irrigation, après avoir perdu ce qui constituait son unité et son imposante grandeur [1] ».

La série des faits successifs, qui a abouti à la forme stationnaire, a été le produit de l'imitation consciente. La force qui intervient dorénavant, pour entretenir seulement l'état auquel le développement a abouti, pourra ne plus être que l'imitation inconsciente. Et toutes les fois qu'un élément nouveau s'introduira dans le jeu de la vie successive, l'imitation retournera à la forme consciente, pouvant retomber dans l'inconscient aussitôt que la forme sera fixée.

Si l'imitation spontanée n'existait pas chez l'homme, sa faculté de progresser serait sensiblement atteinte. L'imitation, loin de n'être que le résultat de la coercition, devient au contraire forcément volontaire et consciente, aussitôt qu'elle s'applique aux faits nouveaux, aux directions nouvelles, créées par les circonstances ou par les esprits supérieurs.

C'est ainsi qu'à l'époque, où vivait en Italie le grand sculpteur Nicolas de Pise (1207-1280), l'art byzantin y régnait encore tout puissant ; il exerçait donc une contrainte, et forçait les peintres et les sculpteurs de relief, à suivre, par une imitation inconsciente, les modèles raides, laids et décharnés de cet art. Mais le génie de Nicolas de Pise, s'inspirant des modèles de l'antiquité, fraya le premier la route à la brillante époque de la Renaissance. Quoique seul, il osa introduire une innovation aussi hardie dans un système consacré par des siècles, et qui serrait l'art comme dans un étau ; il n'en trouva pas moins des imitateurs, pour poursuivre la voie nouvelle qu'il venait de tracer, et qui déclarait une guerre ouverte à l'art prédominant. Les premiers imitateurs, Guido da Siena et Ducio da Buoninsegna, Cimabue et Giotto, eurent encore à lutter contre le système dominant ; mais ils réussirent à donner à l'art une nouvelle direction, source continuelle d'imitations originales, volontaires et conscientes qui produisirent une série d'œuvres, toutes différentes les unes des autres. Si l'art italien de la Renaissance n'aboutit pas à une répétition des mêmes formes, s'il ne se figea pas dans l'imitation inconsciente, c'est que le principe sur lequel il reposait, la beauté, était doué d'une vie trop puissante, pour qu'il pût cesser de se développer, et c'est ainsi que l'art de la peinture se transforma continuellement, par le moyen de l'imitation consciente, par des épanouissements divers,

---

1. *Traité de l'enchaînement des idées fondamentales*, II, p. 341, 344 et 345.

dans les différents pays de l'Europe. D'autres exemples nous montreront des alternatives d'imitation consciente, accompagnée de progrès, et d'imitation inconsciente, symptôme d'arrêt dans le développement. C'est ainsi que pendant l'époque de sa formation, le régime féodal n'est qu'une suite ininterrompue d'imitations successives et dissemblables. Après être arrivé à son établissement complet, vers le XIVᵉ siècle, il se fige et constitue un état constant de la société, dans lequel les éléments de la féodalité se renouvellent continuellement par l'imitation inconsciente. Du sein de cet état social se dégage bientôt une autre force, celle de la royauté qui donne aussi naissance à une imitation consciente de ses formes d'existence, lesquelles, arrivées à la domination complète, passent à leur tour à l'inconscient et se répètent sans modification apparente pendant un certain temps, dans le courant duquel, une nouvelle série d'imitations conscientes, celle de la critique de l'état social et politique de l'époque, conduit au grand bouleversement du siècle dernier [1].

On pourrait donc formuler les principes généraux suivants relativement à l'imitation :

1) *L'imitation empêche le progrès lorsqu'elle s'applique aux formes existantes. Elle le favorise lorsqu'elle s'applique aux idées nouvelles.*

2) *L'imitation ne donne naissance à des successions historiques, que lorsqu'elle s'applique à des éléments successifs qui, tout en imitant, ne se ressemblent plus qu'en partie.*

3) *L'imitation consciente passe à l'inconscient, lorsque le développement s'arrête, et que les faits deviennent coexistants.*

L'ÉLÉMENT INDIVIDUEL DANS L'HISTOIRE. RÔLE DES GRANDS HOMMES. — L'intervention de la personnalité dans le développement historique, introduit dans l'enchaînement des faits une nouvelle force, étrangère au développement lui-même. Ce ne sont pas les événements précédents qui donnent seuls naissance à ceux qui les suivent ; il faut tenir compte aussi de l'action personnelle de certaines individualités qui vient s'ajouter aux causes générales données par les faits passés, et cette action personnelle

---

1. M. Henry Béranger dans une étude sur le *Roman-poëme*, *Revue Encyclopédique*, 1897, p. 389, dit : « Le roman-poëme est aujourd'hui peu compris et peu goûté. Demain il sera populaire peut-être ; après-demain il sera banal. Craignons le jour, lointain encore, où il deviendrait un *poncif*, comme tant d'autres formes de l'art. *Il le deviendra lorsque les imitateurs n'auront plus en eux cette foi, mère de beauté et d'héroïsme qui anime les créateurs. Alors on ne copiera que des formes et ces formes, vidées de la vie qui les avait produites, ennuieront et dégoûteront comme l'hypocrisie des grandes choses* ».

est d'autant plus considérable, que l'individualité se rapproche du génie.

Cette influence de l'élément personnel sur le développement historique, n'a rien qui doive nous étonner. L'homme en est arrivé à exercer une action même sur la marche de la nature, par exemple : dans la création des races artificielles, produit de la sélection d'êtres de même nature ; dans celle des corps nouveaux, par le moyen des combinaisons chimiques ; dans le changement des climats, par suite du déboisement et du reboisement de certaines régions ; dans l'ouverture de routes à travers des obstacles qui auparavant paraissaient infranchissables. Il est très naturel que cette action soit ressentie aussi dans le domaine des faits humains, dont il est lui-même l'agent producteur.

Le génie n'est que l'expression suprême de l'influence individuelle ; mais cette dernière se manifeste à tous les degrés, avec une force proportionnelle à la puissance de l'individualité. La question du génie représente donc pour nous le rôle de l'élément individuel dans l'histoire, rôle immense, prédominant, puisqu'il intervient comme force directrice dans les courants de l'histoire, à laquelle il procure en même temps la plus riche source de faits. La plupart des faits historiques, surtout ceux de la vie consciente, commencent en effet par être individuels, pour devenir plus tard généraux ; ils font passer l'énergie individuelle dans les masses dont se compose l'humanité. En étudiant donc la manière d'agir des génies, nous connaîtrons, proportions gardées, celle de toutes les individualités.

La théorie du grand homme dans l'histoire a souvent été combattue. Nous nous occuperons en premier lieu des arguments apportés dans cette question par le célèbre philosophe anglais *Herbert Spencer*. Selon lui, le génie ne serait que le produit de la société qui lui a donné naissance. « Au même degré, dit-il, que toute la génération dont il forme une petite partie, au même degré que la multitude des arts et de leur application, il n'est qu'une résultante d'un énorme agrégat de forces qui ont déjà agi ensemble pendant des siècles. Ni Newton ne saurait naître d'une famille hottentote, ni Milton au milieu des Andamas, ni Aristote ne pourrait provenir d'un père et d'une mère dont l'angle facial aurait mesuré 50 degrés, et il n'y a pas la moindre chance de voir surgir un Beethowen dans une tribu de Cannibales, dont les chœurs, en face d'un festin de chair humaine, ressemblent à un grognement rythmique. Si une personne s'émerveillait de la puissance d'un grain de fulminate qui fait partir le canon, lance l'obus et coule le vaisseau touché, si cette personne s'étendait sur les vertus miraculeuses du fulminate, sans tenir compte de la charge de poudre, de l'obus, du canon et de l'agrégat énorme de travaux par lesquels toutes ces choses, y compris le fulminate, ont été produites, nous trouverions son interprétation assez peu naturelle. Elle l'est pourtant à peu près autant qu'une interprétation des phénomènes sociaux, dans laquelle on insiste sur l'importance du changement accompli par le grand homme, en négligeant la vaste accumulation de forces latentes à laquelle il donne issue, et le nombre immense de faits antérieurs auxquels sont dus cette force et le grand homme lui-même [1] ».

La plupart de ces observations sont très justes. Le grand homme est incontestablement le produit de son peuple et de son temps. Mais n'est-il que cela ? S'il en était ainsi, on ne verrait pas pourquoi tous les hommes d'une même époque ne seraient pas des génies ; pourquoi, par exemple, tous les Anglais du temps de Newton ne découvrirent pas la loi de la gravitation, et pourquoi tous les Allemands contemporains de Beethowen ne composèrent pas des symphonies héroïques. Le génie est bien le produit de son époque ; mais il est encore autre chose, le *produit d'un accident dans sa genèse individuelle*, dans sa conception, soit dans le spermatozoaire du père, soit dans l'ovule de la mère, et cet accident qui est aussi une cause, ne le relie plus au milieu, ni au temps où il a vu le jour. L'accident peut même agir en vertu de la loi de l'atavisme, après plusieurs générations, de sorte que la cause qui amène au jour telle ou telle individualité particulière, c'est le *milieu générateur* qui lui a donné naissance et « le milieu générateur d'un organisme se compose de tous ses ancêtres », comme l'observe avec raison M. de *Lanessan* [2]. Le génie, et par conséquent, *mutatis mutandis*, toute personnalité, est le produit de deux facteurs : les conditions générales du milieu où il est né et les particularités de sa complexion physiologique et psychique qui n'ont rien de commun avec les éléments généraux qui l'entourent.

L'action que le génie exercera sur son époque, sera différente suivant la prédominance de l'un de ces deux éléments de sa personnalité dans le total de son être. Si c'est la partie générale

---

1. H. Spencer, *Introduction à la science sociale*, Paris, 1891, p. 31. Mougeolle, *Problèmes*, p. 135. Comp. Macaulay, *Mélanges*, 1, p. 186.
2. *Le Transformisme*, Paris, 1883, p. 281.

qui a le dessus, l'homme de génie résumera en lui l'époque qu'il représente ; si au contraire c'est l'élément individuel qui l'emporte, il s'efforcera d'imprimer à son époque le cachet de son individualité particulière, ce qui est toujours possible, attendu que, comme le dit M. *Lacombe*, « l'organisation sociale donne au génie la faculté de faire passer dans les faits une partie de son activité individuelle [1] ».

Il est incontestable que le génie ne pourrait rien faire sans les éléments dont il dispose, et que Newton, par exemple, n'aurait pas découvert les lois de la gravitation, sans les travaux de ses devanciers ; que Beethowen aurait été tout aussi impossible, sans Bach, Haydn et Mozart qui l'avaient précédé. Mais il est tout aussi vrai, que tous ces éléments extérieurs ne peuvent se concentrer pour donner naissance au génie, sans une complexion mentale particulière qui puisse les refléchir à sa façon. La comparaison faite par Spencer avec le fulminate est excellente. Le fulminate par lui-même n'aurait produit qu'une petite explosion ; mais sans cet agent, poudre, obus et canon seraient restés muets, et le vaisseau pourrait passer majestueusement devant la gueule ouverte des canons, sans risquer d'être coulé. Et quand *Lazarus*, à propos de la même comparaison, dit « que ce n'est pas l'étincelle en elle-même, mais bien la nature de la poudre qui provoque l'explosion, car si l'étincelle tombait sur une étoffe de laine, elle ne produirait qu'une petite tache de brûlure. Il appartient au caractère et à la nature d'un peuple, si au contact de l'étincelle idéale qui part de la cervelle d'un seul, ce peuple peut faire explosion ou non [2] », nous opposons à ces paroles le même argument. Sans l'étincelle vivifiante de la personnalité du génie, la poudre ne se distingue en rien par son effet d'un amas d'étoffe de laine. Pour produire l'explosion, il faut absolument que les deux éléments y concourent.

Voilà donc le véritable caractère et la véritable importance du génie, et en général, de l'élément individuel dans l'histoire. Cet élément est le produit de son époque ; mais en même temps il est celui de causes contingentes, inhérentes à l'individualité. Son action s'exerce sur un état de la société ; mais c'est la personnalité qui détermine la modalité de l'exercice de cette action, et fait souvent triompher une idée, là, où des efforts antérieurs n'avaient

---

1. *L'histoire considérée comme science*, p. 258.
2. *Uber das Verhalten des Einzelnen zur Gesammtheit, Zeitschrift für Völkerpsychologie und Sprachwissenschaft*, II, 1862, p. 439.

abouti à rien, ou impose à une société sa manière de voir ou sa façon d'agir, et même, dans certain cas, s'oppose au courant de l'évolution. *Winter* l'observe avec raison, à propos d'un exemple récent. « On a beaucoup discuté sur la question si l'unité de l'Allemagne, réalisée de nos jours, a été le résultat de l'idée libérale et nationale qui travaillait dans les profondeurs du peuple allemand, ou bien celui du génie du prince de Bismark. Les deux parties ont en même temps, et raison, et tort. Le prince de Bismark, par lui-même, n'aurait jamais pu réaliser l'union, si cette idée n'avait pas été mûrie par l'histoire du peuple allemand, si elle ne lui avait pas préparé le terrain sur lequel il put travailler. Mais l'idée nationale ne se serait pas réalisée, au moins pas maintenant, si elle n'avait pas trouvé dans le prince de Bismark un conducteur intelligent. Les forces, les idées historiques et l'action géniale de l'homme, ont dû se donner la main, pour accomplir le grand fait de l'unité allemande [1] ».

L'observation de Lazarus, rapportée plus haut, conduit de soi-même à la théorie de M. *Bourdeau* sur le rôle des grands hommes. D'après cet auteur, « les destinées des peuples et celles de l'humanité, la civilisation qui les éclaire, ne seraient pas le produit de l'activité des intelligences d'élite, mais bien celui du travail des masses inconnues. Les victoires ne sont pas gagnées par les généraux seuls, mais bien par les armées ; la prospérité publique n'est pas l'œuvre des rois, mais bien celle de tous les citoyens, les découvertes industrielles ou scientifiques ne sont que le résultat d'efforts séculaires, concentrés dans un individu qui en relève tout l'honneur ; les poëtes et les littérateurs ne font que donner une forme à des conceptions d'emprunt, dans une langue qu'ils n'ont pas créée ; les fondateurs de religion et les hommes politiques ne font que synthétiser les idées qui ont cours de leur temps, et ainsi de suite. L'humanité pourrait parfaitement marcher sans ces individualités marquantes. Elles ne font que hâter quelque peu le développement qui se réaliserait de lui-même, sans leur concours. Comme le coq matinal, ces grands précurseurs d'idées ont pu signaler l'aube prochaine. Ce ne sont pas eux qui ont fait lever le soleil. Quand les choses sont parvenues au point où la réussite est prochaine, il importe peu qu'elle s'opère quelques instants plus tôt, par les anticipations du génie, ou quelques instants plus tard, par les opportunités de bon sens.

---

1. *Geschichte und Politik* dans *Sybel's Zeitschrift*, vol. 103, p. 177.

La gloire n'est qu'une question de célérité. Comme sur un hippodrome, où d'ardents coureurs luttent de vitesse, celui-là remporte le prix qui, dépassant les rivaux d'une tête, atteint le premier le but [1] ».

Observons d'abord que M. Bourdeau omet, dans son analyse, de s'occuper aussi des génies de l'art proprement dit, et ne passe en revue, dans son chapitre sur les célébrités artistiques, que celles de la littérature, sans toucher par un seul mot aux autres arts, tels que la sculpture, la peinture, l'architecture et la musique. Il est évident que dans ces derniers arts, quoiqu'il existe aussi des éléments généraux, tel que le perfectionnement des procédés, les œuvres sont toujours dues à la personnalité des artistes, et sont par conséquent la production de l'individualité humaine. Aussi M. Bourdeau tâche-t-il de combler cette lacune de sa démonstration, par une remarque ajoutée plus tard, et qui semble pour cette fois comprendre tous les arts. Il dit que « *sauf en ce qui regarde la production esthétique, où l'auteur applique sur un fond commun la marque de son idéal particulier*, tous les gains dont on est redevable à des personnages célèbres, auraient pu être obtenus, avec un léger retard, par d'autres agents, dont le nombre aurait compensé l'infériorité [2] ».

Nous pensons que cette signature du génie, que M. Bourdeau est forcé de reconnaitre pour les productions esthétiques, se retrouve dans toutes les œuvres des hommes remarquables. C'est ainsi que Luther imprima à la Réforme un caractère particulier, en faisant intervenir dans la question religieuse l'élément de l'intérêt individuel des princes, par la sécularisation des biens ecclésiastiques. La Réforme aurait pu être l'œuvre d'un autre personnage, si Luther n'avait pas paru ; mais, dans ce cas, le mouvement aurait été autre ; il se serait coloré d'après les idées de la personnalité qui l'eût provoqué. Si Alexandre le Grand n'était pas intervenu, avec son caractère particulier, dans la marche des événements de son temps, la Macédoine et la Grèce n'auraient pas entrepris la conquête de la Perse, Alexandrie n'aurait pas été fondée, et la splendide culture scientifique de cette ville ne se serait pas produite. Si, à la place de Napoléon, un caractère différent eut surgi du sein de la Révolution française, il est incontestable que le cours en eut été complètement changé. Or, dans

---

1. Louis Bourdeau, *L'histoire et les historiens*. Paris, 1888, Chap. Les agents de l'histoire, et notamment p. 101 et 102.
2. *Ibidem*, p. 99.

tous ces cas, nous ne voyons guère comment, sans l'apparition de ces grandes individualités, les événements auxquels ils ont donné le jour, auraient pu s'accomplir, même un peu plus tard, par les opportunités du bon sens. Comment le *bon sens* aurait-il poussé les Macédoniens à la conquête de l'Asie, les Français à celle de l'Europe, ou les Arabes, sans Mahomet, à l'extension de leur immense empire ? Nier, dans de pareils cas, l'influence décisive des individualités historiques sur la marche du développement, c'est contester la lumière du jour. Il n'y a pas que les productions esthétiques qui portent l'empreinte des génies qui les ont créées ; la même empreinte se retrouve bien souvent dans les actes politiques, les idées religieuses, les mouvements moraux, la formation des institutions. Voilà pourquoi il faut faire attention, non seulement aux masses, mais encore aux personnalités qui exercent sur la vie des sociétés une influence aussi importante.

Voyons maintenant ce qui arrive avec les découvertes scientifiques ou pratiques. Ici, les choses se passent nécessairement d'une autre manière. La vérité ne pouvant être qu'une et la même, l'élément personnel ne peut plus lui imprimer de cachet particulier. La personnalité grande ou petite ne peut la découvrir que telle qu'elle est, sans lui donner une couleur particulière, ni lui imprimer une direction spéciale. Le rôle des grands hommes, dans la science, sera donc tout autre que celui des artistes, des fondateurs de religions, des organisateurs politiques. Ces deux catégories de génies ne doivent pas être confondues, comme le fait M. Bourdeau. Quand Léonardo de Vinci peignit la Sainte-Cène et que Mozart composa son don Juan, quand Mohamed conçut le Coran, et Pierre-le-Grand, la nouvelle organisation de la Russie, ou Guillaume le Conquérant, celle de l'Angleterre — toutes ces créations, basées sur des éléments généraux qu'ils ont utilisés pour leur donner naissance, portent le cachet indélébile de leur propre personnalité. Si cette dernière avait été autre, leurs créations auraient possédé un autre caractère. Mais lorsqu'Archimède découvrit le principe de la flottaison, ou Képler les lois de la révolution des corps célestes, ou lorsque Le Verrier découvrit par le calcul l'existence de la planète Neptune, ces grands savants n'imprimèrent nullement aux vérités qu'ils avaient établies, le sceau de leur individualité. Quiconque eût fait ces découvertes, n'aurait pu leur donner un autre caractère, car *la science n'est pas une création de l'esprit humain, comme le sont : la religion, les institutions politiques, les œuvres artistiques ; c'est le reflet de la réalité dans cet esprit, le reflet de la raison des choses dans la raison humaine.* La science possède donc une existence objective ; elle existe dans les forces et les lois de la nature, et l'esprit ne peut qu'en prendre naissance. Pour les hommes de science, les principes de M. Bourdeau peuvent être justes, au moins dans une certaine mesure. Il s'agit ici de la vérité appliquée à la soumission de la nature, par les formes économiques (le vrai pratique) et par les formes scientifiques (le vrai théorique). La vérité dans cette acception ne pouvant être qu'une, il s'en suit que, tôt ou tard, elle doit se manifester dans l'esprit humain. Il est donc exact de dire que, si Newton n'avait pas découvert le principe de la gravitation universelle, ce principe aurait été amené au jour par le travail collectif de savants de moindre envergure. Il est encore vrai que, la théorie et les applications de l'électricité, sont l'œuvre d'une foule de physiciens, et que les efforts qui ont poussé si loin cette partie de la science de la nature, sont tellement éparpillés, que souvent les noms de ceux qui réalisèrent une découverte, se perdent dans la masse des investigateurs. Les grands hommes de la science ne font en effet qu'accélérer le développement de l'idée du vrai, quoique cette accélération possède une importance bien plus considérable que ne veut lui en reconnaitre M. Bourdeau.

Il en est autrement du second élément de l'évolution, la répartition des avantages acquis sur la nature — le bien. Ici, les formules peuvent changer du tout au tout, et les individualités peuvent trouver des solutions très diverses, dans les diverses branches de l'activité humaine, qui ont pour but, plus proche ou plus éloigné, cette juste répartition, (formes religieuses, morales, politiques, sociales et juridiques de l'existence). Dans ces dernières, les formations historiques portent toujours le cachet de l'individualité qui les a poussées à la lumière du jour.

Les formes esthétiques, la littérature et les arts, partagent sous ce rapport le même caractère. Leurs productions portent aussi la signature du génie.

Nous pourrions résumer, dans les formules suivantes, l'action que l'individualité exerce sur la marche du développement :

1). *Toute personnalité humaine imprime au mouvement qu'elle provoque le sceau de son individualité. Cette empreinte est d'autant plus marquée, que la personnalité est plus puissante.*

2). *L'action du génie, lorsqu'elle résume les tendances d'une époque, accélère l'évolution ; lorsqu'elle agit en sens contraire, elle la retarde.*

3). *Les génies scientifiques ne font qu'accélérer la découverte de la vérité. La science ne saurait avoir de signature individuelle.*

Il nous reste encore quelques observations à faire :

La force de l'individualité, fût-ce celle qui est développée par un être physique, fût-ce celle qui est développée par un peuple, un parti, une secte, une école, est décomposable dans une foule de forces qui la constituent.

L'individu est une complexité de pensées, de sentiments, de volitions. Tous ces éléments peuvent pousser l'individualité vers l'action, et constituer ainsi autant de forces spéciales qui empruntent à la complexion organique particulière de l'individualité leur énergie et leur contenu. Napoléon fut poussé par l'ambition à ne plus s'arrêter dans ses conquêtes ; Henri VIII, par l'amour, à changer la religion de son pays ; Charles XII, par son goût des batailles, à la ruine qui termine sa carrière ; Law, par l'erreur qu'il partageait sur la nature du crédit, à la catastrophe financière dont il accabla la France, et ainsi de suite. Mais les peuples, les sectes, les partis, sont aussi capables d'être déterminés dans leurs actions par des sentiments. La haine, la vengeance ont bien des fois poussé les peuples à s'entretuer. La sympathie pour d'autres groupes humains a fait commettre à certains d'entre eux de graves erreurs, comme par exemple, la sympathie des Roumains pour la France qui se manifesta en 1870, par des excès commis contre l'agent de la Prusse, à Bucarest, action irréfléchie que la Roumanie dut payer bien cher.

Il faut distinguer entre la race, comme élément constant du développement, et l'impulsion momentanée qui peut déterminer l'action d'un groupe humain, comme individualité ethnique. Les dispositions des races ne changent pas ; elles restent toujours les mêmes ; mais, sur ce fond éternellement immuable, se meuvent les vagues changeantes des dispositions passagères qui peuvent pousser les grandes individualités à donner naissance à des faits historiques.

Le hasard. — Le hasard n'est pas à proprement parler une force naturelle, puisqu'il ne constitue pas une énergie de l'existence. Le hasard n'est qu'une coïncidence qui a pour effet, que deux faits se rencontrent d'une façon inattendue. Mais comme cette rencontre peut avoir pour conséquences, d'un côté, la production de faits nouveaux, de l'autre, un changement de direction dans la suite de certains événements, le hasard produit des effets identiques à ceux que produisent les forces, et à ce titre, il faut le prendre en considération, lorsqu'il s'agit de comprendre les agents qui font évoluer le genre humain.

On pourrait parler de hasard, même dans l'intervention de l'élément personnel, car là aussi, il y a rencontre inattendue de deux faits : le phénomène général dans lequel intervient l'action individuelle, et l'individualité, produit d'un autre ordre de causes. Cependant nous croyons devoir réserver le terme de hasard pour désigner une rencontre encore plus fortuite, entre des faits tant physiques que psychiques qui interviennent dans le courant de l'histoire, pour en influencer la marche.

Lorsque *Bain* définit le hasard, « une coïncidence fortuite qui n'implique aucune liaison de cause à effet [1] », il ne faut pas croire que le logicien anglais veuille dire, que le fait attribué au hasard ne serait en lui-même le produit d'aucune cause, mais bien que la liaison causale manque entre le fait amené par le hasard et ceux sur lesquels il agit. Comme le dit M. *Windelband*, « le hasard arrive toutes les fois que deux faits se rencontrent dans l'espace ou le temps, sans qu'ils soient reliés *entr'eux* par la relation de cause à effet », ou comme s'exprime *Schopenhauer* : « lorsque deux faits se suivent l'un l'autre, sans que l'un dérive de l'autre [2] ». Les faits dus au hasard sont d'ailleurs le produit de causes parfaitement rationnelles, et qui souvent expliquent complètement, comment le fait fortuit s'est produit. Ce qui est absolument imprévu et imprévoyable, c'est l'intervention de ce fait à un moment donné dans la marche des événements. Quand on dit par exemple, que le hasard fit périr l'empereur Frédéric Barberousse dans sa croisade en Orient, il faut rapporter le cas fortuit seulement à la rencontre de sa mort inattendue avec son expédition. Cette mort est d'ailleurs parfaitement explicable. L'empereur échauffé prit imprudemment un bain dans les eaux du Sélef et fut emporté par une attaque d'apoplexie. Cette mort qui est, dans la succession des faits historiques, une circonstance absolument contingente, et que l'on ne peut attribuer qu'au hasard, n'en a pas moins été amenée par une cause facile à préciser.

Le hasard découle des sources les plus diverses, et il est difficile d'en donner une classification complète. Nous n'allons énumérer que les cas principaux :

---

1. *Logique*, I, p. 128.
2. Windelband, *Die Lehre vom Zufall*, Berlin, 1870, p. 22. Schopenhauer, *Critique de la philosophie kantienne*, trad. Cantacuzène, Bucarest, 1889, p. 21.

1) Les accidents naturels, c'est-à-dire les faits de la nature physique qui interviennent dans le courant de l'histoire. Tels furent : la sécheresse qui sévit en Moldavie, du temps de l'expédition de Pierre le Grand contre les Turcs, sécheresse qui fut la cause principale du désastre du Czar à Stanileschti. L'hiver rigoureux de 1812 qui ruina l'expédition de Napoléon en Russie ; la peste qui ravagea l'Angleterre en 1350 et qui provoqua la grande révolution des paysans ; la tempête qui détruisit la grande Armada, que Philippe II avait lancée contre l'Angleterre ; le vent qui couvrit de sables l'armée de Cambyse, dans son expédition contre l'oasis d'Ammon ; la tempête qui causa la déroute des Daces, à Tapae, lors de l'expédition de Trajan, etc., etc.

2) Les découvertes scientifiques et industrielles, dont la plus grande partie est due au hasard. C'est ainsi que Pline l'Ancien nous dit, que l'airain de Corinthe, sorte d'alliage métallique, prit naissance dans l'embrasement qui suivit la prise de cette ville, et que le verre fut découvert par des marchands de nitre, relâchant sur les côtes de la Phénicie, et qui, « voulant préparer leur repas, exhaussèrent leurs marmites avec des pains de nitre de leur cargaison. Ce nitre soumis à l'action du feu, avec le sable répandu sur le sol, ils virent couler des ruisseaux transparents d'une liqueur inconnue, et telle fut l'origine du verre [1] ». Le galvanisme fut découvert par le physicien dont il porte le nom, par un pur hasard : Galvani avait suspendu des cuisses de grenouilles par des crochets d'airain à une grille de fer, et il observa des contractions, toutes les fois que le vent approchait les cuisses de la barre de fer. Papin découvrit la force de la vapeur, en voyant bouillir une marmite pleine d'eau munie d'un couvercle, etc., etc.

3) Le choc produit par la rencontre fortuite de plusieurs déterminations individuelles ; l'histoire est pleine de faits qui ne sont dûs qu'à la circonstance, que certaines personnalités sont venues en contact dans un événement à conséquences historiques. C'est ainsi que Napoléon III et Bismark expliquent le déchaînement de la guerre franco-allemande, avec ses conséquences grandioses pour les deux pays, en France l'avènement de la république, le triomphe définitif de la démocratie, et la régénération de l'esprit public ; en Allemagne, la constitution de l'unité nationale. Si ces deux personnages, avec leurs tendances, leurs caractères et leurs intérêts respectifs, ne s'étaient pas rencontrés sur la scène de

1. *Histoire naturelle*, XXVI, 3 et 65.

l'histoire, la guerre n'aurait pas éclaté à ce moment-là. La monarchie espagnole fut créée par la rencontre fortuite d'Isabelle et de Ferdinand, sur les trônes de Castille et d'Aragon. L'immense empire de Charles-Quint fut la conséquence de ses relations fortuites de famille ; l'avènement de Charles Martel au majordomat du royaume franc, au moment où les Arabes attaquent la France, sauve la chrétienté de la domination mahométane. La persistance pendant plus de trois siècles de la dynastie capétienne en France, est une des causes les plus puissantes de l'établissement du pouvoir monarchique dans ce pays, et ainsi de suite.

4) Les accidents qui arrivent aux personnalités marquantes qui conduisent les destinées de l'humanité. C'est ainsi que la mort de Gustave Adolphe à Lützen, ravit à la Suède le rôle prépondérant qu'elle était appelée à jouer dans les affaires de l'Allemagne ; le manque d'enfants de Charles II amena la guerre de la succession d'Espagne ; la naissance d'un fils du second lit de Louis le Débonnaire provoqua les guerres civiles entre les successeurs de Charlemagne. La naissance de Frédéric II dans le sud de l'Italie, aux confins de la civilisation arabe, et l'éducation qu'il reçut en conséquence, amena son conflit avec la papauté, et les importants événements qui en résultèrent pour l'histoire.

Tous ces faits sont amenés par des causes parfaitement rationnelles, mais en dehors du nexus causal de l'histoire elle-même ; ils sont, par rapport à cette dernière, absolument contingents, inattendus, et ne sauraient être prévus d'aucune façon. Le hasard joue donc dans l'histoire un rôle important. Il donne naissance à des faits nouveaux, et détermine dans sa direction des courants inattendus. Quoiqu'il ne soit pas une force proprement dite, son action ressemble beaucoup à la force de l'individualité, qui possède aussi un caractère contingent.

Cette importance du rôle que le hasard est appelé à jouer dans le développement des destinées humaines, a été aussi contestée. M. *Hinneberg* par exemple dit que « la rupture de la chaîne de la causalité universelle, le dernier postulat de toute pensée scientifique, par le jeu du hasard, conduit nécessairement à l'atomisme et au mysticisme intellectuel [1] ». D'autre part, M. *Bourdeau* soutient que « dans un système régi par des lois, il n'y a pas de place pour des accidents fortuits ; car s'ils introduisaient leur

---

1. *Die philosophischen Grundlagen der Geschischtwissenschaft* dans Sybel, *Historische Zeitschrift*, vol. 63, p. 46.

discordance, ils en feraient vite un chaos. L'ordre du monde proteste contre la souveraineté, ou même la participation du hasard. La science dépossède peu à peu la fortune de tous les faits dont elle découvre les causes, lui arrache par lambeaux son empire et soumet ses caprices apparents aux lois du calcul [1] ». M. Bourdeau semble croire que l'on avait attribué jusqu'à présent un rôle au hasard, parcequ'on ne connaissait pas les causes qui le produisaient ; mais que les progrès de la science nous mettant à même de les connaître, l'intervention de ce *deus ex machina* deviendrait de moins en moins nécessaire. Mais nous avons montré que les faits qui découlent du hasard, ont des causes tout aussi parfaitement établies, que celles qui expliquent les faits les plus généraux. Cette causalité n'explique que le fait en lui-même, et nullement sa nécessité d'intervenir à un moment donné, dans le jeu du développement historique. Ce qui est imprévu et restera toujours imprévoyable, malgré les progrès que les sciences pourront accomplir, ce n'est pas le fait en lui-même, mais son intervention à un moment donné. Cette intervention ne pourra jamais être soumise à des lois ni à des calculs.

Il est vrai que la part du hasard, comme aussi le rôle des individualités, va en s'affaiblissant, à mesure que les sociétés progressent, et que l'enchaînement des faits tend à prendre, dans l'ensemble de l'humanité le caractère d'une succession fatale. « Par la vertu régulatrice du grand nombre, le hasard, au lieu d'être l'ouvrier libre, devient le serviteur fidèle de la raison [2] ». L'action des grands hommes devient aussi moins sensible, à mesure que s'élève le niveau intellectuel de l'humanité. Cette dernière semble s'acheminer vers un état final, où les éléments contingents perdront leur influence prépondérante qui retournera aux masses, comme cela était le cas, du temps où l'humanité n'était pas encore sortie de la complète ignorance. Et il n'est que très naturel qu'il en soit ainsi. L'humanité retourne par une autre voie à l'homogénéité primitive dont elle est sortie. Mais en attendant que cette éventualité se réalise, le développement de l'humanité s'est accompli jusqu'à présent, et continuera encore longtemps à s'accomplir, avec le concours des individualités et l'intervention du hasard. On ne saurait, dans l'attente de ce qui pourrait arriver, négliger ces deux éléments déterminants du développement historique.

1. *L'histoire et les historiens*, p. 341.
2. G. Tarde, *La logique sociale*, Paris, 1895, p. 170.

Le hasard n'étant pas une force de la nature, ses manifestations ne peuvent être soumises à aucune loi.

Théorie de M. Tarde. — A toutes ces forces qui, selon nous, poussent les évènements historiques à se manifester, en suivant une certaine régularité, M. *Gabriel Tarde* en veut substituer une seule qui prendrait sa source dans la complexion logique de l'entendement humain. C'est cette nouvelle constitution de l'histoire, qu'il entreprend dans son ouvrage sur la *logique sociale* qui, à ce titre, mérite que nous lui consacrions une attention plus marquée.

M. Tarde croit que la logique ne saurait se borner au formalisme abstrait, dans lequel elle a été renfermée jusqu'à ce jour, comme logique déductive (celle d'Aristote) ou inductive (celle de Bacon et Mill). « L'étude des vastes champs habituels où s'exerce la logique vivante réelle, où se fabriquent chaque jour des milliers de syllogismes, s'impose forcément aux philosophes. Toutefois, que de traités de logique ne semblent pas se douter de ce qui se passe dans les salles d'audience ou dans les assemblées législatives ? » (p. 32). « La question importante dans l'acte de la conviction n'est point, selon l'auteur, le formalisme correct du raisonnement, mais le degré de croyance que nous donnons à cet acte de la pensée. Quand on discute, c'est pour persuader. Par suite, traiter la logique, abstraction faite de la croyance, c'est ôter à cette science sa raison d'être » (p. 33). Un jugement est donc vrai, non quand il est tiré d'autres jugements, d'après certaines règles (on sait à quelles conclusions fausses peuvent nous conduire les syllogismes les plus corrects), mais bien, lorsqu'il provoque en nous le maximum de croyance en sa véracité. Nous pourrions formuler dans le syllogisme le plus précis, à un homme qui manquerait des connaissances nécessaires, la vérité de la rotation de la terre autour du soleil. Une pareille vérité syllogistique n'aurait pour un tel individu aucune valeur, attendu qu'il est incapable de lui donner foi. Celui qui formule un jugement affirmatif universel n'en a pas toujours pleine et entière conviction. Cette dernière dépend d'une foule de circonstances que lui ont suggérées la croyance, la conviction de sa vérité. Ainsi, par exemple, dans les vérités obtenues par voie d'induction : les mammifères procréent des petits vivants ; les planètes tournent sur elles-mêmes, il se peut que l'esprit hésite souvent à les admettre et qu'une observation mieux faite les renverse. L'importance de la logique ne consiste donc point dans son formalisme, mais bien dans l'action réelle qu'elle exerce sur notre conviction.

Mais M. Tarde ne se contente pas d'avoir ainsi élargi le terrain de la logique. Il veut lui donner encore une nouvelle extension, en l'appliquant, non seulement aux idées, mais aussi aux désirs et aux volontés. Il décompose toutes les actions humaines en syllogismes, et fait du jeu immense des passions, des désirs, des ambitions, des haines, des amours, des craintes, et des emportements qui conduisent aux actions, un tissu inextricable de syllogismes. Dans cette nouvelle forme de jugement, la prémisse majeure est donnée par un désir :

Je désire préparer mon salut dans l'autre monde.

La mineure est constituée par une croyance :

Faire maigre peut y conduire.

La conclusion sera représentée par un acte de volonté :

Je respecterai les carêmes.

La totalité des phénomènes de la vie humaine, tant ceux de la pensée que ceux de l'action, sont donc le produit de jugements syllogistiques : logiques, lorsqu'il s'agit de croyances; téléogiques, lorsqu'il s'agit de désirs et de volitions.

Mais, comme les syllogismes qui prennent naissance dans le cerveau d'un homme, d'une classe, d'un peuple, d'une secte, d'une école, diffèrent le plus souvent de ceux qui naissent dans le cerveau d'un autre, il s'en suit que le jeu externe de la vie ne nous apparaitra que comme une grande bataille de résultats syllogistiques. « Guerres et alliances, nous dit M. Tarde, conflits et accords, tout pousse les sociétés aux grandes agglomérations, c'est-à-dire à la formation de systèmes majestueux, dont les proportions grandissent toujours, et où la logique sociale s'admire elle-même en pyramides de syllogismes, plus hautes et plus fortes que nul tombeau des Pharaons » (p. 73).

La conviction et l'action se faisant toujours de l'homme à l'homme, la valeur de ces syllogismes sera plutôt sociale qu'individuelle. Tous les tiraillements des sociétés seront déterminés par ce procédé de la logique réelle, qui cherchera à introduire l'harmonie à la place de la divergence des opinions. Les hommes chercheront à faire prédominer partout, ce qu'ils croient la vérité ; ils emploieront même la force (la guerre et la torture) pour y réussir. Toutes ces agitations provoquées par le besoin logique de l'unification des contrastes, tendront, par diverses voies, à mettre d'accord ces tendances divergentes de la société, et « le monde social s'acheminera vers un terme lointain, où la solidarité des intérêts aura absorbé presque toute dissidence » (p. 23). La logique sociale, d'après l'auteur, est le porteur de la vie réelle ; elle pousse d'une façon fatale le genre humain à l'harmonisation de toutes les pensées, de toutes les volontés. « Ce que j'appelle logique sociale, dit-il, c'est la direction des faits sociaux qui tendent vers l'unanimité, sans nulle dissidence, de la collaboration des membres d'une société ».

Entre ces éléments logiques, syllogismes logiques et téléogiques, il existe un équilibre instable qui les conduit, de luttes en luttes, à une harmonisation toujours plus complète, vers laquelle tend non seulement l'humanité, mais la nature entière dans son développement. « La vie, la plus haute et la dernière production de la nature, semble n'être que la réalisation de l'accord logique et téléogique le plus parfait, terme ultime de notre série ».

Ce passage de la lutte à l'harmonie, s'effectue par de puissantes secousses, attendu que les éléments sur lesquels travaille la tendance d'harmonisation de la logique, changent et se renouvellent continuellement par de nouvelles inventions qui amènent au jour, sans discontinuer, des idées et des désirs nouveaux « S'il n'y avait qu'à équilibrer les masses de croyances ou les forces de désirs éparses à un moment donné, la société arriverait assez vite à se figer en un ordre stationnaire ; mais comme elle aspire, en même temps, à augmenter ces masses et ces forces, en les multipliant, il doit surgir logiquement de nouvelles découvertes, apports intermittents qui troublent l'équilibration commencée et posent le problème d'une équilibration ultime, plus compliquée et plus ardue. De là, la vie des sociétés, tant qu'elles progressent ».

Cette exposition aussi fidèle que possible des idées de M. Tarde, en donne implicitement la critique, que nous allons compléter par quelques réflexions.

M. Tarde se trompe, selon nous, lorsqu'il veut étendre le rôle du syllogisme, en lui demandant de produire la conviction réelle, puis en le faisant intervenir, non seulement entre les idées, mais aussi entre les désirs et les volontés humaines. Si la logique doit rester une science particulière, elle ne peut faire autrement que de se borner à formuler les règles, d'après lesquelles les vérités formelles peuvent être établies, laissant la connaissance réelle à la charge des autres sciences. Elle doit se borner à l'étude des rapports abstraits entre les pensées, sans réfléchir à leur vérité intrinsèque, c'est-à-dire, à leur application aux problèmes des choses ; dans le cas contraire, la logique s'expose à englober en elle toutes les sciences, ou à devenir d'une façon arbitraire l'arbitre de la vérité réelle. Dans l'exemple emprunté plus haut à M. Tarde avec la rotation de la terre, si la conviction de l'existence de cette vérité ne repose pas sur une opération syllogistique formelle, elle ne peut non plus être donnée par la logique réelle, préconisée par l'auteur. Elle dépend des connaissances astronomiques qui ne peuvent jamais être l'attribut de la logique. La logique réelle est donc tout aussi impuissante que la logique formelle, à établir les vérités réelles. Ces dernières ne peuvent être formulées, que par les différentes sciences qui en traitent. Mais s'il en est ainsi des syllogismes dépendant des sciences, que dire de ceux qui reposent sur les préjugés, les sentiments, les passions, les désirs, les suppositions et tous les éléments aussi instables qu'incontrolables, quoique très réels et très décisifs ? Quelle sorte de science de la vérité réelle pourrait-on baser là-dessus ?

M. Tarde s'imagine que toutes les pensées, les sentiments, les volontés humaines et, comme les vérités conscientes ne sont souvent dues qu'à une impulsion instinctive, les instincts eux-mêmes sont le résultat d'opérations syllogistiques, dont la masse dépasserait celle des pyramides égyptiennes. D'après cet auteur, il faudrait croire que l'homme, lorsqu'il mange parce qu'il a faim, n'est pas poussé par le besoin à introduire les aliments dans son estomac, mais n'exécute que la conclusion d'un syllogisme : *Je sens la faim ; le manger éloigne ce sentiment désagréable ; donc je dois manger.* Il en serait de même, lorsqu'il se sauve devant une épidémie, un tremblement de terre, lorsqu'il se défend contre une attaque, et même dans la sphère de l'intelligence, lorsqu'il prie, lit ou écrit. Nous croyons que dans toutes ces opérations, tant intellectuelles que volitionnelles, l'homme suit, tout comme dans celles de caractère instinctif, une impulsion plutôt aveugle que logique, sans que sa pensée obéisse, même de loin, à une conclusion syllogistique. Il résulte de là, que dans les luttes entre individus, les sectes, les partis, les écoles, les peuples et les races, ceux qui les engagent se soumettent à des forces primaires toutes puissantes, et nullement à ces arguments formulés d'une façon syllogistique.

M. Tarde reconnait d'ailleurs lui-même, que son système n'est pas applicable à toutes les sphères de la pensée humaine ; car il en excepte les beaux arts. Quoique le beau soit, selon lui, « la chose la plus essentiellement sociale, éminemment propre à la conciliation supérieure des désirs et au gouvernement des âmes » (p. 419), il reconnaît que « le rôle social de l'art fait à l'esthétique une place à part, en dehors et au-dessus de la logique et de la téléologie sociale » (p. 451). Et, en effet, comment appliquer l'opération du syllogisme aux impressions esthétiques qui se communiquent par le canal des sens, d'une façon intuitive, et en dehors de toute opération logique de l'intelligence ? L'art a pour effet surtout de mettre d'accord les opinions et les sentiments, et cet accord que M. Tarde, dans les autres sphères de l'activité humaine (la politique, la religion, la morale, le droit), explique par le résultat de la résolution harmonique des syllogismes, dans la sphère de l'art il est forcé de l'attribuer, non à une opération syllogistique, mais à la perception immédiate. La logique sociale est donc exclue de cette partie si importante de l'activité de l'âme. Mais si nous regardons de près, nous verrons que, ni là où il est question d'impulsions naturelles, comme la faim, la peur, la douleur, le plaisir, en un mot, dans toutes les diverses formes que revêt l'instinct de la conservation individuelle, il ne peut être question d'opérations logiques de l'intelligence. Mais même dans les opérations intellectuelles, la forme syllogistique est loin de déterminer toujours la pensée et la volonté. Toute l'activité humaine est le produit de forces impulsives réelles et irrésistibles qui ont très peu à démêler avec la logique et qui souvent la heurtent de front, elle et la vérité.

Il est reconnu que tout jugement peut être construit d'une façon syllogistique, et il est tout aussi incontestable que les hommes, dans leur vie consciente, se conduisent par des jugements, vrais ou faux, peu importe. Ces jugements pouvant être formulés d'une façon syllogistique, et les actes instinctifs eux-mêmes pouvant être transformés en jugements, on pourra toujours réduire l'activité de l'humanité à une série de syllogismes. Mais cette réduction nous paraît plutôt un jeu qu'une occupation sérieuse. M. Tarde a vu dans ce jeu de l'esprit, dans cet exercice auquel un logicien pourrait se livrer, le mécanisme réel de la vie, sa coexistence et son histoire. Il a voulu introduire cette vie réelle dans la logique, et n'a abouti qu'à introduire dans la vie réelle le schématisme de la logique, ou plutôt d'une de ses formes, le syllogisme. Au lieu de matérialiser la logique, il a imposé à la vie elle-même le formalisme de la logique. A quoi sert d'habiller de ce vêtement étranger, le phénomène depuis longtemps connu de la lutte pour l'existence ? Tous les exemples du duel logique, donnés par M. Tarde, ne se rapportent qu'à la lutte pour l'existence. Mais comme cette lutte se passe entre individus humains qui ont la faculté de penser, l'auteur résoud tous ces duels en syllogismes. « Sous cette dispute de boutiques, dit-il, nous découvrons avec surprise un conflit de propositions. La querelle, aujourd'hui terminée, entre le sucre de canne et le sucre de betterave, entre la diligence et la locomotive, entre la navigation à voiles et la navigation à vapeur, était une véritable discussion sociale, voire même une argumentation. Car ce n'était pas seulement deux propositions, mais deux syllogismes qui s'affrontaient. L'un disait par exemple : le cheval est l'animal domestique le plus rapide ; la locomotion n'est possible qu'au moyen d'animaux ; donc la diligence est le meilleur mode de locomotion ; l'autre répondait : le cheval est bien l'animal le plus rapide ; mais il n'est pas vrai que les forces animales soient seules utilisables pour le transport ; donc la précédente conclusion est fausse[1] ». Or voilà précisément ce que nous contestons. La lutte pour l'existence ne revêt pas dans l'homme la forme logique, car dans ce cas elle devrait posséder cette même forme chez les animaux, voire même chez les végétaux. Chez l'homme, la lutte doit passer par la pensée, car l'homme est un animal pensant. Mais elle n'emprunte nullement à la pensée, les arguments qui procurent la victoire à ses champions, ou les font succomber. Le résultat est donné par la supériorité ou l'infériorité des formes qui entrent en lutte. Il est clair que la lutte pour l'existence entre le chat et la souris, ne repose pas sur des syllogismes. Le chat ne dévore pas la souris, en vertu du syllogisme : *J'ai faim ; je suis plus fort que toi ; donc je te mange ;* ni la souris ne prend la fuite, en vertu de cet autre syllogisme : *Être mangé est une mauvaise affaire ; j'ai de bonnes jambes ; donc je me sauve.* Mais la lutte pour l'existence qui reste toujours le même phénomène, indifféremment s'il se passe entre animaux ou individus humains, sectes, religions, partis politiques, langues, écoles littéraires ou artistiques, ne peut être formulée en syllogismes pour le règne inférieur. Il s'ensuit nécessairement que, lorsque cette lutte se livre entre des formes issues de la vie humaine, ce ne sont pas les syllogismes que l'esprit peut formuler sur les péripéties de la lutte, qui en détermine-

---

1. *Les lois de l'imitation*, p. 178.

ront le résultat ; mais que cette forme syllogistique de la lutte pour l'existence, n'est qu'un reflet qu'elle projette dans l'intelligence humaine. M. Tarde qui admet comme moyen de conviction, les motifs réels des actions formulés par des syllogismes, ne fait que revêtir d'un vêtement logique les formes mêmes de la vie. La logique sociale de M. Tarde n'est qu'une excellente étude sur la lutte pour l'existence entre êtres humains [1].

Si l'essai de réduire l'histoire entière, à des enchaînements de syllogismes, ne peut se soutenir, il en sera de même de toute autre tentative de réduire le développement à l'action d'une seule force, par exemple, à celle de la lutte pour l'existence, comme le veulent MM. *Benjamin Kidd, Friederich von Hellvald, Friederich Iodl* et d'autres encore. Cette théorie est tout aussi insoutenable que celle de M. Tarde. La lutte pour l'existence ne peut être comprise, sans admettre une différenciation des individus et une supériorité de ceux qui triomphent, sur ceux qui disparaissent. Mais cette organisation supérieure de certains individus n'est pas le produit de la lutte pour l'existence, attendu qu'elle en est la cause. L'apparition spontanée d'organismes mieux constitués qui triomphent dans la lutte, est due à la force de l'évolution qui crée des êtres toujours plus parfaits. La lutte pour l'existence vient en aide à l'évolution, puisqu'elle affermit les avantages des êtres qui triomphent ; mais l'évolution ne peut être confondue avec la force de la lutte pour l'existence qui en est complètement différente. Puis, la lutte pour l'existence donne l'avantage à certaines espèces sur d'autres, par suite de leur plus complète adaptation au milieu. Ce dernier est donc un élément tout aussi important pour l'évolution, que la lutte pour l'existence, et notamment : le milieu matériel pour les formes matérielles, le milieu intellectuel pour les faits de l'esprit.

Il faut encore observer que la lutte pour l'existence a pour conséquences la sélection des plus aptes. Elle devrait donc assurer à la vie matérielle et spirituelle un progrès continu, attendu que ce sont toujours les êtres les mieux doués qui devraient triompher. Mais, nous avons vu que l'évolution, dans le domaine de l'intelligence, n'est pas un progrès constant. Or, les périodes de recul ne peuvent être expliquées par la lutte pour l'existence, à moins de faire triompher les éléments les plus faibles, ce qui serait con-

---

1. Cette critique de la *Logique sociale* de M. Tarde a été insérée dans la *Revue critique* de M. Chuquet, 1886, n° 26 du 29 juin.

traire au principe de la sélection, conséquence de la lutte pour l'existence. Le recul ne peut être expliqué que par une diminution momentanée dans la force évolutive qui cesse pendant quelque temps de produire des êtres mieux conditionnés.

Mais, comment expliquer, par la lutte pour l'existence, certaines successions de faits qui ne se présentent nullement comme étant en antagonisme avec d'autres. Par exemple, quelle lutte pour l'existence pourrait-on trouver entre les diverses écoles de peinture qui se suivirent en Italie, au temps de la Renaissance ? A quelle lutte enfin, attribuer la naissance inattendue des individualités qui eurent une grande influence sur les peuples ? A quelle lutte surtout attribuer l'intervention fortuite du hasard ?

Réduire le progrès à une seule force, donc à une seule série de causes, peut simplifier, mais non résoudre le problème. La vie est compliquée ; le développement l'est encore davantage ; son explication ne peut qu'avoir le même caractère.

CHAPITRE VII

Les lois du développement

Après avoir étudié les forces qui déterminent le développement, nous devons passer à l'examen de leur mode de manifestation.

C'est cette matière qu'il s'agit surtout de tirer de la confusion, dans laquelle l'ont plongée une foule d'essais prématurés. Sans tenir compte de la différence qui existe entre les faits successifs, et sans s'inquiéter de ce que l'on doit entendre sous le terme de loi, lorsqu'on l'applique à la succession, plusieurs auteurs ont pris pour thème les lois de l'histoire, sans se demander au préalable : que faut-il entendre par *loi historique, loi de développement* ? Quelle est la notion claire et précise que l'on attache à ce mot ? Sont-ce des lois semblables à celles qui ont été formulées pour la physique, la chimie ou l'astronomie ? Sont-ce, en un mot, des lois tirées de la généralisation de certains phénomènes ?

Il nous semble que le premier devoir de la science, est de bien préciser le sens des termes dont elle se sert. Aussi voulons-nous combler cette lacune de la logique des sciences, et pénétrer dans sa véritable essence, la signification du mot de *loi*, lorsqu'il s'applique à la succession. Pour y arriver, nous devons commencer par établir le sens précis du même terme, dans son acception la plus commune, celui des lois de la coexistence, dont celles de la succession ne peuvent être qu'une application plus étendue.

LA NOTION DE LOI. — Il semblerait que cette notion qui se retrouve dans tous les esprits, comme le mot qui l'exprime sur toutes les lèvres, devrait avoir au moins dans les sciences ainsi appelées naturelles, un sens précis, d'autant plus qu'elle constitue la pierre angulaire de l'édifice de ces sciences. Et pourtant ce n'est guère le cas. Cette notion partage le sort de presque toutes les conceptions fondamentales sur lesquelles repose la connaissance humaine, celui du manque de précision.

Le mot de loi désignait à l'origine : « les actes de l'autorité souveraine qui règlent, d'une manière obligatoire, les droits et les devoirs des citoyens [1] » : les lois civiles, pénales, commerciales. Il s'appliquait à ce que les hommes devaient faire. Mais, comme la loi contraignait à l'obéissance de ses prescriptions, elle constituait une règle de conduite générale. Le caractère obligatoire de la loi conduisit à l'application du terme qui la désignait aux phénomènes généraux de l'univers, et *Platon*, le premier, puis plus tard, le poète romain *Lucrèce*, parlent des lois de la nature [2] ». Comme le dit *Bain:* « le terme de loi fut emprunté à la vie civile, pour représenter l'ordre qui existe dans l'univers [3] ».

Si un pareil ordre existe, si une régularité peut être constatée dans la manifestation des phénomènes, cette régularité est due à ce que ces derniers sont le produit des forces de la nature, dont l'action uniforme ne peut avoir pour résultat, qu'une reproduction également uniforme des phénomènes. La loi est donc comme le dit *Spencer* : l'ordre régulier auquel se conforment les manifestations d'une puissance ou d'une force [4] », ou mieux encore *Rümelin :* « la reproduction de la façon d'agir élémentaire, constante et reconnaissable dans tous les cas comme forme fondamentale des forces [5] ». C'est cette reproduction uniforme des phénomènes, qui constitue la loi. C'est ainsi qu'ont été formulées : la loi de la chute des corps, dont la rapidité augmente en raison du carré du temps employé à tomber ; celles de la révolution des planètes, que les aires décrites par leurs rayons secteurs sont proportionnelles au temps, et que les carrés des temps de révolution de deux planètes se rapportent entre eux comme les cubes de leurs distances moyennes au soleil. Il en est de même des lois qui président aux combinaisons chimiques des corps, de celles de la réflexion et de la réfraction de la lumière, de celles des vibrations sonores, de la dilatation des gaz, de la pression des liquides, des courants électriques et, dans un autre domaine, de la loi de l'offre et de la demande, de la division du travail, de la reproduction des notions, etc.

---

1. Larousse, *Dictionnaire*, S. V.
2. « Ὁ Φύςεως νόμος. » *Timaeus*, 83, E. « Fœdera, leges naturae ». *De rerum natura*, V, 924 ; VI, 906 ; V, 57, apud Eucken, *Geschichte und Kritik der Grundbegriffe der Gegenwart*, Leipzig, 1878, p. 115.
3. *Logique*, trad. Compayré, II, p. 14.
4. *Introduction à la science sociale*, p. 44.
5. *Ueber die Gesetze in der Geschichte* dans ses *Reden und Aufsätze*, 1894, II, p. 119.

Le mode de production des phénomènes est uniforme, parce que la force qui y préside s'exerce d'une façon constante et toujours identique. Les mêmes phénomènes se répètent continuellement, sous l'impulsion de la force qui les produit, et aussitôt que la façon de procéder de la force, c'est-à-dire la loi, est connue, les phénomènes cachés dans le sein de l'avenir peuvent être prévus et prédits. Ainsi, nous pourrons toujours prévoir qu'un pont s'écroulera, lorsque le poids des véhicules qui passent dessus sera plus grand que la force de résistance des éléments qui le composent ; qu'une quantité d'oxygène, combinée à une quantité d'hydrogène, produira de l'eau ; qu'une éclipse de lune ou de soleil arrivera tel jour, à telle heure ; qu'une marchandise baissera de prix, lorsque l'offre en dépassera la demande. Si le retour de la plupart des comètes ne peut être prédit, c'est qu'on ne connaît pas les lois de leurs révolutions. Ce qui rend donc les phénomènes coexistants capables d'être prévus et prédits, c'est leur répétition continuelle sous une forme identique, comme produit d'une loi de coexistence.

Mais, a-t-on objecté, définir la loi comme mode de manifestation de la force, équivaut à ne rien dire, attendu que cette dernière notion n'est pas une notion réelle, et lors même qu'elle le serait, elle se rapporte, dans la plupart des cas, à quelque chose d'inconnu. Il faut observer, sous ce rapport, que la notion de force n'est pas absolument inabordable à notre esprit ; nous en avons même une idée assez claire, au moins par la circonstance qu'une de ces forces, celle de la gravitation, a de beaucoup approfondi notre connaissance de l'univers. Les autres forces existent aussi, puisqu'elles se manifestent par des classes différentes de phénomènes. La nature de ces forces, seule, est encore inconnue dans la plupart des cas ; mais la notion de force en elle-même est une notion très réelle. Elle est, comme le dit *Rümelin* « la clef de voûte de la conception sensuelle de l'univers, la notion tout aussi énigmatique qu'indispensable qui se trouve sur les limites de la physique et de la métaphysique [1] ».

La force étant un agent permanent qui ne peut manifester son action que d'une façon identique, il s'ensuit que les lois qui reproduisent cette manifestation ne peuvent changer ; qu'elles sont permanentes, éternelles et toujours les mêmes. *Une loi ne pourra donc jamais présenter d'exceptions.*

---

1. *Uber den Begriff eines socialen Gesetzes, Reden und Aufsätze*, 1894, I, p. 5.

On a voulu aussi reconnaître le caractère de lois, à d'autres généralités de phénomènes qui présentent des exceptions, et on les a désignées sous le terme de *lois empiriques*. Mais, admettre une exception à une loi, c'est en détruire l'essence qui consiste précisément dans son universalité, comme produit d'une force qui agit constamment. D'ailleurs, cette conception de loi empirique varie d'auteur à auteur. Les uns, comme M. *Menger*, veulent y voir des lois qui admettent des exceptions ; d'autres, comme *Rümelin*, des généralités qui ne sont pas susceptibles d'être formulées par des rapports quantitatifs ; J. *Stuart Mill* définit la loi empirique, comme une uniformité dont on ne connaît pas la cause, tandis que *Bain* semble lui donner deux sens différents. Tantôt il la définit, comme Mill, une généralité dont on ne connaît pas la cause ; d'autres fois, il voit dans la loi empirique une généralité pratique et imparfaite qui admettrait des exceptions. Bain cite, comme exemple de la première catégorie, les lois de Képler sur les révolutions des corps célestes, chose assez inexplicable, attendu que ces lois font précisément partie du nombre de celles dont la cause est connue, la gravitation. M. *Ribot* reconnaît concuremment ces deux caractères aux lois empiriques : « elles consistent dans la réduction d'un grand nombre de faits, à une formule unique, mais sans donner leur raison explicative. La constance n'est pas nécessaire pour les lois empiriques, la fréquence suffit [1] ».

Nous pensons qu'il faut absolument rejeter cette notion de loi empirique, au moins dans le sens de loi à exceptions. Elle est de nature à détruire complètement l'idée de loi elle-même, idée essentielle pour bon nombre de sciences, car, comme le dit très bien *Rümelin*: « pour le penseur scientifique, le manque d'exceptions est le signe le plus caractéristique de l'idée de loi [2] ». En effet, si on admet la possibilité d'exceptions à une loi, on ne voit pas pourquoi on s'arrêterait à une seule, et dans ce cas, on risque d'en admettre tant, que la régularité des phénomènes que l'ont veut formuler, serait totalement anéantie. Il faut distinguer la *loi* de la *règle*. La règle souffre des exceptions, et on connaît les adages : pas de règles sans exceptions ; l'exception confirme la règle. Mais la règle n'est pas la manifestation d'une force de la nature ; c'est une conception de notre esprit, un degré de géné-

---

1. Bain, *Logique*, trad. Compayré, II, p. 157, 159. Th. Ribot, *Evolution des idées générales*, p. 223.
2. *Begriff eines socialen Gesetzes*, l. c., p. 16.

ralisation auquel notre connaissance a pu s'élever, tandis que la loi est une manifestation des forces réelles de la nature.

La loi de coexistence est donc, d'après nous, *une manifestation de l'action des forces de la nature, par le moyen d'une reproduction régulière, permanente et éternelle des phénomènes physiques, vitaux ou intellectuels, régularité qui ne souffre absolument aucune exception.*

Lois de causation. — Le manque de clarté de la notion de loi ressort surtout, lorsqu'il s'agit d'établir une distinction qui est pourtant essentielle, celle qui existe entre les lois de manifestation des phénomènes et celle de leur causation, dont les premières constatent le mode d'accomplissement des phénomènes, et dont les dernières expliquent leur production, en en donnant la cause. Ces deux catégories de lois sont profondément distinctes. Pour ne citer qu'un exemple : on ne saurait confondre les lois de Képler sur les mouvements des planètes, avec la loi de la gravitation qui donne l'explication, la cause de ces mouvements. Voilà pourquoi aussi, leur découverte a été faite par deux esprits différents, après un assez grand intervalle de temps.

Pourtant, les hommes de science ne semblent admettre la notion de loi, que sous une seule forme, celle de la généralisation des phénomènes. Ils confondent la manifestation de ces derniers, avec leur explication, ce qui fait dire à *Helmholz*, par exemple, que « la loi nous apparaît comme une puissance objective et qu'en conséquence, nous lui donnons le nom de force[1] ». Cette identification de la loi avec la force qui la produit, confond l'effet avec la cause, deux notions complètement différentes, comme l'observait déjà *Hume*, qui disait que « l'effet était fondamentalement différent de la cause[2] ». Il nous semble que la formule de la physique, que l'angle de réflexion d'un rayon lumineux est égal à son angle d'incidence, constitue une loi de l'optique et encore une des plus précises. Or, comment peut-on voir dans cette loi une puissance objective, une force ? Elle est le résultat, l'effet de la force qui porte le nom de lumière, mais cette loi n'est qu'une de ses formes de manifestation ; elle n'est pas la lumière elle-même.

Cette confusion est faite d'ailleurs, même par des philosophes,

---

1. *Über das Ziel und die Fortschritte der Naturwissenschaften, Populäre Vorträge* 2 tes Heft, p. 189.
2. *Essai sur l'entendement humain*, IV, p. 414.

tels que *Wundt*, qui soutient que « lorsqu'on a trouvé la formule générale d'une classe de faits, c'est-à-dire une loi, on a toujours établi implicitement un rapport défini de cause à effet [1] », principe absolument inexact. Les lois de cristallisation des minéraux sont parfaitement connues, pour chacune des classes qui les constituent; mais ces lois n'établissent aucun rapport de cause, qui expliquerait pourquoi ces différents minéraux cristallisent sous des formes différentes. Par contre M. de *Greef* définit la loi, comme le rapport nécessaire entre deux phénomènes qui se reproduisent d'une façon constante et invariable, quand les conditions où les phénomènes qui se produisent sont les mêmes, et d'une façon variable, quand ces conditions varient [2] » ; il exclut de la notion de loi, la manifestation des phénomènes et la rapporte seulement à leur causation. Mais la loi de manifestation n'est nullement l'expression du rapport entre deux phénomènes, mais bien celle de l'accomplissement d'un seul ; car, quel rapport entre deux phénomènes est exprimé, par exemple, par la loi de la chute des corps, ou par celle de la réflexion de la lumière, ou par celle de la pression des liquides? La même définition erronée de la loi en général, comme « une relation entre deux phénomènes, dont l'un est pris pour la cause, et l'autre pour l'effet », est donnée par M. *Fonsegrives* [3]. Quand la loi de la chute des corps dit que ceux-ci tombent, en augmentant de vitesse proportionnellement au carré du temps parcouru, quel est le phénomène pris pour cause, et quel est celui qui est pris pour effet ?

Ces auteurs confondent deux espèces de lois absolument différentes : les lois de manifestation des phénomènes qui formulent leur façon de s'accomplir, et leurs lois de causation qui expliquent comment ces phénomènes se produisent. La confusion ne peut se justifier d'aucune façon. La loi de manifestation n'est que le phénomène généralisé ; la loi de causation est la généralisation de la cause de ce phénomène. Entre ces deux espèces de lois, il existe la même différence qu'entre la cause et l'effet, notions qui ne peuvent jamais être identifiées.

1. *Uber den Begriff des Gesetzes*, p. 208.
2. *Les lois sociologiques*, Paris, 1896, p. 50.
3. *La causalité efficiente*, Paris, 1893, p. 74. Cette confusion est presque universellement répandue. Voir ex. : Fr. Souffret, *De la disparité physique et mentale des races humaines*, Paris, 1892, p. 75 ; Ernesto Setti, *Il Lamarckismo nella Sociologia*, Genova, 1896, p. 28 ; René Worms, *Organisation scientifique de l'histoire*, Paris, 1894, p. 20 ; Elimar Klebs, *Zur neueren geschichtswissenschaftlichen Litteratur*, *Deutsche Rundschau*, XIV, p. 273. Voir encore les passages rapportés plus bas, Chap. VIII, notes sur de Claussen, Gotthein, Doormann, tous auteurs récents.

Pour établir d'une façon précise le sens qu'il faut attacher au terme *de lois de causation*, et circonscrire en même temps le champ où il faut chercher de pareilles lois, il est nécessaire de déterminer, ce que l'on doit entendre par le terme de *cause*.

Nous ne nous occuperons de la cause que dans les limites du connaissable, laissant de côté ce qui touche aux causes finales. Nous n'entrerons pas même dans la discussion métaphysique de la notion de cause. Il suffira, à cet effet, de rappeler la conclusion de M. *Fonsegrives*, pour lequel « l'effort (physique ou mental) est la forme type de toute causalité efficiente. La science a recours à lui, pour nous faire entendre ce qu'elle veut exprimer par le mot force. Tous les hommes s'imaginent, que tout être cause, déploie au moment où il est cause, une force analogue à un effort. L'idée de causalité est donc bien exprimée par l'effort [1] », et *Laggrond*, qui partage la même manière de voir, ajoute que « nous nous figurons la force comme correspondant à un effort, parcequ'elle provoque en nous la sensation particulière de l'effort ». Il en est de même de M. *Ribot* qui dit aussi que « la conscience de l'effort musculaire est prise comme le type de la causalité primitive [2] ». L'effort et la force expliquent la production des phénomènes ; ils sont donc la cause de ces derniers.

Pourtant, quoique toute cause ait une force pour origine, ces deux notions ne sont point identiques. La cause est la force manifestée dans des circonstances qui influent précisément sur son mode d'action, et c'est cette forme différente de manifestation de la force, qui constitue la cause du phénomène. Voilà pourquoi la même force peut devenir la cause de phénomènes différents. C'est ainsi que la force de la gravitation fait tomber, à la surface solide du globe, les corps plus lourds que l'air et que l'eau. Mais cette même force, agissant dans d'autres circonstances, sur des corps plus légers que les liquides, les fait flotter sur eux, comme elle fait monter dans l'air ceux qui sont plus légers que ce fluide. C'est encore la même force qui, travaillant dans d'autres circonstances, sur des corps détachés du soleil, et lancés dans l'espace suivant une tangente rectiligne, fait tourner les planètes autour du soleil, et les satellites autour des planètes. La cause du mouvement rotatoire des planètes ne peut être attribuée à la seule force de la gravitation, mais bien à cette dernière, exercée à tra-

---

1. *La causalité efficiente*, p. 10 et 33.
2. Laggrond, *L'univers, la force et la vie*, Paris, 1884, p. 33. Th. Ribot, *L'évolution des idées générales*, Paris, 1897, p. 204.

vers les circonstances dans lesquelles elle se manifeste, c'est-à-dire, agissant sur des corps libres dans l'espace, situés à une certaine distance du soleil et doués d'un mouvement initial rectiligne, que la gravitation transforme en mouvement éliptique. La cause pour laquelle les ballons s'élèvent dans les airs, n'est pas non plus la seule force de la gravitation, mais bien cette dernière, exercée dans certaines circonstances, sur les corps, à volume égal plus légers que l'air, et ainsi de suite.

Un phénomène n'est donc que la manifestation d'une force, par l'intermédiaire de certaines circonstances. Si on attribue ordinairement la cause d'un phénomène à un autre phénomène, ce n'est qu'une façon abrégée de présenter les choses; mais qui sous-entend toujours la manifestatation d'une force. Il est vrai que cette dernière, seule, ne peut constituer la cause, et qu'il est inexact de dire, avec *Bain*, que « la cause de tout phénomène doit être interprétée, comme signifiant toujours le pouvoir moteur de la force [1] ». La force, travaillant en dehors des circonstances, ne peut donner naissance aux phénomènes. D'autre part, les circonstances, par elles-mêmes, ne peuvent non plus rien produire, attendu que l'impulsion créatrice fait défaut. La force et les circonstances constituent ensemble la cause, et donnent naissance aux phénomènes, tout comme la coopération du mâle et de la femelle est nécessaire pour donner le jour à des êtres nouveaux. Tout phénomène devant trouver sa cause, dans la coopération d'une ou de plusieurs forces, et d'une ou de plusieurs circonstances, il s'en suit que le rapport de causalité est bien plus compliqué qu'on ne pourrait le croire au premier abord.

Le phénomène pris pour cause (et qui est lui-même le produit d'une force agissant dans certaines circonstances), lorsqu'il vient en contact avec un corps ou un esprit, sur lequel il peut exercer une action (produire un effet), constitue avec les éléments que présente ce corps ou cet esprit, un groupe de circonstances nouvelles, à travers lesquelles, une autre force, ou l'action répétée de la même force se déchaînant, un autre phénomène (l'effet) prend naissance. Le phénomène que l'on prend pour cause, ne constitue, en réalité, qu'une partie de l'une des composantes de toute cause, les circonstances, à travers lesquelles l'autre composante, la force, se manifeste. Ainsi, lorsqu'on attribue l'écroulement du pont de Mönchstein en Suisse, à la rouille de ses boulons,

---

1. *Logique*, II, p. 60.

que signifie une pareille proposition? La rouille n'est autre chose que la désagrégation des molécules du fer, par suite de son oxydation. C'est un fait causé par la force de l'attraction chimique, exercée dans la circonstance du fer exposé à l'air. Comment ce fait de la rouille peut-il être cause de l'écroulement du pont? La désagrégation des molécules, venant en contact avec le corps dont il s'agit — le pont — s'y réunit aux autres circonstances données par le pont lui-même, la forme de sa construction, le poids qui passe dessus, et constituent ensemble un groupe nouveau de circonstances, à travers lesquelles une autre force, celle de la gravitation, donne naissance au phénomène-effet, l'écroulement du pont. L'analyse de la cause qui a produit la catastrophe de Mönchstein, nous montre que l'attribution de cette cause à la rouille des boulons, n'est qu'une reproduction sommaire du jeu, bien plus complexe, qui a amené ce résultat.

Prenons encore quelques exemples, pour mieux élucider cette question capitale : Un fusil se décharge et tue un homme. On attribue immédiatement sa mort (l'effet) à la décharge (la cause). En réalité l'opération est bien plus compliquée. Le chien, en tombant sur l'amorce, produit une étincelle, un fait qui est lui-même l'effet de la force mécanique du mouvement brusque, exercé dans les circonstances données par la matière inflammable. Ce fait, venant en contact avec le corps nouveau de la poudre enfermée dans un long tube, constitue, avec ces circonstances, les éléments à travers lesquels se déchaîne la force d'expansion du gaz contenu dans la poudre. L'effet est le mouvement rapide imprimé à la balle. Ce fait, à son tour, venant en contact avec un corps humain, et pénétrant dans ses tissus, s'y réunit à un groupe d'autres circonstances, à travers lesquelles se déchaîne la force destructive de la vie, la mort. La révolution de 1830 trouve sa cause, dans les tendances absolutistes du règne de Charles X. Ces tendances sont un fait produit par la force de l'individualité exercée à travers certaines circonstances (roi régnant sur le peuple français). Ce fait, venant en contact avec l'esprit de ce peuple, constitue une partie des circonstances, à travers lesquelles une autre force, celle de la conservation de l'espèce, amène le fait de la révolution.

Il est vrai que, dans l'usage journalier, et même dans la science, on fait souvent abstraction des forces, pour ne s'en tenir qu'aux circonstances dans lesquelles elles s'exercent. De cette façon, le rapport causal est établi seulement, par les relations entre les circonstances par le moyen desquelles les forces agissent, sans que ces dernières soient mentionnées. Cette attribution de la cause du phénomène à un autre phénomène, n'est qu'une expression en raccourci de l'action des forces, dont l'impulsion est indispensable pour amener les phénomènes à la lumière du jour. Mais quoiqu'une pareille façon de présenter les choses, puisse en faciliter l'exposition, il ne faut pas se laisser induire en erreur et prendre le côté extérieur des phénomènes, c'est-à-dire, les circonstances dans lesquelles les forces se manifestent, pour le véritable moteur des phénomènes, comme le fait par exemple M. Fonsegrives, lorsqu'il dit, que « si l'on demande quelle est la véritable cause qui fait marcher un train, on n'hésitera pas à la voir dans le mécanicien, et à ne trouver dans la locomotive qu'un instrument[1] ». Le mécanicien, pas plus que la locomotive, ne sont la véritable cause du mouvement du train. Cette dernière ne peut-être que la force de l'expansion de la vapeur d'eau, placée dans les circonstances voulues par la locomotive et le mécanicien.

Cette attribution de la cause à l'action d'une force, tranche en même temps une question qui a soulevé bien des controverses. Elle explique pourquoi, une simple séquence ne constitue pas une relation causale, comme dans le fameux exemple du jour qui n'est pas la cause de la nuit, quoique cette dernière le suive dans le temps. Le jour n'est pas la cause de la nuit, parce qu'il n'est pas la force qui donne naissance à cette dernière, mais bien jour et nuit sont le produit de la même force — la rotation imprimée à la terre par le mouvement initial — agissant dans des circonstances différentes de position de la terre par rapport au soleil. Les séquences simples et non causales sont, dans le développement, le produit de la même force appliquée à des circonstances continuellement autres. Les œuvres successives d'un auteur ne sont pas ordinairement la cause les unes des autres, mais bien le produit de la force individuelle qui s'incorpore dans des circonstances continuellement changeantes.

Il faut observer qu'une pareille controverse ne pouvait se produire, que dans la conception de la cause comme loi de l'entendement, comme forme logique de la pensée. Cette conception est d'autant moins justifiée, qu'il est établi « que la raison logique (principe de la connaissance) ne doit pas être confondue avec la raison réelle (cause). Le principe de la raison suffisante appartient à la logique, celui de la causalité à la méta-

---

1. *La causalité efficiente*, p. 139.

physique. Le premier est le principe fondamental de la pensée, le second de l'expérience. La cause se rapporte à des objets réels ; la raison logique rien qu'à des représentations [1] ».

Maintenant que nous avons établi le sens précis du terme de cause, examinons la façon dont elle se manifeste, et notamment, dans la classe des faits où cette manifestation a lieu sous forme de loi, c'est-à-dire, dans la classe des faits coexistants. Dans cette classe de faits, la causalité se présente sous une forme universelle, attendu qu'en dehors de la force qui possède ce caractère, le second élément de la cause, les circonstances, prennent aussi une forme universelle. Il faut pourtant remarquer que cette universalité des circonstances, requise pour constituer la loi, n'est nécessaire que par rapport au temps, et non à l'espace. Il y a des cas, où les circonstances sont universelles, aussi quant à l'espace ; mais cette condition n'est pas indispensable pour l'existence de la loi. C'est ainsi que se trouvent être universelles, non seulement quant à notre globe, mais aussi pour les autres planètes, les circonstances causales par lesquelles se manifeste la force de la gravitation dans la flottaison : la légèreté supérieure des corps par rapport à l'eau ; celles par lesquelles la même force se manifeste dans l'ascension des corps dans l'air ; la légèreté plus grande de ces derniers que le volume d'air déplacé ; celles à travers lesquelles la gravitation agit, dans la révolution des planètes autour du soleil : la position des corps célestes par rapport à ce dernier ; le concours de la force du mouvement rectiligne initial. Les causes de ces phénomènes peuvent être formulées d'une façon générale, non seulement quant au temps, mais aussi quant à l'espace. La cause de la flottaison est, que les corps sont plus légers que l'eau, et *tous les corps* qui possèdent cette propriété flottent sur l'eau ; la cause de l'élévation de certains corps dans l'air est, que ces corps sont plus légers que l'air, et tous les corps plus légers que ce fluide s'élèveront dans sa masse ; la cause de la révolution des planètes autour du soleil est, que ces corps, libres dans l'espace, sont animés d'un mouvement rectiligne initial, et sont en même temps continuellement attirés par le soleil, en vertu de la force de la gravitation. Lorsque toutes les planètes actuelles n'étaient pas encore connues, on avait prévu que celles qui seraient découvertes par la suite, seraient aussi soumises à cette même loi, et si, maintenant, il

---

1. Kiesewetter, *Logik*, I, p. 18, cité par Schopenhauer, *Quadruple racine*, p. 30.

arrivait que l'on en découvrit encore d'autres, la même loi leur serait rigoureusement applicable. Mais il y a des phénomènes qui sont dus aussi à des lois de causation, sans qu'ils possèdent un caractère universel quant à l'espace ; des phénomènes qui ne se produisent que dans une classe, ou même dans une espèce de corps particuliers, comme par exemple, les combinaisons chimiques qui ne s'accomplissent qu'entre tels et tels groupes, ou même entre telles espèces de corps spécialement déterminés. Il y en a enfin qui ne s'accomplissent que sur des corps individuels. Telle est la cause de la répartition différente de la lumière et de la chaleur solaire, sur les différentes régions de notre planète, répartition qui a pour cause, les forces de la rotation et de la révolution de la terre, accomplies dans les circonstances de la forme de la terre, et de l'inclinaison de 23 degrés de son axe sur l'écliptique, *inclinaison absolument spéciale à la terre*. Il en est de même de la cause de la répartition complètement différente de la lumière et de la chaleur sur la planète de Jupiter, dont l'axe est presque perpendiculaire à son écliptique, et sur la planète Vénus, dont l'axe est presque horizontale et parallèle à son écliptique. Ces inclinaisons spéciales, particulières à chaque planète, constituent des circonstances d'espace, uniques pour chacune d'elles, et excluent donc l'élément général de la seconde composante de la cause des phénomènes, les circonstances. Pourtant, quoique individualisée, quant à l'espace, cette répartition n'en constitue pas moins une loi, et l'on peut parfaitement parler de la loi de la succession des saisons, et de la loi de la succession du jour et de la nuit ; mais cette loi sera différente d'après les planètes, parce que les conditions matérielles (de l'espace) sont différentes sur chacune d'elles[1]. Si les causes, dont les circonstances sont individualisées quant à l'espace, possèdent toutefois le caractère de loi, cette qualité ne peut leur être attribuée, que parce que leur reproduction n'a pas de limites dans le temps, qu'elle est éternelle, au moins par rapport à notre existence humaine.

Quand la cause revêt donc une forme universelle, quant à la durée, c'est-à-dire lorsqu'elle est éternelle, elle devient par là même,

---

[1]. Observons que cette individualisation des circonstances d'espace, est encore une preuve que les sciences naturelles, même celles de caractère coexistant, ne s'occupent pas seulement de vérités générales. Cette preuve qui ne pouvait être rapportée plus haut (Chap. II, p. 29), lorsque nous nous sommes occupé du caractère scientifique de l'histoire, doit être ajoutée aux considérations, par lesquelles nous établissions que la définition de la science, comme système de vérités générales, est une définition trop restreinte, et par suite inexacte.

indépendante de l'action du temps ; elle prend alors la forme d'une loi, et constitue ce que l'on est convenu d'appeler une loi de causation.

Ces lois contiennent l'explication des lois de manifestation des phénomènes, et il ne peut en être autrement, attendu que la manifestation de ces derniers, ayant lieu sous la forme universelle de lois, leur production et leur explication ne peuvent se présenter que sous la même forme générique, *l'explication d'un seul phénomène devant s'appliquer à tous ceux de la même classe*. Les lois de manifestation des phénomènes entrainent inévitablement leur explication, *lorsque cette dernière est connue*, toujours sous forme de loi de production ou de causation.

La restriction « lorsqu'elle est connue » est indispensable ; car il ne faut pas croire, qu'aussitôt qu'une loi de manifestation est connue, sa cause, c'est-à-dire la loi de causation qui l'explique, le soit aussi. Pour certains faits, les deux genres de lois sont possédés par l'esprit. C'est ainsi que le phénomène de la chute des corps, sera régi par la loi de manifestation, que la rapidité de la chute augmente proportionnellement au carré du temps parcouru, et qu'il sera expliqué par la loi de gravitation, que les corps tombent, *parcequ'ils* sont attirés vers le centre de la terre. Le phénomène de la dilatation sera régi par la loi de manifestation, que la dilatation est proportionnelle à la chaleur, et expliqué par la loi de causation, que les corps se dilatent, *parceque* la chaleur éloigne et désagrège les molécules dont ils sont composés. Quand l'esprit possède ces deux genres de vérités sur les faits, il a acquis le plus haut degré de connaissance scientifique, qu'il lui soit donné de posséder.

Il existe par contre un grand nombre de phénomènes, dont on ne connait que les lois de production, sans en connaitre les lois de causation. Tels sont, par exemple, ceux qui concernent le mode de cristallisation des minéraux. On sait, par exemple, que la galène, ou sulfure de plomb, et la pyrite de fer, cristallisent en forme cubique, et on a formulé ce phénomène général, sous forme de loi ; mais on ne saurait donner la raison pour laquelle ces minéraux prennent dans leur cristallisation cette forme géométrique. Est-ce, parce que c'est une cause finale, inabordable à notre esprit, ou bien parceque la cause, en elle-même accessible, n'a pas encore été découverte ?

Dans le domaine de la coexistence vivante, on peut aussi trouver l'explication des phénomènes, au moyen de lois de causation, aussitôt que l'on y a découvert celles de leur manifestation. Mais comme les phénomènes, dans ce domaine, sont dus à la vie, et qu'ils sont le produit d'existences individuelles qui ont la faculté de réagir contre les lois directrices, il s'en suit que ces lois ne s'accomplissent plus d'une façon aussi rigoureuse, que cela arrive pour les faits de la matière brute. Elles laissent un jeu plus libre aux phénomènes de la vie et de l'intelligence. Les lois de coexistence, lorsqu'elles concernent les phénomènes vivants, tout en ne présentant aucune exception, ne se laissent plus enserrer dans des formules mathématiques.

Citons en quelques exemples :

Les minéraux cristallisent sous des formes géométriques, et par conséquent symétriques, des deux côtés d'une ligne médiane, que l'on supposerait tracée sur les figures formées par les cristaux. Cette forme géométrique possède le caractère complet des figures mathématiques, et le rapport entre les lignes qui la composent, peut être exprimé par des nombres. Une forme symétrique se retrouve aussi chez les végétaux, et encore plus accentuée chez les animaux ; mais cette symétrie n'aura plus le caractère précis, mathématique des formes cristallines. M. *Vianna de Lima* l'a aussi observé, lorsqu'il dit que « les formes vivantes se distinguent généralement par une structure moins fixe que celle de la plupart des cristaux ; leur géométrie parait plus capricieuse[1] ». Elles posséderont des contours bien plus généraux qui permettront à l'individualité de remplir le même cadre, par des figures toujours différentes qui constituent l'inépuisable variété de la vie. Il en est de même de l'action de la chaleur dans les deux règnes, de l'inorganique et de la vie. L'influence de la chaleur sur les métaux, par exemple, provoque leur fusion et même leur évaporation. Ce passage, de l'état solide à l'état liquide, sera toujours mathématiquement déterminé et déterminable. C'est ainsi que, le plomb fond à 332°, l'or à 1037°, le fer à 1500°. La chaleur et le froid exercent aussi une action sur la vie des plantes et des animaux. Au dessus et au dessous d'un certain nombre de degrés, la vie est impossible. Mais cette limite varie, non seulement d'après les genres et les espèces, mais même au sein de ces dernières, d'après les individus. Tel individu, plus fortement constitué, supportera un froid ou une chaleur, auxquels un autre ne pourra résister. Or, cela n'arrive jamais dans le règne de l'inorganique, où, si l'on peut

---

1. *Exposé sommaire des doctrines transformistes*, Paris, 1885, p. 15.

rencontrer des différences, dans la température à laquelle fondent les métaux, cela provient du fait que rarement ils se rencontrent à l'état pur, et qu'ils sont toujours mélangés les uns avec les autres. Réduits à l'état de pureté absolue, les métaux doivent fondre à une température rigoureusement déterminée.

Il en est de même pour les lois de la coexistence intellectuelle, dont la précision est encore moindre. La loi de l'offre et de la demande régit d'une façon universelle les faits de l'esprit de caractère économique. L'augmentation de l'offre fait baisser le prix des marchandises, tandis que celle de la demande le fait hausser. Jusqu'à quel point la hausse où la baisse arriveront-elles, c'est ce qu'il est tout à fait impossible de connaître, à cause de l'élément individuel qui intervient dans la production ou la consommation, et modifie les conditions dans lesquelles elles s'accomplissent.

Bain observe la même circonstance, sans pourtant attribuer la cause de cette différence à l'intervention de l'élément individuel qui seul peut l'expliquer. Il dit : « les trois formes de la force : chaleur, force chimique, électricité, sont les espèces les mieux définies que présente l'action moléculaire. Elles peuvent toutes être mesurées, et l'on établit strictement l'équivalent mécanique de chacune d'elles. Quant à la force nerveuse, agent de la vie, bien qu'elle ne puisse être soumise à une mesure précise, nous concluons, par analogie, qu'il y a une équivalence exacte entre elle et les transformations chimiques qui lui donnent naissance[1] ». Quelle est la raison pour laquelle la force nerveuse ne se prête pas à une mesure précise ? Nous n'en voyons pas d'autre, si ce n'est qu'elle diffère suivant les individus, car si elle était partout la même, sa formule mathématique ne serait pas plus difficile à trouver, que celle de l'équivalent mécanique de la chaleur.

L'accomplissement des lois de manifestation des phénomènes de la vie et de l'intelligence, ne présentant plus le même degré de précision que celles qui régissent les phénomènes de la matière brute, il s'ensuit que leur causalité montrera aussi le même relâchement dans la rigueur des lois. Elle prendra toujours la forme d'une loi de causation, mais le rôle de la force dans le jeu de la cause sera influencé d'une façon bien plus puissante par le second élément de la causalité, les circonstances dans lesquelles la force agit. Les formes individuelles de la vie et de l'esprit, ainsi que le

---

1. *Logique*, II, p. 43.

hasard, joignant leurs forces particulières aux circonstances de la cause, pourront exercer une puissante influence sur le jeu de cette dernière. Ce sont ces éléments qui expliqueront les variations que les phénomènes présenteront au sein de la loi à laquelle ils obéissent. Par exemple, une crise commerciale ou industrielle a sa cause dans la superproduction, c'est-à-dire, dans l'augmentation de la production au delà des besoins. Mais cette crise pourra affecter les producteurs ou les marchands à différents degrés, les uns plus, les autres moins. Pendant que pour les uns, elle se résoudra en pertes supportables, pour d'autres elle amènera la faillite et la ruine. L'explication de la crise réside dans la loi de causation de la superproduction ; celle de chaque cas individuel, dans les circonstances qui l'accompagnent.

Si toutes les sciences de la coexistence étaient définitivement constituées, et si les lois de manifestation de leurs phénomènes étaient connues, l'explication causale *accessible* de ces phénomènes, devrait se présenter sous la forme de lois de causation. Mais il s'en faut de beaucoup qu'il en soit ainsi. Plusieurs sciences ne sont pas encore parvenues à formuler les lois de manifestation de leurs phénomènes, ou bien, les lois qui ont été formulées, sont sujettes à révision. Dans bien des cas, le phénomène général (la loi) seul est connu, tandis que sa cause reste cachée. Voilà pourquoi plusieurs sciences des faits coexistants se présentent sous une forme imparfaite, et ne sont que des sciences en voie de formation. Mais ce ne peut être qu'un état transitoire, attendu que toutes les sciences des faits coexistants doivent logiquement arriver à pouvoir formuler leurs manifestations sous forme de lois et, par conséquent, dans les limites du possible, sous la même forme, aussi leurs causes. Si nous ne pouvons le faire de nos jours, pour toutes les sciences, et pour tous leurs phénomènes, la raison en est que nous ne sommes, en général, qu'à l'aurore de la vie scientifique, dont le plein soleil brillera dans l'avenir.

Il nous reste encore une importante observation à signaler. Il peut sembler que les lois de manifestation donnent par elles-mêmes l'explication des faits qu'elles régissent. C'est cette apparence qui a fait dire à *Wundt*, que « lorsqu'on a trouvé la formule générale d'une classe de faits, c'est-à-dire, une loi, on a toujours implicitement établi un rapport défini de cause à effet[1] », et à M. de *Greef*, que « lorsque nous rattachons les faits particu-

1. Ci-dessus, p. 179.

liers à une loi générale, nous disons, communément, que cette loi est la cause de ces phénomènes[1] ». Ainsi, par exemple, si l'on se demande pour quelle cause un corps, en tombant, augmente de vitesse proportionnellement au carré du temps parcouru, la réponse sera contenue dans la loi de la chute des corps, que la vitesse *de tous les corps qui tombent* augmente dans cette proportion. Si l'on veut connaître la cause pour laquelle, à la chute de la foudre, on perçoit d'abord la lumière, puis le bruit qu'elle fait, on trouvera que, tandis que la perception de la lumière est pour ainsi dire instantanée, celle du son est infiniment plus lente, 342 mètres par seconde. Si l'on s'enquiert de la cause pour laquelle, un miroir réfléchit les rayons du soleil, sous un angle égal à l'angle d'incidence, la réponse sera, que toujours l'angle de réflexion est égal à l'angle d'incidence, et ainsi de suite.

Il semblerait donc que les lois de manifestation donnent l'explication, la cause des phénomènes singuliers dont elles sont extraites. Mais ce rôle des lois de manifestation n'est qu'apparent, En effet, remarquons à quelles demandes causales, ces lois de manifestation servent de réponse ? A des demandes qui ne sont elles-mêmes que des cas de manifestation de la loi. On se demande pourquoi un phénomène s'accomplit de telle façon, et on pense en trouver l'explication causale dans le fait que ce phénomène est général. Or, dans un pareil cas, il ne s'agit pas d'une information relative à la cause réelle du phénomène, mais d'une tautologie qui formule, dans une demande, la réponse contenue implicitement dans la loi de manifestation du phénomène ; car lorsqu'on demande pourquoi un corps, en tombant, augmente de vitesse dans la proportion connue, on ne fait que formuler interrogativement la loi de la chute des corps. Quand on demande pourquoi la lumière précède le son, on formule aussi par une interrogation, le rapport de deux lois de manifestation de deux phénomènes. L'explication, dans tous ces cas, n'est qu'apparente, attendu que la loi de manifestation, n'étant que le phénomène généralisé, il résulterait que l'explication du phénomène, par la loi qui le régit, ne serait que *l'explication du phènomène par le phénomène*, ce qui serait absurde. Quelle belle explication du fait en vérité, exclame avec raison M. *Labriola*, que de supposer la généralisation du fait lui-même comme moyen d'explication[2] » ? La cause étant toujours donnée par la force et les circonstances dont le phéno-

---

1. *Les lois sociologiques*, Paris, 1889, p. 46.
2. *Essai sur la conception matérialiste de l'histoire*, Paris, 1897, p. 246.

mène est le produit, elle ne peut être contenue dans ce dernier, mais doit lui venir du dehors.

Nous avons vu qu'un phénomène trouve toujours son explication dans un autre phénomène, jusqu'à ce qu'on se heurte aux causes finales. Il s'ensuit donc, que la loi de manifestation d'un phénomène peut toujours servir de cause explicative pour un autre ordre de phénomènes. C'est ainsi que la loi de la chute des corps joue le rôle de loi de causation, vis-à-vis d'autres phénomènes qui dépendent précisément de son mode de manifestation.

Par exemple, les avalanches produisent des effets d'autant plus désastreux, que les neiges qu'elles entraînent tombent de plus haut. La cause de leur violence réside, comme toute cause, dans deux éléments : la force mécanique représentée par la loi de la masse multipliée par la rapidité du mouvement, et les circonstances : données par le volume de la masse des neiges ébranlées, la hauteur de la chûte, et le *fait* que la rapidité augmente d'autant plus, que la distance parcourue est plus grande, cette dernière circonstance étant le résultat de la loi et de la chûte des corps. La loi de manifestation, lorsqu'elle sert à expliquer une autre loi, ne constitue, dans la totalité causale, qu'une partie des circonstances à travers lesquelles une autre force, ou un autre effort de la même force, produit son action. C'est ainsi que dans l'explication (la cause) des avalanches, la loi de la chute des corps ne constitue plus qu'une partie des circonstances : la rapidité de la chute ; les autres circonstances étant données par le volume des neiges déplacées, et la hauteur d'où ces neiges tombent. A travers ces circonstances, une autre force se manifeste, la force mécanique, exprimée par la loi de la masse, multipliée par la vitesse.

Il faut encore observer, que les lois de causation servent souvent à expliquer des faits spéciaux, individuels. C'est ainsi que l'on a calculé, par l'application des lois qui régissent les avalanches, la quantité de travail en chevaux-vapeur, que pourrait fournir la cataracte du Niagara (17,000,000). Mais, ces faits singuliers ne sont que des cas individuels de lois générales. La méthode, employée pour calculer la force de la chute américaine, est applicable à toutes les cascades, comme aussi la force, développée par l'éboulement des avalanches, peut être représentée par une formule générale, applicable à tous les cas particuliers.

Pour les faits coexistants, nous pouvons donc formuler les principes suivants, quant à leur manifestation et à leur explication causale :

1) Tout fait coexistant n'est que le cas spécial d'une loi de manifestation.

2) Le fait lui-même, ainsi que la loi qui le régit, peut trouver son explication dans la loi de manifestation d'un autre ordre de phénomènes, et qui devient loi de causation pour le fait expliqué. Cette cause peut à son tour trouver son explication dans une autre loi de manifestation, et ainsi de suite, jusqu'à la limite de l'explication possible qui touche aux causes finales.

3) Une loi de manifestation ne donne jamais l'explication de ses propres phénomènes.

Lois de la succession. — Les faits coexistants sont régis par des lois. Bien qu'on n'en connaisse encore qu'une petite partie, leur existence ne peut être mise en doute, et les efforts des sciences théoriques tendent précisément à les découvrir. L'obstacle le plus sérieux qui s'oppose à ce qu'elles soient formulées dans tout le domaine de la coexistence, c'est l'intervention de l'individualité dans la vie de la matière, et plus encore dans celle de l'esprit; mais le principe général de la manifestation, et par suite de la causation des phénomènes de la coexistence, sous forme de lois, n'en reste pas moins inattaquable.

Voyons ce qui en est de la succession, et si cette dernière peut aussi être régie par des lois de manifestation, et expliquée par des lois de causation des phénomènes dont elle se compose ?

Nous avons vu ci-dessus (p. 184) que la condition essentielle pour l'existence d'une loi, c'est son indépendance de l'élément du temps, c'est-à-dire son éternité ; car un phénomène qui se répète toujours, cesse par là-même d'être soumis à l'action du temps. Cette action ne devient au contraire un agent de la succession, que lorsqu'elle modifie les phénomènes ; cette modification montre que les faits sont soumis à sa puissance transformatrice. S'il s'agit de trouver des lois dans la succession, il faut que ce soient des généralités qui se répètent toujours, et qui, quoiqu'elles donnent naissance à des faits toujours nouveaux, n'en restent pas moins immuables, en un mot des généralités, sur lesquelles le temps n'a aucune prise. Or, de pareilles généralités, doivent exister en histoire, attendu que toutes les forces de la nature, tant celles qui soutiennent la coexistence, que celles qui déterminent le développement, manifestent leur action par des régularités, qui ne sont pas soumises à l'action du temps, et qui ne souffrent aucune exception, donc par des lois. Ces régularités éternelles constituent *les lois abstraites*, tant celles de la coexistence que celles de la succession. Mais ces lois, manifestation des forces, pour donner naissance aux phénomènes, doivent s'incorporer dans des circonstances ; car les faits, coexistants ou successifs, ne sont que le produit des forces (donc de leur mode de manifestation, des lois), à travers les circonstances de l'existence. Dans la coexistence, *ces circonstances sont aussi permanentes, et ne changent pas avec le temps*. Il en résulte que les faits sont toujours identiques, et ces faits généraux constituent les *lois concrètes* de production et de causation des phénomènes. Dans la succession, *les lois abstraites s'incorporent dans des circonstances toujours changeantes*, et donnent naissance aux faits successifs, et aux séries qui les relient les uns aux autres. Les lois abstraites de la succession ne peuvent jamais donner naissance à des lois concrètes de production des phénomènes, attendu que le second élément nécessaire à la production et à la causation des phénomènes sous forme de lois concrètes, *les circonstances de caractère général, font défaut*. C'est ainsi que la force de la gravitation se manifeste par la loi abstraite, que les corps s'attirent en raison directe des masses, et en raison inverse du carré des distances. Ce principe abstrait, incorporé dans la circonstance de corps plus lourds que l'eau et l'air, et laissés libres à la surface de la terre, donne naissance à la loi concrète, que ces corps tombent sur son écorce solide, en augmentant de vitesse, avec le carré du temps employé à tomber. Incorporé dans la circonstance de corps plus légers que l'eau ou l'air, il a pour effet de déterminer la loi concrète de leur ascension dans ces fluides, avec une rapidité inverse, mais toujours dans le même rapport. Incorporé enfin dans les corps célestes, avec leur distance du soleil et la rapidité de leur mouvement rectiligne initial, il donne naissance aux lois des mouvements de ces corps autour de l'astre central. Mais dans tous ces cas, l'incorporation de la loi abstraite, manifestation de la force de la gravitation, se fait *dans des circonstances générales*, et donne naissance aux lois concrètes de la chute des corps, de la flottaison, de l'ascension des corps dans l'air, de la révolution des planètes autour du soleil. Il en serait de même des lois abstraites de la coexistence, dans les phénomènes de la vie matérielle et dans ceux de l'esprit.

Voyons ce qui arrive, avec l'incorporation d'une loi abstraite de la succession, dans les circonstances du développement, par exemple, de la loi de l'évolution par le haut et de haut en bas.

Cette loi abstraite qui régit toute succession intellectuelle, s'incorporera dans des circonstances toujours différentes et spéciales, à tel peuple, à tel groupe humain, et donnera naissance, non plus à des lois concrètes de manifestation des phénomènes successifs, mais bien à des séries historiques différentes et dissemblables. Il en serait de même de la loi, que la réaction est en proportion inverse de l'action, ainsi que des formes générales de la vie intellectuelle (économiques, politiques, religieuses, morales, juridiques, artistiques et littéraires) qui sont, comme clichés, les mêmes chez tous les peuples, tandis que les corps, que ces différentes formes de la vie prennent chez chacun d'eux, diffèrent souvent bien profondément.

Les lois de la succession n'existent donc, que comme manifestation abstraite des forces du développement. Elles ne peuvent jamais s'incorporer dans des lois concrètes de manifestation ou de causation des phénomènes successifs, *attendu que le second élément qui est indispensable à l'existence de pareilles lois, l'universalité et la permanence des circonstances, font défaut.* Les lois abstraites de la succession, qui s'incorporent dans des circonstances toujours différentes, donnent naissance aux séries historiques.

L'action des forces du développement peut donc être considérée à trois points de vue différents :

1). D'abord, en elle-même, et sans relation avec les faits. Cette action donne naissance à la répétition des mêmes *procédés*, mis en œuvre par la succession, pour réaliser le progrès. Cette répétition constitue les *lois* dont l'action se reproduit continuellement ; ce sont des rouages éternels. *Voilà le seul champ où l'on peut trouver les lois de l'histoire, que l'on a tant cherchées.*

2). L'action de ces forces diversement combinées, incorporée dans les formes de l'existence, matière vivante ou esprit, dont les circonstances sont toujours différentes, donne naissance aux successions différentes d'événements chez les divers genres, espèces, peuples et formations historiques. Ce sont les *séries historiques* dont nous nous occuperons plus loin.

3). La même action des forces, à travers les circonstances de la vie ou de l'esprit, produit, en même temps que les séries, les *faits singuliers*, que ces séries enchainent et relient dans la succession.

Si nous considérons, par exemple, le grand événement historique des guerres russo-turques, nous y apercevons d'abord la manifestation abstraite et générale de la loi, produit des forces qui agissent sur la succession : l'expansion, par le moyen de la lutte pour l'existence, et par l'intermédiaire de la force individuelle, combinée parfois avec l'intervention du hasard. On y découvre facilement par exemple, la loi qui prédomine dans ce conflit (par l'action de la force dominante, la lutte pour l'existence), que cette lutte, ayant lieu entre deux éléments non assimilables, conduit fatalement à la perte de l'un d'eux. Cette loi, que l'on retrouve dans le cas des guerres russo-turques, a une valeur éternelle ; elle exercera son action, toutes les fois qu'un conflit interviendra entre deux éléments rivaux. Mais, cette loi est perçue comme telle, seulement, si on fait abstraction des éléments auxquels elle s'applique, et ce n'est que par ce moyen que nous pouvons la retrouver dans les conditions absolument dissemblables, dans lesquelles elle se présente ailleurs, par exemple, entre deux espèces animales ou entre deux mots d'une langue. Mais, en dehors de la loi, les guerres russo-turques se développent en une série qui affermit toujours davantage les succès remportés par l'un des champions sur l'autre. La force de la lutte pour l'existence, combinée avec d'autres, descend dans les faits, et donne naissance, dans ce cas, aux guerres russo-turques ; comme dans d'autres, c'est toujours elle qui anime les guerres puniques, les coalitions contre la Révolution française, et dans des domaines plus éloignés, la lutte entre les espèces animales, ou entre les divers dialectes d'une langue. Ce sont toujours les mêmes forces, mais combinées dans d'autres proportions, qui donnent naissance aux faits singuliers, dont se composent les guerres russo-turques. Pour la constitution de la série entière, c'est la force de la lutte pour l'existence qui agit comme élément prépondérant, tandis que la force de l'individualité et celle du hasard, n'interviennent que comme éléments secondaires. Dans la genèse des faits individuels, c'est la force de la lutte qui se retire au second plan, laissant le premier rôle aux autres. C'est ainsi que la guerre de 1769-1774 fut provoquée par l'immixtion de l'impératrice Catherine II, donc d'une individualité, dans les affaires de la Pologne, immixtion que les Turcs considéraient, — et à bon droit — comme une attaque indirecte contre leur propre empire. Le hasard intervint aussi pour donner naissance à la guerre, à *ce moment là :* les Russes, poursuivant les Polonais, passèrent, dans la chaleur de l'action, la frontière turque, et détruisirent la ville de Baltzi, située en Moldavie [1].

---

[1]. Voir sur les guerres russo-turques : A.-D. Xénopol, *Etudes historiques sur le peuple roumain*, Jassy, 1883.

Dans cet exemple, les trois effets de l'action des forces se montrent d'une façon claire et précise : le côté général — *la loi* ; le côté successif — *la série*, et le côté individuel — *le fait particulier*.

Il résulte de ce qui précède, que le domaine des lois de la succession est beaucoup plus restreint, que celui des lois de la coexistence. Dans la sphère de la coexistence, les lois de manifestation, aussi bien que celles de causation des phénomènes, sont l'incorporation des forces, dans les circonstances de l'existence : matière, vie ou esprit ; dans celle de la succession, les lois ne sont que la manifestation *in abstracto* des forces, sans l'adjonction d'aucune circonstance. Comparons par exemple la loi absolument générale de caractère coexistant, que les corps tombent en augmentant de vitesse, proportionnellement au carré du temps parcouru, avec la loi du développement, que le progrès s'accomplit de haut en bas. La première s'incorpore dans des corps matériels, des masses et des distances ; la seconde n'exprime que d'une façon absolument abstraite la marche du progrès. Les lois de la succession ne sont, à proprement parler, ni des lois de manifestation, ni des lois de causation des phénomènes ; mais de simples lois de rapport et de mouvement. Et il est très naturel qu'il en soit ainsi. La force ne devient phénomène, loi de manifestation, ou de causation, que lorsqu'elle s'incorpore dans les formes de l'existence. En tant que simple force, elle n'est que rapport ou mouvement. Les lois de la succession, n'étant que la manifestation pure et simple des forces du développement, ne peuvent être que des lois de rapport et de mouvement.

Observons encore que les généralités qui régissent la succession, constituent, comme nous l'avons d'ailleurs déjà remarqué, de véritables lois, attendu qu'elles en possèdent tous les caractères : *elles sont permanentes, éternelles, et ne souffrent pas d'exceptions*. On ne peut donc, comme le fait *Rümelin*, « désespérer de trouver des lois pour le domaine de l'esprit, où la liberté, l'individualité et le hasard, prennent une part si active à la production des faits », et cela, pas même pour le domaine de la succession intellectuelle. M. *Simmel* a tout aussi peu raison, lorsqu'il soutient « qu'il n'y a momentanément aucune espérance de découvrir des lois sociologiques sans exceptions [1] ». Pour la sociologie statique, ce principe est évidemment inexact ; mais il ne peut être invoqué, pas

---

[1]. *La différenciation sociale*. Extrait de la *Revue sociologique*, Paris, 1894, p. 1.

même pour la sociologie dynamique, c'est-à-dire pour l'histoire. Il faut savoir seulement où chercher ces lois.

Dans les chapitres précédents, lorsque nous avons étudié les forces de l'histoire, nous avons essayé de formuler quelques lois, par lesquelles ces forces exercent leur action. Nous les groupons ici toutes ensemble :

I. La force de l'*évolution* manifeste son action, par les lois suivantes, dans la sphère du développement intellectuel :
1) Le progrès de l'esprit humain est constant, et il n'est pas possible de lui assigner une limite.
2) Le progrès, quoique constant, n'est pas continu ; il procède par vagues qui avancent, puis reculent, pour avancer de nouveau, plus loin que ne l'avaient fait les vagues précédentes.
3) L'évolution ne juxtapose pas seulement les formes nouvelles aux anciennes ; elle les y greffe.
4) L'évolution des formes de l'esprit se fait par le haut et de haut en bas.

II. La force du *milieu intellectuel*, donne naissance aux deux lois suivantes :
1) Il y a toujours une correspondance entre les faits intellectuels, et l'état général des esprits, loi qui a comme corollaire la suivante : le changement du milieu intellectuel entraîne toujours un changement dans les faits de l'esprit qu'il entoure.
2) La vérité seule n'est pas soumise à l'influence du milieu ; elle ne change pas avec ce dernier.

III. La force de l'*expansion* donne naissance aux lois suivantes :
1) L'expansion est d'autant plus puissante, qu'elle s'étend davantage dans l'espace, et surtout dans le temps.
2) L'expansion procède comme l'évolution, par vagues progressives ou régressives. Les vagues de l'expansion ne concordent pas toujours avec celles, de même nature, de l'évolution.

IV. La *lutte pour l'existence* peut donner lieu à ces deux lois :
1) Elle a pour conséquence la disparition de l'élément vaincu, lorsqu'il ne peut être assimilé par l'élément vainqueur.
2) Elle donne naissance à de nouveaux produits intellectuels, lorsque les éléments, entre lesquels elle se livre, peuvent entrer en combinaison.

V. La *réaction contre l'action* peut être formulée dans la loi, que :
1) La réaction est en proportion inverse de l'action.

. VI. La force de *l'imitation* produit les lois suivantes :
1) L'imitation empêche le progrès, lorsqu'elle s'applique aux formes existantes ; elle le favorise, lorsqu'elle s'applique aux idées nouvelles.
2) L'imitation ne donne naissance à des successions historiques, que lorsqu'elle s'applique à des éléments successifs, par conséquent dissemblables.
3) L'imitation consciente passe à l'inconscient, lorsque le développement s'arrête, et que les faits deviennent coexistants.

VII. La force de *l'individualité* se manifeste par les lois :
1) Toute personnalité humaine imprime, au mouvement qu'elle provoque, le sceau de son individualité. Cette empreinte est d'autant plus forte, que la personnalité est plus marquante.
2) L'action du génie, lorsqu'elle résume la tendance de son époque, accélère l'évolution ; lorsqu'elle agit en sens contraire, elle la retarde
3) Les génies scientifiques ne font qu'accélérer la découverte de la vérité. La science ne peut avoir une signature individuelle.

VIII. Le *hasard* n'étant pas une force proprement dite, quoique générateur de faits historiques, ne peut donner naissance à des lois de développement.

Les lois que nous avons formulées ne sont pas les seules que l'on pourrait découvrir ; la formule même que nous en avons donnée, peut ne pas être la formule exacte. Ce que nous tenons surtout à montrer, c'est le terrain où il faut chercher ces lois. Ce terrain n'est pas le développement réel de la vie et de l'esprit, mais seulement sa partie abstraite. *Tout essai de formuler des lois réelles de développement, des lois qui reproduisent le mode de manifestation des phénomènes successifs, ou des lois qui les expliquent, n'aboutira à aucun résultat.*
L'action des forces est donc seule susceptible d'être rendue par des lois. Les faits successifs, au contraire, ne peuvent être généralisés dans des conceptions abstraites ; ils gardent toujours leur caractère concret, même dans le cas où le développement est rendu par des idées plus générales. M. *Doormann* a émis une

des plus profondes pensées sur l'histoire, lorsqu'il a dit, « qu'on ne saurait parler de lois, quant aux faits successifs, par la raison qu'une formule abstraite de leur contenu est impossible, et *que l'enchaînement ne se laisse exprimer, qu'en relation avec les phénomènes concrets qui le poussent à se manifester* [1] ». Voici pourquoi on ne peut objecter que, les faits successifs se prêteraient aussi à la généralisation, mais que, conformément à leur caractère, cette opération ne se fait pas, en considérant d'un seul coup d'œil tous les phénomènes singuliers, dont l'idée générale doit être abstraite, mais bien, successivement, et par voie d'addition. Ainsi, par exemple, lorsqu'on dit qu'en France, la ruine du système féodal conduisit à l'établissement de la monarchie absolue, on additionne, pour ainsi dire, les coups successifs que les évènements portèrent à ce système, pour le faire remplacer par la puissance monarchique : les règnes de Charles VI et de Charles VII, l'émancipation des communes, le règne de Louis XI, les guerres d'Italie, la rivalité de François Ier avec Charles Quint, etc., donnèrent par l'addition de leurs effets, comme résultat total, l'affermissement du pouvoir royal. Une pareille argumentation n'est que spécieuse. Dans les sciences des faits coexistants, la loi est la généralisation d'un seul phénomène, reproduit sous différents aspects. Les éléments additionnés, pour la constituer, sont des *éléments semblables*. Il n'est donc plus nécessaire de recourir au fait singulier, pour établir la vérité scientifique. Cette dernière existe par la seule loi, devinée assez souvent, et tirée de quelques phénomènes semblables, qui représentent la classe entière. Il en est autrement pour les faits successifs. La connaissance d'une idée générale qui résume une série de faits successifs, n'a aucune valeur, sans celle des faits eux-mêmes qui lui ont servi de base. La généralité, dans le cas de la succession, n'est pas un seul fait exprimé d'une façon générale, et qui représente tous les autres ; ce n'est qu'une *reproduction abrégée de la succession elle-même.*

Donc, posséder les lois des phénomènes coexistants, signifie posséder la science dont il s'agit ; ne posséder que les idées générales de l'histoire, comme par exemple : l'affermissement du pouvoir royal, l'émancipation des communes, la prédominance

---

[1]. *Über Gesetz und Gesetzmässigkeit*, *Bericht des Gymnasiums zu Brieg*, 1887, p. 28 : « Von einem Gesetz (der aufeinander folgende Dinge), kann man aus dem Grunde nicht sprechen, weil keine abstrakte Formulirung möglich ist, sondern der Zusammenhang sich nur aussprechen lässt, in Verbindung mit den concreten Erscheinungen die ihn erkennen lassen ».

de l'église, l'affaiblissement de l'esprit d'intolérance, l'adoucissement du droit pénal, etc., etc., sans la connaissance des faits *différents*, dont ces généralités ont été abstraites, c'est posséder simplement une pseudo-science, et nullement le développement réel de l'humanité, l'histoire. Dans *cette dernière science, une idée générale doit toujours éveiller en nous, la série entière des faits dont elle a été extraite.*

Nous posons donc comme principe fondamental, relatif aux lois historiques, que *ces dernières ne peuvent se rencontrer que, dans la sphère tout à fait abstraite de l'action seule des forces de la succession, et jamais dans la manifestation, ni dans la causation des faits successifs eux-mêmes.*

Bien des historiens, et surtout des sociologues, partagent une opinion diamétralement opposée. Le chapitre suivant est destiné à l'examen spécial de leurs idées, au sujet de cette question capitale.

CHAPITRE VIII

Les lois sociologiques

Nous avons démontré, dans le chapitre précédent, qu'il n'existe des lois de développement, que pour la partie absolument abstraite de la succession, et que toute tentative de formuler des lois réelles, des lois qui règlent la manifestation des phénomènes successifs, et par suite des lois de causation qui les expliquent, ne saurait aboutir à aucun résultat.

Les essais de ce genre n'ont pas manqué ; plusieurs auteurs se sont efforcés d'emprisonner aussi la manifestation et l'explication des faits successifs, dans les formules rigides des lois ; mais tous ces efforts n'ont pas été couronnés de succès, et ce chapitre est destiné à passer en revue ces différents essais, et à prouver leur inanité. Ces essais ont été entrepris surtout par les sociologues qui ont pris sur eux la tâche de constituer l'histoire-science. Avant d'entrer dans la critique des prétendues lois de l'histoire, formulées par les divers savants, il faut commencer par élucider le rapport qui existe entre cette dernière science et la sociologie.

LA SOCIOLOGIE ET L'HISTOIRE. — La sociologie peut être définie, avec M. de *Greef*, « la philosophie synthétique des sciences sociales particulières [1] », et avec *Auguste Comte*, nous diviserons la sociologie en deux grandes branches : la sociologie statique qui étudie l'état des sociétés à un moment donné, et la sociologie dynamique qui en étudie le développement [2]. Mais ce développement des

---

[1]. *Le transformisme social*, Paris, 1895, p. 318.
[2]. M. de Greef, *Lois sociologiques*, p. 36, définit la sociologie dynamique comme l'étude des phénomènes sociaux sous le rapport de leur évolution et de leur *action réciproque*. L'action réciproque des phénomènes peut pourtant être aussi une question de statique sociale, lorsqu'elle se rapporte à l'influence réciproque des phénomènes sociaux à un *moment donné*. Nous pensons qu'il faut restreindre, avec Comte, l'objet de la sociologie dynamique, à l'*évolution des sociétés* et à l'action réciproque des phénomènes *dans leur développement successif*.

manifestations de l'esprit humain forme aussi l'objet de l'histoire, et on comprend immédiatement le rapport qui peut en résulter, entre ces deux branches des connaissances humaines.

La sociologie dynamique tend à établir les lois de développement de l'humanité. Admettant, sans aucune raison, que l'essence de la science consiste dans la possibilité de formuler des lois, elle recherche aussi, dans la succession des phénomènes sociaux, la découverte de lois sociologiques. Mais nous avons vu que certains auteurs pensent, par ce même moyen, élever l'histoire au rang de science, et s'efforcent de formuler, pour la manifestation et la production des faits historiques, des lois tout aussi fixes et aussi immuables, que celles qui régissent la manifestation et la production des phénomènes de la nature (ils veulent dire des phénomènes *coexistants* de cette dernière). Il est évident que, pour ces auteurs, histoire et sociologie sont des termes synonymes. Ainsi, entre *Buckle* et *Comte*, le nom seul de la nouvelle science qu'ils veulent créer, diffère. Comte veut trouver les lois de la sociologie dynamique ; Buckle celles de l'histoire. *Stuart Mill* ne manque pas d'identifier ces deux disciplines. Adoptant en tout les idées de Buckle sur la question, il dit que « *les phénomènes sociaux, en d'autres termes, l'histoire*, est soumise à des lois générales qu'il est possible de découvrir [1] ». Pour M. *Lacombe*, sociologie et histoire ne sont aussi que deux mots qui désignent la même idée : « Puisqu'il n'existe que deux ordres de travaux, répondant, l'un à la recherche de la réalité, l'autre à la recherche de la vérité, érudition d'une part, *histoire ou sociologie* d'autre part, nous aurions pu mettre partout à la place d'histoire, le mot sociologie, d'autant mieux qu'il semble destiné à prévaloir. Mais avec le terme de sociologie, mon ouvrage courrait risque d'éloigner tout d'abord les hommes qui font de l'érudition ou de l'histoire, dans le sens ordinaire du mot [2] ».

Il y a des auteurs qui cherchent à établir une différence entre la sociologie, nommée par eux aussi histoire-scientifique, ou histoire-science, et l'histoire proprement dite, ou histoire littéraire. Ils attribuent à la première les manifestations de l'esprit humain, dont ils pensent pouvoir réglementer la marche par des lois, et veulent laisser à l'histoire, comme ils l'entendent, le domaine du contingent. C'est ainsi que *Herbert Spencer* établit une distinction

---

1. *Logique*, II, p. 533.
2. *L'histoire considérée comme science*, p. VIII.

entre « les faits biographiques d'un individu, comme ceux d'un peuple, lesquels ne peuvent être prévus, et *dont les historiens emplissent leurs pages* (!!), mais qui ne peuvent fournir aucun matériel à la science sociale, et ceux dont cette dernière doit s'occuper : la croissance sociale, le développement concomitant de l'organisation et des fonctions de la société [1] ». M. *Lacombe* fait une distinction entre les événements et les institutions, et dit, que « pour constituer l'histoire-science, il serait nécessaire de réduire autant que possible la masse des événements, de ne prendre en considération que ceux d'entre eux qui ont eu une influence sur les institutions, et de s'occuper, en premier lieu, du développement de ces dernières [2]. Il en est de même de M. *G. Winter* qui dit, que les événements du temps passé ont pour la conception historico-scientifique du présent, une importance bien moindre que les états (Zustænde) économiques, politiques, intellectuels et sociaux, dont l'influence sur les états correspondants de l'actualité est bien plus sentie [3] ». M. *Tarde* constate « qu'il existe une différence entre l'imitation et l'invention, et reconnait que la première seule est soumise à des lois proprement dites, attendu que l'invention comprendrait une large part d'accidentel, d'arbitraire, d'origine individuelle [4] ». Désirant éliminer de l'histoire-science cette partie indéterminable, il définit l'histoire, comme nous l'avons déjà vu, « la connaissance du destin des imitations [5] ». M. *Bourdeau* s'attache aussi à prouver, que les événements ou les faits singuliers qui, d'après lui, désignent la même chose, n'ont qu'une valeur momentanée. « Accidentels et sans durée, ils arrivent, passent et ne reviennent plus. Leur importance décroit, à mesure qu'on s'éloigne de sa date et de son centre, et on arrive vite à des temps et à des pays, où son influence est complètement ignorée. L'intérêt que l'on met à connaître le récit des événements n'a rien de scientifique. Il tient à une curiosité, où l'imagination a plus de part que la réflexion. L'esprit est amusé, non instruit. L'histoire devrait abandonner de pareilles *futilités* ; elle devrait étudier les fonctions de la vie humaine, le mouvement de la population, l'état de la fortune publique et montrer les causes qui la font croître et décroître ; exposer les transformations du goût, l'avan-

---

1. *Introduction à la science sociale*, p. 417.
2. *L'histoire considérée comme science*, Préface.
3. *Geschichte und Politik*, dans la *Vierteljahrsschrift für Volkswirtschaft, Politik und Kulturgeschichte*, 1889, p. 174.
4. *Lois de l'imitation*, p. 160.
5. Plus haut, p. 145,

cement des sciences, l'amélioration des mœurs, l'extension des libertés publiques. Tant que les historiens se borneront à raconter de vaines particularités, ils seront simplement les historiographes de la Fortune ; leurs ouvrages, inutiles et charmants, seront sans valeur pour la connaissance des choses humaines, sans application pratique, et ne pourront prétendre qu'à divertir les esprits oisifs, au même titre, mais avec moins de succès, que les contes des romanciers [1] ».

Mais si les sociologues se montrent disposés à laisser aux historiens l'étude des faits accidentels de l'histoire, et s'ils veulent réserver pour eux, celle des faits qui présentent une certaine consistance, les historiens ne se montrent nullement enclins à borner leurs recherches et leur exposition aux seuls événements, laissant les institutions politiques, sociales, religieuses, la littérature, les sciences et les arts, au domaine de la sociologie. Au contraire, l'histoire de nos temps cherche à pénétrer, toujours plus profondément, dans la trame intime qui relie les institutions aux événements, et vice versa, pleinement convaincue qu'une pareille bifurcation de l'étude du passé, est tout simplement impossible, ce que d'ailleurs les sociologues eux-mêmes sont obligés de reconnaître. M. *Lacombe*, par exemple, dit « que ce sont les événements qui déterminent les institutions ; mais les événements sont le plus souvent le résultat d'une contingence incalculable [2] ».

La restriction que cet auteur veut mettre, notamment que l'histoire-science n'aurait à s'occuper, que de ceux d'entre les événements qui ont eu des résultats institutionnels, est tout aussi arbitraire que difficile à mettre en pratique.

En effet, les événements, même ceux qui ont pour cause déterminante l'impulsion personnelle, voire même le hasard, sont si intimement liés aux faits généraux, qu'il est de toute impossibilité de les en détacher. Prenons quelques exemples :

La conquête de l'Angleterre par les Normands est un fait singulier, un événement dû, en premier lieu, à la personnalité de Guillaume le Conquérant, et aussi aux relations personnelles dans lesquelles il se trouvait avec Edouard et Harold. Après avoir effectué cette conquête, ce fut toujours le génie de Guillaume qui l'organisa ; mais cette organisation — fait absolument personnel et contingent — détermine un développement spécial

---

[1]. *L'histoire et les historiens*, Paris, 1883, p. 120, 124 et 126.
[2]. *L'histoire considérée comme science*, p. 247.

de la féodalité en Angleterre, qui eut à son tour, comme conséquence, l'établissement des libertés publiques, fait général de la plus haute importance. Le christianisme des Germains signifie le commencement de leur civilisation, fait général capital dans l'histoire européenne ; mais cette christianisation fut l'œuvre d'une grande individualité, celle de Charlemagne. La religion de l'Islamisme est l'œuvre personnelle de Mahomet. Sans l'intuition de ce puissant génie, les Arabes ne seraient pas sortis de leurs déserts ; ils n'auraient pas conquis le monde, et leur esprit n'aurait pas donné naissance à cette civilisation qui servit, en beaucoup de points, d'institutrice aux peuples européens. La conquête de la Dacie par l'empereur Trajan est aussi un fait singulier, dû même à un sentiment d'irritation de l'empereur romain contre le roi des Daces, Décébale[1]. La réussite de cette expédition peut être encore attribuée, avec raison, à l'influence personnelle de l'empereur sur ses troupes, ainsi qu'à la façon dont cette expédition fut conduite. Ce fait purement singulier et dépendant de l'initiative et des qualités d'un individu, donne, par la colonisation de la Dacie, naissance sur les confins de l'Orient, à un peuple actuel de race latine qui, par ses aspirations, par le progrès qu'il réalise tous les jours, est devenu un élément général important dans la vie de l'Europe orientale. Ecoutons ce que dit aussi M. *René Worms* relativement à Voltaire. « L'individualité de ce grand génie a pu être quelque chose d'entièrement unique dans son genre, d'anormal si vous voulez : son action dans le monde n'en a pas moins été si grande, qu'on ne concevrait pas une histoire du xviiie siècle, où le nom de Voltaire ne serait pas prononcé[2] ».

Partout, dans le développement des sociétés, on rencontrera cette relation intime entre les faits singuliers et ceux de caractère plus général. Une connexion des plus serrées les relie ensemble. Les faits généraux sont, ou le produit d'événements singuliers, ou bien ils en sont plus ou moins influencés dans leur développement. Jamais les faits généraux n'évoluent d'une façon indépendante, et on ne pourrait pas plus séparer leur étude de celle des faits singuliers, qu'on ne peut les séparer dans la réalité des choses.

Les historiens qui méritent ce nom se sont parfaitement aper-

---

1. Xénopol, *Histoire des Roumains de la Dacie trajane*, Paris, 1896, I, p. 41.
2. *Organisation scientifique de l'histoire*, 1894, p. 6.

çus de la connexion intime qui existe entre le général et l'individuel, voire même le fortuit, dans la marche des sociétés. Ils s'efforcent, tous les jours davantage, de trouver le nexus causal qui relie les faits individuels aux faits généraux, et vice versa, dans le but de donner une explication du passé, aussi complète que possible, et c'est dans cette tendance générale de l'historiographie de notre époque, que réside sa supériorité incontestable, sur celle des temps qui nous ont précédés. Aussi ne saurait-on lire, sans un profond étonnement, les lignes suivantes, écrites bien à la légère par M. Bourdeau : « Or, nous accusons *tous les historiens* d'avoir méconnu cette obligation. Au lieu d'observer la généralité des hommes, ils ne voient que des personnages, et, négligeant de scruter les fonctions de la raison, *ils se bornent à raconter les évènements*. Cette manière de concevoir et de présenter l'histoire, ne répond nullement aux exigences de la science. Il importe d'établir sur une base plus large la connaissance de l'humanité [1] ». Mais une pareille imputation, qui devient encore plus claire, lorsqu'on l'ajoute aux paroles du même auteur rapportées plus haut [2]. ne nous étonnera guère, lorsqu'on saura que l'histoire de *nos temps* est représentée, pour M. Bourdeau, par Commines et Froissard [3] ! Il ne semble même pas soupçonner l'existence des écrits des grands historiens de nos jours, tels que : Guizot, Mommsen, Ranke, Gervinus, Fustel de Coulanges, Grote, Curtius, Taine, et leurs non moins célèbres disciples, qui ont placé l'histoire sur un tout autre piédestal, que celui sur lequel elle s'élevait jusqu'à présent.

Les récriminations de M. Bourdeau contre la forme actuelle de traiter l'histoire sont d'autant plus curieuses, qu'il est suffisamment connu que « déjà Voltaire avait fait subir l'épreuve de la moquerie à cette race ennuyeuse d'anecdotiers qui a presque disparu. Il insiste déjà sur l'obligation de faire un choix judicieux de faits, et prouve, par de nombreux exemples, l'avantage de se conformer scrupuleusement à cette règle [4] ». L'éminent penseur auquel nous empruntons ces paroles, M. *Robert Flint*, est d'une tout autre opinion que M. Bourdeau, quant à la valeur scientifique des ouvrages historiques de notre époque. Il dit que « la croyance pratique à l'existence d'une loi et d'une méthode scien-

---

1. *L'histoire et les historiens*, p. 12.
2. Ci-dessus, p. 203.
3. *L'histoire et les historiens*, p. 150.
4. Robert Flint, *Philosophie de l'histoire en France*, Paris, 1878, p. 87.

tifiques est le caractère distinctif des principaux historiens du XIXᵉ siècle ; c'est ce qu'on ne mettra pas sérieusement en doute, *pour peu qu'on soit au courant de la question*, et si l'on tombe d'accord là-dessus, je crois en avoir assez dit pour établir ma thèse, que l'art historique s'est de lui-même, et sûrement, quoiqu'avec lenteur, élevé jusqu'à la science historique [1] ».

Que les historiens eux-mêmes, si cruellement malmenés par M. Bourdeau, soient parfaitement conscients de la transformation que leur discipline subit, en passant par leurs mains, ceci nous est clairement affirmé par *Ranke* qui dit, que « le but de l'histoire universelle est de reconnaître l'enchaînement des choses, la marche des grands événements qui relient entre eux et dominent tous les peuples [2] ».

Pour M. *Bourdeau*, les événements n'ont aucune importance, et il s'étonne beaucoup « du bruit que l'on a fait autour de la Révolution française, dont quatre cents millions de Chinois n'ont pas même entendu parler [3] ». Mais les quelques centaines de millions de bœufs qui peuplent la terre, en ont encore moins entendu parler ! Est-ce à dire, que cet événement grandiose qui a introduit sur tout le continent européen l'idée de liberté et d'égalité, fait général de la plus haute importance, ne présente pour l'humanité aucun intérêt, parce que les Chinois n'en ont pas eu connaissance ? Cet événement doit intéresser l'humanité, parce qu'il s'est passé chez un des peuples qui conduisent l'évolution, et qu'il a fait faire un grand pas à cette évolution même. Si les Chinois ne s'y intéressent pas, c'est qu'ils se sont arrêtés sur une marche bien plus basse de cette évolution, et qu'ils ne sont pas capables d'en comprendre la portée. Si les Chinois s'étaient trouvés à la hauteur de la civilisation européenne, s'ils avaient aussi senti le poids d'un despotisme écrasant, la Révolution française aurait été saluée aussi par eux, comme l'aube d'une ère nouvelle. A la thèse de M. *Bourdeau*, que « pour la science, la connaissance des fonctions a plus de prix que celle des événements », nous opposons celle-ci, que la connaissance du jeu des fonctions est absolument impossible sans celle des événements. Ces deux classes de faits sont indissolublement liées dans le développement ; elles doivent l'être aussi dans son reflet

---

1. *Ibidem.*, p. XLIX.
2. *Weltgeschichte*, I, I, p. VII.
3. *L'histoire et les historiens*, p. 120.

intellectuel, quel que soit le nom qu'on veuille lui donner, celui de sociologie (dynamique) ou celui d'histoire.

Les lois sociologiques. — Les sociologues, et avec eux quelques théoriciens, trouvent que tout ce qui a été produit jusqu'à présent sur le terrain de l'histoire, est bon à jeter au panier ; que l'étude du passé est une forêt vierge, où personne encore n'a pénétré. Les sociologues voudraient même éliminer le terme consacré jusqu'à ce jour à cette étude, celui d'histoire, et y substituer un autre, plus rempli de promesses pour l'avenir, celui de sociologie. Cette discipline qui aurait la noble ambition de vouloir se ranger parmi les sciences, doit être constituée, comme toutes les autres sciences, sur la base de *lois*. C'est ainsi qu'on arrive à un postulat, que l'on croit indispensable pour l'existence de l'histoire-science ou de la sociologie, celui des lois historiques ou sociologiques. Examinons ce que signifie cette notion, dans la pensée même de ceux qui l'emploient?

Pour élucider cette question, il faut commencer par empêcher une confusion qui pourrait facilement surgir de l'emploi du terme de sociologie, (tout court, sans aucun déterminatif), à la place de celui d'histoire.

La sociologie, en général, ne s'occupe pas seulement du développement des sociétés ; elle étudie aussi leur état à un certain moment de leur durée, donc des faits de nature coexistante et non successive. Les faits coexistants peuvent toujours être formulés par des lois, comme le sont, par exemple, ceux de l'économie politique, qui rentrent aussi dans la sociologie.

La confusion qui a toujours été faite entre les phénomènes coexistants et les phénomènes successifs, se répète aussi dans le domaine des faits sociaux, où l'on confond, bien à tort, la sociologie statique, l'étude des états de la société ou de leur action réciproque simultanée, avec la sociologie dynamique, l'étude du développement social. Sans tenir compte de la différence de nature entre les faits coexistants et les faits successifs, on applique à la science entière des manifestations de l'esprit social, les principes qui n'en peuvent régir qu'une partie ; on transporte l'idée de loi, du terrain des faits coexistants de la sociologie statique, sur celui des faits successifs de la sociologie dynamique, et on veut faire de la sociologie entière, partant aussi de l'histoire (sociologie dynamique), une science dans le genre des sciences naturelles de caractère coexistant, basée sur des lois de manifestation et de production, et comportant une prévision des événements.

C'est cette profonde erreur que nous voulons dissiper.

La sociologie est une science qui repose sur des lois, aussi fixes et aussi immuables que celles qui dirigent la marche des corps célestes, quoique non aussi précises que ces dernières. Mais de quelle sociologie s'agit-il dans ce cas ? car il y en a deux, et profondément distinctes, quoiqu'elles portent le même nom. C'est de la sociologie statique, de celle qui s'occupe de l'étude des états sociaux coexistants. Cette branche de la sociologie repose en effet sur une trame de lois, attendu que les faits qu'elle traite sont des faits coexistants.

Il en est tout autrement de l'autre branche de la sociologie, celle qui a pour objet l'étude du développement. Cette dernière étudie les faits successifs qui ne peuvent plus donner naissance à des conceptions idéales, (à des généralités qui constitueraient des lois), que dans la région absolument abstraite et en dehors de la réalité des faits, comme nous l'avons démontré dans le chapitre précédent.

S'il s'agit de trouver une régularité dans la manifestation et la production des faits successifs, cette régularité sera d'une tout autre nature, que celle qui régit les faits coexistants. Elle se produira pendant la succession des faits qui s'enchaînent les uns aux autres ; elle partira d'un noyau, se développera d'une certaine façon, pour aboutir à un résultat. Les sociologues auraient pu certainement étendre leurs recherches dans le sens du développement humain, et s'efforcer de trouver les grandes lignes d'après lesquelles se dispose la succession des faits. Les régularités de la sociologie dynamique auraient pu consister, dans l'établissement de la succession et de la transformation régulière des phénomènes sociaux qui se poursuivent dans une certaine direction, et doivent, par conséquent aboutir, dans l'avenir, à un résultat qui puisse au moins être entrevu.

Formulées de cette façon, des régularités existent incontestablement dans la succession historique. Ces régularités sont l'effet des lois de développement, que nous avons essayé de formuler plus haut, et qui ne sont elles-mêmes que la manifestation des forces de l'histoire. Nous désignerons ces régularités, bien différentes des lois de la coexistence, par le terme de *séries historiques*.

Mais les sociologues ne veulent pas s'enquérir de pareilles

généralités, pour ainsi dire longitudinales, à la place des généralités transversales, les lois de la coexistence. *Ils veulent absolument trouver dans le développement l'élément généralisateur, et le formuler par des lois.* Aussi ont-ils été amenés à imaginer un système de lois *sui generis*, pour les phénomènes sociaux de caractère successif, lois qui ne sont, ni des lois de coexistence, ni des séries de succession, mais bien un mixtum-compositum qui partage les deux caractères à la fois. *Ils ont tâché de découvrir le même mode de succession de certains phénomènes chez différents peuples, tribus ou races, et, généralisant ce mode de succession, ils ont créé les prétendues lois sociologiques. Ces lois sont donc le produit d'abstractions recueillies sur des séries de phénomènes.* L'auteur qui formule théoriquement cette façon de voir que les autres ne font qu'appliquer, M. *Lamprecht*, dit que « l'on peut réduire les séries de faits parallèles, par l'isolement de leurs éléments, à un contenu identique, et considérer ce contenu comme l'essence de ces séries. C'est absolument le même procédé de la pensée scientifique, que celui qu'elle applique aussi dans les sciences naturelles [1] ».

C'est ainsi que M. *Letourneau* veut découvrir la loi générale, ou plutôt universelle ,de succession des organisations politiques, et il l'établit (nous verrons bientôt avec quel succès) de la façon suivante : l'évolution politique passe *chez tous les peuples* par l'anarchie, le clan, la tribu républicaine, puis aristocratique, la monarchie élective, puis héréditaire, pour aboutir à une nouvelle forme de république. M. *Brunetière* cherche aussi à formuler la marche de l'évolution de la peinture, et fait passer successivement cet art, *dans tous les pays où il se manifeste*, par la peinture religieuse, mythologique, historique, le portrait, le genre, le paysage et la nature morte.

Nous examinerons bientôt si ces lois correspondent aux faits ; pour le moment, nous n'avons voulu que donner un exemple de la manière dont les sociologues entendent formuler leurs *lois*. Mais avant de démontrer que toutes les lois, formulées par les sociologues, ne sont que des généralisations précipitées, examinons la question en principe, pour voir s'il est possible d'établir des *généralisations de successions*.

Pour que la chose fût réalisable, il faudrait que les diverses

---

1. *Was ist Kulturgeschichte*, dans la *Deutsche Zeitschrift für Geschichtswissenchaft*, 1896-97, p. 84.

séries, dont on veut extraire la loi générale, fussent similaires; car le principe de la généralisation ne peut être appliqué, tant pour la formation des notions que pour celle des lois, que sur des éléments (représentations, faits, actions ou événements, par conséquent aussi, successions d'événements) similaires.

Personne ne saurait contester qu'il existe, chez tous les peuples de la terre, une certaine similitude entre les manifestations de même nature de l'esprit, attendu qu'il existe chez tous, un fonds commun qui caractérise précisément l'être humain. Il faut encore observer qu'à l'origine, le développement de l'humanité, dans toutes les branches de l'activité intellectuelle, suit une marche générale, déterminée par de grands courants populaires, où l'individualité joue un rôle assez effacé. C'est ainsi que les peuples passent, pour ainsi dire sans secousses, de l'état de chasseurs à celui de pasteurs, puis à celui d'agriculteurs. Il y a bien aussi des inventions faites par des individualités particulièrement douées ; mais ces individualités se perdent dans la masse. Dans la sphère de la puissance politique, les chefs de tribu gouvernent les peuples, conformément à des coutumes générales, sans que l'intervention individuelle joue un grand rôle. La religion est fétichiste ou polythéiste, produit de l'esprit général du peuple, non celui d'individus tout-puissants. Il en est de même des formes de la vie sociale, littéraire, artistique. Tout est le produit commun du peuple entier, et le rôle des individualités disparait dans la masse.

Mais ce n'est pas tout. Dans les premiers temps du développement des peuples, les caractères spéciaux de la race n'ont pas le temps de marquer de leur sceau les manifestations de l'esprit. C'est le côté général humain qui ressort, plutôt que le côté particulier de la complexion mentale.

Par suite de ces circonstances, les premiers pas que les peuples font dans l'histoire, présentent une ressemblance assez prononcée. C'est cette ressemblance initiale, de toutes les formes de la vie sociale, qui a induit en erreur les sociologues, en leur faisant admettre l'idée, absolument fausse, d'un développement identique, non-seulement chez tous les peuples de la terre, mais aussi dans tout le courant de l'histoire, développement qu'ils croient, pour cette raison, formulable en lois. Ils se sont laissés tromper par la ressemblance des commencements, et ont conclu, trop précipitamment, que cette ressemblance est permanente. Mais on a observé déjà, avec justesse, que « les sociologues, jusqu'à présent, ont étudié, avec une prédilection un peu exclusive, les peuples sauvages et barbares. A l'égard de ces peuples, ils possèdent une érudition abondante et exacte, autant qu'elle peut l'être. Mais quand ils en viennent aux peuples civilisés, aux nations historiques, leur enquête est visiblement insuffisante[1] ». Ce n'est pas l'enquête qui ne répond pas aux exigences de la science ; car il est bien plus facile de connaitre les détails de la vie civilisée, que ceux de la vie des peuples sauvages. Ce sont les conclusions, que les sociologues tirent de l'étude des peuples à civilisation rudimentaire, qui ne pouvant s'appliquer d'aucune façon au développement des peuples civilisés, semble donner une apparence défectueuse aux études que l'on fait sur ces derniers.

En effet, chez les peuples supérieurs, la ressemblance initiale ne tarde pas à disparaitre. Le caractère différent de chaque groupe ethnique perce bientôt à travers les manifestations de la vie psychique ; le rôle des individualités s'accentue de plus en plus : des législateurs apparaissent, qui transforment l'organisation politique et sociale des peuples ; des chefs politiques, qui fondent leur puissance sur cette organisation, commencent à déterminer le sort des peuples ; des fondateurs de religion transforment leurs croyances, des artistes, leurs arts, des hommes de science viennent élargir leur horizon intellectuel. C'est ainsi que l'élément individuel, et, assez souvent l'intervention fortuite du hasard, viennent compliquer le jeu des forces générales, et impriment à l'âme particulière de chaque groupe humain une marche particulière. *Simmel* dit avec raison que « grâce à ce développement progressif, l'individualité se dessine plus nettement, les fonctions deviennent plus divisées, plus spécialisées ; l'individu perd toute égalité, toute solidarité avec les autres membres du groupe[2] ».

Mais, s'il en est ainsi, et on ne saurait contester l'évidence, ce n'est qu'en violentant les faits, *en négligeant les différences* et en s'en tenant seulement aux généralités les plus abstraites, qu'on peut formuler jusqu'à un certain point des lois générales de développement. Mais cette omission des différences efface précisément le caractère essentiel des faits successifs qui n'existent comme tels, que par les différences qui se trouvent entre les faits de la même classe, tant successivement, que dans leurs séries

---

[1]. Lacombe, *L'histoire considérée comme science*, p. VIII. Comp. Lamprecht, *Was ist Kulturgeschichte* (cité dans la note précédente, p. 104).
[2]. *La différenciation sociale*, extrait de la *Revue internationale de Sociologie*, 1894, p. 2.

parallèles. Si cette différence n'existait pas, la succession serait remplacée par une répétition des mêmes phénomènes, donc par la coexistence. C'est dans ce cas surtout, que les paroles de M. de Greef sont pleinement justifiées, lorsqu'il dit que : « où l'abstraction devient dangereuse et souvent nuisible, c'est lorsque dans l'étude de phénomènes appartenant à un groupe spécial et plus complexe de la hiérarchie des sciences, elle supprime précisément les propriétés spéciales qui seules justifient la constitution de ce groupe en science particulière indépendante, en vue de ramener l'explication de ces phénomènes spéciaux, aux explications fournies par les lois des classes antérieures de phénomènes plus simples et plus généraux. Ces audacieuses généralisations ont le grave défaut de supprimer les caractères spéciaux des phénomènes, pour mieux les expliquer ; en réalité elles suppriment le problème, mais ne le résolvent pas [1] ». Et si M. de Greef, lorsqu'il formulait ce principe, avait en vue les généralisations vraies et existantes des sciences de la coexistence, qu'en sera-t-il lorsque les généralisations ne sont que des conceptions imaginaires, comme nous le démontrerons bientôt ?

Nous savons bien qu'il existe une école, d'après laquelle il n'y aurait rien de nouveau sous le soleil, école qui considère l'histoire comme l'éternelle répétition des mêmes événements. C'est la fameuse théorie des cycles historiques, mise en vogue, pour la première fois, par l'Italien *Vico*, et acceptée encore de nos jours par des auteurs qui parlent pourtant du progrès du genre humain, comme par exemple M. *Gustave Le Bon* qui pense que « la répétition éternelle des mêmes choses semble être la plus solide des lois de l'histoire [2] », et M. *Tarde* qui veut baser l'histoire, c'est-à-dire l'éternel changement qui constitue le progrès, l'évolution, sur la répétition des similitudes [3]. Cette conception est tout ce qu'il y a de plus erroné ; car, comment peut-on rattacher ces deux notions contradictoires, de changement, et de répétition de choses similaires ? La répétition des mêmes actions, faits, événements, exclut le changement, et s'il y a changement, il ne saurait y avoir que répétition partielle, c'est-à-dire une *répétition différenciée*. C'est cette répétition, dans laquelle l'élément différentiel l'emporte sur l'élément reproduit, qui fait continuellement avancer l'esprit dans la voie du progrès. La reproduction s'opère

---

1. *Les lois sociologiques*, p. 47.
2. *Lois psychologiques du développement des peuples*, p. 120, 161.
3. *Lois de l'imitation*, chap. I : La répétition universelle.

toujours d'une façon amplifiée ; elle s'enrichit d'éléments nouveaux, se modifie dans son ordre de succession, dans le caractère des faits qu'elle enchaine. En un mot, le développement, quoique ressemblant *grosso modo* à celui qu'il l'a précédé, ou à celui qui se réalise parallèlement, en est profondément différent. Et c'est cette différence qui constitue précisément l'élément essentiel du développement historique, et non la répétition de la partie similaire, comme le pense M. *Tarde*.

Quoiqu'il existe aussi une certaine dissemblance entre les phénomènes des différentes classes de la coexistence, ce n'est pas cette différence qui constitue leur partie caractéristique. C'est ainsi que, par exemple, deux jours ne se ressemblent jamais complètement, ni comme lumière, ni comme aspect du ciel ; pourtant l'alternance des jours et des nuits n'en est nullement entravée. Dans les phénomènes successifs, c'est au contraire la différence de l'un à l'autre qui en constitue l'essence, et les ressemblances que ces phénomènes présentent ne sont que d'importance secondaire. La littérature classique latine partage, avec la littérature classique française, la perfection de la forme. Pourtant leur élément essentiel consiste, non dans ce trait commun, mais bien dans les différences qui en font des produits spéciaux du génie de deux peuples et de deux époques différentes. Le droit romain et le droit germain sont le produit de la même nécessité, celle de régler la vie des individus et leurs rapports avec l'Etat. Mais la connaissance de cette similitude, absolument générale, n'apporterait aucun profit à l'intelligence qui, au contraire, n'en peut trouver un, que dans l'étude des différences qui distinguent ces deux produits du génie et du développement de deux peuples dissemblables.

La *connaissance historique n'est qu'une connaissance de différences et notamment de différences entre des formes qui se développent consécutivement ou parallèlement.*

Pour établir des généralisations de séries historiques, il faut précisément supprimer ces différences, donc leur élément essentiel ; il faut détruire le caractère spécial du fait qu'il s'agit d'étudier. Qu'en reste-t-il ? Une ombre ; moins même, l'ombre d'une ombre.

Il nous semble que cet essai des sociologues, d'établir des lois générales de développement, repose sur une confusion. Ils partagent l'erreur si universellement répandue, que la science ne consiste que dans la généralisation des faits sous forme de lois.

Voulant donner, à tout prix, à leur discipline, un caractère scientifique, ils devaient, coûte que coûte, y découvrir des lois. Mais comment formuler des généralisations sur des faits dissemblables, et qui se suivent au lieu de coexister ? Ils imaginèrent alors de généraliser les successions mêmes des événements. Voilà pourquoi M. *Gumplowitz* reproche aux historiens, surtout à ceux qui s'occupent de l'histoire spéciale d'un peuple, « de considérer les événements qu'ils rencontrent, comme des phénomènes individuels qui n'appartiendraient qu'à cette seule nation, tandis qu'une connaissance des lois sociales leur enseignerait à ne voir dans ces événements, que la manifestation d'une loi sociale générale [1] ».

Tout cet échafaudage d'erreurs aurait été évité, si les penseurs qui l'ont élevé s'étaient aperçus de la confusion originaire qu'ils faisaient entre les faits coexistants et les faits successifs. Les premiers se répètent continuellement de *la même façon*, dans l'espace, ou à la suite les uns des autres, dans l'éternité du temps. Leur manifestation et souvent leur causation peuvent être formulées d'une façon générale ; les faits successifs au contraire s'enchaînent les uns aux autres et, étant toujours différents, tant dans le cours du temps que dans leurs séries parallèles, il ne saurait plus, pour eux, être question de généralisation, mais seulement de développement sériel.

Nous reproduisons avec plaisir les paroles de *Otto Hinze* : « la science de l'histoire doit être placée sur la base large d'une investigation psychique sociale, aussi profonde que possible. Mais ce n'est là qu'un perfectionnement des recherches historiques entreprises jusqu'à présent, et non une révolution de la science historique. Cette dernière ne pourra jamais arriver à la connaissance des phénomènes généraux qui se répéteraient d'une façon régulière, mais seulement à l'approfondissement d'un développement singulier dans ses traits généraux. Dans ce que nous appelons histoire de l'humanité, c'est-à-dire l'enchaînement du développement cultural d'un groupe de peuples anciens et modernes, les nations singulières représentent plutôt des étapes du développement d'un grand tout, que le type renouvelé d'un développement national. D'après tout ce que l'on connaît de l'histoire, il n'est pas possible d'imaginer un pareil développement normal des nations, à moins qu'on ne veuille se contenter d'ana-

---

1. *Grundriss der Sociologie*, Wien, 1895, p. 75.

logies biologiques tout à fait vagues. Dans l'entrecroisement et l'enchevêtrement du développement national et du développement universel, réside, à mon avis, la raison de l'impossibilité de constituer l'histoire universelle par l'histoire composée des différentes nations ; elle est et reste un procédé grand et unique [1] ».

PRÉVISION ET PRÉDICTION. — Une conséquence qui découle nécessairement de l'existence des lois, c'est la possibilité de prévoir et de prédire les faits qui y sont soumis. Aussi trouvons-nous, que tous les sociologues qui revendiquent, pour la science qu'ils veulent créer, la possibilité de formuler des lois, y ajoutent, comme corollaire indispensable, la faculté de prévoir et de prédire le développement futur de l'humanité. *Auguste Comte* est le premier qui formule la maxime sociologique : « savoir pour prévoir, afin de pouvoir ». *Herbert Spencer* s'attache à réfuter, par tous les arguments possibles, l'objection, que la relation de cause à effet, dans les faits sociaux, serait d'une complication telle, que toute prévision serait impossible [2]. *Ferron* soutient que « les lois de l'histoire peuvent seules faire connaître le présent et indiquer l'avenir [3] ». M. *Bresson* donne, comme « le plus court résumé du but de la sociologie, l'application dans l'évolution générale de l'humanité, des états de société, antécédents, afin de prévoir les états conséquents ». Il ajoute, ce qui d'ailleurs est implicitement compris dans l'idée de prévoyance, que « la sociologie se propose la découverte des lois sociales, et que, par lois, il faut entendre des relations constantes de succession et de similitude des phénomènes qui nous permettent de les prévoir les uns après les autres ». Il conclut, que « sous peine d'abdiquer, la sociologie ne peut renoncer ni à déduire, ni à prévoir ; néanmoins, ajournant ses conclusions, elle doit d'abord étudier le passé humain, base indispensable de toute prévision [4] ». M. *Lacombe* termine son ouvrage, sur l'histoire considérée comme science, par un chapitre sur la prévision et ainsi de suite.

Nous soutenons, au contraire, que cette prévision des choses futures successives (car nous savons qu'il y a des *choses futures de nature coexistante* : les éclipses, la baisse des prix, l'effet des

---

1. *Über individualistische und kollektivistische Geschichtsauffassung* dans Sybel's *Historische Zeitschrift*, 1896, p. 66.
2. *Introduction à la science sociale*, p. 57.
3. *Théorie du progrès*, Paris, 1867, I, p. 332.
4. *Les trois évolutions*, Paris, 1888, p. 25, 13 et 223.

passions) qui seront tout autres que celles que nous avons devant les yeux, est impossible, non seulement dans le domaine de l'esprit, mais qu'elle eût été impossible, même dans celui des faits de la matière, lors du développement des formes de cette dernière. Ainsi, supposons que des géologues aient vécu à l'époque secondaire. Auraient-ils pu prévoir la formation de la houille, tout en ayant devant leurs yeux les immenses forêts de l'époque carbonifère ; ou bien ceux qui auraient précédé l'avènement de la période glaciaire, auraient-ils pu la prédire ? Si des paléontologues avaient été contemporains de l'Elephas primigenius, auraient-ils pu prévoir et prédire sa transformation dans l'éléphant de nos jours ? Et pourtant, dans la géologie, les causes de transformations sont loin d'être aussi variées et aussi compliquées, qu'elles le sont dans les faits de l'esprit.

M. *Ferneuil* pèche par le côté opposé. Il soutient que « la science se borne à constituer les faits, à accumuler les expériences ; puis, de l'ensemble de ces expériences elle déduit les lois générales ; mais elle ne spécule jamais sur le futur, sur ce qui doit être [1] ». Les sciences des faits coexistants peuvent parfaitement spéculer sur l'avenir qui répétera toujours ce qui arrive présentement ; comme, par exemple, lorsque les astronomes prédisent les éclipses de lune ou de soleil. L'assertion de M. Ferneuil n'est admissible que pour les sciences historiques, et nous verrons que même ces dernières peuvent aussi, jusqu'à un certain point, spéculer sur l'avenir.

La raison pour laquelle la sociologie, c'est-à-dire l'histoire, ne peut prévoir les *faits mêmes* qui arriveront dans l'avenir, est la suivante : Les faits coexistants sont toujours les mêmes et se répètent à l'infini. Aussitôt que l'on connait la loi de leur production, leur prévision devient possible. Les faits successifs, au contraire, étant toujours particuliers à un certain espace et à un certain temps et étant continuellement différents, ils ne se reproduisent jamais d'une façon identique, mais bien la partie qui les différencie en constituera toujours l'élément caractéristique. Il n'existe pas pour eux une loi de production, c'est-à-dire de reproduction à l'infini. Le fait qu'il s'agit de prévoir ne se produit plus jamais. Pour vérifier la prévision, il faudrait toujours attendre que le fait s'accomplit. La science historique ou la sociologie, par rapport à la faculté de prédire les faits futurs, de

---

[1]. *Les principes de 1789 et la science sociale*, Paris, 1889, p. 66.

caractère successif, ne serait donc qu'une *science après coup*.

Voilà pourquoi les prédictions, que quelques sociologues ont osé formuler sur l'avenir, se réduisent à des suppositions, à des tâtonnements, auxquels il manque absolument les caractères scientifiques de la sûreté et de la clairvoyance. C'est ainsi que *Herbert Spencer*, après avoir étudié les transformations subies par les institutions ecclésiastiques dans le passé, lorsqu'il en vient à prophétiser l'avenir, dit « qu'en même temps que chaque corps religieux acquerra l'autonomie complète, *il est possible* que les ministres perdent complètement le caractère sacerdotal. La répudiation de l'autorité du prêtre, déjà si avancée chez les dissidents, deviendra absolue. Seulement les conclusions découlent *de l'hypothèse* que le type industriel progressera dans l'avenir, comme il a progressé dans les temps récents ; *il est possible et même probable* que cette condition ne se réalisera pas dans l'époque où nous entrons. Si la recrudescence du militarisme continue, elle ramènera les idées, les sentiments et les institutions qui lui sont propres, et qui supposent le renversement du développement que nous avons décrit ci-dessus [1] ». On a d'ailleurs un exemple frappant de la façon dont s'accomplissent les prévisions des sociologues. *Comte* prévoyait que le type industriel allait se substituer au type militaire, et que l'évolution dans cette direction avait commencé de son temps. *Spencer* abonde dans le même sens, et pourtant l'époque actuelle, à partir de 1870, a amené précisément une recrudescence terrible de l'esprit militaire. Quoique ce fait saute aux yeux, et n'ait nullement besoin d'être prouvé, nous sommes heureux de pouvoir apporter à l'appui les paroles d'un autre sociologue, lui aussi grand partisan des lois sociologiques et de la prévision de l'avenir, *M. Letourneau*, qui dit que « malgré le prétendu antagonisme découvert par M. Spencer entre l'industrie et la guerre, jamais les carnages guerriers n'ont été plus effroyables que depuis l'épanouissement de la période industrielle [2] ». *M. Lacombe* qui consacre un chapitre entier à la prévision, mais dans lequel, il est vrai, il s'occupe presque tout le temps d'autres questions, commence ce chapitre par les paroles suivantes : « Toute science nous met en mesure de prévoir ; pas de science sans quelque prévision ; c'est le sceau, la signature de la science. Mais d'une science à une autre, cette différen-

---

1. *Principes de sociologie*, IV, p. 192.
2. *Evolution politique dans les diverses races humaines*, Paris, 1890, p. 529. Comp. Stuart Mill, *Logique*, II, p. 52.

ce est grande. En histoire, science complexe au plus haut degré, qui prête tant à l'influence individuelle, il ne faut pas espérer une prévision infaillible, et surtout une prévision circonstanciée. Si nous connaissons bien le présent, si nous l'interprétons avec une méthode sûre, nous pourrons en déduire que certains événements de forme très générale, très abstraits pour ainsi dire, sont en instance d'arriver, mais jamais affirmer qu'ils arriveront effectivement ». Des faits très généraux, très abstraits, qui sont en instance d'arriver !! Pourquoi ne pas recourir plutôt au système de l'oracle de Delphes ?

Il est très naturel que toute prévision *des faits* soit impossible en sociologie, attendu que même les éléments qu'elle voudrait comprendre seuls dans ses investigations, les institutions et leurs transformations futures, dépendent des événements, de l'action individuelle et du hasard. Et si ces derniers ne peuvent être prévus, comme le reconnaissent les plus zélés sociologues, comment pourrait-on prévoir le développement des institutions qui sont le produit de deux facteurs, dont l'un indéterminable ? Voilà pourquoi les assertions, d'ailleurs très justes de M. *Lacombe* — que « l'individuel historique ne se prête pas à la prévision, parce que le caractère individuel est formé d'éléments qui échappent à nos prises ; que le tissu de l'histoire présente partout des événements (œuvres des individus) et des institutions profondément croisés et entrelacés » — s'accordent difficilement avec son chapitre sur la prévision des faits historiques [1]. *Mill* est bien plus conséquent lorsqu'il reconnaît, que « tout ce qui dépend des particularités des individus, combiné avec les situations accidentelles où ils se trouvent, échappe nécessairement à toute prévision [2] ».

Faisons pour les sociologues la supposition que nous avons faite plus haut pour les géologues, et imaginons qu'il en ait existé au XIVe siècle de notre ère, et que ces savants aient étudié les institutions de l'Espagne et de l'Angleterre, dont les premières dépassaient de beaucoup les dernières dans l'extension des droits exercés par le peuple. Comment auraient-ils pu prévoir qu'en Angleterre, ces institutions, grâce surtout à la révolution qui chassa les Stuarts du trône, donneraient naissance aux garanties parlementaires, tandis qu'en Espagne elles sombreraient sitôt,

1. *Op. cit.*, p. 244, 253. Comp. p. 9 et chap. final.
2. *Logique*, II, p. 544.

sous les coups que leur portèrent Ferdinand et Isabelle, Charles-Quint et Philippe II [1] ?

M. Tarde distingue aussi deux sortes de faits sociaux, ceux qui sont dus à l'invention, dont l'étude devrait occuper la philosophie sociale et ceux qui proviennent de l'imitation, lesquels formeraient l'objet de la science sociale ; les derniers peuvent seuls être enregistrés, calculés par la statistique, et peuvent seuls constituer le matériel d'une étude scientifique ; « car il n'y a de science, dit cet auteur, que là où l'on rencontre des similitudes et des répétitions ». Il admet aussi que « la sociologie pourra prévoir les *formes* qu'un état social revêtira après un certain temps, à condition que quelques réformes ou révolutions politiques ne viendront pas entraver cette expansion, et qu'il ne surgira point de foyers rivaux, tout comme le physicien peut annoncer qu'un coup de fusil, parti à l'instant même, est entendu dans tel nombre de secondes, à telle distance, pourvu que rien n'ait intercepté le son sur ce trajet, ou que dans le même intervalle de temps, un bruit plus fort, un coup de canon, par exemple, ne se fasse entendre ». La comparaison qui, comme on le sait d'ailleurs, ne serait pas raison, n'est pas du tout juste, et démontre la confusion que M. Tarde fait entre les faits coexistants (un coup de fusil et un coup de canon simultanés) et les faits successifs (deux états sociaux séparés par un intervalle de temps). Le son peut être arrêté par un obstacle extérieur ; il continue d'exister, mais ne peut être entendu, tandis que l'état social sera modifié par des causes qui agiront sur lui et le transformeront en une autre chose ; il *cessera d'exister* tel qu'il était, non seulement subjectivement par rapport à ceux qui le perçoivent, mais encore objectivement, par rapport à son essence. Et pourtant M. Tarde reconnait lui-même que « l'avenir sera ce que seront ses inventions qu'elle ignore, et dont les apparitions successives n'ont rien de formulable en lois [2] ». Mais dans ce cas, comment peut-on soutenir la faculté de prévision ? M. Brunetière a pour sûr bien plus raison, lorsqu'il dit que « bien plus que toutes les autres parties de la civilisation, Andromaque et Iphygénie, ou l'oraison funèbre de la reine d'Angle-

---

1. Les fueros espagnols furent détruits par l'intervention personnelle des rois, voir Lavisse et Rambaud, *Histoire générale*, IV, p. 328 ; V, p. 49.
2. G. Tarde, *Les lois de l'imitation*, p. 154. Comp. p. 20 et 40. Pourtant M. Tarde écrit dans sa *Logique sociale* un chapitre sur les *Lois de l'invention*, quoique dans son ouvrage précédent, il ait expressément affirmé que les *inventions n'ont rien de formulable en lois*. Il parlait dans cet ouvrage des *pseudo-lois* de l'invention ; mais ces pseudo-lois se sont, à ce qu'il paraît, transformées en *lois véritables*, dans la Logique sociale.

terre dépendent, sinon du hasard, tout au moins de l'apparition de Bossuet et de Racine. Et si l'on dit que cette apparition est conditionnée par des lois, comme le reste, alors je réponds qu'on équivoque sur le mot de loi, le propre de la loi consistant, si je ne me trompe, à ce qu'elle nous permette de prévoir ou de pouvoir. Je ne sache pas que l'on ait trouvé le moyen de faire naitre à volonté des Bossuet ou des Racine, ni qu'on puisse calculer quand il en paraitra [1] ».

La possibilité de la prévision *des faits* en sociologie dynamique, se heurtera toujours à cet obstacle infranchissable, même pour les modifications des institutions, que ces dernières dépendent des événements, lesquels étant presque toujours contingents, ne peuvent être prévus, et par conséquent, empêchent aussi la prévision de l'effet modificateur qu'ils doivent exercer sur les institutions. C'est en vain que les sociologues s'efforcent de rejeter de la sociologie l'étude des événements (Lacombe), des inventions (Tarde), des faits biographiques (Spencer), c'est-à-dire des faits qui ne se ressemblent pas, l'essence de l'histoire et son plus puissant agent, pour constituer la science du *progrès* sur la base de la répétition des choses similaires, c'est-à-dire sur l'élément *statique* de la civilisation [2]. C'est la plus regrettable erreur que l'esprit humain ait pu commettre dans le domaine des sciences, et il n'a pu s'y exposer, que par suite du manque de distinction entre les faits coexistants et les faits successifs.

La sociologie possède incontestablement des lois aussi fixes et aussi immuables que celles qui régissent les faits naturels coexistants. Elle peut aussi parfaitement prévoir et prédire les événements ; mais cela n'est le cas que pour la partie statique de cette science, pour celle qui étudie les faits coexistants. C'est seulement pour cette partie de la sociologie, comme pour toutes les branches des sciences théoriques, que peut subsister la formule de M. *Menger*, « que tout ce qui a été observé dans un cas quelconque, doit absolument se répéter, toutes les fois que les circonstances de la production du fait se produisent [3] ». Tels sont, par exemple, plusieurs classes de faits économiques, comme la baisse des prix, lorsque l'offre dépasse la demande ;

---

1. *L'évolution des genres dans la littérature*, p. 255.
2. M. Tarde, lorsqu'il arrive dans son livre sur les *Lois de l'imitation*, au chapitre de l'histoire, ne parle tout le temps que de statistique. Cette dernière science est pour lui presque identique à celle de l'histoire ! Voir plus loin dans ce chapitre les *lois statistiques*.
3. *Untersuchungen über die Methode in den Socialwissenschaften*, p. 40.

la diminution du nombre des mariages, lorsque le taux des salaires diminue, ou que le prix du blé augmente, fait qui a pour correlatif fatal l'augmentation de la natalité illégitime, et par conséquent celle de la mortalité des enfants. Il en serait de même de l'effet des sentiments sur les masses qui a été de tous temps le même, comme la fuite devant le danger, l'attraction de la curiosité, le courage dans le désespoir, etc. Mais voilà le seul champ, où la sociologie peut formuler des lois, et prédire les événements, et comme nous le verrons plus loin, c'est le seul champ de l'histoire où les faits passés puissent être établis par voie inductive. Les sociologues, trompés par cette circonstance, ont voulu appliquer aussi dans le domaine des faits successifs, l'idée de loi, prise dans la sphère des faits coexistants, ainsi que la possibilité de la prévision de ces faits laquelle en découle fatalement, sans se rendre compte de l'impossibilité absolue de prédire ou de prévoir des faits nouveaux, et qui se produisent pour la première fois.

Mais est-ce à dire que la sociologie dynamique ou l'histoire, ne puisse jeter aucune lumière sur les événements futurs et que l'avenir lui soit complètement clos? Nous ne le croyons pas. Seulement la façon dont l'histoire pénétrera dans les temps qui seront, est bien différente de celle qui est mise en pratique par les sciences théoriques. L'histoire constate qu'une succession de faits poursuit dans le passé une certaine direction. Elle conclut avec raison, que la même direction sera poursuivie par les faits, *inconnus en eux-mêmes*, que l'avenir poussera à la lumière du jour. *Ce ne sont pas les faits eux-mêmes qui peuvent être prévus et prédits par les sciences historiques, mais seulement la direction dans laquelle se mouvront ces faits, en eux-mêmes inconnus.* Quelques sociologues ont entrevu cette vérité; ils ne parlent pas de la prévision des faits futurs de l'histoire, mais seulement des *tendances*, des *lignes* que les faits suivront dans l'avenir. C'est ainsi que M. *Bresson* dit « qu'il ne saurait être question en sociologie de prévision exacte et détaillée des événements futurs, mais de la *détermination des tendances* et des lois générales de l'évolution ». *Lilienfeld* dit dans le même sens, que « quoique *probablement, nous ne serons jamais en état de prévoir les événements particuliers*, pas même la série successive des époques singulières; quoique les déviations et les oscillations qui accompagnent toujours chaque tendance au perfectionnement ne pourront pas être saisies par nous; quoique la victoire dans la lutte pour le progrès et pour le perfectionnement ne marchera pas toujours droit devant elle, et que les différents épisodes de cette lutte ne pourront être déterminés d'avance, la science, basée sur les lois générales de la nature, et prenant comme point de départ le nexus causal, n'en pourra pas moins reconnaitre avec sûreté les *lignes principales* du développement humain, et nous donner par là une nouvelle preuve de la profonde vérité que : science veut dire prévision [1] ».

Mais cette direction elle-même est soumise assez souvent à des oscillations, dues à l'intervention de faits inattendus, produits de la causalité individuelle et du hasard. C'est ainsi que le progrès des libertés anglaises, commencé sous Jean sans Terre et poursuivi sous les trois Édouard, ainsi que pendant la guerre des Deux Roses, est suspendu sous le règne des Tudor, se réveille sous les Stuarts, dont il combat les tendances absolutistes, et finit par aboutir à une révolution, au lieu du développement plus normal qu'il avait suivi jusqu'alors. Il en fut de même en France, pour la constitution du pouvoir royal, qui fut retardée par les guerres de religion d'abord, puis par les minorités répétées de Louis XIII et de Louis XIV. L'Espagne, dont la décadence s'était déjà manifestée sous Charles-Quint, est arrêtée sur le bord du précipice, par la main vigoureuse de Philippe II. Le progrès de la Russie en Orient est entravé, pour quelque temps, par les conséquences de la guerre de Crimée. La grande série des victoires de Napoléon est brisée, par le hasard de l'hiver rigoureux de 1812, et par son échec en Russie, et ainsi de suite.

Les causes perturbatrices troublent la perception du sens des directions que les faits suivent dans leur développement, et ce n'est que le génie, l'intuition de l'avenir, et non la préparation sociologique, qui pourra deviner la direction, que certaines successions d'événements prendront avec le temps.

Mais, si l'histoire ne peut éclairer l'avenir que d'une lumière tout à fait vague, elle servira toujours à bien faire comprendre le présent, et c'est là son utilité pratique la plus considérable. Il peut arriver souvent que le sens d'un événement qui se passe sous nos yeux ne soit pas clair, soit parce que nous sommes mal placés pour le saisir, soit parce que les intéressés ont soin de nous cacher sa véritable nature. Le plus sûr moyen de s'orienter

---

1. *Gedanken über die Socialwissenschaft der Zukunft*, 2 ter, Theil, **Die socialen Gesetze**, Mitau, 1873, p. 112.

dans de pareils cas, sera de poursuivre, dans le passé, la direction qu'a suivie l'enchaînement des faits, dont celui de nos jours est l'anneau le plus proche. Cette direction nous donnera aussitôt la clef de l'énigme actuelle. Prenons quelques exemples : les Hongrois prétendent qu'ils ne tendent nullement, par les mesures qu'ils prennent aujourd'hui, à dénationaliser les autres peuples de leur Etat. Or, si nous recherchons les antécédents de leurs mesures actuelles, dans le passé, par exemple en l'année 1848, nous trouvons des moyens analogues appliqués dans le but avoué de maghyariser les nationalités différentes de la Hongrie. L'histoire de ces efforts nous renseigne donc pleinement sur le caractère et le but de ceux que les Hongrois font de nos temps, mais dont ils ont intérêt à cacher la tendance [1]. C'est la méconnaissance des directions historiques qui fait avorter souvent bien des tentatives. M. *Winter* observe avec raison, à ce sujet, que « la négligence des formations historiques, a été la cause de la ruine du plan de monarchie universelle de Napoléon 1er, et cette même négligence rend caduque les théories démocratiques-socialistes. Le premier ne voulait pas reconnaître les formations historiques des nationalités, ou cherchait à les annihiler, et il tomba victime de leur réaction [2]. L'Etat socialiste veut aussi se dégager des bases historiques qui reposent profondément dans l'âme des peuples ; quand même nous imaginerions qu'il pourrait être constitué un instant — après une courte existence apparente, il n'en serait pas moins emporté par le courant du temps, par suite d'une puissante réaction des formations historiques ». Par contre, nous croyons que les gouvernements commettent la même erreur au sujet des tendances socialistes. Ils ne veulent pas voir dans cette nouvelle formation une série historique, dont il faut tenir compte, et s'imaginent pouvoir la supprimer, par des mesures de restriction. « La vie sociale d'un peuple dit encore M. *Winter*, dans toutes ses relations si compliquées, ne peut être comprise, et d'autant moins développée par voie de déduction, par les opérations de la raison pure. Elle veut être expliquée par sa genèse, et développée conformément à elle, car étudier le passé, cela veut dire comprendre le présent [3] ». *Ranke* l'avait d'ailleurs dit depuis bien

---

1. Voir, sur cette question, l'article *Les Roumains et les Hongrois*, inséré par nous dans la *Revue de géographie* de M. Ludovic-Drapeyron, année 1896.
2. Il nous paraît pourtant évident que, sans la catastrophe de Russie, la puissante individualité de Napoléon aurait, sa vie durant, pu aller à l'encontre des formations historiques.
3. G. Winter, *Geschichte und Politik* dans Sybel's, *Historische Zeitschrift*, vol. 103, p. 173, 175 et 181.

plus longtemps, que « la connaissance des faits passés est incomplète, sans celle du présent, comme il est impossible de comprendre ce dernier, sans la connaissance des siècles écoulés [1] ».

Maintenant que nous avons constaté l'impossibilité rationnelle de formuler des lois, pour la manifestation et pour l'explication des faits successifs, passons à l'examen de celles que, nonobstant cette impossibilité de nature, quelques savants ont essayé de déterminer, et voyons si ces lois correspondent aux faits dont elles veulent reproduire la quintessence.

PRÉTENDUE LOI DE L'ÉVOLUTION RELIGIEUSE. — Une loi que les sociologues aiment beaucoup formuler, c'est celle qui a trait au développement des religions, et cette prédilection est assez naturelle, puisque la religion étant l'un des instincts les plus universels de l'humanité, c'est sur son terrain surtout, que l'unité d'une loi sociologique pourra plus facilement être trouvée. Dans tous les cas, les religions se différencient d'après les races, et non d'après les peuples ; elles possèdent donc une base bien plus large de développement.

Quoique cette loi soit formulée, d'une façon quelque peu différente, par *Robert Spencer* et par *Bresson*, pour ne pas nous répéter, nous examinerons simultanément la valeur de leurs raisonnements. L'idée qui domine cette loi, est que les conceptions religieuses ont passé par trois états successifs : le fétichisme, le polythéisme et le monothéisme. Pour qu'une pareille loi existât, il faudrait constater le passage de l'esprit religieux *dans cet ordre indiqué au sein de la même race*, nécessairement de la race supérieure, la race aryenne. Or, cette succession n'existe pas. Quand bien même on admettrait que toutes les religions ont commencé par les conceptions fétichistes, cette ressemblance générale ne signifie absolument rien, attendu que le fétichisme des races supérieures laissait entrevoir les germes d'un développement ultérieur, que ne présentaient pas les croyances des peuples de race inférieure, qui devaient rester confinés pour toujours dans leurs formes primitives d'idées religieuses. Mais quand bien même le développement primitif identique serait dûment constaté, encore ne prouverait-il rien autre chose, si ce n'est que, comme nous

---

[1]. *Oratio de historia et politices cognitione atque discrimine*, Berlin, 1836, p. 14 : « Rerum gestarum scientia imperfecta est sine praesentis notitia ; praesentium intelligenta nulla est sine prioris aevi cognitione ».

l'avons déjà observé, les premières ébauches de la civilisation se ressemblent partout, et suivent pendant quelque temps la même marche, mais que, plus loin, toutes ces manifestations de l'esprit prennent des routes différentes. Comment peut-on, sans faire violence aux faits les plus positifs, soutenir, comme le fait M. Bresson que « l'institution d'un Jupiter souverain conduisit au monothéisme [1] ». D'après cet auteur, le dieu des chrétiens serait une transformation du chef des dieux gréco-romains ! Mais pour soutenir la loi, que l'idée religieuse passe, dans toutes les races, par les trois étapes du fétichisme, du polythéisme et du monothéisme, il fallait bien sacrifier les faits.

Si on examine la marche réelle des idées religieuses, on constate, au lieu d'une seule loi générale de l'évolution, un développement très compliqué, dû en premier lieu aux dispositions innées des races et à leur capacité différente pour les idées religieuses. Les races inférieures s'arrêtent au fétichisme ; la race jaune à un animisme supérieur, avec prédisposition pour les préceptes moraux ; mais c'est la race blanche qui développe surtout l'idée religieuse, et notamment son rameau sémitique, la conception monothéiste, qui donna naissance aux trois grandes religions de ce genre : le Judaïsme, le Christianisme et l'Islamisme ; les races aryennes développent au contraire la conception polythéiste. Or ces trois conceptions religieuses sont profondément différentes l'une de l'autre. Le fétichisme et l'animisme ne tendent à expliquer que le problème de l'existence individuelle ; le polythéisme y ajoute l'explication du monde ; le monothéisme réunit ces deux tendances, mettant en même temps en rapport l'homme avec la divinité, par un lien moral.

Mais ces religions différentes ne s'arrêtent pas au sein des races qui leur ont donné naissance ; elles se répandent au dehors, sur d'autres races, subissant l'influence de l'esprit de ces dernières. C'est ainsi que le Boudhisme, d'origine aryenne, s'est étendu sur la race mongole ; le Christianisme, parti du sein des Sémites, s'est épanché sur presque tout le corps de la race aryenne ; l'Islamisme, d'origine également sémitique (les Arabes) s'étendit, d'un côté, sur les peuples mongols (Turcs, Tartares, etc.), de l'autre, sur les peuples de race aryenne (les Perses, les Indiens).

Mais en dehors de cet enchevêtrement des religions avec les races, lequel exerce une profonde influence sur leur développe-

---

[1]. *Les trois évolutions*, p. 83.

ment dans chaque cas différent, il faut noter encore la circonstance que, tandis que l'animisme, le polythéisme et la religion védique, sont le produit de l'esprit populaire, les grandes religions qui dominent aujourd'hui les consciences, sont toutes l'œuvre de personnalités historiques, des grands fondateurs de religion, et que, sans l'apparition de ces puissants esprits individuels, qui n'ont rien de commun avec l'évolution naturelle de l'idée religieuse, ces formes de la pensée collective n'auraient point le caractère qu'elles possèdent aujourd'hui. Sans Confucius, Boudha, Moïse, Jésus-Christ et Mahomet, il n'y aurait ni Confucianisme, ni Boudhisme, ni Judaïsme, ni Christianisme, ni Islamisme.

Une étude vraiment scientifique du développement de l'idée religieuse, ne pourra jamais tendre à resserrer, dans une seule loi, l'entière évolution religieuse. Tenant compte de toutes les influences, elle renoncera à étouffer, dans une seule formule pseudo-scientifique, le riche développement de la pensée religieuse. On ne pourra qu'étudier les diverses séries historiques, par exemple, chez les religions indiennes : le Védisme, le Brahmanisme et le Boudhisme, et rechercher les liens qui relient entre elles ces trois conceptions, ou exposer les changements que subit la doctrine chrétienne, lorsqu'elle passa de l'esprit monothéiste sémite à l'esprit polythéiste aryen ; rechercher les vicissitudes par lesquelles passe la religion mahométane, lorsqu'elle se transporte de la race sémite des Arabes, chez lesquels elle constituait un élément de progrès, à la race mongole des Turcs et des Tartares, où elle cesse d'exercer une action civilisatrice, et devient un obstacle à tout développement, et ainsi de suite.

M. *Gumplowitz* cherche à sauver cette loi du développement religieux, en soutenant qu'entre le fétichisme, l'anthropomorphisme, le polythéisme, le monothéisme et l'athéisme libre penseur, il existe un enchaînement logique, un développement évident pour tout esprit vraiment philosophique ». Mais l'auteur se charge lui-même de se réfuter, lorsqu'il ajoute : « Combien de gens n'adorent-ils pas encore de nos jours, comme il y a des siècles, des fétiches ; qui s'imaginent Dieu sous une forme humaine ; qui peuplent leur ciel de légions de dieux, ou qui ne veulent en reconnaitre qu'un seul, Jéhovah, comme il y a des milliers d'années, tandis que d'autre part, nous rencontrons l'athéisme libre-penseur déjà chez quelques philosophes de l'antiquité ! [1] ». L'enchaîne-

---

[1]. *Grundriss der Sociologie*, Wien, 1885, p. 101.

ment logique n'existe donc pas partout et sans exception, puisque les Grecs sautent par-dessus la phase monothéiste, pour arriver à la libre pensée. Cet enchaînement ne constitue donc pas une loi.

Chaque religion a donc son évolution particulière, et cette évolution ne peut être comprise, si on ne tient pas compte des autres éléments, au sein desquels la religion vient s'implanter. Nous voilà donc bien loin d'une *seule et unique loi* d'évolution des idées religieuses, chez toutes les races et chez tous les peuples, à moins que, pour l'amour de la loi, on ne veuille sacrifier la vérité.

Prétendue loi de l'évolution politique. — Les sociologues veulent formuler aussi, pour toute l'humanité, une seule et unique loi de développement des organismes politiques.

M. *Letourneau* formule cette loi de la façon suivante : « les sociétés humaines évoluent régulièrement, par étapes successives, qui sont l'anarchie, le clan communautaire, la tribu républicaine d'abord, aristocratique ensuite, puis la monarchie qui commence par être élective pour devenir héréditaire. Enfin certaines nations d'élite, (nations d'élite, lorsqu'il s'agit d'une loi scientifique ? !) répudient de bonne heure la forme monarchique pour faire retour à un régime républicain, fort différent d'ailleurs de celui des tribus primitives, et préludant ainsi à des formes sociales nouvelles, encore cachées dans l'avenir [1] ». A la fin de son livre, lorsque M. Letourneau résume son étude, il donne à sa loi une forme un peu différente ; il dit que « la série politique commence par l'anarchie des Fuégiens ou des Esquimaux, obéissant à des coutumes et non à un gouvernement, passe par le clan familial, la tribu républicaine d'abord, monarchique et aristocratique ensuite, arrive à la monarchie despotique, puis enfin, par un retour amendé vers ses origines, aboutit au gouvernement parlementaire [2] ».

Comparons les deux formules de la même loi de M. Letourneau :

Préface	*Conclusion*
Anarchie	Anarchie
Clan	Clan
Tribu républicaine	Tribu républicaine
Tribu aristocratique	Tribu monarchique aristocrat.
Monarchie élective } Monarchie héréditaire }	Monarchie despotique
République.	Gouvernement parlementaire.

1. *Evolution politique dans les diverses races humaines*, Paris, 1890, p. VII.
2. *Ibidem.*, p. 533.

M. Letourneau aurait dû fixer d'une manière plus précise ses idées, et formuler sa loi d'une façon uniforme, au commencement et à la fin de son livre ; il aurait dû choisir des termes d'une plus grande netteté scientifique ; car il s'agit d'une loi, et une loi doit être formulée avec la dernière précision, comme l'expression suprême de la pensée scientifique. En effet, que signifie le terme de tribu républicaine, par opposition à celui de tribu aristocratique ? Nous sommes en droit d'admettre, que la première veut dire tribu républicaine démocratique, et la seconde, tribu aussi républicaine aristocratique. Mais dans ce cas, comment concilier les deux formes de tribu républicaine de la formule de la préface, avec la tribu républicaine tout court, suivie de la tribu *monarchique* aristocratique de la formule contenue dans la conclusion ? Puis pourquoi la monarchie, dans la première formule, passe-t-elle par deux formes, élective et héréditaire, pour n'en revêtir, dans la seconde, qu'une seule, celle de la monarchie absolue ? Enfin que signifie la nouvelle forme républicaine à laquelle quelques nations d'élite font retourner de bonne heure la monarchie ? M. Letourneau a certainement pensé à la France. Mais dans ce pays, la forme monarchique a duré près de 1500 ans, même en ne partant que de Clovis. Comment peut-on dans ce cas parler de répudiation de bonne heure. Mais cette monarchie se change-t-elle en république, ou devient-elle gouvernement parlementaire, et dans ce dernier cas ce gouvernement s'entend-il de la forme républicaine, ou peut-il continuer d'être monarchique ?

Mais si la formule, ou plutôt les formules de M. Letourneau, prête le flanc à tant d'objections, que doit-il en être de la base sur laquelle il l'élève ? Appliquée sur les faits, ni l'une ni l'autre de ces deux formules ne peut subsister un seul instant. Cette prétendue loi n'est qu'une généralisation arbitraire d'un développement qui ne se laisse pas enserrer dans une formule unique.

M. Letourneau sent lui-même le côté faible de sa prétendue démonstration. Il dit « qu'en étudiant les peuples historiques, on a vu *qu'ordinairement, dans ses phases premières surtout*, leur évolution politique reproduit la série des états sociaux, que l'on obtient par la simple juxtaposition ethnographique des peuples de diverses races [1] ». Mais de ce que les peuples présentent dans les rudiments de leur développement des formes similaires, s'ensuit-il que ce développement soit dominé chez tous par une seule

---

1. *Ibidem.*, p. 526.

et même grande loi sociologique ? Et comment peut-on formuler une loi avec la restriction, *ordinairement*. Que dirait-on d'une loi de la physique qui s'exprimerait de la même façon ? Par exemple : qu'*ordinairement* la force des courants électriques est en raison directe de la force électo-motrice et en raison inverse de la résistance (loi d'Ohm). Tout ce qui pourrait rester de la prétendue loi de M. Letourneau, ce seraient les deux premières étapes du développement politique, l'anarchie et le clan communautaire, et cela, parce que ces deux états sont seulement supposés. Plus loin, l'évolution prend un caractère différent, non seulement, comme le fait l'idée religieuse, pour les différentes races, mais même pour chaque peuple particulier.

Nous ne voyons nullement, par exemple, comment *la loi* de M. Letourneau pourrait être appliquée, même aux peuples de races inférieures, comme les Nègres de l'Afrique, qui ont passé directement au despotisme monarchique le plus complet, sans traverser les degrés intermédiaires d'aucune forme républicaine.

Pour les peuples historiques, l'évolution varie de l'un à l'autre, d'après le tour d'esprit, les circonstances du milieu physique, celles de la vie historique, c'est-à-dire des événements fortuits qui viennent influencer l'évolution. Une loi unique de développement est absolument impossible à formuler. Chaque peuple suit une marche particulière. Il existe, pour chacun d'eux, des séries régulières de faits historiques qui expliquent chaque moment de leur histoire ; mais il n'existe point de loi sociologique qui puisse résumer, en une seule formule, le développement politique de tous les peuples de la terre.

Chez les Grecs, nous trouvons, probablement à la suite du clan, un développement différent dans les divers Etats. Chez les Grecs d'Asie, la tyrannie ; chez les Spartiates, une forme absolument curieuse et originale de la monarchie, sous la forme de deux rois, au lieu d'un seul. Cette monarchie est héréditaire dès le commencement, et ne passe point par l'élection. Elle se change avec le temps en une sorte de république aristocratique, sous la conduite des éphores, quoique les rois subsistent encore. Jamais cette république ne prend la forme démocratique ; puis le développement politique suit un ordre contraire à celui qui a été formulé par M. Letourneau : monarchie—république au lieu de république—monarchie. A Athènes, au contraire, nous rencontrons (à la suite du clan ?) la monarchie héréditaire : puis une république aristocratique d'abord, démocratique plus tard, suivant une marche qui est précisément l'inverse de la formule du développement politique de M. Letourneau. Cette république aboutit, par suite de circonstances absolument particulières, à un gouvernement despotique, celui des 30 tyrans, pour revenir avec Clysthène, à la démocratie. Les Romains commencent par la royauté élective, passent à la république, aristocratique d'abord, démocratique ensuite, encore en contradiction avec M. Letourneau, et aboutissent à la monarchie absolue des Césars. M. Letourneau veut contourner cette difficulté insurmontable, par l'observation que « l'évolution *régressive* de Rome vers la monarchie absolue a prouvé, avec éclat, combien à la longue ce régime est funeste aux peuples qui le subissent ». Mais est-ce qu'une loi naturelle doit absolument faire du bien à l'humanité, et s'agit-il de critiquer la conduite des peuples, ou de formuler des lois fatales qui ne sauraient être enfreintes ?

Si nous passons maintenant à l'examen des peuples modernes dont le développement est si varié, on s'étonne que la pensée d'une unification de ce développement ait pu surgir dans un cerveau humain. Mais que n'a pas fait l'esprit de système? D'abord, le régime féodal qui ne peut être classé convenablement dans aucune des catégories de M. Letourneau. Puis un développement absolument différent, dans les divers pays de l'Europe, et qui conduit, en Angleterre, à une époque assez reculée, à l'établissement des libertés publiques et du régime parlementaire ; en Allemagne, où il donne naissance à un morcellement du peuple, en une foule de petits Etats ; en Italie, où ce morcellement s'ajoute à la domination étrangère ; en France et en Espagne, où il conduit à l'absolutisme le plus puissant.

Comment est-il possible de parler d'une loi de développement unique pour tous les peuples de la terre, lorsqu'il n'y en a pas deux qui y soient soumis ?

M. *Ferron* établit aussi une généralisation arbitraire de succession d'organismes politiques, mais d'une façon plus simple, plus générale que M. Letourneau. Nous oberverons d'abord que plus les généralisations sont larges, plus elles ont la chance de pouvoir tout comprendre, mais que, précisément, ce sont celles qui sont les moins scientifiques, car, comme l'observa très bien M. *Gumplowitz* : « les lois tout à fait générales sont très faciles à formuler, mais n'ont aucune importance, n'expliquent rien [1] ».

---

1. *Grundriss der Sociologie*, Wien, 1885, p. 64.

M. *Ferron* pourtant ne réussit, pas même de cette façon, à formuler la loi sociologique du développement politique. Il fait passer tous les peuples par les phases théocratique, aristocratique, démocratique et césarienne. Mais Sparte n'offre ni démocratie, ni césarisme ; les Grecs, en général, commencent plus tôt qu'ils ne finissent par la phase césarienne (les tyrans). M. Ferron invoque la conquête macédonienne, pour trouver aussi cette dernière phase, dans le développement politique des Grecs. Mais une conquête extérieure n'est pas la conséquence d'une loi de développement des formes politiques ; c'est un accident. Puis la France a passé deux fois par le césarisme mais ne s'y est pas arrêtée ; elle est revenue à la république démocratique.

Autres prétendues lois sociologiques. — Examinons maintenant une loi sociologique formulée par M. Brunetière, que nous avons vu pourtant plus haut, critiquer si vivement l'introduction de l'idée de la loi, dans le développement de la littérature. M. Brunetière admet cependant un développement uniforme des arts, et notamment de la peinture, chez tous les peuples, et veut en donner la loi, quoiqu'il n'emploie pas ce terme pour baptiser sa généralisation. D'après lui, la peinture, tout au moins la peinture moderne, a commencé par être religieuse. Bientôt pourtant elle a détaché, comme rameau parallèle, la peinture mythologique qui devient à son tour historique. De cette dernière, se détache d'abord le portrait qui donne à son tour naissance au genre, pour passer ensuite, par le paysage, à la nature morte. « Chacune de ces formes *successives*, que l'on peut combiner toutes ensemble (réserve prudente), nous est apparue à l'origine comme un démembrement, et, dans son développement, comme une extension de la précédente [1] ».

Malheureusement pour M. Brunetière, et heureusement pour la vérité, les faits démentent à chaque pas cette généralisation du développement de la peinture. Ils nous enseignent, ce que nous ont enseigné aussi les faits religieux et les faits politiques, ce que nous enseignerait l'étude de n'importe quelle catégorie de faits sociaux, que le développement s'accomplit, pour chaque groupe humain, d'une façon particulière, conformément aux conditions différentes dans lesquelles il a lieu.

S'il est vrai que dans tous les pays modernes, où elle se déve-

---

1. *De l'évolution des genres dans la littérature*, Paris, 1894, p. 5.

loppa, la peinture commença par être religieuse, il n'est pas exact de soutenir qu'elle donne partout le jour à la peinture mythologique. *Ceci n'est vrai que pour un seul pays*, l'Italie, où une pareille transformation avait sa raison d'être. En effet, l'art italien commence à s'inspirer à partir des XIIIe-XIVe siècles (Nicolas Pisano, Cimabuë, Giotto) des figures de l'art antique. Il n'était que très naturel, que les peintres passassent de l'imitation des figures des dieux et des déesses antiques, aux scènes mêmes dans lesquelles la mythologie païenne plaçait ces personnages, d'autant plus que la culture classique de l'Italie avait répandu partout la connaissance de l'antiquité. La première influence de l'imagination païenne, sur le terrain encore religieux de la peinture, se montre en Italie dans le tableau d'Orcagna (1376), *le Triomphe de la mort*, qui représente la mort, non plus d'après les idées chrétiennes, sous la forme d'un squelette vivant, mais bien sous celle d'une femme, volant dans les airs, armée d'une faux, image empruntée à la mythologie ancienne. Boticelli (1447-1515) exécute un peu plus tard le tableau qui se trouve au musée de Florence, et qui représente *la Calomnie*, d'après une description d'un tableau du peintre grec Apelles, laissée par Lucien. Il passe plus tard à un tableau purement mythologique, le premier peut-être qui soit sorti de la main d'un peintre italien : *Vénus flottant dans une conque sur la mer*.

A la même époque, et avant que la peinture historique fît son apparition en Italie, nous trouvons déjà le portrait traité par le contemporain de Boticelli, Léonard de Vinci (1452-1519), celui de la belle *Mona Lisa* (la Joconde) « que le peintre faisait entourer, pendant qu'il peignait, de musiciens, de chanteurs et de bouffons, pour l'entretenir dans une douce gaieté, afin d'éviter cet aspect mélancolique, que l'on observe dans la plupart des portraits » (Vasari). Le portrait a donc précédé la peinture historique, et n'en est pas issu, comme le veut M. Brunetière. Mais, sans nous arrêter à cette remarque incidente, nous allons poursuivre notre démonstration, que ce n'est qu'en Italie, que la peinture religieuse donna *directement naissance* à la peinture mythologique.

Si nous examinons, en effet, le développement de la peinture flamande, dont les origines remontent presque tout aussi haut que celles de la peinture italienne, nous trouvons qu'il a suivi une tout autre marche. Quoiqu'en Flandre la peinture commençât aussi par être religieuse, avec Hubert van Eyck, Roger van der Weyden et Hans Memmling, elle ne passa nullement, d'abord, à la peinture mythologique, mais bien au genre, sautant d'un seul bond par dessus les trois étapes, dont M. Brunetière fait précéder cette espèce de peinture. Quentin Matsys, mort en 1531, peignit, à côté d'une *Descente de la Croix* qui se trouve au musée d'Anvers, quelques tableaux de genre (probablement aussi les premiers de cette catégorie), entre autres le *Changeur et sa femme* qui se trouve au Louvre, et le non moins célèbre tableau des *Deux Avares* dont l'original se trouve à Windercastle en Angleterre. Il est reconnu que le genre devint bientôt une spécialité de l'école flamande, et surtout de l'école hollandaise qui en sortit. La peinture mythologique dans les Pays-Bas, ne commença à fleurir que plus tard, avec Rubens et ses disciples, par suite de l'influence qu'ils subirent de la part de la peinture italienne.

Donc, pendant qu'en Italie, la peinture religieuse donne naissance, comme rameau latéral, à la peinture mythologique et au portrait, la peinture religieuse flamande passe directement au genre, et de là au paysage, deux branches de la peinture qui n'ont jamais été traitées spécialement en Italie.

Si, au lieu de formuler une loi universelle du développement de la peinture, nous examinons les circonstances dans lesquelles l'art prit naissance en Flandre, nous comprendrons aisément pourquoi, dans ce pays, la peinture historique devait donner naissance au genre. Dans les Pays-Bas, les modèles qui devaient régénérer l'art ne furent pas, comme en Italie, les restes des monuments antiques, mais bien les types du monde réel qui, dans les grandes foires de ces pays, frappaient les yeux de tous côtés.

De la même façon que l'imitation des figures antiques devait conduire à la peinture mythologique, celle des figures réelles de la vie devait conduire au genre qui n'est que la reproduction des scènes de la vie réelle. Cette transition s'observe déjà dans Hans Memmling, qui, dans les tableaux où il peignit la légende de sainte Ursule, par exemple dans sa *Descente du bateau* qui la conduisait à Cologne, reproduit les personnages tels qu'ils se présentaient en Flandre à cette époque. C'est un parallèle très intéressant au tableau d'Orcagna qui introduit la figure antique de la mort, dans un tableau religieux chrétien.

Si nous voulions poursuivre notre enquête en Espagne, en France, en Allemagne, nous trouverions partout un développement distinct, déterminé par le milieu et les circonstances qui l'influençaient. Ces deux conditions étant partout différentes, il faut que le développement de la peinture le soit aussi. Une loi qui règle ce développement d'une façon identique, chez tous les peuples, est tout aussi impossible à formuler, qu'une loi du développement politique ou religieux. Pour chaque pays, pour chaque peuple, pour chaque école même, il y a bien une évolution, une direction dans la marche du développement, mais cette direction est toujours spéciale, particulière au groupe humain que l'on considère. *Il n'y a pas d'évolutions parallèles semblables. L'évolution de la même forme ne se répète jamais dans le temps, d'une façon identique. Chaque évolution est une forme unique et caractéristique.* Une généralisation des développements de la même forme de la pensée, tels qu'ils se manifestent chez différents peuples, ne peut être obtenue qu'au prix du sacrifice des différences qui les distinguent, et qui en font des unités historiques distinctes. Plus on s'efforce de généraliser les séries parallèles du développement, d'autant moins ces généralisations s'appliquent à chaque cas particulier; d'autant plus elles s'éloigneront de la vérité, et par conséquent de la science, qu'elles prétendent pourtant constituer. Pour les faits coexistants, au contraire, la vérité est d'autant mieux saisie, que les faits peuvent être plus amplement généralisés, et cette différence n'est que très naturelle, attendu que *dans les faits coexistants, l'essentiel est la similitude; dans les faits successifs c'est, au contraire, la différence tant entre eux, qu'avec ceux des séries parallèles, développées par d'autres organismes sociaux.* Les faits coexistants se répètent toujours, avec de petites différences, que l'on peut négliger, et il est important de constater leur similitude; les faits successifs se suivent, sans jamais se répéter identiquement, et il est important de constater l'élément qui les différencie. *Sans différenciation, il n'y aurait point de succession, mais seulement répétition, par conséquent, de nouveau, coexistence.*

Pour en revenir à M. Brunetière, lorsqu'il passe de la théorie à l'application, lorsqu'il veut exposer un exemple de l'évolution dans les genres littéraires, il cherche cet exemple, non dans le mouvement général littéraire de l'humanité, mais bien *chez un seul peuple*, et il s'occupe, dans son deuxième volume, de l'évolution de la poésie lyrique en *France*. Une pareille évolution existe incontestablement, mais il n'existe pas de lois de l'évolution littéraire, chez tous les peuples de la terre, comme le veut établir M. Letourneau.

Nous pouvons donc dire avec M. *Tarde* : « On a beaucoup parlé entre esthéticiens d'une prétendue loi de développement des beaux-arts, qui les assujétirait à tourner dans le même cercle, et à se rééditer indéfiniment. Le malheur est que nul n'ait jamais pu la formuler avec quelque précision, sans se heurter au démenti des faits ; et cette observation n'est pas sans s'appliquer aussi, aux soi-disant lois de développement des religions, des langues, des gouvernements, des législations, des morales, des sciences [1] ».

L'observation de M. Tarde n'est pourtant pas exacte dans son entier. La science ne peut être comprise dans l'énumération des disciplines, dont le développement ne peut être régi par des lois générales. C'est en effet la seule qui y soit soumise, et pour cause. Elle est la seule qui possède un caractère absolument universel ; c'est la seule qui ne dépende d'aucune condition particulière. La science est une, parce qu'elle a pour objet la découverte de la vérité, unique aussi. Il est parfaitement indifférent qu'elle prenne son essor chez tel ou tel peuple ; elle devient aussitôt le bien commun de l'humanité entière. La science étant complètement indépendante de toute condition extérieure, il s'ensuit qu'elle se développe, d'une seule et même façon, sur toute la surface du globe. Elle suivra une seule loi de développement, une loi générale pour tous les pays et pour tous les peuples. Mais cette loi générale n'est pas obtenue par la méthode comparative de la sociologie, c'est-à-dire, en résumant en une seule formule, le développement parallèle que la science poursuivrait chez les divers peuples. Cette loi n'est pas le produit d'une abstraction, recueillie sur des séries diverses de développement. Si elle est une, c'est que l'objet qui constitue la science est un et indivisible. Ce n'est pas notre esprit qui déduit l'unité de la loi, de la similitude de plusieurs séries parallèles ; cette unité nous est imposée par l'unité du développement de la science elle-même.

Il y a donc une seule et même loi pour le développement de la science, ou mieux encore, pour le développement de la connaissance de la vérité, et cette loi est celle de l'évolution elle-même, dont la vérité est un des principes.

Il ne faut pas croire que cette loi soit celle des trois états, formulée d'abord par *Turgot*, puis reprise et développée par *Auguste Comte* [2]. Il n'est pas exact de dire, avec ces deux penseurs, que l'évolution, c'est-à-dire la marche vers le progrès, passerait successivement par trois états : l'état théologique, l'état métaphy-

---

1. *Les lois de l'imitation*, p. 62.
2. Turgot, *Histoire du progrès de l'esprit humain*, 1790, p. 294. Auguste Comte, *Cours de philosophie positive*, vol. IV.

sique et l'état positif, et il n'est pas non plus exact de restreindre cette loi à l'évolution intellectuelle, comme le fait M. de *Greef*. Cette dernière comprend aussi les arts et les religions qui ne peuvent traverser ces trois phases de développement. Mais, même appliquée à la recherche du vrai et du bien, les grands nerfs de l'évolution, la loi des trois états dépasse encore de beaucoup le champ qu'elle embrasse réellement, car le vrai pratique, par exemple, n'a jamais revêtu la forme théologique, ni celle de caractère métaphysique ; il a toujours été positif, comme le vrai scientifique. Le seul terrain de la vérité, sur lequel la loi des trois états de Comte soit applicable, *c'est la recherche de la vérité sur le grand sens de l'univers, sur le mystère qui nous entoure*. L'explication du monde a parcouru en effet les trois états de la loi de Comte : théologique, métaphysique et positif [1].

Quant aux lois sociologiques formulées par M. de *Greef*, celles dont il s'occupe en premier lieu, ne sont que des lois de statique sociologique, parfaitement à leur place. Telles sont les lois du rapport entre l'effort du tirage et le poids mort, celui qui existe entre la baisse des salaires et l'augmentation des naissances illégitimes ; celui qui a été constaté entre la production artistique et le degré du bien-être, etc. Aussitôt que le célèbre sociologue veut appliquer l'idée de la loi, à la succession, ses formules prêtent le flanc à la critique. C'est ainsi qu'il pose comme loi sociologique, sur le terrain du développement esthétique, que « l'architecture est toujours antérieure à la sculpture, et cette dernière à la peinture. Chacun de ces arts repose, est construit, sur l'autre, puis il s'en différencie successivement, et cela est vrai de toutes les civilisations ; c'est ce qui fait le caractère abstrait de cette loi, à la fois statique et dynamique [2] ». Mais cette prétendue loi de succession des arts, n'a pas plus d'existence, que toutes les autres lois de succession, que nous avons étudiées plus haut, chose dont il est facile de se convaincre. La série formulée par M. de Greef, n'est nullement une loi universelle de la succession des arts. Elle ne se rencontre que dans quelques périodes de la civilisation humaine ; dans d'autres, elle fait défaut. Ce n'est donc pas une loi, mais bien un groupe de séries historiques, particulières à chaque période du développement des arts. Si la prétendue loi

---

1. M. Alfred Fouillée, *Le mouvement positiviste et la conception sociologique du monde*, p. 262, rapporte cette loi des trois états au développement philosophique, ce qui est aussi insuffisant.
2. *Les lois sociologiques*, p. 120.

de M. de Greef paraît se vérifier pour l'art égyptien et assyrien, et si elle est incontestable pour l'art ogival, il en est tout autrement de l'art primitif chrétien, et de celui de la Renaissance. Les Chrétiens commencèrent à incorporer leurs nouvelles conceptions artistiques dans la peinture ou le relief (toujours une sorte de peinture), et ne passèrent qu'après Constantin-le-Grand aux formes architectoniques, lorsqu'ils purent se livrer publiquement au culte qui leur était interdit jusqu'alors. Voilà pourquoi on trouve les premières peintures et les premiers reliefs chrétiens dans les catacombes de Rome, du temps où le christianisme célébrait encore son culte en cachette, tandis que les basiliques, l'origine de nos églises, n'apparaissent que vers le milieu du IVme siècle. Il en est de même de l'art de la Renaissance, qui commence aussi en Italie, par les reliefs de Nicolas Pisano (1204-1280), bien avant que Philippe Brunellesco (1377-1446), eût inauguré l'imitation de l'antiquité dans l'architecture. Et si nous remontons aux âges préhistoriques, nous y trouvons aussi les premiers rudiments des arts, représentés par le griffonnage de figures d'animaux, tandis que les huttes informes des habitations lacustres, n'indiquent encore aucun éveil de l'idée esthétique, dans les bâtiments destinés à abriter les hommes. La succession des arts plastiques est donc différente, aux différentes époques de la civilisation ; pour chacun d'eux, cette succession prend un caractère différent, déterminé par les circonstances qui entourent le développement. La loi de M. de Greef n'est donc pas basée sur les faits.

Cet auteur donne encore comme exemple d'une loi de développement, celui de la circulation économique « qui s'opérerait toujours dans le sens de la substitution d'une marchandise spéciale, comme monnaie, à toutes les marchandises ; de la monnaie métallique à la monnaie marchandise ; d'une monnaie métallique avec empreinte conventionnelle, à la monnaie métallique pesée ; du billet de banque à la monnaie métallique, du paiement par simple virement (clearing-houses) au billet de banque [1] ». Nous ne voyons nullement, dans ce perfectionnement graduel de l'instrument de la circulation, une loi sociologique. Si ces différentes transformations se rencontrent chez ces différents peuples, c'est que, trouvant l'exemple donné par un ou quelques uns d'entre eux profitable, cet exemple fut imité. La preuve en est que de nos jours, le paiement par le moyen des clearing-houses,

---

1. *Ibidem.*, p. 103.

n'est pas encore introduit partout ; mais, aussitôt que le besoin en sera ressenti, on imitera l'Angleterre qui l'a inventé. Si le perfectionnement de chaque outil, de chaque procédé, que l'on rencontre simultanément chez la plupart des peuples, constituait une loi sociologique, on pourrait en formuler des milliers ; par exemple, la loi de la fabrication du pain, du vin, des chaussures, des tissus, des charrues, des instruments de toute espèce. Dans une pareille matière, il ne saurait être question de lois, mais simplement de progrès imité d'un peuple à l'autre.

Les sociologues sont donc obligés de faire violence aux faits, pour établir leurs prétendues lois générales de manifestation ou de production des phénomènes. Cette violence sera plus ou moins prononcée, selon que les institutions qu'ils veulent enserrer dans leurs formules, comportent un caractère plus ou moins générique. Ainsi, pour le droit, la morale, y compris les institutions qui naissent sur ce terrain, comme la propriété, le mariage, la famille ; ces institutions présentant un caractère plus génériquement humain, se rapportant plutôt à l'homme, comme tel, qu'au membre d'une race ou d'un peuple distincts, il est naturel de pouvoir formuler des approximations plus nettes, que pour les institutions qui ont pour base les différences nationales. Pourtant, même pour ces sphères plus génériques du développement humain, les sociologues sont obligés de ne pas tenir compte des différentes conditions de race, de milieu, de circonstances fortuites, qui ont influencé le développement. Ainsi, dans l'évolution juridique des différents peuples, il existe, malgré des caractères communs, uniquement relevés par M. *Letourneau*[1], des différences très marquées, et, pour les questions d'avenir que la sociologie a la prétention de prévoir, il est bien plus important, selon nous, de connaître le caractère spécial suivi dans différents pays par l'évolution des institutions juridiques, que l'abstraction pâle et exsangue d'une généralisation universelle.

Dans une question qui intéresse l'évolution juridique, celle de la propriété, et à laquelle M. *Letourneau* a cru utile de consacrer un volume spécial, l'auteur, après une étude très détaillée de la propriété chez les sauvages, arrive à formuler la loi suivante pour l'évolution de la propriété : « un graduel morcellement du domaine primitivement commun, puis un mouvement inverse de concentration des parcelles entre les mains d'un petit nombre

---

1. *L'évolution juridique dans les diverses races humaines*, Paris, 1891.

de grands propriétaires[1] ». Mais cette formule ne cadre pas non plus avec les faits. Elle ne pourrait s'appliquer qu'à l'Angleterre, tandis qu'en France, en Allemagne, en Italie, la grande propriété a été à son tour morcelée de nouveau et partagée en bon nombre de petits domaines. En Transylvanie, les paysans roumains achètent continuellement, avec le concours de leurs caisses d'épargne, les terres de leurs seigneurs, sur lesquelles ils avaient vécu comme serfs. En Roumanie, la loi de 1864, et une foule de dispositions ultérieures, ont mis à la disposition des paysans, plus de la sixième partie de la superficie du pays, et ainsi de suite.

Prétendues lois de la statistique. — Passons maintenant à un autre ordre de lois, que l'on veut appliquer à la compréhension de l'histoire, celles qui dérivent des faits constatés par la statistique.

Observons d'abord qu'il serait difficile de trouver un sujet qui ait donné lieu à autant de conceptions erronées, que celles qui sont provoquées par la régularité des chiffres donnés par « la science des faits sociaux, exprimés par leur rapport numérique[2] ».

Les plus grands esprits, entre autres *Kant* lui-même, n'en ont pas été exempts. Le philosophe de Königsberg dit : « Quelques divergences qui puissent exister dans nos opinions sur le libre arbitre, considéré au point de vue de la métaphysique, il n'en est pas moins vrai, que les manifestations de cette volonté, c'est-à-dire les actions humaines, sont soumises à l'empire de lois universelles, tout aussi bien que les autres phénomènes de la nature physique. La même suite de faits, qui, considérés séparément, auraient pu paraître confus et incohérents, quand on les considère dans leur enchaînement, montrent positivement un développement un et entier ». Comme exemple, Kant cite la régularité des décès, des mariages et des naissances[3]. *Buckle* renchérit de beaucoup sur le philosophe allemand. Il constate la même régularité, dans l'accomplissement des crimes, notamment des meurtres, qui, pourtant, « sont amenés par une telle complication de causes, que nous pourrions raisonnablement renoncer à l'espoir de découvrir un ordre ou une méthode quelconque, dans le résultat de ces influences subtiles et changeantes qui causent ou em-

---

1. *L'évolution de la propriété,* Paris, 1889, p. 487.
2. C'est ainsi que Moreau de Jonnès a défini la statistique.
3. *Ideen zu einer allgemeinen Geschichte in weltbürgerlicher Absicht,* 1784, p. 84.

pêchent le meurtre ». Il rapporte aussi les paroles de Quételet, que « non seulement les meurtres sont annuellement à peu près en même nombre, mais encore, que les instruments qui ont servi à les commettre, sont employés dans les mêmes proportions ». Buckle passe ensuite aux suicides, dont il constate aussi la régularité « qui est d'autant plus remarquable, que, par sa nature, le suicide est non seulement très capricieux, mais aussi très obscur quant aux preuves, et on pourrait renoncer à l'espoir, de jamais remonter aux causes générales qui produisent ce crime ». Il en serait de même des mariages, dont la fréquence serait en rapport avec le prix du blé, et jusqu'à l'oubli de placer des adresses sur les lettres. Comme conséquence des faits constatés, Buckle dit que « quelque capricieuses qu'elles puissent paraître, les actions des hommes font partie d'un vaste plan d'ordre universel, dont nous pouvons à peine voir l'ébauche, dans l'état actuel de nos connaissances. Pour ceux qui comprennent cette vérité *qui est à la fois la base et la clef de l'histoire*, les faits que nous venons d'avancer seront précisément ce qu'on pourrait attendre[1] ». M. *Mougeolle* adopte également cette manière de voir ; il dit « qu'on a pu s'assurer, par la fixité des chiffres, que tout marche régulièrement, aussi bien dans les grandes sociétés, que dans les petites, et que des lois gouvernent l'humanité[2] ». M. *Ferron* soutient aussi, que « la statistique montre des lois, dans tous les faits sociaux qui en semblaient le moins susceptibles ». Il ajoute que cette constance des lois de la statistique nous fait comprendre, comment il peut exister des lois dans le développement des sociétés[3].

Observons d'abord, à l'encontre d'une pareille théorie, que toute régularité n'implique pas l'idée de loi. Ainsi, tous les jours, le même nombre à peu près de marchands ambulants, crient dans les rues les objets dont ils sont porteurs ; le même nombre de voitures traversent les rues, proportionnellement à leur fréquentation ; le même nombre d'affiches couvrent les poteaux ; les coqs du voisinage chantent à peu près le même nombre de fois, tous les matins ; le même nombre de moineaux viennent gazouiller dans les arbres d'un jardin. Et si l'on faisait la moyenne mensuelle, puis la moyenne annuelle de ces faits, on trouverait une régularité qui pourrait surprendre, tout autant que celle qui

---

1. *Histoire de la civilisation en Angleterre*, I, p. 31.
2. *Les problèmes de l'histoire*, p. 43.
3. *Théorie du progrès*, I, p. 26 et 29.

domine les meurtres, les naissances ou les suicides. Dira-t-on que cette régularité constitue des lois, et osera-t-on formuler la loi, d'après laquelle les marchands crient leurs marchandises, les poteaux se couvrent d'affiches, les coqs chantent, ou les moineaux viennent se percher dans les branches ? Et pourtant, quelle différence peut-on trouver entre les faits choisis par nous, et ceux qu'enregistre la statistique, sinon que les derniers touchent aux intérêts de l'Etat. Mais hormis cet intérêt qui est parfaitement indifférent pour l'établissement des lois, nous ne voyons aucune différence entre les faits pour lesquels il semblerait ridicule de formuler une loi, et ceux pour lesquels la même chose paraîtrait être une question très sérieuse.

C'est à cette occasion surtout, que l'on peut se convaincre de la nécessité impérieuse, de bien préciser ce que l'on doit entendre sous le terme de loi. Avec la définition que nous en avons donnée, toute ambiguïté disparait, et on ne saurait plus désigner par ce terme, les régularités *extérieures* de la statistique, mais seulement celles qui résultent de la manifestation des forces intérieures. Les régularités qui émerveillent si profondément les auteurs que nous venons de citer, ne sont que très naturelles et nécessaires. Le nombre des faits d'une certaine classe dépend de certaines conditions naturelles ou sociales. Tant que ces dernières restent stationnaires, il n'y a nul motif pour que le nombre des faits qui en dépend, augmente ou diminue, et il serait curieux et inexplicable qu'il en fût autrement. Mais imaginons qu'une noce passe dans la rue en question ; aussitôt le nombre des voitures augmentera, pour ce jour-là. Si une exposition s'ouvrait dans la même ville, le nombre des voitures et celui des marchands de vivres croîtrait nécessairement, par suite de l'augmentation de la population. Aussi Buckle a-t-il soin d'ajouter que « nous sommes à même de prédire, dans la limite d'erreurs légères, le nombre des meurtres volontaires pour chaque période, en *supposant naturellement qu'il n'y ait pas eu de changement marqué dans les circonstances sociales* ». Lorsqu'il arrive à l'énumération des chiffres annuels des suicides, il dit « que le nombre annuel des suicides varie *d'après la pression des causes temporaires* », et enfin lorsqu'il rapporte *la loi* de l'oubli des adresses sur les lettres (! !) il dit, *qu'en faisant la part de la différence des circonstances*, ce compte-rendu est le même d'année en année [1]. Or,

---

1. *Loc. cit.*, I, p. 37 et 42.

nous nous étonnons que l'on n'ait pas observé, que de pareilles restrictions détruisent complètement l'idée de loi ; car si la production d'une classe de phénomènes dépend du changement des circonstances extérieures, ces phénomènes ne sont que l'effet, le résultat de ces circonstances *diverses*, et non plus celui d'une force particulière, d'une loi. La cause de ces phénomènes réside dans ces circonstances ; ils en sont les symptômes. Le plus léger changement dans les conditions, se manifeste par un changement dans la production des phénomènes. La régularité des faits, enregistrés par la statistique, n'indique donc nullement que « cette régularité obéirait à des lois inconnues », comme le soutient Buckle ; elle n'est que l'expression numérique d'un état de la société à un moment donné, et tant que cet état ne change pas, son expression numérique reste la même.

Mais, même comme formule, le fait de rencontrer à peu près les mêmes chiffres annuels, pour les suicides de la ville de Londres, par exemple, pendant un certain nombre d'années, peut-il constituer une loi ? Pourquoi choisir Londres, et non un de ses quartiers, une de ses rues ? Pourquoi pas le pays entier, l'Europe entière, la terre entière. Pour qu'une loi existe, il faut l'universalité, ou au moins la perpétuité. Supposons qu'en dénombrant les suicides accomplis sur toute la terre, depuis les temps les plus reculés, on arrive à constater que leur chiffre se maintient à peu près le même tous les ans, à la condition bien entendu, que les circonstances extérieures restent les mêmes ; que le nombre des mariages effectués dans tous les pays du monde resterait aussi, à peu de chose près, identique, et qu'il en serait ainsi du nombre des morts, et même de l'oubli de placer des adresses aux lettres. A quoi nous serviraient de pareilles constatations, quant à la connaissance du progrès et de la civilisation. A rien autre chose, qu'à reconnaître, que les actions journalières *coexistantes*, et qui se répètent continuellement par les hommes, s'accomplissent d'une façon régulière, tant que les circonstances extérieures ne changent pas, vérité *historique* tout aussi importante que cette autre, que la hauteur des montagnes est différente ou que les rivières ont des cours sinueux. M. *Lecky* a donc parfaitement raison lorsqu'il observe, que « ce serait tout à fait extraordinaire, si les faits humains ne présentaient pas une certaine régularité, attendu que la moyenne des vertus et des vices restant la même, les actions qu'ils engendrent doivent présenter une régularité assez constante, tant que la cause qui les produit, reste la même[1] ». Si les régularités de la statistique constituaient des lois, elles devraient pouvoir se rapporter à une seule force, ou à l'action combinée de plusieurs forces, et par conséquent — avec les circonstances — à un seul genre de causalité. Or, cela n'a pas lieu, et les faits qu'elle enregistre sont dus aux forces, et par conséquent aux causes les plus diverses. Par exemple, les suicides sont dus, ou à l'amour, force de l'instinct sexuel, ou à la misère, force de l'instinct de conservation, ou à l'honneur, force de la personnalité, ou à l'esprit de sacrifice pour le bien d'autrui, l'instinct de conservation de l'espèce, etc. Jamais une loi de la physique, de la chimie, de l'astronomie ou de la physiologie, ne réunira, dans son énoncé, des faits produits par des forces diverses. Chaque loi de ces sciences ne formulera que l'action d'une seule force, ou le résultat de l'action de plusieurs d'entre elles, combinées dans un travail commun.

Mais en admettant même que les actions, régulièrement enregistrées par la statistique, représentent « des rapports nécessaires qui dérivent de la nature des choses », ces lois sont-elles des lois historiques ? Il faut que le sens de l'histoire soit complètement oblitéré, pour que l'on admette que les mariages, les décès, les naissances, les suicides, l'oubli de placer des adresses aux lettres, constituent des faits historiques. Pourquoi pas alors aussi, les déjeuners, les diners, les évacuations qui en sont la conséquence nécessaire ?

Les actions humaines sont de deux sortes : celles qui ne servent qu'à entretenir la vie de tous les jours, tant celle des individus que celle de l'espèce, et celles qui ont une influence sur les temps à venir. Ces dernières sont les seules qui appartiennent à l'histoire. Nécessairement qu'il pourra y avoir des naissances, des décès et des mariages, voire même des oublis d'adresse, à conséquences historiques ; mais lorsqu'un pareil cas se présentera, c'est par son caractère individuel qu'un pareil fait deviendra historique, et non par son côté statistique, non parce qu'il grossira le chiffre des cas recueillis par cette science. *Rümelin* l'a très bien dit : « Tous ces chiffres de la statistique, qu'ils soient arrangés comme on le voudra, ne seront jamais autre chose que l'expression de faits, qu'un matériel très important pour la caractéristique des peuples, des Etats, des temps, des témoignages historiques du plus grand

---

[1]. *Geschichte der Aufklärung in Europa*, deutsch von Zollowitz, Leipzig, 1868, p. XVI.

prix, des renseignements pour le législateur et l'homme d'Etat, et pour tous les penseurs[1] ». C'est ainsi que la statistique a été appliquée par M. A. *Brückner*, pour établir certaines séries de faits historiques, comme, par exemple, l'accroissement de l'étendue de l'empire russe, le progrès de la médecine dans cet empire, le progrès dans les moyens de se procurer des subsistances, etc...[2] Elle peut servir quelquefois à inférer les causes de certains changements, entre deux époques plus éloignées ; elle peut surtout nous aider beaucoup à connaître d'une façon précise, une situation passée. Mais son rôle se borne à cela, à fournir des matériaux à l'histoire, non à constituer ses lois. M. *Boutroux* conteste aussi à la statistique la faculté de formuler des lois. « La statistique, dit-il, n'a-t-elle pas constamment besoin d'être complétée par le jugement ? Quand se trouve-t-on en présence de chiffres qui ne comportent qu'une interprétation, et qui expriment immédiatement la réalité sociale dont il s'agit ? Le nombre des personnes sachant lire et écrire, est-il une mesure fidèle du développement de l'instruction dans le pays ? Le mouvement religieux peut-il être mesuré par le commerce des objets employés dans le culte ? Il se trouve que dans ce domaine, des hommes de tact et d'expérience arrivent, par des expressions littéraires, et sans user de chiffres, à une vérité, que la quantification mathématique est incapable d'atteindre[3] ».

Il y a cependant des auteurs, qui n'admettent pas que la statistique puisse formuler des lois des phénomènes, parce qu'elle n'en donne pas l'explication causale. Tel est par exemple M. *Cristian Claussen* qui dit, que « les résultats de la statistique ne sont pas des faits historiques, mais bien des moyennes de chiffres qui, par *suite de leur manque de connaissance des motifs et des facteurs influents, ne contiennent pas l'explication causale des phénomènes* et, dans leur généralité vague, ne sont pas des lois historiques, et ne peuvent jamais le devenir[4] ». *Edouard Gothein* abonde dans le même sens lorsqu'il dit, « qu'il était peut-être pardonnable à Quételet le statisticien, étonné de la constance qu'il avait découverte dans les phénomènes présentés par les masses, phénomènes que l'on avait cru jusqu'alors complètement irrégu-

---

[1]. *Reden und Aufsätze*. Leipzig, 1894, p. 26.
[2]. *Uber Thatsachenreihen in der Geschichte, Festrede der Universität Dorpat*, Dorpat, 1886.
[3]. *De l'idée de loi naturelle dans les sciences et la philosophie*, Paris, 1895, p. 132.
[4]. *Die Geschichtswissenschaft, Program der Gymn. zu Hadamar*, Limburg, 1891, p. 20.

liers, de penser qu'il avait découvert des lois. Quant à Buckle, qui se rapporte si volontiers à Hume, il aurait dû savoir que, par le retour régulier d'un phénomène, on n'établit qu'un fait *et non une relation causale, donc une loi* [1]. M. *Doormann* dit aussi que « les *régularités de la statistique ne nous apprennent rien sur la nature des relations causales* et ne peuvent être placées sur le même rang avec les régularités des sciences naturelles, et notamment avec celles de la physique [2] ». Cette façon de critiquer la statistique, par rapport à sa prétention d'établir des lois historiques, est défectueuse. Nous avons vu que toutes les lois n'ont pas pour but l'explication causale des phénomènes [3]. La statistique pourrait parfaitement formuler des lois de manifestation, quoique la cause de la production des phénomènes restât inconnue. Mais nous lui contestons précisément aussi cette dernière faculté, celle de pouvoir formuler des lois de manifestation des phénomènes successifs.

La statistique constate des faits semblables, des répétitions, détruisant l'individualité de ces faits — lorsqu'ils en possèdent une — par l'expression muette et générique du chiffre. L'histoire se compose, au contraire, d'événements qui s'enchaînent les uns aux autres d'une façon successive, et dont l'enchaînement prend toujours une forme individuelle, unique, même lorsqu'il est le produit de forces générales. Le champ de ces deux sciences est complètement distinct. Elles peuvent se toucher de temps en temps ; toutes les fois que la succession s'arrête, pour constituer la coexistence ; mais elles ne peuvent jamais se confondre. Voilà pourquoi nous ne pouvons admettre la qualification de science historique, que M. *Meuger* donne à la statistique. Selon cet auteur, « la statistique partagerait avec l'histoire la propriété de s'occuper de l'individuel, du concret ». Or, il nous parait que c'est précisément le contraire qui est vrai pour la statistique, attendu que cette science fait disparaître l'individuel, dans la généralité des chiffres.

Mais l'abus de la méthode statistique a été poussé encore plus loin. Certains auteurs ne se contentent point d'attirer, dans le domaine de l'histoire, des faits qui lui sont complètement étrangers. Ils veulent remplacer, pour ainsi dire, l'histoire par la statis-

---

1. *Die Augfaben der Kulturgeschichte*, Leipzig, 1889, p. 59.
2. *Bericht der Gymn. zu Brieg*, 1888, p. 29.
3. Plus haut, p. 178.
4. *Untersuchungen uber die Methode in der Socialwissenschaften*, p. 8.

tique. M. *Bourdeau*, par exemple, s'efforce d'appliquer la méthode numérique aux faits historiques eux-mêmes. C'est ainsi qu'il réduit, par exemple, la valeur esthétique des œuvres d'art au chiffre de leurs admirateurs. Il dit que « comme le public juge en dernier ressort, il suffit de compter les suffrages pour être fixé. Le problème, difficile à résoudre autrement, se transforme en une question de majorité ». Appliquant la même méthode à l'histoire, il ajoute, « que la science des faits humains, si longtemps descriptive et littéraire, est destinée à devenir complètement quantitative ; les phénomènes de fonction, objet essentiel de son étude, sont en effet mensurables, par les deux modes : arithmétique et géométrique, de détermination des grandeurs ; on peut d'une part la traduire en nombres, et d'autre part la figurer aux yeux par des représentations graphiques. L'idéal de l'histoire, élevée à la dignité de science, serait d'exprimer ainsi toutes ses notions, et de n'employer les mots que pour expliquer ou commenter ses formules ». Nous nous croyons dispensés de réfuter de pareilles théories ; mais nous serions bien curieux de voir M. Bourdeau à l'œuvre, exposant et expliquant, par des formules algébriques et des tracés géométriques, le fait et la cause de la ruine de l'empire romain, ou bien ceux de la littérature romantique. Mais M. Bourdeau est assez sensé, pour ne pas essayer de mettre en pratique sa propre théorie. Les historiens de profession qui auront la naïveté de le suivre sur ce terrain, se tireront d'affaire comme ils le pourront [1].

D'autres auteurs, comme M. de *Greef*, veulent relever l'importance de la statistique, pour l'histoire, d'une autre façon ; mais elle n'en est pas moins extraordinaire. Quelle signification peut-on donner aux paroles de cet auteur ? « *Ici la statistique se transforme véritablement en histoire proprement dite* ; ici, nous pourrons admirer avec reconnaissance les travaux de ces sociologistes qui ont fait de l'histoire des institutions sociales, une science, dont les progrès placent notre siècle bien au-dessus de ceux qui ont été illustrés, par les plus grands historiens de l'antiquité. A. Thierry, Fustel de Coulanges, de Laveleye, Summer Maine, von Ihering, Mommsen, pour n'en citer que quelques-uns

---

[1]. *L'histoire et les historiens*, p. 291. M. *Ernest Sasse* est le seul, à notre connaissance, qui ait risqué cette aventure. Il a essayé de mettre en tableaux l'histoire moderne de la France sur une seule feuille de courbes graphiques, *Das Zahlengesetz in der Weltgeschichte*, Berlin, 1889. M. Bernheim a raison, lorsqu'il observe qu'un pareil essai « steht an der Grenze des Pathologischen». **Lehrbuch, p. 36.**

parmi les plus célèbres, ont scruté les organes spéciaux des sociétés, à une profondeur et avec un talent d'analyse et de synthèse, que n'atteignirent jamais les anciens ; ils ont décrit la structure et l'évolution, chacun dans la branche particulière du savoir à laquelle ils avaient consacré leur vie [1] ». Thierry, Fustel de Coulanges, Jhering et Mommsen, statisticiens, voilà certes quelque chose d'absolument nouveau ! Mais il paraît que c'est sous ce titre seul, que les plus grands historiens de notre époque peuvent trouver grâce devant les sociologues !

LOIS PHILOLOGIQUES. — C'est encore une question très débattue parmi les philologues, de savoir si la science qu'ils représentent, peut être constituée sur la base des lois, et quel est le caractère de ces dernières. Pour ne citer que quelques-unes de ces opinions divergentes, nous voyons, par exemple, *Körting* soutenir, « que les lois philologiques exercent, sur le développement normal des langues, un effet déterminant qui n'admet aucune exception ». Cet auteur ne reconnaît qu'un dérangement ou une restriction de ces lois, par les principes de la formation analogique, de l'influence des lettrés et l'étymologie populaire [2], tandis que *Hugo Schuhardt* repousse le terme de loi, pour désigner les régularités des phénomènes linguistiques, attendu que ces généralités présentent des exceptions. Il en est de même d'*Alexandre Philippide*, l'éminent professeur de langue roumaine de l'Université de Jassy, qui répète à différentes reprises, qu'il est prudent de s'abstenir, en philologie, de toute tendance à légiférer [3].

Tous les philologues sont d'ailleurs d'accord sur ce point ; c'est que les lois phonétiques ne s'exercent pas d'une façon universelle, comme celles de la physique, de la chimie, ou de l'astronomie. Toutes sont restreintes à un certain groupe d'individus et à une époque déterminée [4]. Pour que les lois, proprement dites, existassent dans le développement du langage, il faudrait renoncer à la caractéristique principale du terme de loi, et admettre l'existence de lois temporaires. Puis, si l'on admettait cette possibilité, on se heurterait à une autre impossibilité logique : Les lois du dévelop-

---

1. *Les lois sociologiques*, p. 144.
2. *Encyklopaedie und Methodologie der romanischen Philologie*, Heilbronn, 1884, II, p. 43.
2. Hugo Schuhardt, *Uber die Lautgesetze*, Berlin, 1885. Alexandru Philippide, *Istoria limbei romîne*, Jasi, 1894, p. 13, 14, 26.
4. Hermann Paul, *Principien der Sprachgeschichte*, Halle, 1880, p. 55. Tobler, dans le *Litteraturblatt für germanische und romanische Philologie*, 1883, p. 121.

pement, qui ne se trouvent que dans la sphère absolument abstraite de la succession, se concrétiseraient-elles dans le seul développement de la langue ?

Pour bien nous rendre compte du caractère des lois philologiques, il faut examiner ce caractère dans une science toute récente qui a trait au langage, dans la Sémantique, ou science des significations des mots. M. Bréal, l'un des premiers qui ait entrepris la constitution de cette nouvelle science, essaie de formuler quelques lois qui présideraient au changement, que la signification des mots subirait dans le cours des temps. Il nous donne ainsi les lois « de la spécialisation, de la répartition, de l'irradiation, de l'analogie, etc. [1]. Mais toutes ces lois ne se rencontrent que dans la sphère absolument abstraite du langage. Les circonstances dans lesquelles ces lois s'incorporent, étant toujours différentes, les phénomènes auxquels elles donnent naissance, sont aussi toujours différents. Ces lois de la Sémantique sont donc de véritables lois de développement sur le terrain du langage. Les lois phonétiques ne sauraient en être différentes. Seulement, comme les phénomènes auxquels elles donnent naissance, présentent plus de ressemblance entre eux, elles font l'illusion d'être en même temps des lois de production de ces phénomènes. Mais ceci n'est qu'une apparence ; d'abord, parce que ces généralisations n'existent que pour certaines périodes de temps ; puis parce qu'elles ne s'incorporent pas non plus dans des circonstances générales, condition indispensable pour l'existence d'une loi. Car, quelles sont les conditions générales qui obligent les individus à opérer certaines transformations dans les sons, par exemple chez les Roumains le changement de *ct* latin en *pt* roumain (copt de coctus, pept de pectus, peptine de pecten, drept de directus ?) Est-ce peut-être une disposition particulière des organes vocaux qui les empêchent de prononcer le son *ct* ? Nous ne le pensons pas. Ce qui prouve que ce n'est pas la conformation organique particulière du groupe humain qui amène les changements phonétiques, c'est qu'avec les mêmes organes, transmis par l'hérédité, le mode de prononciation change avec le temps ; puis, qu'un individu qui fait partie d'un peuple, s'il est né au sein d'un autre, ou s'il est transporté chez ce dernier dès sa première enfance, se fait à la prononciation particulière de son pays d'adoption. Les dispositions qui donnent naissance aux changements des

---

1. Michel Bréal, *La Sémantique* (science des significations), Paris, 1897.

sons ne sont donc pas organiques, mais bien dues à l'imitation de certaines variations individuelles qui conviennent aux masses et sont adoptées par elles. Donc, les circonstances qui provoquent dans les langues des changements de forme générale ne sont pas elles-mêmes de caractère général. Elles se propagent seulement par l'imitation.

Il faut observer que, partout où les séries prennent naissance par voie de répétition ou d'imitation, on peut constater une régularité dans la manifestation des phénomènes. Pour les séries de la nature inorganique, les phénomènes étant dus à l'action des lois physiques, chimiques et mécaniques, leur formation est due à la répétition de l'action de véritables lois. C'est ainsi que les inondations du Nil produisent la série des dépôts qui constituent le Delta du Nil. Mais ces inondations sont le produit de l'action de plusieurs lois de la coexistence, qui donnent naissance aux pluies qui font déborder le fleuve.

Pour la nature organique, le procédé se complique par suite de l'intervention de l'élément individuel ; les modifications originaires finissent par prédominer et par constituer les espèces nouvelles. Ce ne sont plus les lois seules qui arrivent à donner naissance à la série, mais bien la répétition des modifications individuelles ; ces répétitions étant uniformes, elles peuvent aussi prendre un caractère régulier et, par suite, ressembler à l'action d'une loi.

Pour le règne de l'esprit, et notamment pour sa partie inconsciente, les séries historiques sont constituées par la répétition de phénomènes semblables, qui accumulent continuellement leurs effets. Cette répétition des phénomènes qui paraissent toujours les mêmes, constituent aussi des généralités qui peuvent jusqu'à un certain point passer pour des lois. Mais elles n'en ont que l'apparence. En réalité ce sont des séries historiques, limitées dans l'espace et le temps, caractères qui excluent précisément l'idée de loi.

La circonstance, que les régularités présentées par les langues, dans quelques-unes de leurs transformations successives, sont toujours restreintes à un espace et surtout à un temps déterminé, nous indique que nous n'avons pas affaire à de veritables lois, mais bien à des séries historiques. Les régularités dans le développement des langues proviennent toutes, de phénomènes semblables qui se répètent continuellement, pendant un certain temps, et donnent naissance à un résultat incorporé dans une forme stable. Tels sont les changements phonétiques, ceux qui interviennent dans l'étymologie et les formes syntaxiques, enfin ceux qui se produisent dans la signification des mots. Tous ces changements sont le résultat de modifications insensibles et ajoutées les unes aux autres, par une action répétée dans le courant du temps, qui arrive à créer une forme stable, au moins pour une certaine durée.

Les transformations doivent être imaginées comme se produisant de la façon suivante. Dans une forme constante, un ou plusieurs individus introduisent un changement. Le mot, la locution, le son changé, sont transmis à la famille qui l'entoure, adoptés comme une innovation heureuse, et qui répond à un besoin, par la tribu, bientôt après par la nation entière. Ce changement est poussé plus loin, par un ou plusieurs autres individus, et ainsi de suite, jusqu'à ce qu'il conduise à une forme nouvelle qui se fixe au moins pour quelques temps. La force qui produit la forme nouvelle, est la répétition par voie d'imitation, le plus souvent inconsciente, du même phénomène. Cette imitation conduit à une régularité qui peut quelquefois être assez constante, pour donner l'illusion d'une loi. Mais nous avons vu que l'imitation ne peut donner naissance à des lois de manifestation de phénomènes, mais bien seulement aux lois abstraites de la succession. Les prétendues lois phonétiques ne sont donc autre chose, que l'expression de la répétition, par voie d'imitation, de phénomènes semblables dans le domaine du langage. Il se peut que l'imitation présente des lacunes, des sauts, des solutions de continuité, accidents qui peuvent servir à expliquer les exceptions, que présentent parfois les prétendues lois phonétiques.

CHAPITRE IX

Le matériel de l'histoire

Après avoir examiné d'abord, les conditions immuables du développement, puis les forces qui le dirigent, il faut étudier les faits qui le constituent, et qui représentent le matériel de l'histoire.

Le fait historique. — Un fait, pour être historique, c'est-à-dire pour servir de base au développement, doit revêtir un caractère social ; il doit s'étendre sur un groupe plus ou moins nombreux d'individus. Un fait purement individuel, ne pourra jamais fournir de matériel à l'histoire. Pour qu'un fait, individuel par son origine, puisse acquérir une valeur historique, il faut qu'il agisse sur les masses plus ou moins profondes de l'humanité, ou qu'il représente, sous une apparence individuelle, des intérêts ou des faits généraux. Voilà par exemple pourquoi, le menu du banquet d'un collège roumain en Dacie, donné le 1er Mai, nous intéresse comme document historique. Il représente une coutume générale que les ancêtres des Roumains suivaient à telle date, coutume qui se retrouve encore chez ces derniers [1].

Cette extension du fait individuel, pour devenir social, s'opère par deux voies : l'imitation volontaire ou la contrainte. Nous avons vu que l'imitation peut passer du conscient à l'inconscient, et devenir, par là, de volontaire, obligatoire. L'obligativité peut être aussi le résultat de l'organisation sociale et politique, comme, par exemple, dans une bataille, où les soldats exposent leur vie en commun, parce qu'ils obéissent au commandement.

Les faits historiques sont donc, ou généraux, ou individuels à portée générale. Mais tous les faits sociaux ne constituent pas des

---

1. Xénopol, *Histoire des Roumains de la Dacie trajane*, Paris, 1896, I, p. 80.

faits historiques. Pour y arriver, il faut qu'un fait social remplisse deux conditions indispensables.

D'abord, le fait général, ou individuel à portée générale, doit être placé en relation de succession avec un autre fait qui l'a précédé. Si on fait abstraction d'une telle relation, ou si elle ne peut être établie, le fait social ne constitue qu'un fait coexistant. Si l'on étudie, par exemple, la criminalité dans un pays, dans le but de connaître le chiffre des délinquants de diverses catégories, pour savoir le nombre de prisons qu'il faudrait y construire, et les dimensions qu'il faudrait leur donner, le fait social de la criminalité est considéré, en pareil cas, sous le rapport seul de la coexistence. Mais si l'on s'enquiert de la progression de la criminalité pendant un temps quelconque, et des causes qui ont fait augmenter le chiffre des délits ou des crimes, on considérera le même fait social, au point de vue de l'histoire. Un autre exemple nous serait fourni par la vélocipédie. L'extension de ce système de locomotion dans les divers pays, en tant qu'il ne constitue qu'une simple imitation du fait en lui-même, constitue un fait purement coexistant. Mais si on le met en relation avec les systèmes antérieurs de locomotion, il prend place aussitôt dans la perspective de l'histoire. Il en est de même, si l'on considère ses applications utiles, par exemple, pour la distribution des lettres et des télégrammes, ou pour le service de l'armée. Ces imitations *différenciées* peuvent constituer autant d'étapes historiques, dans le développement de l'art de pédaler. Il en serait de même pour tous les autres faits sociaux, car chaque évolution peut être arrêtée, dans l'esprit du moins, à un moment donné, et les formes qu'elle présente, à ce moment, peuvent être étudiées au point de vue de la coexistence.

Mais si toute succession peut être considérée, dans un arrêt imaginaire de l'évolution, par rapport à la coexistence, toute coexistence, même parmi les faits sociaux, ne conduit pas nécessairement à la succession, et il y a bon nombre de faits généraux qui n'intéressent l'humanité que comme manifestation des forces de la coexistence, sans présenter aucun intérêt pour le développement. Cette observation nous conduit à la seconde condition requise, pour que les faits sociaux puissent constituer des faits historiques.

Les faits sociaux, pour entrer dans le domaine de l'histoire, doivent posséder un caractère qui n'est nullement exigé, lorsqu'ils ne sont considérés que sous le rapport de la coexistence et qu'ils constituent l'objet des sciences théoriques de l'esprit, comme la politique, la morale, le droit, l'économie politique. Pour former l'objet de l'histoire, *les faits sociaux doivent avoir des conséquences, ou des résultats intellectuels.* L'homme est en effet non-seulement esprit, il est aussi corps vivant et par conséquent animal. Il peut se faire que des faits généraux, c'est-à-dire sociaux, ne touchent qu'à son élément physique, sans intéresser son esprit. Ces sortes de faits sociaux pourront avoir une valeur pour l'économie politique, pour la morale, pour le droit; ils n'en auront aucune pour l'histoire. Telles sont, par exemple, les migrations des peuples nomades à la recherche de pâturages pour leurs troupeaux, ou bien les famines, les épidémies, les guerres d'extermination entre les peuples sauvages. Il en est tout autrement, lorsque de pareils faits ont des conséquences intellectuelles; ils acquièrent aussitôt une signification historique. Telle fut la migration qui amena les Phéniciens sur l'étroite langue de terre, comprise entre les montagnes du Liban et la Méditerranée, poussa ce peuple à la navigation, au commerce et aux découvertes, et en fit l'un des premiers agents de la civilisation ancienne. Cette migration est un fait historique de la plus grande importance, tandis que les migrations des Arabes de l'Arabie, et celles des Bédouins du Sahara, ne le sont point. Il en est de même de la peste qui sévit depuis des temps immémoriaux en Orient, sans y produire autre chose que des rafles périodiques parmi les existences humaines, tandis que la peste noire qui ravagea l'Angleterre vers l'an 1350, fut un fait historique des plus marquants, vu les conséquences intellectuelles qui en dérivèrent. « La main d'œuvre étant devenue très rare, les ouvriers exigèrent des salaires très élevés, et comme les petits propriétaires formaient la partie la plus influente des classes moyennes représentées au parlement, ils obtinrent le statut des ouvriers qui fixait le taux des salaires. Mais ce statut conduisit à la révolution des paysans sous Wat Tylor, en 1381 [1] ». Voilà pourquoi il n'est pas vrai de dire, comme le fait M. *Hermann Paul*, que « ce n'est que la société qui fait de l'homme un être historique [2] ». On peut parfaitement concevoir un état social sans histoire; à preuve les sociétés animales, et parmi celles de l'humanité, la société chinoise, dont l'histoire s'est arrêtée depuis longtemps. Les seuls faits sociaux

---

1. Lavisse et Rambaud, *Histoire générale*, III, p. 382.
2. *Principien der Sprachgeschichte*, Halle, 1888, p. 8.

qui peuvent fournir du matériel pour l'histoire, sont ceux à conséquences intellectuelles. Or, il n'est que très naturel qu'il en soit ainsi : l'évolution de l'humanité se fait par l'esprit ; c'est le seul lien qui rattache le passé au présent, et ce dernier à l'avenir. L'histoire expose cette évolution ; voilà pourquoi nous avons établi ci-dessus, que le terrain sur lequel cette évolution pouvait se dérouler, était celui des idées générales objectives. *L'histoire ne s'occupe donc que des faits sociaux, c'est-à-dire des faits généraux, ou à portée générale, qui peuvent être enchaînés dans la succession, et qui, par suite, doivent avoir des conséquences intellectuelles.*

Les formes générales de la vie de l'esprit. — L'évolution de l'esprit humain ne s'accomplit pas comme celle de la matière, par les masses, ou par l'organisme entier qui y est soumis. Les idées générales, les faits sociaux qui lui servent de véhicules, se manifestent par plusieurs classes qui, toutes ensemble, constituent l'organisme intellectuel. Ces classes de faits se rapportent aux besoins différents qui, tout en entretenant la vie humaine, deviennent les organes de son progrès. Ce sont les besoins *économiques, politiques, sociaux, religieux, moraux, juridiques, artistiques, littéraires et scientifiques* de l'humanité.

Ces différentes catégories de faits ne suivent pas toujours une marche égale et parallèle dans l'évolution. Il y en a qui vont de pair ; d'autres qui restent en arrière, comme pour se reposer, reprendre des forces, et rattraper plus tard celles qui les ont devancées ; d'autres enfin, suivent pendant quelque temps une marche rétrograde, avant de s'élancer de nouveau sur l'onde qui les porte en avant.

C'est ainsi que les Grecs développèrent pendant longtemps, d'une façon parallèle, les formes de la vie politique et sociale, d'un côté, de l'autre, celles de la vie artistique, littéraire et scientifique (sous l'aspect philosophique), tandis que les formes juridiques et morales restaient stationnaires, ou même rétrogradaient. Les formes juridiques se manifestent, au contraire, avec force chez les Romains, d'abord en commun avec les formes politiques et sociales ; elles continuent leur évolution, même après que celle de ces dernières se fut arrêtée. Pendant le Moyen-Age, ce furent les formes religieuses et morales qui prirent le dessus, pour être remplacées, plus tard, par les formes artistiques et littéraires de la Renaissance. La prédominance de l'une ou de l'autre de ces formes, donne le caractère fondamental au milieu intellectuel, et c'est ainsi que change l'organe principal de l'évolution, colorant tous les faits d'une période, d'après la lumière que répand son élément fondamental.

Tous ces éléments de l'évolution, quoique produits naturels de l'intelligence humaine, sont le plus souvent influencés, dirigés ou modifiés, par l'action d'intelligences individuelles, qui prennent quelquefois la forme de génies extraordinaires. C'est ainsi que les découvertes pratiques sont l'œuvre d'esprits distingués, pour la plupart restés inconnus, qui ont, ou donné naissance aux découvertes, ou saisi au bond la balle que leur lançait le hasard. Pour le vrai théorique, les découvertes de la science sont l'œuvre de génies plus ou moins puissants, quelquefois le produit des efforts de tous les chercheurs, qui profitent bien souvent de ce que le hasard leur met sous les yeux. Les formes politiques sont toujours le résultat de l'activité des classes plus élevées de la société; assez souvent celui de génies organisateurs. Ces derniers ont moins d'influence sur la constitution des organisations sociales. Les religions, sont à l'origine, (forme fétichiste et polythéiste) l'œuvre des masses ; mais dans leurs formes plus élevées (monothéisme, dualisme) elles sont des créations individuelles ; les formes de la vie morale sont souvent en relation avec celles de la vie religieuse. Les formes juridiques peuvent être l'œuvre de la conscience des masses, représentées par leur classe la plus intelligente, comme elles peuvent être aussi celle des Papinien, des Ulpien et des Beccaria.

Quant aux formes qui donnent naissance au beau, les formes artistiques et littéraires, elles se développent d'une façon particulière. Elles peuvent être aussi le produit de l'esprit des masses, mais bientôt elles revêtent la forme individuelle. L'évolution de ces formes n'est pourtant pas continue. L'art et la littérature arrivent bientôt à leur apogée, et ils ne peuvent faire autrement que recommencer, sous une autre forme, la série de leurs créations. Le terme de l'évolution des autres formes de l'existence qui ont pour but la réalisation de l'idée du vrai, dans ses deux directions (pratique et théorique), et l'idée du juste, est dans l'infini. L'humanité aura beau marcher dans cette direction ; elle ne pourra jamais arriver jusqu'au bout. Au contraire, la forme suprême du beau a déjà été atteinte à plusieurs reprises (architecture et sculpture grecque, architecture ogivale, peinture de la Renaissance, paysage moderne). L'évolution des formes esthétiques de la pensée ne pouvant aller plus loin, elle est forcée de chercher une nouvelle voie, dans laquelle elle puisse s'élancer de nouveau vers le beau absolu.

Quoique l'esprit humain donne naissance à toutes ces formes de l'existence, toutes ne sont pas destinées à contenter des besoins également nécessaires. L'humanité, dans son entier, ne s'intéresse de nos jours, en premier lieu, qu'aux formes économiques, politiques, sociales, religieuses, morales et juridiques, et bien moins aux formes scientifiques et esthétiques de la vie. Ces dernières n'intéressent qu'un petit nombre d'élus, la classe cultivée des sociétés. L'évolution tend, entr'autres, à élever le niveau intellectuel de l'humanité, jusqu'à la limite qui lui a été fixée par la race, de sorte que dans un avenir, que nous croyons encore très éloigné, les formes du développement supérieur de l'esprit, celles de caractère scientifique et esthétique, deviendront le bien commun de l'humanité, dans les limites indiquées. Mais en attendant que ce moment arrive, les différents peuples ne s'intéressent par leurs masses qu'aux formes inférieures du développement, et laissent celles de caractère supérieur, la science et l'art supérieur, au compte de leurs classes d'élite, qui seules y prennent intérêt, et seules en jouissent.

Quel est le chiffre des paysans, et même celui des ouvriers des pays civilisés, qui visitent leurs musées de peinture et de sculpture, ou qui se sont délectés à la représentation d'Aïda, de Faust, ou de Lohengrin ? Quels sont ceux d'entr'eux qui s'intéressent de savoir si la terre tourne autour du soleil, ou bien si elle est fixe ; ou qui s'inquiètent de connaître les principes sur lesquels repose le mouvement des locomotives, qu'ils voient à tout moment passer devant leurs yeux ? Pour la grande, l'immense majorité des hommes, la science et l'art supérieur, c'est-à-dire précisément les produits suprêmes de l'évolution, n'existent pas. Toutes leurs aspirations se bornent à gagner de quoi vivre du jour au lendemain, à procréer des enfants et à les élever tant bien que mal, à bercer leurs cerveaux de l'illusion de quelque rêve religieux, et à se reposer de temps à autre devant un verre de vin, en entendant une musique populaire. Quant à la science, ils se contentent des connaissances pratiques qui en dérivent, et qui peuvent servir à leurs besoins. Aussi ne manquent-ils pas d'utiliser les découvertes qu'elle met à leur disposition, sans nullement s'inquiéter des principes sur lesquels ces découvertes reposent. Les dernières, les plus hautes vérités de la science, comme les plus splendides créations du beau, restent pour eux lettre close. Ces deux formes supérieures de la vie humaine sont donc, malgré leur haute importance pour la marche de l'humanité, loin d'avoir pour sa masse, la même valeur que les éléments du bien et du vrai pratique.

PRODUCTION DES FAITS HISTORIQUES. — Les faits historiques de ces différentes classes constituent, selon le point de vue d'où on les considère, des éléments, ou simples, ou toujours plus compliqués du développement. Lorsqu'on n'en prend en considération que les lignes principales, les faits qui les constituent sont de nature très complexe ; lorsqu'au contraire on descend dans les détails, les faits sont réduits à des éléments de plus en plus primitifs. C'est ainsi que, lorsque nous étudions le développement religieux de l'Europe dans sa totalité, la *Réforme* nous apparaît comme un fait grand et unique, qui se rattache à d'autres, tout aussi grands qu'elle : la Renaissance, la corruption de l'Eglise romaine, la rivalité de François Ier et de Charles-Quint, la constitution de l'Empire germanique, etc. Mais si nous disséquons ce grand bouleversement religieux, et si nous en étudions la marche en Angleterre, nous devons prendre en considération des faits de moindre importance, tels que : l'intervention personnelle de Henri VIII, provoquée par son désir de répudier Catherine d'Aragon pour épouser Anne de Boleyn. Si nous examinons la question du divorce de ce roi, elle se compose aussi d'un nombre de faits encore plus simples, tels que : l'amour du roi pour cette dame de sa cour, la résistance de Catherine, son appel au pape, la sentence de ce dernier, la rupture de Henri VIII avec Rome, etc. Et chacun de ces faits, à son tour, peut être décomposé en d'autres encore moindres, jusqu'à ce qu'on arrive aux premiers éléments dont se compose l'histoire, les faits singuliers à portée générale.

Comment prennent naissance les faits historiques ? Ils sont le produit des forces du développement, exercées dans certaines circonstances, dont les plus importantes sont précisément les formes générales de l'esprit humain, et les conditions des facteurs constants. Nous verrons que c'est l'action de ces mêmes forces, à travers les circonstances dans lesquelles elles travaillent, qui produit l'arrangement sériel des faits de l'histoire. C'est ainsi, par exemple, que les faits économiques qui assurent l'existence matérielle des hommes, déterminent aussi la direction dans laquelle les peuples doivent se mouvoir, en passant de l'état de chasseurs à celui de pasteurs, puis à celui d'agriculteurs. Les guerres de Napoléon Ier, faits dus à la force individuelle de ce grand génie militaire, étaient autant d'étapes qui marquaient la direction, dans laquelle son activité se frayait la route.

Tout fait historique élémentaire, ou composé, est le produit de l'action d'une force, ou de la combinaison de plusieurs forces, à travers certaines circonstances. Une seule des forces de l'histoire n'est pas productrice de faits, mais ne donne naissance qu'aux séries historiques : c'est la force du milieu qui ne saurait créer des faits, mais seulement les modifier et les transformer, conformément à son caractère, et peut ainsi produire des séries historiques. Par contre, il existe un agent qui n'est pourtant pas une force, mais seulement la rencontre fortuite de l'action de plusieurs forces — le hasard — qui, tout en pouvant donner naissance à des faits, ne peut produire des lois ni, par suite, des séries historiques.

Toutes les autres forces, et avec elles le hasard, peuvent, ou seules, ou par leur action combinée, devenir la composante des causes qui, avec l'autre composante — les circonstances — donnent le jour aux faits de l'histoire.

L'*évolution* pousse à la manifestation des formes nouvelles, dans tout le domaine de la vie intellectuelle, de la même façon qu'elle le faisait pour les formes nouvelles de la vie matérielle, avant la fixation des espèces. La production des espèces nouvelles n'est pas explicable seulement par la lutte pour l'existence, la sélection naturelle et l'influence du milieu ; car toutes ces forces n'expliquent que le *triomphe* de la forme nouvelle, de la variation individuelle, mieux adaptée au milieu, mieux armée pour la lutte pour l'existence, et qui doit donc triompher dans la sélection. Ces forces n'expliquent nullement l'*apparition* elle-même de cette variation individuelle, destinée à assurer le progrès des formes organiques ou intellectuelles. Cette apparition, au sein de formes anciennes, constantes, et qui devraient se répéter sans cesse, ne peut être expliquée que par la force de l'évolution qui, agissant dans certaines circonstances, produit au jour des formes nouvelles, destinées à faire fortune. C'est ainsi que l'évolution seule explique, par sa poussée en avant, la succession des civilisations toujours plus parfaites qui se sont manifestées dans le genre humain. Il en est de même des différents éléments dont se compose la civilisation ; car, à quelle autre force, qu'à celle de l'évolution, pourrait-on attribuer la grande série des formes ascendantes politiques, telles que le féodalisme, la monarchie absolue, la monarchie constitutionnelle, et la république ? A quelle autre encore, la progression de l'instrument de l'échange : marchandise, monnaie, billet de banque, clearing-houses ? Il est évident que les faits nouveaux qui surgissent au sein du développement, et le poussent continuellement en avant, ne peuvent que provenir de la pression constante de la force évolutionniste qui, après avoir épuisé la série des transformations matérielles, s'est rejetée maintenant sur l'esprit, et le force à créer des formes toujours nouvelles de développement.

Les forces qui dérivent de l'instinct de conservation, l'*expansion*, la *lutte pour l'existence*, la *réaction contre l'action*, contribuent à façonner, conformément aux énergies déployées par elles, les phénomènes nouveaux qu'elles tirent des éléments que leur fournit l'évolution. C'est ainsi que les formes économiques, politiques, sociales, religieuses, morales, juridiques, littéraires, artistiques et scientifiques, s'étendent plus ou moins, selon l'énergie dont est douée la force de leur expansion, constituant des faits sociaux plus ou moins considérables. La religion chrétienne, produit de l'évolution, est devenue, par son expansion sur près du quart du genre humain, un élément principal du développement historique. La découverte de la vapeur et de l'électricité est destinée à une expansion encore plus puissante, qui comprendra, avec le temps, tout le genre humain. Au contraire, une forme littéraire, particulière à un dialecte, ne s'étendra que dans le sein du peuple qui le parle.

La *lutte pour l'existence* donnera naissance à des faits nouveaux, constitués par cette lutte elle-même, entre les éléments procurés par l'évolution. C'est ainsi que se développeront les faits qui donnent naissance aux luttes pour la suprématie politique : les guerres entre les peuples, ou celles pour la suprématie économique : les guerres civiles ou les luttes des partis ; l'antagonisme mutuel des différentes religions, sectes, hérésies, croyances ; la rivalité des écoles littéraires, artistiques, philosophiques. Mais la lutte pour l'existence se livre souvent entre des éléments de nature différente, comme par exemple entre la religion et l'état, qui se disputent l'asservissement économique des peuples (rivalité de la papauté et de l'empire au xiie siècle) ; entre les formes économiques et les formes sociales, lorsque des classes, jusqu'alors opprimées, veulent égaliser leur condition avec celle des classes jusqu'alors dominantes (émancipation des communes au moyen-âge) ; entre les formes politiques et les formes littéraires ou scientifiques, lorsque ces dernières attaquent un système politique existant, et veulent le renverser (la philosophie rationaliste du xviiie siècle et l'absolutisme des rois de France). Quelquefois, certaines de ces forces s'allient pour en combattre d'autres, et donnent naissance à des faits très compliqués. Telle fut l'alliance des formes politiques avec les formes sociales et religieuses, qui se mirent en opposition, et entrèrent dans une lutte terrible avec les formes littéraires, scientifiques, morales et juridiques, du temps de la Révolution française.

La *réaction contre l'action* se manifeste dans la lutte pour l'existence, toutes les fois qu'un élément est assez puissant pour ne pas succomber à la première attaque, et fait des efforts pour repousser l'agresseur. Les faits de cette nature emplissent partout le champ de l'histoire, attendu que, dans la lutte pour l'existence, on rencontre des alternatives de succès et de revers, qui se manifestent précisément par le jeu de la réaction contre l'action.

L'*imitation* donne aussi naissance à une foule de faits qui répètent, mais en les modifiant, les modèles reproduits.

L'*individualité* et le *hasard* enfin, interviennent dans l'action de toutes ces forces, pour colorer la production des faits d'une teinte plus ou moins personnelle, ou bien pour lui imprimer le caractère fortuit de rencontres inattendues. C'est cette dernière question qu'il importe surtout de bien élucider.

Généralité et contingence. — Les faits historiques sont d'autant plus inattendus, plus contingents, qu'ils sont le produit d'une action plus individuelle. Ils sont, au contraire, d'autant plus constants, qu'ils s'élèvent sur une base plus large. C'est ainsi que le langage d'un peuple, d'une tribu, partagera les mêmes caractères d'uniformité, dans toute la masse des hommes qui le parlent. Mais un poète, un orateur, un philosophe, une individualité quelconque, inventera des termes, des tournures de phrases spéciales, qui n'appartiendront qu'à eux seuls. Tandis qu'on aurait toujours pu connaître la façon dont le peuple en général aurait rendu sa pensée, on ne pourra jamais le faire, pour un de ces maîtres de la parole qui possédera des façons spéciales, inattendues, d'exprimer ses idées. La peinture italienne, avant Cimabüe et Giotto, revêtait la forme générale de l'art byzantin. Ces deux génies lui donnèrent une tout autre direction, que personne n'aurait pu prévoir. L'émigration d'un peuple est déterminée par des causes générales, le manque de nourriture, la trop grande densité de la population, l'instabilité des peuples nomades ; mais la direction dans laquelle cette émigration s'effectuera, peut être assez souvent le résultat d'une pensée individuelle. Les batailles sont le résultat du choc des masses ; mais la victoire, ou la défaite dépend, d'ordinaire, de la façon dont l'action a été conduite par un chef, donc de l'influence individuelle.

Les individus ne font le plus souvent qu'exécuter les idées générales ; mais le mode qu'ils suivent pour le faire, colorera toujours le fait historique qui en résulte, d'une teinte individuelle. Cette influence de l'individualité sur le fait, dû aux circonstances générales, sera d'autant plus prononcée, que cette individualité, sera plus puissante. Il peut se produire des cas, où cette dernière, agit en sens contraire des tendances générales, et provoque un courant opposé à celui que suit l'évolution. Ce courant ne se maintient habituellement, qu'autant qu'une personnalité se trouve à sa tête ; aussitôt qu'elle disparait, le courant général se rétablit. Tel fut le courant déterminé par Charlemagne, par sa tendance à faire revivre l'idée de l'Etat romain, à l'encontre de l'émiettement de la société féodale.

Mais cette action des individualités est faible, au commencement de tout développement, et ce n'est qu'avec le temps, que les individualités acquièrent de l'influence sur la production des faits historiques. C'est ainsi qu'il est suffisamment connu que, dans les premiers développements des sociétés rudimentaires, l'action de l'individu est très peu sentie, comme on le constate chez les sauvages. Chez les Romains, du temps de la République, l'aristocratie, toujours renouvelée par les familles qui s'élevaient de la plèbe, conduisait le peuple vers la grandeur et la gloire, sans que de grands hommes imprimassent aux faits qu'elle accomplissait, le cachet de leur individualité. Leur action était peu sentie, attendu que tout le peuple, ou au moins toute la classe dirigeante, était puissant, énergique et intelligent. Plus l'organisation républicaine faiblit, plus l'action des individus commence à s'imprimer dans les faits. Les Gracques, Marius, Sylla, Catilina, Cicéron, les hommes du premier triumvirat, ceux du second, font passer toujours davantage la prédominance des classes à la prédominance personnelle. La production des faits historiques prend de plus en plus un caractère individuel. « L'histoire de l'empire romain n'est plus que l'histoire d'une série de personnalités. Un seul homme conduit l'Univers pendant un an, pendant vingt ans ; de l'état moral de cet homme dépendra le bonheur ou le malheur du monde. S'il est bon, s'il est maître de lui-même, l'humanité respire et ne redoute plus que sa vieillesse ou son successeur ; s'il est méchant, si son intelligence est troublée, l'humanité traverse les jours les plus sombres, et n'aspire plus qu'à sa mort[1] ». Les chrétiens des premiers temps formaient tous une masse indistincte, où tous commandaient, et où tous obéissaient. Avec le temps se détache, sur ce fond commun, l'autorité des anciens (πρεσβύτεροι), puis celle des évêques, des métropolitains, des patriarches, pour culminer en Occident dans le pouvoir papal. Le rôle des individus l'emporte sur celui des masses. Les faits de la religion chrétienne sont déterminés toujours davantage, par les personnalités des chefs qui la conduisent. Les chansons de geste sont, au commencement, l'œuvre collective du peuple entier. Avec le temps, il se forme une classe de bardes qui s'en occupent spécialement, et plus tard, quelques personnalités plus marquantes s'en détachent, et se font un nom immortel, comme chantres populaires. Comme l'observe aussi M. *Herrmann Paul* : « le développement des rapports sociaux du droit, de la religion, de la poésie et de tous les autres arts, montre d'autant plus d'uniformité et fait d'autant plus l'impression d'une nécessité naturelle, que le niveau sur lequel on se trouve, est plus primitif[2] ». Si on pouvait imaginer un état de la société, d'où l'action individuelle serait complètement exclue, et remplacée par celle des masses, les faits de l'histoire seraient bien plus réguliers. Mais l'action des individualités ne peut être neutralisée un seul instant, attendu que ce sont les hommes qui font l'histoire, et que chaque homme constitue un monde à part. Plus ou moins puissante, l'intervention de l'élément individuel se manifeste à tout instant, et une grande partie des actions qui constituent l'histoire d'un peuple, sont le produit de l'initiative individuelle. Quoique cette initiative ne soit souvent possible, que parce que la généralité est disposée à la suivre, il n'en est pas moins vrai qu'elle imprime au développement, le cachet de l'individualité qui lui a donné

---

1. Beulé, *Tibère ou l'héritage d'Auguste*, Paris, 1870, p. 131.
2. *Principien der Sprachgeschichte*, Halle, 1888, p. 23.

naissance. Le caractère du fait aurait pu être tout autre, si une autre personnalité l'avait déterminé. Voilà pourquoi le développement des faits humains qui constituent l'histoire, est composé dans sa plus grande partie, d'éléments contingents, impossibles à prévoir. Les causes qui les ont produits sont données, non-seulement par les besoins généraux qu'ils tâchent de satisfaire, mais aussi par le tour d'esprit de ceux qui conduisent le mouvement.

Les causes des phénomènes historiques sont de nature intrinsèque, tant que ceux-ci possèdent un caractère nécessaire, c'est-à-dire, quand ils se déduisent fatalement les uns des autres. Plus les individualités accentuent leur influence, plus les causes des phénomènes se déplacent et deviennent extrinsèques ; elles ne sont plus données par le seul élément nécessaire du phénomène, mais concurremment aussi par les motifs personnels qui déterminent l'action de l'individualité qui les provoque, ou par l'intervention fortuite du hasard. Tant que les Tatares ou Mongols menaient une vie adonnée au brigandage, la cause d'une pareille manière d'acquérir des richesses, était donnée par la constitution même de la vie de ce peuple, son état nomade. Le pays qu'il habitait, et qui souvent ne suffisant pas à sa nourriture, le forçait de temps à autre à sortir de ses frontières, pour obtenir par la violence les objets dont il avait besoin. Mais lorsque Gengis-Khan, et plus tard Tamerlan poussèrent les Mongols à la conquête du monde, la cause de ce fait historique ne peut plus être trouvée dans les conditions générales de la vie de ce peuple ; elle doit être combinée avec le motif individuel, contenu dans la complexion organique du chef que le sort avait porté à leur tête. Il en est de même du système féodal qui commence à se développer, aussitôt après l'établissement des barbares dans l'empire romain. La cause de cette nouvelle formation historique réside, comme force, dans l'instinct de conservation ; comme circonstances, dans l'état général des esprits, dans la prédominance de l'élément individuel sur les idées générales ; dans la confusion qui était faite entre le droit de propriété et celui de l'autorité ; dans les relations qui s'établirent entre le chef de bande et ses compagnons, etc., etc. Mais l'intervention personnelle de Charlemagne arrêta, pour quelque temps, ce mouvement de décomposition de l'idée de l'Etat. Il s'efforça de rétablir l'unité de l'administration, de faire revivre l'idée romaine de l'Etat omnipotent. La cause de ce fait qui fut réalisé, tant que Charlemagne vécut, ne peut plus être trouvée dans la force et les circonstances générales mentionnées plus haut, qui tendaient précisément à amener un résultat contraire, mais bien dans la complexion individuelle du grand homme qui avait pris entre ses mains la destinée de l'humanité européenne. Avant l'apparition de Mohamed, les Arabes présentaient bien, par ci, par là, des tendances au monothéïsme, et l'unité de la nation avait été préparée, par la prédominance de la langue de l'Hedjaz. Mais il est hors de doute, que ce fut l'influence personnelle du fondateur de l'Islamisme, qui détermina la profonde transformation, opérée dans l'esprit et les mœurs des Arabes, et les poussa à sortir de leur pays, et à entreprendre la conquête du monde.

Il existe plusieurs degrés, dans la combinaison de l'action des deux causes, celle de caractère nécessaire et celle d'origine contingente, individuelle. Pour les personnalités moins marquantes, la cause, tout en prenant sa source dans la complexion organique de l'individu, se subordonne à la cause générale. Les individualités ne se détachent pas, dans leur entier, du fond commun sur lequel elles ont germé. Les motifs personnels qui déterminent leur façon d'agir, tout en étant colorés par leur nature particulière, n'en tirent pas moins leurs sucs nourriciers du sol général du caractère populaire. C'est ainsi qu'un poète populaire remaniera une chanson nationale d'après ses idées; mais ces idées seront toujours de nature à être partagées par le peuple entier. Si, au contraire, une individualité puissante, comme l'Arioste, entreprend de composer un poème sur un thème populaire, sa conception prendra un caractère spécial, qui tranchera fortement sur le fond populaire dont il s'est inspiré.

On peut donc établir le principe suivant, très important, si on veut se rendre un compte exact de la marche de l'histoire.

Les faits historiques sont d'autant plus constants, et leurs causes sont d'autant plus intrinsèques, qu'ils sont le produit d'une généralité plus ou moins étendue ; ils deviennent d'autant plus contingents, et leurs causes d'autant plus extrinsèques, qu'ils sont déterminés par l'intervention de personnalités plus marquantes, ou par celles du hasard.

Nous avons déjà observé plusieurs fois que, les généralités de la succession ne doivent pas être recherchées dans l'espace, mais bien dans le temps ; que chaque série de phénomènes successifs conduit en définitive à un résultat dans lequel elle s'incorpore. Voilà pourquoi chaque fait historique est, toujours par sa partie générale, le résultat d'un développement antérieur. Le fait final représente donc la *série condensée*, comme la loi de la coexistence représente le *fait généralisé*. Chaque fait est le résultat d'une série, et chaque série doit avoir pour résultat un fait historique. C'est ainsi que, dans l'exemple cité plus haut, l'essai de Charlemagne de reconstituer l'autorité romaine — considéré dans son résultat général — est un fait ; mais ce fait a été constitué par une série entière de mesures, qui se suivent et se développent dans le courant du temps. Les mesures jointes, l'une à la suite de l'autre, donnent naissance à la série historique, déterminée par l'imposante personnalité du plus grand souverain du moyen âge.

Pour nous rendre pleinement compte de la succession des faits de l'histoire, il faut étudier maintenant l'enchainement de ces faits, dans les séries historiques.

CHAPITRE X

Les séries historiques

Les idées générales de la coexistence et celles de la succession. — L'action des forces, et par suite celle des lois du développement, sur le matériel de l'histoire, et sur les faits historiques, donne naissance à des enchaînements successifs, qui présentent une certaine régularité, et que nous avons désignés par le terme de *séries historiques*.

La régularité de ces séries consiste, dans un esprit de suite du développement des faits qui les constituent. Ils partent d'un noyau quelconque, et se transforment graduellement, pour aboutir à un résultat. La direction dans laquelle les faits se meuvent, se dessine avec le temps assez clairement, pour permettre d'entrevoir la ligne qu'ils suivront dans l'avenir. En histoire donc, et en général dans l'enchaînement des faits successifs, on peut aussi dégager des idées générales des faits singuliers. Mais la façon dont l'esprit procède, pour établir ces idées générales de succession, est complètement différente de celle qu'il applique, pour découvrir les lois de la coexistence.

Ces dernières proviennent de la généralisation de mouvements, ou d'actions, coexistants et similaires ; elles formulent ce mouvement, ou cette action, d'une façon plus ou moins générale quant à l'espace, et absolument constante dans le temps. Cette formule générale exprime la loi du phénomène en question. Ce qui est important dans cette généralisation, c'est l'unité à laquelle se réduisent les faits et les causes individuelles.

Il en est tout autrement des idées générales recueillies sur les enchaînements de faits successifs. Ici, il ne s'agit pas de trouver une seule unité pour réunir ou expliquer des faits coexistants et similaires ; mais bien de rattacher des faits successifs et dissemblables les uns aux autres, par un seul lien. L'idée générale est celle qui reproduit ce lien ; c'est le fil sur lequel se déroulent les bobines des faits successifs.

Ainsi, quand on dit que les corps qui tombent, augmentent de vitesse, proportionnellement au carré du temps parcouru, on exprime, par une idée générale, une classe universelle de phénomènes, celle de la chute des corps. Mais lorsqu'on constate, par exemple, que la décomposition du système féodal, conduisit peu à peu à l'établissement du pouvoir monarchique, on extrait cette idée, non d'une classe de faits coexistants et similaires, mais bien d'un enchaînement de faits successifs qui, quoique dissemblables entre eux, à toutes ces époques de leur succession, aboutissent à un seul et même résultat.

Cette genèse différente des lois de la coexistence et des idées générales successives, a, comme conséquence, une profonde différence dans leur caractère.

1) Les lois de la coexistence ont une portée presque toujours universelle, quant à l'espace, et sont toujours éternelles, quant au temps. Les idées générales successives sont, au contraire, toujours limitées dans l'espace et dans le temps. Elles n'ont jamais une valeur universelle, pour tous les faits de même nature, et pour tout le genre humain. Ainsi, l'établissement du pouvoir royal en France, et celui des libertés publiques en Angleterre, n'ont de valeur que pour le pays, et pendant les périodes qui correspondent au développement de ces phénomènes.

Donc, tandis que les lois de la coexistence possèdent un caractère universel, pour les phénomènes de même nature, les idées générales, tirées des faits successifs, n'ont qu'une portée limitée. Rappelons, à ce sujet, que le même caractère a été reconnu plus haut, pour certains faits historiques qui dépassent la proportion de faits individuels, sans pourtant jamais devenir universels[1]. *L'histoire ne relie donc entr'eux que des faits individuels, ou des généralités limitées dans l'espace et dans le temps, et la liaison qu'elle établit entre ces faits, est elle-même, ou individuelle, ou une généralité limitée.*

La raison de cette différence est facile à saisir. Les lois de la coexistence agissent toujours sur le même ordre de faits ; celles de développement, au contraire, sur des faits toujours autres. Dans les premiers, la force s'incorpore dans des circonstances

---

1. V. plus haut, p. 28.

qui possèdent un caractère universel ; dans les secondes, elle s'incorpore dans des circonstances continuellement changeantes. Quoique le mode d'action de la force, et par suite, celle des lois par lesquelles elle se manifeste, soit le même, comme il s'applique dans la succession, sur un matériel toujours différent, il n'est que très naturel que le résultat de cette action varie continuellement. Les régularités de la succession ne pourront donc jamais posséder un caractère universel, pour le même ordre de phénomènes. *Chaque régularité constituera une série historique particulière.*

2) Les faits coexistants ne sont en rapport qu'avec la cause (force et circonstances) qui les produit ; ils sont tout-à-fait indépendants les uns des autres. La pierre qui tombe à Paris, n'est dans aucun rapport avec celle qui tombe aux Antipodes.

Les faits successifs sont, au contraire, (au moins par leur côté général), toujours en relation les uns avec les autres. Les conquêtes des Romains eurent pour effet la ruine des petits propriétaires : L'agglomération de ces derniers, dans Rome, donne naissance au prolétariat politique, qui, à son tour, fut cause de l'absolutisme impérial. Par leur côté individuel, ou par celui qui dépend du hasard, les faits successifs sont aussi isolés ; mais ils se rattachent toujours à la succession, par leur côté général.

3) Les lois de la coexistence ne sont pas seulement universelles ; elles comportent en outre un degré de précision, de beaucoup supérieur à celui auquel peuvent aspirer les généralités de la succession, et si, dans bien des cas, la précision fait défaut, même pour les formules de la coexistence, comme, par exemple, dans l'établissement des lois biologiques, ce ne sont pas les faits eux-mêmes qui sont cause de ce manque de précision, mais bien la connaissance insuffisante que nous en possédons. Le manque de précision des formules relatives aux faits successifs, provient surtout de l'intervention de l'élément individuel dans la succession, ainsi que de celui du hasard ; ces éléments ne jouent qu'un rôle secondaire, quelquefois même nul dans les universalités de la coexistence, tandis que dans la succession, ils déterminent souvent la nature et la marche des faits. C'est ainsi que, dans la loi de proportionnalité entre les naissances et les décès, la mort de Charles II roi d'Espagne, n'eût fait que grossir d'une unité le chiffre des morts. Dans la sphère de la succession, ce fait eut pour conséquence la guerre de la succession d'Espagne.

4) Enfin, comme nous l'avons vu plus haut, les lois de la coexis-

tence rendent possibles la prévision et la prédiction des *faits futurs, coexistants eux-mêmes*, tandis que les généralités de la succession — les séries historiques — ne peuvent servir qu'à faire entrevoir la direction que les *faits, en eux-mêmes inconnus* de l'avenir, suivront dans leur développement.

PRODUCTION DES SÉRIES HISTORIQUES. — La production des faits coexistants singuliers, est due à l'action de la force, à travers les circonstances particulières de nature coexistante. Celle des lois de la coexistence, est due à la même action, considérée comme s'exerçant à travers les circonstances universalisées.

La production des faits successifs est due à l'action des forces du développement, à travers les circonstances particulières de nature successive. Celle des séries historiques est due à l'action de ces mêmes lois, exercée à travers une série de circonstances successives et dissemblables.

Parmi les forces du développement, ce ne sont que les forces transformatrices qui enchaînent les faits dans des successions sérielles. Les forces à action constante ne produisent pas cet effet. La race et le milieu extérieur ne donnent pas naissance à des arrangements sériels de faits historiques ; elles ne font que conditionner une fois pour toutes le développement, le renfermant dans de certaines limites, lui imprimant une certaine direction, ou bien colorant sa manifestation d'une certaine façon particulière. Les forces transformatrices, au contraire, modifient constamment les faits de l'esprit, tout en les reliant ensemble, et constituent ainsi les séries progressives ou régressives qui forment les ondes dont se compose l'évolution. Nous aurons bientôt l'occasion de montrer, par un exemple frappant, la différence entre le mode d'action des forces constantes, et celui des forces de caractère transformateur.

Toutes les forces de l'histoire ont pour effet de transformer les faits ; toutes concourent donc à faire évoluer l'esprit humain. Les forces secondaires ne sont, pour cette raison, que les agents de l'évolution. L'action de chacune d'elles est accompagnée par celle de la grande force évolutionniste. Cette dernière seule imprime à l'action des autres forces un caractère transformateur. Sans l'action concomittante de l'évolution, l'influence du milieu, l'expansion, la lutte pour l'existence, l'imitation, la force de l'individualité et celle du hasard, ne produiraient que des faits coexistants, comme c'est le cas, par exemple, de nos jours, avec certaines de ces forces, dans le règne de l'animalité. L'évolution accompagnant donc l'action de toutes les forces secondaires de l'histoire, il s'ensuit qu'elle est présente partout, dans les grandes comme dans les petites séries des faits successifs. Voilà pourquoi on parle d'évolution, pour n'importe quelle partie du développement ; l'évolution du genre humain, celle de la Grèce, celle de la philosophie grecque, celle de l'école de Platon.

Parmi les forces secondaires qui sont au service de l'évolution, l'action du milieu et la force de l'individualité agissent continuellement sur la marche du développement, tandis que les autres, la force de l'expansion, celle de la lutte pour l'existence, la réaction et le hasard, n'interviennent dans cette marche, que d'une façon intermittente. En effet, un milieu intellectuel quelconque entoure toujours n'importe quelle manifestation de l'esprit, et cette manifestation s'accomplit toujours par l'intermédiaire des individus.

La présence d'une atmosphère intellectuelle, à toutes les époques du développement de l'esprit, ne saurait être contestée. Il n'en est pas de même du rôle de l'individualité, dans le développement des premiers âges de l'humanité, lorsqu'en apparence ce développement se fait par l'intermédiaire des masses. Il faut pourtant observer que, même dans ce cas, ce sont toujours les individualités plus marquantes qui servent d'agents à l'évolution, car c'est toujours un individu qui a, par exemple, l'idée première d'apprivoiser un animal, de se servir du feu, de faire cuire les aliments, de placer des roues aux véhicules, de mettre des manches aux haches et aux marteaux. Si les noms de ces individus étaient connus, nous saluerions en eux tous, autant de bienfaiteurs de l'humanité ; mais comme ils sont restés ignorés, nous attribuons ces précieuses découvertes aux masses qui les utilisèrent. A partir d'une certaine époque, le rôle des individus dans la marche de l'histoire ne peut plus être contesté, et si, de nos jours, ce rôle semble diminuer, ce n'est encore qu'une apparence. La civilisation s'étant étendue, elle prend à son service un plus grand nombre d'intelligences d'élite, au sein desquelles l'individu semble disparaître ; mais il est évident que la masse des hommes entraînés par le courant, est immensément plus considérable, que le groupe d'individus, qui conduit le vaisseau du progrès.

Dans chaque série historique, nous trouverons toujours à l'œuvre, d'abord, la grande force de l'évolution, puis, l'action du milieu et la force de l'individualité. Les autres forces de l'histoire n'interviennent pas toujours concurremment dans le développement. Quelquefois nous rencontrons la force de l'expansion, travaillant seule et d'une façon pacifique, pour donner naissance à une succession de faits ; d'autres fois, cette même force de l'expansion, rencontrant des éléments qui s'opposent à la prédominance d'une forme de la pensée, déchaine une autre force, celle de la lutte pour l'existence ; d'autres fois, elle arrive à prédominer, par la voie de l'imitation. Il est bien des cas où la lutte pour l'existence abat d'un seul coup l'élément ennemi ; d'autres où elle s'accomplit par une série, plus ou moins longue, d'actions et de réactions. Toutes ces forces, à leur tour, sont favorisées ou entravées dans leur action, par les forces continues de l'évolution, de l'action du milieu et de l'individualité, de sorte que la *succession des phénomènes, qui constitue la série historique, est le résultat de l'action diversement combinée, qualitativement et quantitativement, de toutes ces forces réunies.*

Prenons quelques exemples, pour mieux élucider la formation des séries historiques. Nous avons vu, dans le chapitre sur *l'Evolution dans l'histoire*, la façon dont les civilisations qui se sont succédées sur la terre, s'enchaînent les unes aux autres. Mais chacune de ces civilisations constitue, à son tour, une série particulière, ou plutôt la résultante d'un nombre plus ou moins grand de séries plus petites qui servent à les former. C'est ainsi que la civilisation grecque, est venue se placer, comme un chainon intermédiaire, entre la civilisation orientale et celle des Romains. Les faits qui constituent la civilisation grecque, se trouvent rangés dans plusieurs séries parallèles ou successives, dont la réunion constitue l'ensemble de la civilisation hellénique. Tels furent, le développement de la mythologie grecque, uni à celui de la poésie épique ; celui des théories philosophiques, qui marche de pair avec le développement de l'art. A la décadence de ces deux séries, les écoles de Syracuse et d'Alexandrie les remplacèrent, par celles des conceptions scientifiques. Et chacune de ces séries en contient d'autres plus restreintes, dans le temps et dans l'espace. Pour l'art, par exemple, les séries données par les diverses écoles artistiques de la Grèce : celles d'Athènes, d'Argos, de Rhodes, de Pergame ; pour la philosophie, celle des écoles ionique, pythagorique, éléate, atomiste, la philosophie morale de Socrate, les sophistes, etc. Chacune de ces écoles prend naissance, grandit, fleurit, et se transforme en une autre, d'une façon successive. Le développement politique de la Grèce se fit aussi par les séries parallèles ou successives de la floraison des divers États, séries composées à leur tour d'autres séries plus petites, formées par différentes successions de faits politiques. C'est ainsi que l'histoire du peuple grec commença dans les villes de l'Asie-Mineure, et dans celles de la grande Grèce, pour passer ensuite à Sparte et à Athènes. Après la ruine de ces deux États, la conduite des destinées du peuple grec échoit pour quelque temps à Thèbes, pour passer ensuite, — laissant de côté les conquêtes extérieures, et ne considérant que le développement interne, — aux ligues achéenne et étolienne.

L'histoire de la civilisation grecque qui a sombré dans les flots du passé, s'est donc composée d'un nombre de séries à développement parallèle ou successif, et au sein de ces séries elles-mêmes, on pourrait en découvrir encore de plus petites : le développement successif des idées, chez les artistes ou les philosophes, les séries plus restreintes qui ont servi à constituer les évènements politiques. Ces dernières sont formées à leur tour par les faits sociaux singuliers, matériel primaire de l'histoire.

Toutes ces séries sont dues, en premier lieu, à l'action de la force évolutionniste qui fit monter, puis descendre la civilisation grecque, ainsi que les diverses successions de faits qui la composent. L'évolution de tous ces éléments s'accomplit avec l'aide des forces secondaires de l'histoire. Toutes ces séries artistiques, philosophiques, politiques, scientifiques, furent le produit de l'influence du milieu et des individualités, par le moyen desquelles elles se réalisèrent. Ces écoles furent poussées, par la force de l'expansion et par celle de l'imitation, à fleurir et à s'étendre. Pour se supplanter les unes les autres, il fallut que la lutte pour l'existence intervînt, et cette dernière se manifesta quelquefois sous la forme de la réaction contre l'action. Dans le développement politique, ce fut au contraire la lutte pour l'existence, qui détermina en premier lieu la formation des séries, souvent accompagnée de la réaction contre l'action, et quelquefois aussi de l'imitation. Le hasard mêla partout son jeu inopiné au développement de toutes ces séries.

Si nous considérons le développement de la littérature française, à partir de la Renaissance, nous verrons qu'à l'époque où ce développement se manifeste, la Renaissance, avait créé un milieu intellectuel particulier, formé par la résurrection de la vie antique : dans les arts, par l'imitation des formes de l'art grec et romain ; dans le droit, par l'étude du droit romain ; dans la langue, par l'étude du grec et du latin ; dans les mœurs et les croyances, par un paganisme très prononcé, jusque chez les gens d'église. La force de l'évolution poussant aussi le peuple français à la production littéraire, cette production dut s'accomoder aux conditions du milieu. Elle se mit aussi à imiter l'antiquité, d'abord par la langue qui fut latinisée (Ronsard et la Pléïade), puis par les œuvres littéraires elles-mêmes (Corneille, Racine, Boileau). Avec le temps, un changement s'accomplit dans l'esprit public, et constitua un nouveau milieu intellectuel : la corruption de la société politique, les abus du gouvernement d'un côté ; de l'autre, l'exemple vivant des libertés anglaises. La direction de l'imitation dans la littérature française changea du tout au tout. Elle prit pour modèle l'Angleterre, ses institutions, sa philosophie, sa littérature [1]. Cette nouvelle source d'inspiration changea le caractère de la littérature française. Le beau qui l'avait alimentée pendant la période précédente, descendit au rôle de simple moyen, tandis que le but qu'elle poursuivait, c'était la critique de l'état social et politique, le redressement des abus. Pendant la révolution française de 1789, la prédominance des masses peu cultivées, avec leur goût du brutal et du grossier, amena une décadence littéraire très prononcée, qui, du temps de Napoléon, se changea en un caractère théâtral, se conformant au tour d'esprit qui suivait, à cette époque, l'impulsion donnée par la personnalité toute puissante du grand conquérant. Pour cette fois, l'influence du milieu se faisait sentir directement, et non plus par voie d'imitation, attendu que les productions littéraires de la France n'étaient plus imitées d'après les productions littéraires étrangères, mais se conformaient seulement au ton prédominant de l'époque. C'est cette même action directe du milieu, qui se fait sentir aux époques suivantes de la littérature française, très peu influencées par l'imitation des modèles étrangers. L'école romantique se conforme au milieu créé par l'étude du moyen-âge ; l'école réaliste, à celui dans lequel prédomine l'esprit scientifique et la recherche de la vérité. De nos jours, plusieurs courants de réaction se font remarquer contre cette dernière école : l'un d'eux, basé sur une plus juste appréciation du rôle de la littérature, qui doit poursuivre la réalisation du beau et non celle du vrai ; un autre, de caractère mystique, qui semble vouloir retourner aux temps passés.

1. Ce point a été mis en lumière pour la première fois par Buckle, *Histoire de la civilisation en Angleterre*, trad. Baillot, III, p. 77.

Malgré toutes ces transformations subies par la production littéraire de la France, dans le courant des âges, elle conserve à toutes les époques un caractère fondamental, constant et immuable, qui dérive de la nature de la race et du milieu extérieur : « esprit sobre, gracieux, délicat, fin et enclin à la moquerie, et dont le caractère principal est l'ordre et l'agrément » [1]. C'est ici que l'on peut voir la différence qui existe entre l'action des facteurs constants, et celle des forces transformatrices, sur les éléments du développement.

La série féodale, produit de l'évolution, est déterminée dans son essence par la loi de concordance au milieu intellectuel : absence d'idées générales, relation du chef de bande avec ses subalternes, établissement à demeure des barbares sur le territoire de l'empire romain. En second lieu, la série féodale fut le produit de la loi du développement de haut en bas, qui fit descendre cette nouvelle forme de la société, jusque dans ses derniers recoins : relations entre suzerains et vassaux, entre patrons et ouvriers, entre prêtres et clercs d'église. Mais cette loi du développement de haut en bas, se réalisait par l'intermédiaire de la force de l'imitation. Enfin, le féodalisme, entraîné par la force de l'expansion, devait engager une lutte pour l'existence contre les traditions monarchiques, imitées d'abord par les Mérovingiens, d'après l'exemple de l'empire romain, puis renouvelées par Charlemagne.

Partout, dans le jeu de ces forces, l'individualité vient mêler le sien, et donne ainsi, à tout développement sériel, le caractère unique et contingent qui le distingue de tous les autres développements parallèles, antérieurs et postérieurs de même nature. La série historique de la révolution française, dans laquelle précisément de grandes forces agissaient, dépendit, dans la forme qu'elle prit, en grande partie, des individualités qui y furent mêlées. C'est ainsi que la convocation des États généraux, avec la double représentation de la bourgeoisie, (fait dû à l'importance que cet élément avait acquise en France, mais aussi à la personnalité de Necker), amena la discussion sur le mode du vote (fait dû à la force générale de l'instinct de conservation du tiers-état, et aux circonstances du double chiffre de ses représentants, ainsi qu'aux partisans qu'il comptait dans les rangs de la noblesse et du clergé). Cette discussion eut pour conséquence, le refus de la majorité des nobles et du clergé, d'opérer en commun la vérification des pouvoirs (force

---

1. H. Taine, *Histoire de la littérature anglaise*, I, p. 84.

générale de l'instinct de conservation de ces deux classes de privilégiés ; circonstance : la minorité de leurs suffrages). Après la constitution du tiers-état en assemblée nationale, Louis XVI ordonne au tiers-état de se disperser (force de l'individualité de Louis XVI, de son caractère inconstant ; circonstance : encouragement de la part des privilégiés). L'assemblée refuse, (force générale : instinct de la conservation ; circonstance : encouragement de la nation entière) ; le roi cède à son tour, et ordonne aux privilégiés de se réunir au tiers-état (force : inconstance du roi ; circonstance : tenue énergique du peuple et peur du roi). Il en sera de même du serment prêté par Louis XVI sur la constitution, serment auquel il veut se soustraire par la fuite, de son arrestation, de la proclamation de sa déchéance, etc.

Partout donc, dans la révolution française, jusqu'à la mort du roi, sa personnalité joue un rôle important dans le développement de la série, quoiqu'elle ne semble être que le jouet des grandes forces qui se déchaînent dans ce puissant conflit : l'instinct de conservation des masses, la lutte pour l'existence, la réaction contre l'action. Mais ce rôle, joué par Louis XVI pendant la tourmente révolutionnaire, s'explique par le peu de consistance du caractère de ce roi. Lorsque la personnalité est puissante, c'est la force qu'elle représente, avec ses intérêts, ses vertus, ses vices ou ses passions qui conduit, haut la main, le développement, et devient l'origine de séries entières de faits. Telles sont les personnalités puissantes des fondateurs de religion : Moïse, le Christ, Mahomet ; des grands génies politiques : Alexandre-le-Grand, César, Charlemagne, Napoléon ; des puissants génies artistiques ou littéraires qui font école, etc.

C'est le jeu combiné de toutes ces forces et de toutes les lois qui en dérivent, qui peut seul expliquer les différents phénomènes historiques, ainsi que leur arrangement sériel. Il est absolument impossible d'attribuer leur production à la seule force de l'imitation, comme le veut M. Tarde. Car si, par exemple, la grande floraison de la peinture italienne du temps de la Renaissance est, comme nous l'avons vu, due (et en partie seulement) à la force de l'imitation, comment expliquer par cette même force, sa décadence et sa disparition ? Il faudrait admettre, dans ce cas, une imitation négative, c'est-à-dire une impossibilité ; tandis que si l'on admet la diminution de la force évolutionniste dans cette forme de la production intellectuelle, unie au changement du milieu, par suite de la ruine matérielle de l'Italie, la disparition de cet art ne peut nullement nous étonner.

Pour donner encore quelques exemples du mode de production des séries historiques, par l'action combinée des forces du développement, citons le rappel des Stuart sur le trône d'Angleterre, à la suite d'une révolution qui avait pourtant conduit l'un d'eux à l'échafaud. L'influence du milieu royaliste de la population anglaise, qui craignait d'expérimenter une autre forme de gouvernement, combinée à celle de la loi de la réaction, contre l'action qui en était le complément nécessaire (la forme monarchique du gouvernement, renversée un instant, développant de nouvelles forces pour repousser la tentation de la supprimer), l'action de ces deux forces réunies, exercée dans les circonstances particulières amenées au jour par la révolution, explique suffisamment le retour d'une dynastie justement abhorrée. Dans la série historique de la révolution de 1848, cette dernière s'étendit sur plusieurs pays de l'Europe, par suite de l'action de la force de l'imitation ; mais elle se colore, dans chacun d'eux, d'une façon particulière, d'après le caractère du milieu où elle se développe. Au fond, le mouvement n'était qu'une réaction contre le principe de la Sainte-Alliance.

Citons enfin un dernier exemple, très complexe, et qui ne peut être expliqué d'une façon uniforme, mais seulement si on applique tantôt une combinaison, tantôt une autre, des lois du développement. Cet exemple a trait à la dénationalisation des peuples.

Nous observerons à ce propos que, s'il existait des lois sociologiques, c'est précisément dans cette matière qu'il faudrait en trouver une. La dénationalisation de certains éléments ethniques par d'autres, est un phénomène sociologique de la plus grande importance, et comme il est général, qu'il se rencontre dans tous les temps, et entre les éléments les plus divers, il serait naturel de trouver une loi qui expliquât, d'une façon uniforme, la cause de ce phénomène. Or ceci n'a précisément pas lieu, et on ne peut trouver une seule cause explicative de tous les phénomènes de dénationalisation, que présente l'histoire des peuples.

Essayons d'en formuler quelques-unes et nous verrons que toutes les formules portent à faux. Ainsi, par exemple, si l'on disait que le peuple conquis est toujours dénationalisé par le peuple conquérant, prenant pour base ce qui s'est passé du temps de la conquête romaine, cette loi serait renversée par la persistance de la nationalité grecque, malgré sa soumission aux Romains, ainsi que par plusieurs autres faits historiques : les Bulgares qui soumettent les Slaves de la Mœsie, mais perdent leur nationalité primitive, et adoptent celle du peuple qu'ils avaient subjugué ; les Longobards qui s'établissent en maîtres en Italie, mais se romanisent ; les Warègues qui donnent les dynasties régnantes à la Russie, mais perdent leur nationalité germaine, et deviennent des Russes : les Normands qui se perdent dans le sein des Anglo-Saxons, quoiqu'ils prennent possession de leur pays. Et si l'on voulait retourner la loi, et dire que c'est le peuple soumis qui constitue le milieu, au sein duquel disparait l'élément conquérant, on se heurterait à la conquête romaine, qui dénationalisa la plupart des pays sur lesquels elle s'étendit. Si l'on voulait formuler la loi d'une autre manière, et dire que la dénationalisation se fait toujours aux dépens de l'élément moins cultivé, et au profit de celui qui est supérieur en culture, on ne pourrait l'appliquer dans plusieurs cas, où les choses se passent d'une façon inverse. C'est ainsi que l'élément romain de la Moesie et de la Dalmatie, supérieur en culture aux Slaves qui envahirent ces pays, disparut au sein de ces derniers. Les Hongrois, lorsqu'ils arrivèrent en Pannonie, étaient de beaucoup inférieurs en civilisation, aux populations d'origine romaine et slave qu'ils y rencontrèrent. Toutefois, ce fut leur nationalité qui finit par s'imposer aux deux autres ; tandis que d'autre part, l'élément romain résistait à la maghyarisation, en Transylvanie, et ici encore avec une exception, celle du district des Szèkles, où la nationalité maghyare s'imposa aux populations soumises. Si, abandonnant ces deux formules, on s'en tenait à la proportion numérique, en attribuant la puissance dénationalisatrice à celui des deux éléments qui est en majorité, l'exemple de la Gaule qui fut dénationalisée, pour ainsi dire, *longa manu*, par les Romains, s'opposerait à une pareille loi. Il serait tout aussi inutile de chercher à établir une seule loi comme résultat de l'action combinée de ces éléments, comme le fait par exemple M. *Rüdinger* qui dit que : « de deux nationalités en lutte, la victoire restera à celle d'entre elles qui sera supérieure en nombre, en richesse, en puissance politique ou en culture intellectuelle [1] ». D'abord, une pareille loi est absolument vague ; car, si les éléments qui doivent assurer la victoire, sont énumérés disjonctivement (comme semble l'indiquer la conjonction *ou*), dans ce cas nous avons vu que la loi n'est pas exacte ; si, au contraire, tous ces éléments doivent concourir pour assurer le

---

1. *Über Nationalität* dans la *Zeitschrift für Völkerpsychologie und Sprachwissenchaft*, III, 1865, p. 117.

succès, un pareil cas ne se présente jamais. Nous possédons d'ailleurs un exemple concluant de l'inapplicabilité de la loi, quoique plusieurs de ces éléments se soient réunis. Ce sont les Turcs qui, quoiqu'ils aient été supérieurs en nombre, en puissance politique et en richesses, aux peuples soumis par eux en Europe, ne leur imposèrent jamais leur nationalité.

Une loi unique, qui comprendrait tous les phénomènes de dénationalisation, est impossible, pour la bonne raison que *ces phénomènes sont, dans chaque cas spécial, le résultat d'une série historique particulière*. Ces séries sont, comme nous l'avons vu, le produit de l'action combinée de diverses forces de développement. A l'aide de ces éléments, on ne rencontre plus aucune difficulté, pour expliquer n'importe quel fait de dénationalisation, en tenant nécessairement compte de la différence de puissance, que les éléments qui entrent en lutte, présentent dans chaque cas particulier.

C'est ainsi que la dénationalisation d'individus, appartenant à une nationalité de beaucoup supérieure en culture, à celle par laquelle ils sont engloutis, s'explique par la série historique due à l'action du milieu qui attire la première génération par l'intérêt, la seconde par la langue, la troisième par le sentiment, ou par le mariage avec un indigène, et détruit ainsi peu à peu, l'élément étranger. Citons comme exemples : les Français émigrés en Prusse, par suite de la révocation de l'Edit de Nantes ; les Français, les Allemands, les Italiens, les Anglais, établis en Russie ou en Roumanie. C'est toujours à des séries dues à l'influence du milieu, qu'il faut attribuer des dénationalisations, comme celle des Warègues par les Slaves de la Russie, des Bulgares par ceux de la Moesie, des Normands par les Français, des Lombards par la population romaine du nord de l'Italie, des Romains par les Grecs dans les provinces orientales de l'empire, des Normands par les Anglo-Saxons, des Lithuaniens Borusses par les Teutons, des Slaves qui envahirent la Dacie par les Roumains, etc[1].

Il faut observer que l'élément le plus rebelle, celui qui oppose le plus puissant obstacle à l'assimilation, c'est l'élément religieux.

---

1. M. Hasdeu, dans son *Cours de philologie comparée*, professé à l'Université de Bucarest, formule une *loi approximative* de dénationalisation entre les trois grandes races européennes : les Latins engloutissent les Germains qui engloutissent à leur tour les Slaves, pendant que ces derniers engloutissent les Latins. L'exemple des Normands francisés, dénationalisés par les Anglo-Saxons, des Slaves engloutis par les Roumains, dans la région du Bas-Danube, démontre que la formule de M. Hasdeu n'est pas une loi.

Cet élément garantit le mieux les nationalités contre l'influence du milieu, attendu qu'il les isole. C'est parce que la noblesse roumaine de Transylvanie a abandonné sa religion, qu'elle s'est si promptement maghyarisée, tandis que le bas peuple, qui a conservé la religion orthodoxe, a toujours repoussé l'influence dénationalisatrice des Hongrois catholiques. Les Bulgares finnois se sont slavisés, après qu'ils eurent abandonné leur religion païenne, pour adopter le Christianisme slave de Méthode et de Cyrille. Les Borusses du duché des Chevaliers Teutons, se germanisèrent après avoir été christianisés. Au contraire, les Maghyars qui furent colonisés en Moldavie, dès les premiers temps de l'existence de cet Etat, quoiqu'établis dans quelques villages dispersés parmi les villages roumains, ont conservé, avec leur religion catholique, leur nationalité maghyare. Les Polonais résistent avec tant de force à la russification, poursuivie à outrance par leurs maitres, parce qu'ils sont soutenus dans leur lutte, par leur religion catholique, distincte de celle de ces derniers, l'orthodoxisme.

C'est un fait assez curieux que, même dans le cas où la langue disparait, la religion constitue un lien assez puissant pour maintenir l'unité nationale. C'est ainsi que les Roumains du pays des Székles en Transylvanie, ont conservé leur conscience de peuple distinct des Hongrois, dont ils ont pourtant adopté la langue, et se considèrent toujours comme Roumains (Olah), par le fait qu'ils sont restés orthodoxes. Les Irlandais ont presque tous oublié le celte ; même leurs chants patriotiques sont en anglais, nous dit M. Seïgnobos [1] ; mais la différence de religion suffirait pour rappeler aux paysans irlandais, l'origine étrangère des propriétaires. Il en est de même des Juifs. Leur religion a garanti leur existence particulière, quoique tous les autres éléments de leur vie nationale se soient perdus. Ce qui maintient aujourd'hui parmi les Juifs l'esprit de solidarité, et ce qui perpétue chez eux la conscience de leur origine commune, ce n'est que la tradition religieuse. Voilà pourquoi, ils ne peuvent être complètement assimilés à aucune nation européenne, tant qu'ils conservent leurs croyances religieuses, et le seul moyen de les détacher de leur corps particulier, et de les fondre dans celui des nations au sein desquelles ils vivent, c'est de leur faire abandonner la religion de leurs pères. Cette force de l'élément religieux, qui sert à

---

[1]. *Histoire politique de l'Europe contemporaine*, Paris, 1897, p. 22, note.

garantir les peuples contre l'influence dénationalisatrice du milieu où ils vivent, possède aussi des degrés différents, d'après les éléments dans lesquels elle s'incorpore.

Une loi sociologique sur l'influence de l'élément religieux, à ce point de vue, ne peut non plus être formulée, quoique ce serait bien le cas, si de pareilles lois existaient. A quoi devons-nous attribuer cette différence dans la force avec laquelle agit le sentiment religieux, comme bouclier de la nationalité ? A rien autre chose qu'à l'élément irréductible et mystérieux de la race, à ce fondement de l'histoire qui donne l'explication dernière de certains phénomènes.

Un autre moyen isolateur, consiste dans l'établissement compact de l'élément étranger au sein d'un autre, l'influence du milieu n'exerçant dans ce cas, qu'une action périphérique, et non constitutionnelle. C'est ainsi que les Saxons de Transylvanie, ne se sont ni roumanisés, ni maghyarisés ; les Allemands des provinces baltiques ne se sont pas russifiés ; ceux qui se sont établis en Bohème, comme un Etat dans l'Etat [1], n'ont pas adopté la nationalité bohème ; les Basques des Pyrénées, quoique inférieurs en civilisation aux Français et aux Espagnols, et malgré leur situation géographique si défavorable [2], maintiennent jusqu'à nos jours leur caractère particulier ; les Allemands, les Français, les Italiens, vivent en Suisse, depuis des siècles, dans une communauté d'intérêts, sans confondre leurs nationalités en une seule.

La dénationalisation des peuples n'est pas toujours due à l'influence du milieu. Comment expliquerait-on, en effet, par cette loi, la dénationalisation des Borusses par les Chevaliers Teutons, ou mieux encore, celle de la Gaule par les Romains ? Dans ce cas, ce fut le milieu lui-même qui subit l'influence, au lieu de l'exercer. Une autre force présida à cette transformation qui nous parait aujourd'hui si merveilleuse ; ce fut celle de l'imitation. Ce furent les Gaulois qui abandonnèrent à l'envi leur langue et leurs mœurs, pour adopter celles des Romains, qu'ils imitaient partout et toujours.

Cette même force de l'imitation, doit être combinée avec celle du milieu, si on veut se rendre pleinement compte de la formation de la nation anglaise. Car ici, quoique l'élément français, représenté par les Normands, fut absorbé avec le temps par la

---

1. Lavisse et Rambaud, *Histoire générale*, II, p. 760.
2. Elysée Reclus, *Géographie universelle*, IV, p. 858.

nationalité anglaise, il n'en est pas moins vrai, que l'influence qu'il exerça sur cette dernière, fut des plus puissantes. Dans la langue anglaise, « presque chaque terme d'origine tudesque a un correspondant de provenance latine [1] ». Au commencement de la vie en commun des Normands francisés de Guillaume-le-Conquérant avec les Anglo-Saxons, le peuple soumis imitait le peuple dominant ; l'usage du français se répandait toujours davantage dans les couches supérieures de la race vaincue. Mais avec le temps, par l'effet de la loi de la réaction contre l'action entre des éléments à peu près de même force, l'influence du milieu vint s'opposer à celle de l'imitation, et finit par l'emporter sur elle. La langue anglo-saxonne reprit le dessus, non sans conserver les traces qui lui avaient été imprimées dans la période, où l'imitation des conquérants avait prédominé. La série produite par la force de l'imitation, est entrée dans une lutte pour l'existence, par voie de réaction, avec celle qui était le produit de la force de l'action du milieu ; il en est résulté une troisième série qui eut pour résultat, la formation de l'Anglais actuel.

Pour chaque phénomène de dénationalisation que nous rencontrerons dans l'histoire, il faut rechercher la série historique qui lui a donné naissance, et rapporter cette série aux forces et aux lois de développement, dont elle dérive. Chaque phénomène possèdera donc une explication particulière, et il n'existe pas de loi générale, qui donne une pareille explication, pour tous les phénomènes de cette nature, pas plus qu'il n'existe de pareilles lois, pour n'importe quel autre ordre de faits sociologiques — bien entendu de caractère successif.

DIFFÉRENTS MODES DE PRODUCTION DES SÉRIES. — L'action des différentes forces secondaires qui travaillent au service de l'évolution, est le plus souvent dominée par l'une d'elles qui conduit la marche, et constitue l'élément principal du développement, tandis que les autres ne font que lui venir en aide.

C'est ainsi que, quelquefois, la lutte pour l'existence ou la réaction contre l'action, ne dépendra que très peu de l'influence du milieu, et sera déterminée, dans son résultat, presque uniquement par le rapport entre les forces des éléments qui se la livrent. C'est le cas, par exemple, avec la prédominance des Hongrois sur les Roumains en Transylvanie, plus encore avec celle des

---

1. *Ibid.*, IV. p. 302.

Turcs dans la péninsule des Balkans. Il arrive quelquefois, que la part des forces qui concourent à former la série historique est difficile à déterminer, comme c'est le cas pour la série qui amena les Grands-Russiens à la tête de l'empire Moscovite, et dans laquelle le triomphe leur fut assuré, en grande partie, par le fait qu'ils étaient l'instrument, par lequel s'exerçait la domination tatare [1], donc par une circonstance donnée par le milieu. D'autres fois, c'est le milieu qui prédomine, et donne presque sans combat la victoire à l'élément destiné à vivre, comme cela arrive dans la succession des écoles littéraires, philosophiques, artistiques d'un pays, qui se remplacent bien moins à la suite d'une lutte pour l'existence, que conformément aux changements du milieu. Dans certains cas, le milieu et la lutte pour l'existence concourent, dans des proportions presque égales, à la constitution d'une série qui fait triompher une forme de la pensée, comme cela arriva avec la Réforme.

Il en est de même, si nous considérons la force de l'imitation dans ses rapports avec celle du milieu. Dans certains cas, elle joue le rôle de force subordonnée, comme par exemple, lorsqu'il s'agit des transformations qui rattachent l'opéra-bouffe de nos jours, au mystère mis en musique dès les premiers temps de l'époque moderne. (Il Sacrificio d'Agostino Beccari ; musique d'Alfonso et Andrea della Viola, 1554). Il existe pourtant une série ininterrompue d'imitations qui changèrent, en passant par une foule de formes intermédiaires, le mystère chanté en l'opéra-bouffe de l'époque actuelle. Il en est de même si l'on compare la peinture de genre de Téniers, à l'Autel de Jean van Eyck. C'est le changement perpétuel du milieu, à travers lequel se poursuit l'imitation, qui explique ces transformations. Dans d'autres cas, c'est la force de l'imitation qui arrive à transformer le milieu lui-même, et possède donc une énergie plus grande que l'influence de ce dernier. Citons comme exemples caractéristiques : l'appropriation de la civilisation française par le peuple roumain, si éloigné pourtant géographiquement du pays où il allait la puiser. Le milieu où cette imitation s'introduisit, et finit par prévaloir, était complètement différent des formes de la vie française, et ce fut pourtant le milieu qui se transforma, sous l'action répétée d'imitations successives. Un autre exemple de disparité entre l'imitation et le milieu, dans lequel c'est le dernier qui remporte la victoire,

1. Alfred Rambaud, *Histoire de la Russie*, p. 145.

nous est donné par la série de la philosophie pessimiste, commencée par Schopenhauer et bientôt close avec Hartmann. Ce milieu — époque d'un grand développement de la science et de l'industrie, avec ses conséquences nécessaires, une grande intensité de la vie — était tout aussi peu propice au développement de la doctrine du nirvana boudhiste, que l'était l'esprit arriéré et profondément oriental de la boyarie roumaine, à l'introduction des idées françaises. Pourtant, dans un cas, c'est le milieu qui l'emporte sur l'imitation ; dans l'autre c'est l'imitation qui triomphe du milieu. Quelle est la cause de ce résultat différent ? Nous n'en voyons pas d'autre, si ce n'est que l'évolution soutenait l'une ou l'autre de ces deux forces ; car en définitive, c'est elle qui donne la victoire aux éléments qui entrent en lutte.

L'action des forces à travers les circonstances, poussant au jour les séries historiques, s'exerce de différentes façons. Un de ces modes de manifestation, c'est la répétition différenciée, à l'opposé de la répétition coexistante. C'est ainsi que les faits successifs sont produits souvent, par la répétition de l'action de la même force, à travers des conditions éternellement changeantes. La force individuelle se manifeste, par voie de répétition, dans les œuvres successives d'un auteur, d'un artiste, d'un philosophe. L'imitation se manifeste aussi souvent sous forme de répétition, par exemple, dans la succession des artistes ou des littérateurs d'une même école ; l'expansion pacifique, dans l'extension de certaines formes de l'existence ; celle qui prend la forme de la lutte pour l'existence, dans les combats répétés, livrés pour assurer la victoire ou pour repousser l'agression ; enfin même l'évolution se manifeste souvent, par la voie de la répétition différenciée, comme c'est le cas, dans la succession des différentes écoles artistiques, philosophiques, littéraires, ainsi que dans les grands traits des civilisations qui se succèdent dans le genre humain.

Dans le cas de manifestation de l'action des forces, par répétition, les faits qui constituent la série ne sont pas d'habitude reliés entr'eux par un lien causal ; ils sont tous le produit de l'action répétée de la même force, exercée dans des circonstances différentes. La littérature classique française n'est pas la cause de la littérature critique, et cette dernière n'est pas la cause (au moins directe) de la littérature révolutionnaire, impérialiste, ou romantique. Dans le champ général de l'évolution, la civilisation de l'Egypte n'est pas la cause de celle de la Grèce, comme cette dernière n'a pas produit celle de Rome etc., et dans les domaines plus restreints, la Belle Jardinière de Raphaël n'est pas la cause de la Madone Sixtine. Toutes ces formes de la pensée sociale, collective et individuelle, ont leur cause dans la répétition de la même force, exercée à travers des circonstances différentes. Pourtant, tous ces faits répétés conduisent à un résultat, par l'intermédiaire d'un développement, et donnent donc naissance à des séries historiques. C'est ainsi que les œuvres de Raphaël changent de caractère, lorsque le génie de ce peintre avance dans sa carrière, et son dernier tableau, la Transfiguration, est bien différent de ses premières Madones. La littérature française change de caractère, toutes les fois que la force de l'évolution se manifeste à travers un milieu différent ; les guerres russo-turques changent de portée, toutes les fois qu'elles se reproduisent, les circonstances qui les accompagnent étant toujours autres, et ainsi de suite.

Ces faits répétés sont donc reliés entr'eux, quoique ce lien ne soit pas un enchaînement de causes et d'effets ; ce qui les constitue en série historique, c'est l'unité de la force qui pousse les faits à la lumière du jour.

Il arrive pourtant des cas où les faits, dûs à la répétition de l'action de la même force, se trouvent en même temps, au moins d'une façon rudimentaire, aussi en relation de cause à effet. C'est ainsi, par exemple, que la guerre entre les Russes (unis aux Autrichiens) et les Turcs, qui éclata en l'année 1787, trouve, jusqu'à un certain point, sa cause, dans l'inexécution du traité de Kaïnargi qui avait mis fin à la guerre précédente ; cette guerre de 1787 est d'autre part due à la répétition de la manifestation de la lutte pour l'existence, entre l'empire des Czars et celui des Osmanlis. Il en serait de même de la *Critique de la raison pratique* de Kant, dont la conception surgit dans son esprit, pendant qu'il écrivait sa *Critique de la raison pure*. La Critique de la raison pratique trouve donc sa cause, d'un côté dans la force individuelle du grand philosophe allemand, de l'autre, dans son œuvre antérieure.

La causalité agit dans ces deux cas de la façon suivante : dans celui de la production des phénomènes, par voie de répétition, la force s'incorpore à différentes reprises dans les circonstances successives et différentes, qu'elle rencontre au cours de son action. Les faits, quoique produits par une impulsion isolée, sont reliés entre eux, par l'identité de la force à laquelle ils doivent leur existence. Dans le cas de l'enchainement causal des phénomènes successifs, le fait-cause constitue une partie des circonstances, à travers lesquelles la force donne naissance au fait-effet. Lorsque ces deux modes d'action se combinent ensemble, la force qui produit directement le fait suivant, emploie aussi comme circonstance, les éléments qui constituent le fait antérieur. Dans le cas de répétition, c'est la force qui sollicite et détermine l'intervention des circonstances ; dans le cas de l'enchaînement des faits, ce sont les conditions qui deviennent l'agent déterminant de l'impulsion causale. Dans le cas de combinaison de ces deux modes d'agir, l'impulsion causale peut être déterminée par l'un ou par l'autre.

Les séries historiques sont donc de trois sortes :

1) Celles qui sont dues à la répétition de l'action de la même force, sans relation causale entre les faits qui les constituent.

2) Celles qui sont dues à cette répétition, avec enchainement causal éventuel entre les faits.

3) Celles qui sont dues, en premier lieu, à l'enchainement causal de faits, avec répétition éventuelle de l'action d'une force.

Constatation et importance des séries historiques. — Comment faut-il procéder, pour découvrir les séries historiques, au sein des faits compliqués, et en apparence désordonnés, que présente le développement ? La découverte des séries résulte de l'étude attentive des faits successifs, comme la découverte des lois résulte de celle des faits coexistants. Mais tandis que dans les recherches sur ces dernières catégories de faits, l'esprit est déjà préparé à saisir les lois qui les régissent, et que ses efforts sont toujours dirigés dans ce sens, les investigations historiques sont loin encore d'avoir pour but l'établissement des séries des faits succesifs.

Les historiens qui se sont efforcés de découvrir les idées générales qui dirigent le développement, se sont laissés induire en erreur, par les sciences de la coexistence, et par les théories historiques qui les prennent pour base ; ils ont cherché à découvrir aussi des lois, dans la succession de l'histoire. Nous avons vu que ces efforts ne pouvaient aboutir qu'à fausser l'exposition du passé.

Lorsqu'il est question de succession, il ne s'agit pas de lois universelles, dans le sens de celles qui régissent la coexistence, mais bien de séries (idées générales aussi), toujours uniques et particulières, qui ne se répètent jamais d'une façon identique, qui sont toujours dissemblables dans l'espace comme dans le temps, et ne possèdent donc pas le caractère de lois.

L'histoire étant le reflet de la réalité passée, dans l'esprit humain, la force des choses oblige les historiens à faire ressortir plus ou moins, dans leurs expositions, les séries historiques, bien qu'il ne les aient pas particulièrement en vue. Tous les titres, plus ou moins généraux, donnés à certaines parties de l'histoire, embrassent presque toujours des séries, comme par exemple : chûte de l'Empire romain, invasion des barbares, triomphe du Christianisme, progrès de la papauté, lutte entre le pape et l'empereur, émancipation des communes, établissement du régime féodal, progrès de l'aristocratie, développement des républiques italiennes, croisades, etc., etc. Ces titres correspondent partout à des séries historiques, attendu qu'ils désignent les résultats atteints par le développement de ces séries. Mais ce développement n'est pas poursuivi lui-même, d'une façon consciente comme série historique, c'est-à-dire, comme succession d'une même suite de faits, dûe à la répétition de la même force, ou à l'enchaînement de différents faits, par le jeu des forces et des conditions extérieures.

Ce manque d'attention donné aux séries historiques, se reconnait surtout à deux circonstances :

1) Dans le choix des faits sur lesquels les historiens basent leur exposition. Il faut observer, en effet, que l'histoire présente une masse immense de faits, qui contribuent tous à constituer le développement, mais dont tous n'ont pas la même importance. Comme il est absolument impossible, de rapporter tous les faits que présente le passé, le triage de ceux d'entre eux qui doivent être pris en considération dans une exposition historique, s'impose nécessairement. Dans le domaine des faits coexistants, la loi, c'est-à-dire le phénomène généralisé, enlève toute importance au nombre de faits qui ont servi pour la formuler. Un seul fait, exprimant la classe entière, l'esprit ne peut être surchargé par un matériel inutile. Il en est tout autrement dans la succession. Nous avons vu plus haut, qu'une idée générale sur la succession ne peut avoir de valeur, qu'en tant qu'elle reproduit les faits qui la constituent[1].

Le matériel des faits de l'histoire ne disparait pas dans la série

---

1. Plus haut, p. 199.

historique, comme les faits coexistants disparaissent dans la loi. Leur présence dans l'esprit est toujours nécessaire, pour constituer les séries historiques. Pour ne pas alourdir inutilement l'exposition et fatiguer la mémoire, le matériel de l'histoire doit être autant que possible allégé. Plus les faits seront choisis avec discernement et puissamment enchaînés, d'autant mieux seront établies les idées générales, sur lesquelles repose l'histoire. Ceci nous conduit à examiner le second défaut, dont pâtissent en général les expositions historiques, le manque de rigueur dans la motivation causale, et par suite dans l'enchaînement.

2) La constitution des séries historiques exige absolument, que les différents faits qui les composent ne soient pas rapportés, seulement parceque les historiens les rencontrent dans les sources. Tous les faits qui composent une série historique doivent être expliqués, quant aux causes qui les ont produits, et donc toujours rattachés aux forces et aux circonstances qui leur ont donné naissance. Si les forces peuvent être négligées, ceci provient du fait qu'elles sont presque toujours les mêmes ; que leur action ressort d'elle-même, et n'a pas besoin d'être continuellement rappelée. Les circonstances, au contraire, étant continuellement changeantes, il importe de les mettre toujours en pleine lumière. Or nous verrons plus loin, que les historiens sont loin de s'acquitter de cette tâche, avec toute la rigueur qu'exigerait une conception vraiment scientifique de l'histoire.

CHAPITRE XI

Conception de l'histoire

L'histoire, qui n'est que l'exposition de l'évolution spirituelle, devra s'étendre sur tout le domaine des faits de l'esprit ; elle aura pour but, de nous faire comprendre le développement de l'homme, dans son entier, comme être spirituel, et si, souvent, l'histoire se spécialise, pour s'occuper seulement d'une partie de ce tout, c'est parce que la connaissance des éléments qui composent partiellement ce tout, le fera mieux comprendre. Mais si on laisse de côté l'histoire des différentes formes du développement humain, et si on ne considère que la totalité de ce dernier, comment faut-il procéder pour en faire l'exposition. Il faudra nécessairement donner aux recherches un point d'appui ; grouper l'exposition de l'évolution des différentes formes de la vie, autour d'un tronc qui en supporte les branches. Ceci nous conduit à la recherche de l'élément principal de l'histoire.

ÉLÉMENT PRINCIPAL DE L'HISTOIRE. L'évolution de l'humanité n'étant déterminée, que par la tendance de réaliser d'une façon toujours plus complète l'élévation de l'homme au dessus de l'animalité, il s'ensuit que l'élément qui favorisera ou entravera le plus cette tendance, sera celui qui devra être pris en considération, en premier lieu, dans l'exposition des destinées humaines. Or, il nous semble évident, que c'est le rapport des classes des peuples entr'elles, ainsi que l'organisation de l'autorité publique, qui ont toujours déterminé, en premier lieu, non-seulement le degré par lequel les hommes ont pu participer aux jouissances procurées par leur élévation au dessus de l'animalité, mais même celui que les hommes ont atteint dans cette élévation même. Aussi reconnaîtrons-nous dans le développement social et politique — qui constitue la vie de l'Etat — l'élément principal de l'histoire.

Cette idée est loin d'être admise comme indiscutable. Bien des auteurs contestent à l'histoire politique l'importance qu'on lui a toujours accordée, dans l'exposition du passé, et ils s'efforcent de placer le centre du développement dans d'autres sphères de l'activité humaine : *Bossuet*, dans la religion ; *Marx*, et les socialistes, dans les faits économiques ; *Buckle*, *Draper*, dans les connaissances scientifiques ; plusieurs autres, dans l'élément cultural en général, dans le développement des idées, auquel ils veulent subordonner le développement politique [1]. Pourtant, ce dernier compte aussi des partisans. Nous n'en citerons que quelques-uns. M. *Dietrich Schäfer* soutient que « le but de l'histoire ne peut être atteint, que lorsqu'on fait de la vie de l'Etat le centre des recherches, et que l'on en trouve la compréhension de plus en plus profonde, dans le développement cultural de l'humanité [2] ». M. *Ottokar Lorenz* est aussi d'avis que « l'histoire doit s'occuper de la vie de l'Etat [3] ». M. *Freman* définit l'histoire comme « la science de l'homme dans son caractère politique [4] ». M. *Elimar Klebs* démontre, que « la tendance d'ignorer l'histoire politique se heurte à la difficulté, que le groupe de phénomènes que nous sommes habitués d'appeler histoire culturale, n'est toujours que l'effet de rapports politiques ; par exemple la culture grecque fut acceptée et répandue par l'empire romain ; mais ce dernier est le produit de faits politiques, et ne peut être pensé sans eux [5] ». M. *Lamprecht* dit que : « l'Etat prend une situation centrale au milieu du développemement. Il est le point par lequel passent toutes les tendances des forces sociales, que ces dernières partent de lui même, ou d'autres groupes sociaux. C'est dans cet enchaînement que réside l'explication, pourquoi l'histoire politique, en tant qu'histoire collectiviste de l'Etat, et non seulement histoire politique individuelle, peut jusqu'à un certain point incorporer l'histoire culturale [6] ». Enfin M. Seignobos observe aussi que : « comme les faits généraux sont surtout de nature politique, et qu'il est plus difficile de les organiser en une branche spéciale, l'histoire générale est restée confondue avec l'histoire politique.

---

1. Entr'autres : Eberhard Gothain, *Die Aufgaben der Kulturgeschichte*, Leipzig, 1889.
2. *Das eigentliche Arbeitsgebiet der Geschichte*, Iéna, 1888, p. 24.
3. *Die Geschichtswissenschaft in ihren Hauptrichtungen und Aufgaben*, 1886, p. 188.
4. *The methods of historical study*, 1886, p. 116.
5. *Zur neueren geschichtswissenschaftlichen Litteratur*, dans la *Deutsche Rundschau*, 1887, p. 282.
6. *Was ist Kulturgeschichte* dans la *Deutsche Zeitschrift für Geschichtswissenchaft*, I, 1896-97, p. 142.

Ainsi, les historiens politiques ont été amenés à se faire les champions de l'histoire générale et à conserver dans leurs constructions tous les faits généraux (migrations des peuples, réformes religieuses, inventions et découvertes) nécessaires pour comprendre l'évolution [1] ».

Mais ce qui nous paraît plus concluant que ces considérations théoriques, c'est le fait que les plus grands historiens de nos temps, précisément ceux qui ont le plus contribué à imprimer à l'histoire le caractère scientifique qui est aujourd'hui sa tendance suprême, ont toujours considéré les faits sociaux et politiques — la vie de l'Etat — comme la substance de l'histoire, et que ce sont toujours les faits de la vie de l'Etat qui ont été placés par eux comme cadre à ceux de caractère cultural.

Nous ne comprenons vraiment pas ces discussions interminables, entre les partisans de l'histoire politique (dans le sens d'histoire de la vie de l'Etat, et non dans celui plus restreint d'histoire diplomatique) et ceux de l'histoire culturale. On dirait que la vie réelle est tout aussi strictement partagée en diverses sphères d'activité, que l'est la connaissance de cette vie, par les différents clichés créés par l'esprit pour s'en faciliter la tâche. Les phénomènes de la nature eux-mêmes se laissent difficilement isoler, de façon à reproduire exactement les mouvements que leur attribuent les lois qui les régissent. Quant aux phénomènes de l'esprit, leur isolement est absolument impossible, et c'est là, la cause principale de la difficulté plus grande, de découvrir les lois auxquelles obéissent les faits de la coexistence intellectuelle. Les phénomènes de la vie et ceux de l'esprit sont d'une nature très complexe ; leurs différents aspects se laissent séparer par l'esprit ; mais dans la réalité, il sont indissolublement liés, et ne forment qu'un seul tout. Les faits que nous appelons sociaux et politiques, ne sont que le produit des idées, des faits culturaux, et ces derniers sont souvent conditionnés par les événements politiques. Il est donc absolument impossible de séparer l'étude des uns, de celle des autres. Nous nous rangeons volontiers du côté de M. *Hinze*, lorsqu'il dit que : « l'on ne saurait convenir qu'il existe deux méthodes historiques différentes, l'une collectiviste, l'autre individualiste, et tout aussi peu, qu'il existe deux disciplines historiques différentes : l'histoire politique et l'histoire dite culturale [2].

---

1. Langlois et Seignobos, *Introduction aux études historiques*, Paris, 1898, p. 214.
2. *Uber individualistische und kollektivistische Geschichtsauffassung*, *Historische Zeitschrift*, 78, 1896, p. 66.

Comment comprendre, par exemple, la corruption de la société romaine, fait cultural par excellence, si l'on ne prend pas en considération les conquêtes des Romains, qui consistent dans une série de faits essentiellement politiques, c'est à dire des rapports de force et de puissance ? Comment comprendre la transformation de l'esprit arabe — fait cultural — sans l'expansion de l'empire des Califes — fait politique ? Comment expliquer le triomphe de la Réforme — fait cultural — sans la rivalité de François I et de Charles-Quint, et sans les attaques répétées de Soliman II contre l'empereur germanique ? Et par contre, quelle explication peut-on donner à l'expansion de la puissance arabe — fait essentiellement politique — si l'on fait abstraction de l'influence de la religion de Mahomet, — fait cultural —, ou bien à l'unité politique de l'Italie et de l'Allemagne, si on néglige les courants littéraires et artistiques qui ont cimenté l'unité morale et intellectuelle de ces peuples ? Comment pourrait-on comprendre la révolution des Grecs de 1821, si l'on ne prenait pas en considération la tradition culturale qui relie le monde grec moderne à l'ancien ? L'union des principautés roumaines aurait-elle jamais vu le jour, si les esprits n'y avaient été préparés par la puissante influence culturale de la France, et ainsi de suite ?

Il faut pourtant observer, que s'il ne saurait exister des faits politiques qui ne soient déterminés ou accompagnés de faits culturaux, il peut bien y avoir des faits culturaux qui ne donnent pas naissance à des événements d'ordre politique. En effet, tout fait politique, tout rapport de puissance, est le produit des idées, ou en est accompagné durant son accomplissement, tandis qu'il existe bien des faits culturaux qui se maintiennent purement dans le domaine de l'esprit, sans descendre dans celui de la vie pratique, qui est celui de la vie politique. Cette différence a une cause psychologique. Toutes nos volontés sont le produit des idées ; mais toutes nos idées ne se transforment pas en volontés. C'est ainsi que la découverte de la spectroscopie par Frauenhofer, celle de la planète Neptune par Le Verrier, ou l'Estétique transcendentale de Kant, ne se résolvent nullement dans des faits politiques. Ce sont pourtant des faits culturaux de premier ordre. Ces faits qui ne sont en aucune relation avec le sort des masses, peuvent aussi constituer l'objet d'une exposition historique, mais cette histoire revêtira un caractère spécial, et ne constituera pas ce que nous entendons par histoire, au propre sens du mot, l'exposition des destinées des peuples ou de l'humanité.

Nous avons vu, dans les premiers chapitres, que l'histoire peut restreindre ses investigations à une seule branche de l'activité humaine, comme le fait, par exemple, l'histoire diplomatique, économique, religieuse, artistique ou scientifique d'une époque. Elle peut se spécialiser même davantage, et ne s'occuper que du développement d'une partie de ces branches, comme par exemple, d'une seule science, la chimie ; d'un seul art, la sculpture ou la musique ; d'une seule partie de l'activité économique, l'industrie, le commerce ; d'une seule religion, ou d'une seule secte. L'histoire politique seule ne peut pas se spécialiser ; elle peut se restreindre dans le temps et l'espace ; n'exposer que les destinées d'un peuple, ou d'une seule période de sa vie, comme la guerre de Crimée, la révolution de 1848 en Autriche, etc ; mais dans ces limites, elle doit toujours embrasser la totalité des faits, la vie entière du peuple en question. Tandis que les autres branches de l'histoire peuvent se restreindre dans le champ de leurs investigations spéciales, et que l'on peut traiter l'histoire des arts, au seul point de vue de l'esthétique ; celle des religions au point de vue du dogme ; celle des sciences par rapport aux progrès réalisés par les découvertes qui s'y rapportent, l'histoire politique doit embrasser tous les faits qui se rapportent à la vie entière des peuples dont elle s'occupe. *Elle ne peut être traitée au point de vue politique seul*, attendu que les faits dont elle se compose, sont le résultat de tous les autres, et exigent, pour être compris, l'étude entière du développement humain.

Supposons que l'on veuille traiter l'histoire de la décadence de la République de Venise, fait politique par excellence, puisqu'il a trait à une question de puissance. Pour expliquer cette décadence, il faudra remonter aux découvertes maritimes qui conduisent à la nouvelle route des Indes, et amènent à leur suite un changement dans la direction du commerce. Mais les questions relatives aux découvertes maritimes ne peuvent être comprises, si on ne touche pas aux idées scientifiques de l'époque, donc à l'histoire des sciences. Pour bien comprendre l'influence du changement dans la direction du commerce, il faut examiner les questions économiques qui en dépendent. Pour caractériser et exposer les symptômes par lesquels cette décadence se manifeste, il faut exposer celle des arts qui furent l'une des gloires de la République. On sera donc obligé de s'occuper aussi de l'histoire artistique. La littérature offrira aussi des points de vue intéressants, et il faudra toucher aussi à son développement. L'histoire de la

Réforme, qui eut, comme conséquences politiques, la ruine de l'Allemagne et l'élévation de la France, ne peut être comprise sans la connaissance de la renaissance artistique, littéraire et scientifique du xv⁰ et du xvi⁰ siècle. Mais le triomphe de la Réforme fut puissamment aidé aussi, par des faits d'ordre purement économique, comme la sécularisation des biens du clergé.

L'histoire de l'Etat constituera donc l'histoire générale des sociétés humaines. Son exposition ne sera possible, qu'avec l'aide de tous les facteurs du développement, bien entendu, en tant que ces facteurs auront exercé une influence sur la marche générale des événements. C'est ainsi que les découvertes scientifiques ne seront pas considérées en elles-mêmes, ni dans leurs relations avec les vérités précédentes qu'elles confirment ou enrichissent ; les productions artistiques ne seront pas étudiées au seul point de vue de l'esthétique ; les éléments économiques ne seront pas exposés dans le nexus seul qui les relie entre eux ; les transformations des croyances ne seront pas envisagées sous le rapport dogmatique ; tous ces éléments n'entreront dans l'histoire politique, que par les côtés qui touchent au sort général de l'humanité ; au progrès ou au recul qu'elle a accompli durant la période dont il est question, dans la réalisation des deux tendances de l'évolution : l'augmentation des jouissances et leur juste répartition.

L'histoire des autres branches de l'activité humaine, aura par contre, pour but, de montrer le développement des idées qui se rapportent à ces sphères spéciales d'activité. L'histoire de chacune de ces branches, doit nécessairement prendre en considération le développement des branches parallèles qui la touchent de près ou de loin. Ainsi, par exemple, l'histoire artistique de l'Italie, du temps de la Renaissance, ou l'histoire artistique de la France, du temps de Napoléon I⁰ʳ, ne peuvent être comprises, si on n'étudie aussi l'état moral et religieux de ces pays. L'histoire du droit romain, du temps des grands juriconsultes, est dans une très étroite relation avec celle de la philosophie stoïque ; la floraison de l'école des sophistes, en Grèce, avec l'état moral de la société de son temps. L'histoire des rameaux secondaires sera d'ailleurs toujours dans une relation quelconque, plus ou moins intime, avec le développement de la vie de l'Etat, car le tout conditionne toujours les parties, comme d'autre part il en dépend. Il n'y a que l'histoire des sciences, ou des inventions utiles, qui se détache davantage des rameaux parallèles de développement ; elle ne poursuit que l'enchainement des vérités dans le cours des temps. Il est évident que, pour l'histoire de la physique, de la chimie, des mathématiques, les considérations politiques, économiques, morales, juridiques ou artistiques, ne jouent qu'un rôle très restreint. L'influence religieuse a exercé, et cela pour une seule époque, une action contraire au développement des sciences. Par contre, l'histoire des sciences et des découvertes, exercera une influence très profonde sur toutes les autres branches de l'activité humaine, comme religion, morale, droit, art, économie, et par conséquent aussi, sur le développement politique qui les réunit dans son sein.

Cette analyse démontre que l'histoire politique représente le *plenum* du développement, tandis que celle des autres branches de l'activité humaine est plus ou moins restreinte dans son domaine respectif. L'histoire politique ne peut être faite, sans l'exposition des faits culturaux qui l'influencent de tous côtés, mais ce n'est qu'en étudiant la destinée complète de l'homme, comme *être politique* (ζῶον πολιτικόν) que l'on possédera sa véritable histoire. Nous ne voyons donc nul antagonisme, entre l'histoire politique, et l'histoire culturale. Cette dernière est le fond sur lequel se déroule la première. Il est bien entendu que nous concevons l'histoire politique, telle qu'elle a été constituée par la science de nos jours, et non comme le fait M. *Bourdeau*, l'histoire-bataille des temps plus anciens, ni l'histoire anecdotique des chroniqueurs et des rédacteurs de mémoires. « L'Etat, comme le remarque avec beaucoup de justesse M. *Lamprecht*, n'est pas le commencement, mais bien la fin de la science historique, et parce qu'il est la fin, il en est aussi le couronnement. La nouvelle direction historique ne lui est donc pas hostile ; elle tend seulement à approfondir la compréhension de l'Etat. Elle est tout aussi bien convaincue, que l'Etat est la plus importante de toutes les communautés humaines ; que la vie de l'Etat est la fleur de la vie historique ; mais (et c'est en cela que réside la différence des deux conceptions) elle croit que cette floraison ne peut être comprise jusqu'à un certain point, que si elle a scruté avec exactitude, les rameaux et les troncs, les feuilles et les racines du développement historique [1] ». Cependant, si nous considérons les formes politiques, comme l'élément principal de l'histoire, il ne faut pas entendre par là, que cet élément contient l'explication fondamentale de la succession, mais seulement

---

1. *Das Arbeitgebiet geschichtlicher Forschung*, dans la *Zukunft*, avril 1896, p. 27.

que l'exposition du passé ne peut être faite d'une façon complète, qu'en prenant pour base les faits politiques qui sont le produit de tous les autres réunis.

Il ne faut pas oublier, en dernier lieu, que l'histoire politique, considérée comme pivot de l'histoire, présente encore un avantage, qui n'est nullement à dédaigner, lorsqu'il s'agit d'étudier la succession, le développement. C'est presque le seul moyen d'introduire l'ordre dans l'exposition, et de rattacher les faits les uns aux autres d'une façon précise et méthodique, de fixer les dates des événements, et d'en rendre la mémoire facile. Sans cette base de l'histoire politique, séparée en règnes de souverains, l'histoire flotte au gré des vents ; elle ne présente plus de points de repère. Les faits généraux peuvent facilement être confondus, et au lieu de suivre la succession réelle, dans laquelle se sont déroulés les événements, on peut à tout moment intervertir les rôles, et par conséquent fausser l'explication causale, l'essence même de l'histoire.

Le matérialisme historique. — Les socialistes, à partir de Marx, et avec eux quelques auteurs qu'ils ont gagnés, sous ce rapport, à leur doctrine, tendent à subordonner le développement entier de l'esprit humain, à celui de ses moyens de subsistance, donc aux conditions économiques de l'existence. Le matérialisme qui a envahi la philosophie, veut s'emparer aussi de l'histoire, et on commence à discuter, de nos jours, sur la conception matérialiste de l'histoire.

Cette théorie ne voit dans le développement humain qu'une question de nourriture. Marx pose comme principe : « que la réunion des rapports de production constitue la structure économique de la société, la base réelle sur laquelle s'élève l'édifice juridique et politique, auquel correspondent des formes de conscience particulières. Le mode de production de la vie matérielle, conditionne en général le développement de la vie sociale, politique et intellectuelle. Ce n'est pas la conscience des hommes qui détermine leur manière d'être, mais, au contraire, c'est leur existence sociale qui détermine leur conscience [1] ». *Engels* ajoute, à cette conception du maître, l'explication suivante : « La conception matérialiste de l'histoire part du principe que, la production, et avec elle l'échange de ses produits, est la base de tout l'ordre

---

1. *Kritik der politischen Oekonomie*, 1859, p. V.

social ; que dans toute société qui se manifeste d'une façon historique, la distribution des produits, et avec elle la séparation de la société en classes et en états, est réglée par le mode et la nature de la production, et par l'échange auquel elle donne naissance. Il s'ensuit que les causes dernières de tous les changements sociaux et des révolutions politiques, doivent être cherchées, non dans les cerveaux des hommes, dans leur pénétration toujours plus profonde de la vérité et de la justice éternelles, mais bien dans les changements du mode de la production et de l'échange ; elles doivent donc être cherchées, non dans la philosophie, mais dans l'économie de l'époque dont il s'agit [1] ». M. *Labriola*, plus circonspect, résume ces principes dans la formule suivante : « Dans notre doctrine, il ne s'agit pas de retraduire en catégories économiques, toutes les manifestations compliquées de l'histoire, mais seulement d'expliquer, *en dernière instance*, tous les faits historiques, par le moyen de la structure économique sous-jacente [2]. »

Il est incontestable qu'il existe une foule de faits historiques, explicables en dernière instance par des considérations de nature économique (au moins pour un de leurs éléments). Tels sont : l'invasion des Hyksos en Egypte, celle des barbares dans l'empire romain, les révoltes agraires du temps de la république romaine ainsi que les guerres des paysans au moyen-âge, l'émancipation des communes pendant la même période de l'histoire, la prospérité des républiques italiennes, etc., etc. Mais il y en a beaucoup d'autres, dans lesquels l'économique ne joue aucun rôle, ou seulement un rôle subordonné, et où la dernière instance explicative ne lui appartient plus.

Les théoriciens du matérialisme historique, sentant bien que le côté faible de leur doctrine est son application aux faits, évitent, autant que possible, l'explication matérialiste des événements de l'histoire. Lorsqu'ils s'y aventurent par hasard, ils sont obligés de faire entrer, de force, les faits dans leur théorie. C'est ainsi que M. *Gerhard Krause* explique la chute de Napoléon, « non par le fait qu'il avait perdu telle ou telle bataille, mais parce que sa politique entière répugnait aux intérêts de la bourgeoisie de son temps. C'est la bourgeoisie française, et non les batailles de Leipzig et de Waterloo, qui ont renversé l'usurpateur ». Si c'était la bourgeoisie qui eût renversé Napoléon, il aurait du l'être par une

---

1. Cité par Gerhard Krause, *Die Entwickelung der Geschitsauffassung bis auf Karl Marx*, 1895, p. 41.
2. *Essais sur la conception matérialiste de l'histoire*, Paris, 1897, p. 135.

révolution interne, et nous ne savons pas qu'il en ait éclaté une à Paris, même après Waterloo ; tandis que les armées qui avaient vaincu le grand conquérant, entrèrent par deux fois dans la capitale de la France. Le même auteur attribue l'éclosion de la littérature allemande « à la spiritualisation du besoin économique d'unifier l'Allemagne, par la suppression, des douanes et des obstacles que les petits Etats, en lesquels elle était divisée, apportaient aux nécessités économiques, dont la bourgeoisie était le représentant [1]. » Ne trouve-t-on pas curieux que le matérialisme historique ait recours à la *spiritualisation*, pour appliquer ses principes ? Que le mouvement littéraire ait précédé l'union douanière, commencée en 1818, lorsque la littérature allemande était en pleine floraison, ceci ne gêne nullement M. Krause. Le mouvement littéraire est, pour lui, une simple *anticipation*, sous la forme esthétique du besoin économique. S'il avait été postérieur à ce dernier, il aurait été une *conséquence* de l'union douanière. On comprend que, de cette façon-là, tout peut être expliqué. Reste à savoir seulement, si de pareilles explications sont compréhensibles. M. Labriola, d'autre part, touche dans ses 350 pages, une seule fois à l'explication d'un fait de l'histoire, à la Réforme. Mais la façon dont il procède, prouve qu'il aurait mieux fait de s'en tenir aux pures abstractions, à la théorie du matérialisme historique, sans chercher à l'exemplifier. Son explication de la Réforme comme « une rébellion économique de la nationalité allemande (ou plutôt du tiers état, de la bourgeoisie) contre l'exploitation de la cour papale [2] » ressemble bien aux explications économiques des faits de l'histoire, rapportées par M. Krause. Si l'explication de M. Labriola était la vraie, il faudrait que partout où la Réforme s'étendit : en France, dans les Pays-Bas, en Angleterre, en Danemark, en Suède et en Norvège, chez les Saxons et les Hongrois de la Transylvanie, son adoption ait été due à la même circonstance, la révolte du *tiers-état*, c'est-à-dire de la bourgeoisie contre l'exploitation de la curie romaine ; car ce n'est que de cette façon qu'on pourrait l'attribuer au facteur économique. Or ce n'est pas le cas ; car tous ces pays étaient plus ou moins soustraits à l'autorité romaine, et la réforme s'y étendit seulement, parce que la doctrine qu'elle contenait, convenait mieux à l'esprit de toute ou d'une partie de la population. Les Pays-Bas, notamment, ne se

---

1. *Op. cit.*, p. 33 et 35. Comp. Louis Blanc, *Histoire de dix ans*, vol. I, chap. I.
2. *Essais*, p. 132.

révoltent pas, comme l'Allemagne, pour adopter la nouvelle foi Une partie de ces pays, la Hollande, l'avait adoptée sans aucune lutte, et cette dernière n'éclata, que lorsque Philippe II voulut introduire dans ses possessions, l'absolutisme administratif et l'intolérance religieuse. La Belgique, quoique catholique, se joignit à la Hollande pour défendre ses droits contre les usurpations de l'Espagne ; mais lorsque Philippe II se vit obligé de reconnaitre l'autonomie administrative aux provinces révoltées, la Belgique se soumit, tandis que la Hollande continua la lutte. Le motif économique, l'oppression financière avait pourtant disparu. Pourquoi la Hollande ne mit-elle pas aussi bas les armes ? Parce qu'elle avait à défendre sa foi, sa nouvelle religion qui l'avait poussée à souffrir d'abord les plus cruelles persécutions, puis la guerre la plus effroyable, pour ne pas abandonner une croyance qu'elle tenait pour la vraie, et dont elle attendait le salut. Comment peut-on réduire, *en dernière instance*, la résistance de la Hollande contre le roi d'Espagne, au substratum économique ? Voilà ce que, ni M. Labriola, ni les autres partisans du matérialisme historique, n'ont pas démontré et ne démontreront probablement jamais. Il en est de même de l'extension de la Réforme en France, où une partie seulement de la *bourgeoisie* (?) l'adopta, et où cette partie fut obligée de s'entretuer avec l'autre, qui n'en voulait pas. Quel est le motif économique qui scinde en deux la bourgeoisie française, relativement à la Réforme ? Et le massacre de la Saint-Barthélemy, est-il explicable, en dernière instance, par des motifs d'ordre économique, et n'est-il pas plutôt le produit de la passion religieuse ? Il en serait de même de la révocation de l'Édit de Nantes. Cette mesure, si désastreuse pour le bien-être de la France, fut-elle inspirée par un intérêt économique, ou bien par des scrupules religieux ? A toutes ces questions, et à tant d'autres, auxquelles l'explication matérialiste de la Réforme aurait dû donner des réponses claires et précises, M. Labriola se contente de toucher par quelques phrases, enveloppées dans un nimbe hégélien qui déplacent la question, sans même l'effleurer. « Mais cela ne veut pas dire, observe-t-il, qu'il nous soit donné de détacher le fait arrivé, du mode de sa réalisation, et de résoudre l'intégralité circonstancielle, par une analyse posthume tout à fait subjective et simpliste (! !). Les causes intimes, ou comme on dirait maintenant, les moteurs profanes et prosaïques de la Réforme nous apparaissent avec clarté ; en France, où elle ne fut pas victorieuse ; clairement encore dans les Pays-Bas, où, en dehors des différences de nationalité, les contrastes des intérêts économiques se montrent avec une pleine évidence dans la lutte contre l'Espagne ; très clairement enfin en Angleterre, où la rénovation religieuse, réalisée grâce à la violence politique, met en pleine lumière le passage à ces conditions qui sont, pour la bourgeoisie moderne, les prodromes du capitalisme [1] (! !) ».

Mais revenons aux faits. Les protestants français qui furent obligés, à la suite de la révocation de l'édit de Nantes, d'abandonner position, biens et patrie, pour pouvoir conserver leur religion, obéirent-ils aussi à une impulsion d'ordre économique ? L'émancipation des esclaves dans les différents pays de l'Europe, la guerre de sécession des États-Unis, l'histoire des Juifs au moyen âge, tous ces faits sont-ils explicables à l'aide de la production et de l'échange des richesses ? Ce n'est pas un intérêt matériel qui poussait les Juifs à refuser obstinément de changer de religion, et qui les exposait à souffrir les plus cruelles persécutions, sans abandonner les croyances de leurs ancêtres, croyances qui étaient pourtant la cause de tous leurs maux. « Lorsque les Anglais, nous dit Green, se révoltèrent contre Charles II, il y avait une chose qui leur était plus chère que la liberté de la parole, la sécurité des biens, et même la liberté personnelle ; c'était, pour employer le langage du temps, l'Évangile [2] ». Dans tous ces cas, et dans une infinité d'autres, à l'encontre du principe posé par Marx et que M. Labriola considère comme indiscutable [3], *c'était bien la conscience des hommes (leur religion) qui déterminait les conditions de leur existence, et ce n'était nullement leur existence matérielle qui déterminait leur conscience.* Le progrès du droit romain ne fut pas dû à des causes d'ordre économique. La richesse et le bien-être du peuple romain allaient toujours en diminuant, tandis que s'approfondissait toujours davantage l'idée du droit, du *suum cuique*. Les découvertes scientifiques ne possèdent pas toutes un caractère utilitaire, et ne furent pas toutes déterminées par le désir de mieux exploiter les forces de la nature, mais bien aussi par celui de découvrir la vérité pour elle-même, et ce n'est certainement pas au nom de l'utilité, que Galilée prononça son *e pur si muove*.

Il est intéressant de constater comment prit naissance cette doctrine du matérialisme historique. M. Labriola se charge de nous

1. *Essais*, p. 132.
2. *Histoire du peuple anglais*, II, p. 47.
3. *Essais*, p. 177.

le dire : « Pour reconnaître dans ces mouvements (socialistes), non plus l'opposition fugitive des troubles météoriques, mais le fait nouveau de la société, on *avait besoin d'une théorie qui les expliquât*. Cette nouvelle théorie fut l'œuvre personnelle des Marx et des Engels ; ils transportèrent le concept du devenir historique, par processus d'antithèses, de la forme abstraite que la dialectique de Hégel avait déjà décrite dans ses traits les plus généraux, à l'explication concrète de la lutte des classes ; et dans ce mouvement historique, où l'on avait cru voir le passage d'une forme d'idées à une autre forme, ils virent, pour la première fois, la transition d'une forme de l'anatomie sociale à une autre forme [1] ». En termes plus explicites, les socialistes, voulant démontrer que leur mouvement était nécessaire, le caractérisèrent comme un processus historique, comme un devenir fatal et inéluctable. Mais pour donner plus de poids, à leur conception historique de la transformation sociale qui s'accomplit de nos jours, ils cherchèrent à prouver, que tout le développement de l'humanité n'a été déterminé, que par les mêmes causes qui le transforment aujourd'hui ; que le changement dans le mode de production et de répartition des richesses, a toujours constitué le nerf et la clef de l'histoire. Les socialistes inventèrent donc la théorie matérialiste de l'histoire, pour les besoins de leur cause.

Nous avouons ne pas comprendre la nécessité de projeter dans le passé la théorie socialiste de l'histoire, afin de la justifier pour le présent. Il se pourrait fort bien, que la transformation actuelle de la société fût due au facteur économique, sans que pour cela ce facteur eût déterminé, dans le passé également, tout le courant de l'histoire. Mais nous ne croyons pas même devoir attribuer, au facteur économique, la transformation actuelle de la société. M. *Benjamin Kidd* analyse avec beaucoup de pénétration ce problème. « Il faut observer, dit-il, que Marx ne s'occupait que du développement matériel, et ne tenait aucun compte de ces forces primitives qui sont à l'œuvre dans notre développement spécial. Le phénomène caché derrière ce que l'on appelle l'exploitation du travail, n'est ni nouveau, ni spécial à notre époque. Le problème économique n'a pas *per se* de tendance spéciale quelconque, autre que celle qu'il présentait dans d'autres phases de la société, depuis le commencement. Le facteur nouveau du problème est différent et indépendant de la situation économique.

---

1. *Essais*, p. 43.

Si nous examinons la position des travailleurs d'aujourd'hui, et leurs relations avec l'État et la classe capitaliste, nous voyons que le trait absolument nouveau et spécial qui distingue ces relations, comparées à celles du passé, c'est que les classes exploitées ont aujourd'hui, grâce au succès d'une lente évolution, encore en marche, la faculté d'exercer la puissance politique, en se plaçant sur un terrain d'égalité de plus en plus réel, avec les classes qui les maîtrisaient autrefois. *Cette évolution a pour unique cause le mouvement moral.* C'est le trait essentiel de la situation, celui qui domine toute la perspective; mais il est entièrement indépendant de la question économique [1] ». La façon simpliste, dont les socialistes conçoivent l'histoire, s'explique par la tendance de leurs idées. Ils veulent réformer la société, le rapport des classes sociales entre elles. C'est là leur but suprême, le seul intérêt qu'ils trouvent à l'existence. Aussi proclament-ils dans leur manifeste de 1848, que « l'histoire de toute société, jusqu'à nos jours, n'a été que l'histoire des luttes de classe [2] ». La lutte des classes se livre toujours sur le terrain économique. Il n'est donc que très naturel, que cette conception bornée de l'histoire, ait conduit à la conception tout aussi bornée de l'explication du développement par le matérialisme historique. Nous avouons ne pas retrouver la lutte des classes, dans le développement de la peinture italienne, ni dans celui de la musique allemande, ni dans celui de la philosophie positive, ni dans celui de la physique, de la chimie ou de toutes les sciences. L'histoire n'est pas seulement l'exposition du développement, par rapport à la lutte des classes entre elles ; *elle est encore celui de la lutte de l'homme contre la nature*, lutte qui tend à l'émanciper toujours davantage des liens naturels, et à l'élever au-dessus de l'animalité dont il est sorti.

D'ailleurs, les créateurs mêmes de cette théorie, qui veulent expliquer en dernière instance tout le cours de l'histoire, par le mode de production et de répartition des richesses, s'aperçoivent qu'elle ne pouvait suffire à cette tâche, même pour les origines de la société. Les socialistes ne manquèrent pas de remarquer, qu'en dehors du besoin de vivre individuellement, l'homme sent tout aussi impérieusement celui de procréer, de perpétuer son espèce. Mais ce besoin, tout aussi élémentaire, tout aussi pressant, ne

---

1. *L'évolution sociale*, p. 211.
2. Labriola, appendice, p. 254.

peut entrer dans celui de se procurer les moyens de subsistance. Engels a bientôt trouvé la formule qui tranche la difficulté. Il dit que : « d'après la conception matérialiste, l'élément déterminant en dernière instance, c'est la production et la reproduction *de la vie*. Cette dernière est de deux sortes : d'un côté, la production des moyens de subsistance, d'objets pour la nourriture, l'habillement, le logement ; d'autre part la production des hommes eux-mêmes, la perpétuation de l'espèce[1] ». Mais la production d'enfants, en créant la concurrence des bouches, amoindrit les moyens de subsistance ! Engels, pour échapper à cette difficulté, substitue le mot de vie à celui de *moyens de vivre*, procédé digne des sophistes !

Les partisans du matérialisme historique — en dernier lieu avec plus de détails, M. Labriola, — se donnent beaucoup de peine pour combattre ce qu'ils appellent, la doctrine des facteurs historiques. Selon eux, tous ces prétendus facteurs indépendants de l'histoire, comme la religion, l'art, la science, le droit, ne seraient que « des abstractions ou des généralisations, nées du besoin de la configuration narrative de l'exposition historique[2] ». Tous ces facteurs sont réductibles à l'économique, au mode de production et de répartition des richesses. On ne saurait, par conséquent, caractériser le matérialisme historique, comme « une doctrine qui attribue la prépondérance ou l'action décisive, au facteur économique[3] ». Il ne s'agit pas de prépondérance, puisque l'économique est la *seule force explicative de l'histoire*. La conception matérialiste de l'histoire est la théorie unitaire de cette science ; elle remplace la multiplicité des éléments du développement, par un seul, dont tous les autres ne sont que les produits.

Nous croyons que cette théorie, qui veut réduire la vie humaine dans son entier à l'économique, est absolument erronée. L'homme est poussé par sa nature à contenter plusieurs besoins, complètement indépendants les uns des autres, quoiqu'en relations mutuelles, et par conséquent mutuellement influençables. Ces besoins de l'existence humaine sont tous des causes finales et irréductibles. Le besoin de conservation individuelle (économique), celui de conservation de l'espèce (procréation), celui de connaitre la vérité (tendance scientifique), celui de pénétrer le mystère de l'univers (tendance métaphysique, religion), celui d'admirer les

1. *Der Ursprung der Familie, des Privateigenthums und des Staates*, p. VIII.
2. *Essais*, p. 169.
3. *Ibidem*.

belles choses (esthétique), celui de répartir les acquisitions faites sur la nature, conformément à un autre principe que celui du plus fort (morale, justice) — tous ces instincts fondamentaux de notre être, ne dérivent pas les uns des autres. Ils sont placés, par la force qui nous a créés, comme constitution primordiale de notre loi. L'un n'explique pas l'autre, car tous sont inexplicables. Si le besoin économique était la cause productrice des autres, nous ne voyons pas pourquoi les animaux qui le ressentent tout comme les hommes, ne posséderaient pas aussi les formes supérieures de la vie et de l'intelligence. Si l'on nous répond que c'est la constitution de leur être, qui les empêche de posséder les autres manifestations de la vie intellectuelle, on avoue par là même, que ces dernières ne dépendent pas du besoin économique, et qu'elles sont dues à la constitution intime et irréductible de l'être humain. Mais si ces formes sont indépendantes, dans leur origine, du besoin économique, leur développement doit l'être aussi, ce qui n'exclut pas, bien entendu, une influence réciproque de ces diverses formes de l'activité intellectuelle. Si la forme économique exerce une influence sur quelques-unes des autres formes de la vie, elle est à son tour influencée par la science, le droit, la morale, les formes politiques et sociales qui, toutes, exercent une action puissante sur le mode de production et de distribution des richesses.

On ne saurait contester que, le besoin économique est le besoin primordial de l'existence ; or, ce n'est pas le cas avec l'humanité seule, mais bien avec toute la nature organique (animaux et plantes). A ce besoin primordial, commun à tout ce qui vit, la nature a superposé, pour l'homme, une série d'autres besoins de caractère plus élevé. Comment peut-on soutenir que ces besoins supérieurs, et par conséquent leurs transformations, dépendent du besoin économique, et des transformations de ce dernier ? L'humanité a encore d'autres intérêts à défendre que ceux du ventre, et c'est assimiler l'homme à la brute, que de réduire le jeu de l'existence humaine entière, à la lutte pour l'existence, qui se livre entre les formes inférieures de la vie. Il existe une différence profonde, immense, entre la lutte pour l'existence dans le règne de l'animalité, et celle qui se livre entre les êtres humains. Dans le premier, le principe qui prédomine, c'est la force. Le chien le plus fort ravit l'os à celui qui est le plus faible. Entre hommes, la lutte se livre très souvent au nom de la morale et du droit, notions absolument étrangères aux animaux, et les défenseurs de la théorie matérialiste de l'histoire ne devraient pas oublier, que les revendications socialistes ne se font pas au nom de la force, mais bien au nom du droit. Car, comme le dit encore M. *Benjamin Kidd* « si nous n'avons qu'un égoïsme ligué contre un autre, alors, les classes dirigeantes qui sont incomparablement les plus fortes, doivent être en état de se défendre et seraient bien sottes de ne pas le faire. Au lieu d'affranchir, d'instruire, d'élever les basses classes du peuple (ainsi qu'elles le font par suite de l'accomplissement d'une évolution, dont n'a pas tenu compte Karl Marx), elles pourraient parfaitement, comme elles l'ont déjà fait dans le passé, tenir le peuple à sa place, c'est-à-dire le maintenir dans l'ignorance et l'incapacité politique, malgré toute la tendance moderne du capital vers la concurrence et la concentration[1] ». Et si l'on objecte que c'est par peur, et non par générosité, que les classes dominantes concèdent toujours plus de droits aux classes jusqu'à présent déshéritées de la société, que ces concessions ne sont donc pas de volontaires abandons altruistes, mais bien l'effet de la pression des masses, nous répondons que ce n'est pas le changement de la condition économique des masses qui les a rendues capables d'exercer une telle pression, attendu que cette condition économique est restée la même, et qu'elles veulent précisément la modifier maintenant en leur faveur, par cette pression. Quel est donc l'élément qui a changé le rôle des masses? C'est leur intelligence qui s'est enrichie, c'est l'idée de leur situation injuste et contraire à la conception humaine de la morale et du droit, qui les anime maintenant, et leur donne un tout autre rôle dans la lutte pour l'existence. C'est donc encore leur conscience qui veut déterminer leur manière d'être, et non leur existence qui détermine leur conscience. Elles veulent précisément transformer les conditions de leur existence, conformément aux nouvelles conceptions dont s'est enrichie leur conscience. La question sociale n'est nullement, selon nous, une question économique, mais bien le problème le plus difficile que l'idée du juste est appelée à résoudre.

EXPOSITION DU PASSÉ. — L'exposition du courant évolutionniste, qui emporte les peuples, comme l'humanité, vers des destinées inconnues, doit, d'après les principes exposés jusqu'ici, tendre

1. *Evolution sociale*, p. 212.

à réaliser les conditions suivantes, si elle veut reproduire dans notre entendement, une image fidèle du développement lui-même.

1) Elle doit d'abord s'efforcer de reproduire les faits, aussi exactement que possible, et nous faire connaître la vérité sur ce qui a été.

2) Elle doit expliquer les faits ainsi établis, en exposant leur enchaînement causal.

3) En dernier lieu, elle doit rechercher dans cet enchaînement, les séries historiques qui les constituent, et par leur moyen, enserrer le développement dans des linéaments généraux.

Examinons si, et dans quelle mesure, les historiens ont rempli ces trois conditions essentielles de toute exposition, vraiment scientifique du passé.

1) *Reproduction des faits successifs.* Quant à ce premier point, l'histoire qui, dans ses commencements, s'en inquiétait bien peu, s'efforce maintenant, tous les jours davantage, de reproduire les faits disparus, avec le plus d'exactitude possible. Ce changement dans la façon de procéder de l'histoire, date du moment où la critique est devenue le complément indispensable de toutes les investigations sur les événements passés, et que parallèlement à cette heureuse innovation, les documents sont devenus, à la place des récits, la base la plus sûre de leur reconstitution. Sous ce rapport, l'histoire a fait tout ce qui était en son pouvoir, et on ne saurait exiger qu'elle fît davantage avec les moyens dont elle dispose. L'histoire de nos temps a tout contrôlé, tout réformé, tout revu. Un nombre vraiment extraordinaire de monographies a pris à tâche de répandre la lumière, là où auparavant il n'y avait que ténèbres ; de redresser les erreurs, quelque enracinées qu'elles fussent. C'est sans raison qu'on reproche à ces travaux, de trop fouiller les détails, et de perdre de vue l'ensemble des événements. L'histoire ne peut exister, si la base sur laquelle elle doit reposer, si les faits qui la constituent ne sont pas sûrement établis. Le travail vraiment grandiose, qui est destiné à constituer cette base de l'histoire, est en grande partie déjà achevé, du moins avec le matériel que nous possédons. Les nouvelles découvertes permettront d'approfondir les choses toujours davantage, et plus nous nous enfoncerons dans l'avenir, plus le passé se relèvera derrière nous, clair et précis. Les grands faits qui le constituent ont été presque tous parfaitement établis, et les lacunes ne se rencontrent plus

d'habitude, que pour les détails. L'historiographie de nos jours s'efforce justement de faire pénétrer la vérité, jusque dans les faits de plus petite importance, dont se compose l'histoire.

Il est vrai que l'on a souvent accordé à certains faits plus de valeur qu'ils n'en méritaient. Parmi les documents, il en est un nombre immense qui n'éclairent d'aucune façon la connaissance du passé, tandis que, d'autre part, bien des faits importants sont négligés par les historiens. Mais cette insuffisance dans le triage des faits, a une cause bien plus profonde, que nous analyserons bientôt, lorsque nous traiterons de la négligence des historiens à s'occuper des séries historiques.

Mais si nous faisons abstraction de ce point, qui constitue un des desiderata de l'histoire — pour le matériel exploré jusqu'à présent, on ne saurait le méconnaître, un esprit vraiment scientifique a pénétré partout les recherches historiques ; on s'efforce autant qu'il est humainement possible de le faire, de rejeter toutes sortes de préjugés, toutes sortes de passions, toutes sortes d'antipathies et de sympathies, pour devenir l'organe de la vérité pure, et pour que rien d'étranger ne s'interpose entre le fait passé que l'on veut reproduire, et l'image que l'on en projette dans l'esprit du lecteur.

2) *Enchaînement causal.* — Si nous passons à la deuxième condition requise pour constituer la science de l'histoire, l'enchaînement causal des faits, elle est loin de se présenter sous une forme aussi parfaite que l'établissement des faits historiques. Les causes des événements ne sont pas toujours élucidées, il arrive assez souvent qu'on se paie de mots, au lieu de notions réelles qui établissent le rapport de causalité ; d'autres fois, on se contente de recourir à des hypothèses ; enfin, les historiens omettent parfois tout à fait de s'occuper des causes, ils se bornent à exposer les faits, à la manière de l'histoire narrative qui a pourtant bien fait son temps.

Cette insuffisance dans l'établissement du nexus causal des événements est, dans l'histoire, un défaut capital ; car nous avons vu que la découverte des causes est, à la différence des sciences de la coexistence, un des attributs principaux de la science historique[1]. Cette dernière, pour mériter pleinement son nom, doit non seulement reproduire les faits passés dans leur réalité ; elle

---

1. Plus haut, chapitre II, p. 44.

doit aussi en donner, autant qu'il est possible, l'explication causale, et une négligence sous ce rapport est impardonnable. Or, précisément à ce point de vue, notre discipline a encore beaucoup à faire, et l'explication causale est loin d'être aussi pleinement élucidée que l'établissement des faits.

Pour prouver cette assertion, passons en revue quelques questions, touchées par des historiens en renom, et pour lesquelles précisément, la cause n'a pas été suffisamment mise en lumière.

Le célèbre historien allemand, *Théodore Mommsen*, pense expliquer l'inaction d'Annibal contre Rome, après sa grande victoire de Cannes, par des motifs objectifs, tirés de la situation du général carthaginois en Italie. Nous pensons que cette explication est défectueuse. On ne parviendra jamais à comprendre la conduite d'Annibal, si l'on s'en tient seulement aux motifs extérieurs, et si on néglige le côté personnel, psychologique. En effet, la seule cause raisonnable de l'inaction d'Annibal contre Rome, au seul moment où il pouvait le faire avec chance de succès, doit être cherchée dans son indécision, dans sa personnalité, dans l'élément individuel. Car, enfin, si Annibal n'ose attaquer Rome, ni après la terrible défaite qu'il lui inflige, et qui a presque totalement détruit son armée, qu'est-il venu chercher en Italie ? M. Mommsen répond qu'il voulait détacher de Rome la confédération sur laquelle reposait la puissance de celle-ci[1]. Mais ce résultat avait aussi été atteint, dans les limites du possible. La Gaule cisalpine, la Grèce du Sud, s'étaient jointes à Annibal, et ce qui est encore plus important, Capoue et les Samnites eux-mêmes qui faisaient partie de la confédération latine, passèrent, après Cannes, du côté du vainqueur[2]. Que pouvait-il attendre de plus ? Que les Latins eux-mêmes pasassent à lui ? Mais cela aurait signifié vouloir, que Rome fît défection à elle-même. On pourrait objecter, il est vrai, qu'on ne saurait que difficilement taxer Annibal d'indécision, lui qui avait osé porter la guerre en Italie, et franchir le dangereux passage des Alpes. A cette objection il n'y a qu'une réponse possible, mais celle-là décisive : c'est que les natures les plus énergiques, les plus courageuses, faiblissent quelquefois au moment suprême. La tension de leur esprit se relâche précisément, alors qu'un dernier effort couronnerait leur œuvre. Sans l'intervention de

---

1. *Römische Geschichte*, I, 2, p. 601.
2. *Ibidem*, p. 615.

cette cause psychologique, l'inaction d'Annibal après Cannes reste une énigme insoluble, et cet élément décisif n'a pas été pris en considération par l'illustre historien des Romains. Et pourtant, c'est ainsi que les contemporains eux-mêmes appréciaient la conduite d'Annibal. *Tite-Live* met dans la bouche de Maharbal, aide-de-camp du général carthaginois, les paroles suivantes : « Non omnia nimirum eidem di dedere ; vincere scis Annibal, victoria uti nescis [1] ».

Nous prendrons, comme deuxième exemple de causalité insuffisante, ou plutôt inexactement formulée, la façon dont M. Berthelot explique l'indifférence des Chrétiens vis-à-vis de l'empire romain, même après que cet empire eût cessé de leur être hostile, et devint au contraire leur protecteur. « Il y a un grand danger, dit-il, à ce que l'empereur soit ainsi dans l'Eglise, lui qui a été souverain pontife de la religion païenne. Qu'adviendra-t-il s'il est hérétique. Cela se voit du temps des fils de Constantin. Constance, resté seul maître de l'empire, est arien, il exile les évêques orthodoxes. Pourtant Constance est chrétien zélé. En Orient il détruit les temples en masse. Voilà donc un empereur théologien qui persécute à la fois, chrétiens et païens. Mieux valait pour l'Eglise un païen, comme Julien l'Apostat. Théodose fut empereur selon le vœu de l'Eglise, acceptant la pénitence imposée par saint Ambroise, interdisant absolument le culte des dieux, même dans l'intimité la plus secrète de la vie privée ; mais son fils Arcadius, qui règne en Orient, persécute saint Jean Chrysostôme, à l'instigation de l'impératrice Eudoxie qui est arienne. *L'Eglise, craignant toujours de trouver un ennemi dans son protecteur, ne voyait plus qu'un ennemi dans ce protecteur.* Depuis qu'elle était solidement établie, depuis que les païens n'étaient plus à redouter, son zèle se tournait contre les hérétiques. *C'est pourquoi elle n'eut jamais d'affection pour l'empire* [2]. »

Cette explication causale est évidemment forcée et peu naturelle. M. Berthelot emploie même un jeu de mots pour rendre son idée : « L'Eglise craignant de trouver un ennemi dans son protecteur, ne voyait plus qu'un ennemi dans ce protecteur ». Elle confondait, selon l'auteur, dans cette peur commune, empereurs orthodoxes et ariens, on ne sait trop pourquoi. Car enfin, M. Berthelot lui-même avoue que Théodose fut un empereur *selon le vœu* de l'Eglise

---

1. *Ab urbe condita*, XXV, p. 51.
2. Lavisse et Rambaud, *Histoire générale*, I, p. 33.

Ce dernier ne pouvait donc être considéré par l'Eglise chrétienne comme ennemi. Que l'on observe enfin la contradiction dans laquelle tombe M. Berthelot, lorsque d'un côté, il affirme que l'Eglise craignait les empereurs païens, de l'autre, que les païens n'étaient plus à redouter pour elle.

La véritable cause pour laquelle l'Eglise chrétienne reste indifférente au sort de l'Empire, est bien plus profonde. Le Christianisme n'était pas, comme par exemple, l'Islamisme, une religion de combat ; au contraire, il prêchait, partout et toujours, la soumission et la résignation. Si ses adeptes firent souvent preuve du plus grand courage, ce ne fut que lorsqu'il s'agit de témoigner en faveur de leur doctrine ; jamais pour défendre les choses de ce monde. Cette religion, implantée dans le sein d'une population, que le métier des armes effarouchait tous les jours davantage, ne pouvait la pousser à la lutte contre les ennemis de l'empire, et même, s'il y eut quelques combats, ces derniers étaient dirigés bien plus contre les Ariens, que contre les barbares, avec lesquels d'ailleurs le peuple romain était depuis longtemps habitué à vivre. Lorsque le Christianisme prendra racine chez ces peuples barbares, il pourra devenir un levier pour la guerre. Les expéditions des croisades en font foi. Mais dans ce cas, la religion s'était implantée dans des natures violentes et batailleuses, et le caractère doux et pacifique de la religion chrétienne s'altéra en se greffant dessus. La véritable cause de l'indifférence des chrétiens pour l'empire qui leur servait maintenant de rempart, doit être cherchée dans le caractère de cette religion même, et dans les mœurs de la portion du genre humain chez laquelle elle se répandit.

Un troisième exemple d'incomplète exposition des causes, tout aussi grand par le fait historique auquel il se rapporte, que par la célébrité de l'auteur qui en expose les péripéties, c'est l'explication de la terreur jacobine, donnée par *Henri Taine*. Cet auteur attribue aux personnalités, aux caractères pervers que la Révolution avait poussés au pouvoir, tous les écarts et toutes les horreurs dont elle s'entacha. Il omet de faire la part, et cette part est bien considérable, des événements de la lutte pour l'existence qui affolait les esprits, menacés d'une part par les ennemis intérieurs : les Vendéens, les prêtres non-assermentés, le roi et la cour ; d'autre part, par ceux du dehors : les émigrés et les armées étrangères. L'explication causale de la terreur jacobine est faussée, par l'esprit de parti-pris, de dénigrer les révolutionnaires, et de relever la personne de Louis XVI.

Donc, tandis que M. Mommsen, dans l'explication de l'inaction d'Annibal, oublie l'élément personnel, l'individualité de l'homme qui conduisait les événements, Henri Taine, dans l'explication du règne de la Terreur, attribue tout ce qui arrive aux caractères seuls, à l'élément personnel, et laisse de côté les causes générales[1]. L'explication pèche par omission, dans un cas comme dans l'autre.

Citons un quatrième exemple : Il est reconnu que l'empereur Henri IV, dans sa lutte contre le pape Grégoire VII, du temps de la querelle des investitures, fut forcé d'abord, par l'excomunication du pape, de s'humilier devant lui et d'attendre, pieds nus, devant le château de Canossa, que le pape lui pardonnât. Pourtant quelque temps après, le même empereur attaque Rome et contraint le pape à se sauver chez Robert Guiscard. Quelle est la cause de ce changement si subit dans la puisssance des deux rivaux, et pourquoi les foudres, que le pape ne manqua pas de lancer pour la seconde fois contre son adversaire, n'eurent-elles plus aucun effet ?

L'explication de cette apparente contradiction n'a jamais été donnée d'une façon satisfaisante. On a toujours fait grand cas de la terrible puissance pontificale qui fut en état de réduire en poussière celle d'un grand empereur, passant pour ainsi dire sous silence la victoire finale, que l'empereur remporta contre le pape ; ou bien on rapporte cette dernière, en se contentant d'un semblant d'explication, dans une question qui exige précisément une analyse plus sérieuse des causes. Tous les auteurs qui se sont occupés de cette affaire se ressemblent sous ce rapport. *Luden*, par exemple, affirme que « l'effet, que l'excommunication lancée par le pape contre le roi Henri IV produisit dans le Teutschland et en Italie, fut grand, terrible, prodigieux. Les foudres du pape lancées contre le Teutschland avaient porté un coup incomparable ». Lorsque Luden arrive à l'explication du revirement qui rapproche de nouveau les princes allemands de Henri, il ne trouve pas autre chose à dire, si ce n'est « qu'il est manifeste que dans tout le Teutschland méridional, comme originairement en Saxe, l'inimitié contre Henri n'était qu'une œuvre artificielle des ducs et de quelques autres princes ecclésiastiques et laïques [2]. » Mais s'il en est ainsi, ce n'est pas le pape qui avait vaincu l'empereur, et

---

1. Comp. plus haut, p. 61, les passages de la critique de Henri Taine, par G. Monod.
2. *Histoire d'Allemagne*, trad. Lavagner, Paris, 1844, IV, p. 27, 37 et 52.

l'effet de l'excommunication du pape n'avait été si « terrible dans le Teutschland », que parce que les princes l'avaient voulu. Si Luden s'étend avec un plaisir évident sur les effets de l'excommunication, pourquoi n'accorde-t-il pas la même attention au changement intervenu dans l'opinion des princes, et pourquoi n'analyse-t-il pas avec tout autant de minutie, d'une part les causes pour lesquelles les princes étaient mal disposés contre Henri, lors de l'excommunication du pape, et de l'autre, celle qui les poussa à prendre le parti de l'empereur, lorsque la lutte s'engagea à nouveau ?

Le même reproche peut être adressé à tous les historiens qui ont touché à cette question, même aux plus récents. Citons quelques-uns des principaux : *Gisebrecht* attribue aussi à l'excommunication de Henri IV la défection des princes allemands. Il dit : « Le dégagement des nobles de leur serment envers le roi, n'avait pas été un vain mot. La trahison était partout dans les pays allemands. Henri lui-même devait reconnaitre, qu'il avait ignoré la puissance gagnée par le siège pontifical ; qu'il n'avait pas apprécié à sa juste valeur les effets de l'excommunication. On vit alors quelle était la force des paroles du moine, qui interdisait à Henri de porter la couronne de l'Allemagne . » Mais cette puissance que Gisebrecht accorde à l'anathème, ne concorde pas du tout avec ce qu'il reconnait lui même plus loin : que « lorsque Henri vint en Italie, il trouva des partisans dans les villes lombardes, dont les évêques ne craignaient nullement les foudres du pape, et étaient disposés à attaquer ce dernier à main armée. » Henri IV ne comptait pas seulement en Italie des partisans qui ne craignaient pas de braver l'anathème du pape. La suite de la querelle le montra bientôt, lorsque Henri vint attaquer le pape dans Rome, avec ses légions tudesques. L'explication causale des événements relatifs à la lutte entre le pape et l'empereur, réside donc dans les rapports politiques et nullement dans ceux de caractère religieux. Mais ce côté essentiel de la question est négligé par Gisebrecht, comme il l'avait été par Luden. Lorsqu'il s'agit d'expliquer le revirement qui s'opère en faveur de Henri, Gisebrecht, qui expose pourtant l'histoire de son pays avec force détails, se contente de dire que [1] « Berthold de Carinthie, Welf de Bavière et Rodolphe de Souabe furent dépouillés de leurs duchés, comme traitres ; Berthold fut remplacé par Luitpold, et la Bavière et la

---

1. *Geschichte der deutschen Kaiserzeit*, III, 1, 1876, p. 380, 384, 398, 442 et 500.

Souabe furent placées, pour le moment, sous l'autorité directe du roi ». Pourquoi le roi n'avait-il pas commencé par là, et avait-il préféré se rendre ridicule, en implorant le pardon du pape à Canossa, et comment se fait-il que, ce qui fut impossible alors, le devint plus tard, voilà ce que l'on chercherait inutilement, dans tout le fatras de faits rapportés par Gisebrecht.

M. *Bruno Gebhardt*, plus concis, n'est pas plus clair sur cette question. Il est vrai que cet auteur reconnaît que « l'opposition des princes du sud de l'Allemagne trouve, dans l'excommunication du pape, un prétexte bien venu pour leurs tendances particularistes. » Il exagère même le point de vue politique, lorsqu'il voit, dans le pèlerinage de Canossa, un acte diplomatique de première force. Mais peu nous importe l'appréciation des faits. Lorsque M. Gebhardt en vient à leur explication, il se contente d'affirmer, que si l'on considère la puissance des partis rivaux, on voit que Henri est de beaucoup le plus fort. De son côté sont les villes, la petite noblesse, le bas clergé, la plus grande partie des évêques. Son autorité est reconnue en Carinthie, en Bavière, en Franconie, en Bourgogne, La Bohême est aussi pour lui. Le pape, ainsi que les Saxons, s'attendait à ce que l'anathème lancé contre Henri, eût le même effet que quatre ans auparavant. Mais jamais pareille attente n'a été plus déçue. Le parti de Henri, qui avait déjà longtemps (?) souffert et combattu avec lui, lui était tellement dévoué, que l'anathème ne lui ravit pas un seul de ses adhérents. Au contraire, ils se serrèrent davantage autour de lui, et se tournèrent contre le pape [1]. » Pourquoi ne l'avaient-ils pas fait dès le commencement de la lutte ? Pourquoi, après avoir été vaincu et humilié, l'empereur était-il devenu plus fort que le terrible lanceur d'anathèmes ? Voilà ce que nous apprenons tout aussi peu de M. Gebhardt, que de Gisebrecht et de Luden.

Mais consultons quelques auteurs encore plus récents. M. *Bayet* paraît d'abord toucher juste, attendu qu'il dit, que lorsque le pape déclara la guerre à Henri, les plus puissants princes de l'Allemagne, Rodolphe de Souabe, Berthold de Carinthie et Welf de Bavière, que l'empereur avait mécontentés et tournés contre lui, s'entendirent avec le pape, et lorsque la Saxe se souleva de nouveau contre l'empereur, ce dernier se trouva isolé. Mais pour que l'explication causale de cette phase de l'événement soit pleine et entière, il faudrait que nous soyons renseigné sur la cause du

---

[1]. *Handbuch der deutschen Geschichte*, I, 1891, p. 314, 316.

mécontentement des seigneurs contre leur empereur. M. Bayet n'en dit mot, pas plus que ses prédécesseurs. Mais comment concilier cette explication de la défaite de l'empereur (son isolement) tout incomplète qu'elle est, avec les paroles de l'auteur, que « la pénitence de Canossa est la plus éclatante victoire que la papauté ait jamais remportée sur le pouvoir temporel ? » M. Bayet aurait pu facilement s'apercevoir que, si Henri IV n'avait pas mécontenté ses vassaux, s'il n'était pas resté isolé, le pape ne l'aurait pas forcé au voyage de Canossa, et que ce n'est donc pas le pape qui remporta la victoire, mais bien la féodalité, fait qui ressort d'ailleurs avec plus d'évidence, à la suite du triomphe final de l'empereur. Mais l'exposition de M. Bayet est tout à fait insuffisante, lorsqu'il veut analyser ce triomphe. Il aurait dû nous démontrer pourquoi l'empereur, qui avait été obligé de se soumettre au pape, par suite de l'opposition des princes de Souabe, de Carinthie et de Bavière, ne les craint plus maintenant, comme il ne craint pas le nouvel empereur contre lequel il lutte avec énergie, jusqu'à ce que la mort de ce dernier, sur les bords de l'Elster, lui laisse de nouveau le champ libre [1]. Henri, ne craignant plus ses vassaux, peut braver impunément la terrible (?) puissance papale! Pourquoi? comment? M. Bayet est muet là-dessus, comme tous les historiens qui avaient exposé, avant lui, la célèbre rivalité du pape et de l'empereur.

Voyons comment cette question est traitée par M. *Lamprecht*, dont l'Histoire de l'Allemagne a eu un si grand retentissement, et a soulevé tant de controverses, au sujet de la méthode suivie par l'auteur dans son exposition. Quoique M. Lamprecht poursuive le but de réformer la façon de traiter l'histoire, en faisant prédominer les facteurs collectivistes, sur ceux d'origine individuelle, c'est-à-dire, en poussant au premier plan le développement des facteurs généraux, sous le rapport de l'établissement clair et précis de la causalité historique, son exposition est tout aussi insuffisante que celle des auteurs que nous avons analysés précédemment. Il commence à soutenir, que la lettre comminatoire que Grégoire VII adressa à Henri au commencement de la guerre, constituait un faux pas de la part du pape ; « car au moment où Henri se sentit blessé personnellement par le pape, il éprouva le besoin de se rapprocher des princes, que le même pape avait en partie excommuniés et en partie censurés. L'alliance entre

---

1. Lavisse et Rambaud, *Histoire générale*, II, p. 92.

l'empereur et les princes ecclésiastiques se fit d'elle-même. Et comme, avec ce changement à la cour de Henri, l'influence des seigneurs libres et des favoris de basse extraction sur la marche des affaires tomba aussi, les princes laïques se rapprochèrent aussi de lui. *Ce dernier était plus puissant que jamais* dans son empire, et les Saxons furent facilement vaincus ». Quelques lignes plus loin, lorsque M. Lamprecht arrive à l'excommunication lancée par Grégoire contre Henri, il dit que « en peu de temps, les princes ecclésiastiques de l'Allemagne plièrent et passèrent du côté du pape, et les princes laïques se montrèrent abordables aux conseils insidieux de Grégoire ; en première ligne, ceux de l'Allemagne méridionale. Ils avaient aidé l'empereur à étouffer la révolte des Saxons ; mais ils ne voulaient pas le laisser instituer à son profit la puissance de Conrad II et de Henri IV. *Henri IV était perdu !* La transition, entre la toute-puissance de Henri et sa perte irrémissible, dans l'intervalle d'une seule année (1076-1077) est trop brusque, pour la motivation qu'en donne M. Lamprecht. Nous préférons encore l'explication plus individualiste des auteurs précédents, qui attribuent au moins la soumission de Henri au pape, à l'inimitié personnelle des ducs de Bavière, de Souabe, et de Carinthie, quoique ces auteurs ne nous renseignent pas sur les causes de cette inimitié. M. Lamprecht passe tout aussi légèrement sur le revirement qui s'opère en Allemagne en faveur de l'empereur, et qui lui procure la victoire finale. Il semble vouloir attribuer ce revirement à la conduite injuste du pape. « Laïques et cléricaux, dit-il, se soulevèrent contre le pape, à cause de son injuste procédé. En Italie, le renouvellement de l'anathème produisit le plus mauvais effet [1]. » Nous ne pensons pas que les princes qui n'avaient pas voulu de Henri, quoiqu'il eût été absous de l'anathème après Canossa, et qui, par conséquent, ne se dirigeaient que d'après leur intérêt, et nullement par des motifs d'ordre moral, eussent été poussés de nouveau vers Henri, par le seul sentiment de l'injustice dont il était victime. Les véritables motifs qui rapprochèrent les princes de Henri, ne pouvaient être que des motifs politiques, et en conséquence intéressés.

M. *Paul Sander*, dans la monographie qu'il consacre à Henri IV, ne s'occupe malheureusement que de la dernière partie de sa lutte

---

[1]. *Deutsche Geschichte*, III^{ter} Band, Berlin, 1895, p. 331, 334, 338-339. Comp. p. 337.

avec Grégoire VII, à partir de la seconde excommunication. M. Sander expose le changement dans la position des vassaux vis-à-vis de l'empereur, mais seulement comme question de fait, et sans remonter aux causes ; et même cette exposition ne saurait donner une idée complète de la conception de l'auteur, son travail ne s'étendant pas à la première partie de la lutte qui aboutit à Canossa [1].

Le seul historien, qui expose d'une façon plus rationnelle les péripéties de la lutte entre l'empereur et le pape, c'est *Léopold Ranke*, dans le dernier ouvrage, auquel il consacra les années suprêmes de sa vie. Cet historien, à juste titre célèbre, tâche de se rendre compte des véritables éléments qui déterminèrent les changements dans la position des deux rivaux. Lorsqu'il analyse la décision des princes, de prononcer la déchéance de Henri, dans le cas où, jusqu'à l'anniversaire de l'excommunication, il n'aurait pas obtenu le pardon du pape, Ranke dit que « l'on *saisit avec les mains* qu'une pareille déclaration n'était pas le produit d'une exaltation religieuse. Il s'agissait de toute autre chose que de dissensions purement religieuses ; on tendait à un nouveau mode du gouvernement de l'empire [2].

Lorsque Ranke arrive à l'exposition du triomphe final de l'empereur, il s'attache à faire ressortir toujours la prédominance de l'élément politique, et il expose, au moins en partie, les changements dans le rapport des princes avec l'empereur, lorsque la lutte avec le pape éclate à nouveau [3]. Quoique cette partie de son exposition ne soit pas basée sur un matériel aussi riche, que celle qui a trait à l'abandon de Henri par ses vassaux, elle n'en indique pas moins le véritable terrain sur lequel il faut chercher la solution de la question. Mais les historiens, même postérieurs à Ranke, tels que Lamprecht et Bayet, au lieu d'approfondir cette seule explication rationnelle, l'abandonnent ou l'obscurcissent.

Nous pourrions multiplier à loisir les exemples d'explication causale fausse ou insuffisante, que nous avons rencontrés, même pour les événements importants de l'histoire. Il doit s'en produire encore bien plus dans la motivation des événements de moindre importance. Avant de quitter cette intéressante question, nous pensons qu'il sera utile de préciser ce que l'on doit entendre par

---

1. *Der Kampf Heinrich des IV und Gregor VII*, von der zweiten Excommunication des Königs bis zu seinez Kaiserkrönung, Berlin, 1897, p. 61-63.
2. *Weltgeschichte*, VII, Leipzig, 1893, p. 278. Comp. p. 277.
3. *Ibidem*, p. 289 et suiv.

explication, c'est-à-dire par établissement causal suffisant d'un fait historique.

Pour comprendre un fait passé, il faut actualiser son explication, c'est-à-dire, l'attribuer à des causes qui pourraient justifier son accomplissement, s'il se passait de nos jours. Il ne faut pas entendre cette actualisation dans le sens que lui donne M. *Wegele*, qui dit que « l'historiographie est l'art de représenter le passé, de façon à ce qu'il devienne le présent [1] ». M. Wegele a l'air d'exiger cette condition, même pour l'exposition des faits. Mais dans ce cas, on fausserait l'histoire, attendu que les faits passés, étant toujours différents de ceux du présent, l'actualisation des faits qui ne sont plus, leur donnerait une couleur qu'ils n'ont pas. La compréhension des faits est, au contraire, une opération logique, et la logique a toujours été la même, depuis l'origine de l'espèce humaine. Si le fait doit donc être présenté par l'histoire, avec les caractères qui lui sont propres, son explication doit être telle, qu'elle puisse être considérée comme suffisante pour notre esprit actuel, travaillant sur les éléments du passé.

Les motifs des faits qui ne sont plus, doivent donc contenir la raison suffisante de l'explication, telle que notre esprit l'exige aujourd'hui. S'il s'agit d'éléments statiques, qui ne changent pas avec le temps, comme les passions, les besoins, les tendances inhérentes à la nature humaine, l'explication causale est actualisée, par le fait même d'y être rapportée, attendu que les hommes de tous les temps ont été mûs par de pareils ressorts. C'est ainsi que, lorsqu'on rencontre la population romaine se retirant devant les barbares, partout, et à toutes les époques, dans les montagnes, lorsqu'elle en avait à proximité, il est parfaitement logique d'en inférer, que les Daco-Romains de la Dacie firent la même chose devant les premiers envahisseurs, quoique le fait ne soit pas attesté directement pour cette époque [2].

Il en est tout autrement, lorsqu'il s'agit d'idées qui changent avec le temps, et déterminent la conduite d'une façon conforme à ce changement. Pour comprendre comment les hommes ont agi autrefois, sous l'impulsion des idées auxquelles ils étaient soumis, il faut connaître ces dernières. Mais, dans ce cas, l'explication causale n'est suffisante que lorsque, nous mettant à la place des hommes d'autrefois, et raisonnant avec leurs idées, nous recon-

---

1. *Geschichte der Deutschen Historiographie*, p. 1002.
2. Xénopol, *Histoire des Roumains de la Dacie trajane*, I, p. 118.

naissons que les faits qu'ils ont accomplis, étaient nécessaires, ou tout au moins justifiés. Or, ce point n'est souvent pas pris en considération par les historiens, qui se contentent de l'à-peu-près et n'insistent pas, comme ils devraient le faire, sur la pleine et entière compréhension des faits.

3. *Prise en considération des séries historiques.* — C'est le point le plus important à signaler, attendu qu'il a été jusqu'à présent ignoré par les historiens, au moins comme conception théorique et comme but conscient ; car, dans la pratique de l'histoire, par la force même des choses, les séries se faisaient jour à travers l'exposition, mais bien entendu d'une façon plus ou moins confuse, plus ou moins imparfaite. Au lieu de reconnaître, dans ces généralités successives, les idées plus abstraites qui doivent constituer la trame fondamentale de l'histoire, bon nombre d'auteurs, jetant la proie pour l'ombre, se donnaient la peine, tout aussi ardue qu'inutile, de trouver dans l'histoire, des généralités, ou plutôt des principes universels, de l'espèce de ceux qui sont formulés par les sciences de la coexistence, croyant qu'il fallait recourir à ce moyen, pour élever l'histoire au rang de science.

Nous avons vu plus haut, quel sens il faut attacher aux lois de l'histoire ; que ces lois, manifestation des forces du développement, ne constituent que l'un des éléments des faits historiques, et que, travaillant sur des circonstances toujours nouvelles, elles donnent, par un jeu souvent très compliqué, naissance aux séries historiques, toujours différentes, d'après les temps et les lieux. Les séries parallèles ou successives constituent ensemble la trame de l'histoire. Tout historien devrait se rendre compte de cette vérité indiscutable, que tout fait successif doit faire partie d'un enchaînement, comme tout fait coexistant doit être régi par une loi. Un fait historique ne doit donc jamais être exposé, que dans le cadre de la série dans laquelle il s'enchaîne, et cela même lorsqu'il ne s'agit que d'un fait qui semble isolé, comme dans une monographie.

Avant d'entreprendre l'exposition d'une période de l'histoire, ou même celle d'un simple fait de quelque importance, il faut, lorsqu'on l'étudie, et que l'on en réunit les matériaux, tâcher de découvrir les séries historiques parallèles ou successives qui le constituent ; puis, choisir dans la masse indistincte des événements, ceux qui constituent les éléments déterminants de ces séries, et remonter, pour chaque fait singulier ou général, aux causes qui lui ont donné naissance. En procédant de cette façon, on acquiert d'abord un critérium pour le triage des faits, et on ne risque pas d'encombrer son exposition, par des événements que l'on croit devoir rapporter, uniquement parce qu'on les a rencontrés dans les sources. Puis, on saisit les éléments vraiment intéressants des faits qu'il s'agit d'établir, en étudiant précisément ceux qui, par leur développement, contribuent à donner le jour aux événements dont se compose l'histoire. Enfin on contente l'esprit de la façon la plus parfaite, en scrutant partout les causes des événements. Donc, en premier lieu, on doit voir *ce qu'il faut étudier*; secondement, *comment il faut le faire*.

Les historiens procèdent habituellement d'une autre façon, pour l'exposition du passé. N'ayant pas en vue la constitution des généralités successives, ils laissent souvent tomber le fil conducteur des séries ; souvent des faits indifférents, ou même absolument étrangers, viennent alourdir ou troubler l'exposition, au grand détriment de la connaissance du passé. Comme le dit M. *Seignobos* ; « Quant au triage des faits à mettre dans ces cadres, il s'est longtemps opéré sans aucun principe fixe ; les historiens prenaient, suivant leur fantaisie personnelle, parmi les faits qui s'étaient produits dans une période, un pays ou une nation, tout ce qui leur semblait intéressant ou curieux. Tite-Live et Tacite, pêle-mêle avec les guerres et les révolutions, racontaient les inondations, les épidémies et la naissance des monstres [1] ».

La relation causale est négligée et remplacée par une attention presque exclusive, donnée à l'établissement des faits. Des enchaînements entiers de faits, qui expliquent d'une façon bien plus complète la période en question, (ou le fait plus général qu'il s'agit d'étudier, sont négligés, tandis que d'autres, d'une valeur de beaucoup inférieure, préoccupent l'historien. Tous ces inconvénients seraient évités si, au lieu de voguer sans boussole directrice sur les ondes du passé, les historiens s'avançaient sur elles, orientés par la connaissance précise des séries historiques) qu'ils devraient établir, pour arriver à une explication aussi parfaite que possible des choses qui ne sont plus.

C'est ainsi, par exemple, que toutes les histoires des Francs contiennent un chapitre obligatoire sur la rivalité de Frédégonde et de Brunehaut, fait qui correspond à la décadence de la famille mérovingienne. Cet événement ne nous paraît nullement mériter

---

1. *Introduction aux études historiques*, p. 201.

l'attention qui, de tout temps, lui a été consacrée ; il ne s'agit ici que d'un cliché ancien, que l'on doit prendre en considération, parce qu'il en a toujours été ainsi. En général, un esprit de routine très prononcé domine les historiens. Presque tous passent par où ont passé leurs devanciers. Cet esprit a été heureusement abandonné dans l'établissement des faits historiques, où la critique va même quelquefois trop loin, et tombe dans ce que les Allemands appellent l'*hypercritique*. Mais, dans la recherche des causes et le choix des événements, cet esprit novateur est loin d'avoir pénétré aussi profondément. Nous n'en voulons pas d'autre preuve que l'exemple que nous avons rapporté plus haut, quant à l'explication causale de la victoire de Grégoire VII contre Henri IV, explication que presque tous les historiens empruntent les uns aux autres ; un autre exemple, serait l'importance exagérée que l'on a de tout temps consacrée aux deux reines des Francs.

La décadence de la famille mérovingienne n'est pas un des grands faits de l'histoire, par la raison que cette décadence n'entraine, ni celle de l'Etat franc, ni même celle du système de gouvernement établi par cette famille, et qui tendait à reconstituer l'autorité absolue de l'Etat romain. L'Etat franc continue sous les Carolingiens son développement progressif, et l'idée de l'Etat omnipotent romain se manifeste encore avec plus de puissance sous le règne de Charlemagne. La décadence de la famille mérovingienne n'est que l'évolution régressive d'une famille, et comme telle, un élément de second ordre dans le développement historique. Ce développement est accompagné de phénomènes d'une grande importance, tels que le progrès croissant de l'autorité des nobles, et avec elle, celle du système féodal, la séparation toujours plus marquée des nationalités qui constituaient l'empire des Francs. De ces deux séries, la première est en relation plus intime avec la décadence de la famille mérovingienne, attendu que chaque affaiblissement de l'autorité royale profitait aux seigneurs. Une exposition logique de l'histoire de cette période, aurait exigé que l'on eût pris pour point de départ le progrès de l'autorité des seigneurs, et que la décadence de la famille mérovingienne ne fût prise en considération, que comme une série parallèle et secondaire, qui vint en aide à ce grand développement. Mais l'habitude du cliché historique a toujours interverti les rôles. On s'est toujours préoccupé, en premier lieu, de ce qui était secondaire, et on a relégué au second plan les phénomènes principaux. Les guerres interminables entre les successeurs de Clotaire, la rivalité de Frédégonde et de Brunehaut, ont obtenu droit de cité dans l'exposition du développement des événements, et il semblerait impossible aux historiens de s'en départir. Quelle est la cause de cette interversion des rôles dans les faits historiques ? Il est évident que c'est la négligence de la prise en considération des séries historiques. Ces dernières auraient montré où doivent être recueillis les événements vraiment importants de l'histoire.

Il n'entre pas dans le cadre de cet ouvrage, de refaire l'histoire au point de vue des séries historiques. Nous avons voulu seulement montrer les défauts qu'entraine le manque de prise en considération sérieuse des séries historiques, et cette critique peut être adressée, plus ou moins, à presque toutes les exposititions historiques. C'est à ce point de vue que l'histoire a besoin d'être réformée.

Il va sans dire que nous n'exigeons pas que les séries soient indiquées, d'une façon pédantesque, par les titres des chapitres d'une œuvre historique, et que nous laissons à l'historien liberté entière, quant au système qu'il veut adopter. Mais il doit toujours avoir comme guide, dans son exposition du passé, les séries historiques, dans lesquelles les faits sont enchainés, c'est-à-dire qu'il devra toujours chercher à découvrir et à établir les linéaments généraux qui constituent la trame même de l'histoire.

Comme on a pu l'observer, notre critique ne tend nullement à prononcer la déchéance complète de l'histoire, telle qu'elle a été traitée jusqu'à nos jours, comme le font *Spencer*, *Buckle*, *Bourdeau*, *Lacombe*, etc., mais bien seulement, à l'amélioration de la méthode suivie jusqu'à présent, d'une façon plutôt instinctive, par les historiens. L'histoire, telle qu'elle a été traitée par les grands maitres qui l'ont illustrée, est dans la bonne voie. Il suffit de la guider ; d'éclairer, à la lumière des principes, la route qu'elle doit suivre, pour lui faire acquérir pleinement le caractère scientifique. Il en a été de même de toutes les branches des connaissances humaines qui ont existé pendant des siècles, basées seulement sur la pratique, et que la théorie est venue éclairer de nos jours. Jamais une science, ni un art, n'ont été créés par le raisonnement et par la logique. Ces derniers ne sont intervenus, que lorsque ces disciplines étaient déjà constituées, pour examiner les procédés qui les avaient mises au jour, pour soumettre leurs procédés à la critique, les redresser, là où ils pouvaient être entachés d'erreur, et améliorer les méthodes employées, pour arriver au but qu'elles se proposaient d'atteindre. Comme le dit très bien M. *Gustave Belot :* « il y a peu de services directs à attendre, en vue du progrès de la science, d'une méthodologie prescriptive et dogmatique, tandis que l'intérêt d'une méthodologie critique ne peut être mis en doute [1] ». Les progrès de la méthode sont en effet toujours parallèles à ceux de la science qui l'applique, et cette vérité a été prouvée une fois de plus, précisément par le progrès de la méthode en histoire, qui n'est devenue possible que parce que la science elle-même a marché de pair. *Mill* observe avec beaucoup de justesse : que « nous n'aurions jamais su quelle est la marche à suivre, pour établir une vérité, si nous n'avions commencé par établir nombre de vérités [2] », et M. *Fouillée* exprime la même pensée, lorsqu'il dit, « qu'une science au début, n'est pas obligée de déterminer sa manière de marcher, autrement qu'en marchant, et elle laisse au philosophe le soin des spéculations ultérieures sur sa méthode [3] ».

1. *Introduction à la Logique des sciences sociales de Stuart Mill*, Paris, 1897, p. XXXIV.
2. *Logique des sciences morales*, p. 3. Cf. la note de M. Belot.
3. *Le mouvement positiviste*. p. 232.

CHAPITRE XI

De la Méthode en histoire

La question de la méthode, importante dans toutes les sciences, a, pour l'histoire, une portée bien plus considérable ; car dans les sciences de la coexistence, les faits existent, et la méthode ne sert qu'à enseigner le moyen de les bien établir, et de reconnaître leur véritable essence, ainsi que de découvrir, lorsque la chose est possible, les causes qui les produisent. Dans les sciences historiques, les faits eux-mêmes doivent être reconstitués, par le moyen des preuves, donc par la méthode, à laquelle on doit recourir pour y arriver. Tandis que dans les sciences des faits coexistants, matériels ou intellectuels, ces derniers sont réels, existants, et que le travail de l'esprit se borne à découvrir les formes générales de leur manifestation, c'est-à-dire leurs lois, dans l'histoire, ce sont d'abord les faits eux-mêmes qui doivent être, pour ainsi dire, créés à nouveau par un travail intellectuel, avant de passer à leur enserrement dans les linéaments de la succession, les séries historiques. Et si les faits coexistants sont quelquefois eux-mêmes difficiles à établir, comme dans les observations et les expériences, cette difficulté est au moins atténuée par la perception sensuelle qui donne la suprême garantie de la vérité, tandis qu'en histoire, ce moyen de contrôle fait presque toujours défaut.

Nous restreindrons nos investigations sur la méthode, à quelques points généraux, et nous n'entrerons pas dans les détails, attendu que ces derniers ont été traités d'une façon magistrale par M. Bernheim, dans son livre sur la *Méthode historique*, ainsi que par MM. Langlois et Seignobos, dans leur *Introduction aux études historiques*[1]. Nous voulons toucher à des questions qui visent plus profondément la méthode en histoire.

---

1. Bernheim, *Lehrbuch der geschichtlichen Methode*, Leipzig, 1895. Langlois et Seignobos, *Introduction aux études historiques*, Paris, 1898.

LES SOURCES[1] DE L'HISTOIRE; LES MONUMENTS ET LES DOCUMENTS. — Les faits historiques étant disparus, ils ne pourraient être reconstitués, s'ils n'avaient pas laissé des traces de leur existence. Ces traces sont de deux sortes : ou bien ce sont les restes matériels laissés par les faits eux mêmes, restes que nous désignerons par le terme générique de *monuments* ; ou bien, c'est leur image reflétée par l'intelligence humaine, et conservée par le moyen de l'écriture, *les documents*.

Nous ne pouvons nous ranger à l'opinion des auteurs, qui font commencer l'histoire avec l'apparition de l'écriture, laissant aux sciences naturelles les recherches sur les temps qui la précèdent[2]. Nous croyons que cette manière de voir est très peu fondée. Il est en effet connu, que l'histoire de nos jours ne se borne pas seulement aux documents écrits, pour y puiser les faits qu'elle enregistre. L'histoire de l'art, par exemple, et les conclusions d'une haute portée qui en dérivent, ne se basent guère sur des documents écrits, mais bien sur les monuments de l'art même. Si l'histoire ne doit recueillir ses faits que dans les documents écrits, il est évident qu'elle devrait rejeter toute autre source d'information, après l'apparition de l'écriture. Mais quel historien entreprendrait l'histoire de la Renaissance, ou celle de la Grèce du temps de Périclès, ou bien encore celle de l'Egypte, sans étendre ses recherches aussi sur l'architecture, la sculpture et la peinture de ces époques ? Si l'histoire doit avoir recours aux monuments, même pour la période où elle peut se baser sur des documents, pourquoi n'utiliserait-elle pas cette source d'informations, pour les temps où les documents manquent ? Car enfin, on ne saurait dire que l'histoire de l'humanité ne commence qu'avec l'apparition de l'écriture. Cette dernière n'est elle-même que le résultat d'un long développement antérieur, et l'histoire qui doit exposer l'évolution du genre humain, ne peut négliger, pas plus celui qui précède la découverte de l'écriture, que celui qui la suit. Nous ne voyons guère

---

1. Nous employons le mot *sources* comme notion générique qui embrasse toutes les traces que le passé nous a laissées ; en allemand *Quellen*.
2. Ranke, *Weltgeschichte*, Leipzig, 1886, 1, p. 5, « die Geschichte hat es mit der schriftlichen Uberlieferung zu thun » ; Christian Claussen, *Die Geschichtswissenschaft*, Program, 1890-91, Limburg, 1891, p. 7 ; Oswald Orth, *Versuch einer Theorie der historischen Wissenschaft*, Rostock, 1869, p. 13 : « Die Geschichtschreibung, hat ihre gewisse Grenzen ; sie is stumm wenn wir Fragen aufwerfen über die Zeiten wo überhaupt nicht geschrieben wurde » ; Elimar Klebs, *Zur neueren geschichtswissenschaftlichen Litteratur* dans la *Deutsche Rundschau*, XIV, p. 283 : « Das Reich der Geschichte beginnt erst, wann die schriftliche Uberlieferung anhebt, etc., etc.

les raisons pour lesquelles on n'étudierait pas, à l'aide du langage, (dont les restes constituent aussi des monuments, c'est-à-dire des restes matériels, des sons laissés par les faits eux-mêmes : la langue parlée autrefois) les migrations des races ; à l'aide des restes préhistoriques, les étapes successives du progrès réalisé par les sociétés humaines ; à l'aide des monuments, l'état des croyances, et ainsi de suite. Il nous semble que ces renseignements sur l'humanité primitive font tout aussi bien partie de l'histoire, que ceux qu'on obtient plus tard, à l'aide des documents écrits, et qui ont pour objet aussi, les migrations, l'état de civilisation, le progrès réalisé, ainsi que la connaissance des produits de l'intelligence. D'ailleurs, il est incontestable que, pour les temps primitifs, les connaissances tirées des monuments sont de beaucoup plus certaines, que celles qui dérivent des quelques documents obscurs et confus, que ces temps nous ont laissés. C'est ainsi que les pompeuses inscriptions, que les Pharaons d'Egypte ont placées sur les murs de leurs temples, contiennent un matériel historique bien plus pauvre, que les dessins et les sculptures qui les ornent ; les renseignements ethnographiques de la Bible n'ont que bien peu de valeur, comparés à ceux que nous a procurés l'étude des idiomes parlés par les peuples. La question du berceau originaire des Aryas, problème historique de la plus haute importance, ne pourrait pas même être posée, sans l'étude de la linguistique comparée.

Toutes ces nouvelles découvertes de l'histoire, qui font remonter bien plus haut la connaissance du développement humain, sont dues à l'étude des langues et des restes enfouis dans le sol, à l'étude des monuments, et non aux documents écrits. Tous ces moyens d'investigation servent donc à établir l'histoire des temps qui nous les ont laissés et nous ne voyons aucun motif pour lequel, on ne baserait pas la connaissance du passé aussi sur eux.

Mais nous n'avons touché à cette question, qui nous parait être un reste de pédantisme scolaire, que pour arriver à une autre bien plus importante, celle du degré de croyance qu'il faut accorder aux moyens d'investigation que nous offre le passé.

Le fondement de notre connaissance en toutes choses, ce sont les impressions reçues par les sens. Nous n'allons pas discuter la question hautement philosophique, si ces impressions apportent à notre entendement la connaissance des objets extérieurs eux-mêmes, ou si elles ne possèdent qu'un caractère purement subjectif. Nous admettons que les impressions transmettent à notre âme la connaissance des choses, telle qu'elle se trouve exister dans la réalité. Sans cette conviction, toute histoire ne serait, comme nous l'avons déjà observé, qu'une véritable fantasmagorie. Il nous paraît évident qu'une connaissance de la réalité sera d'autant plus parfaite, qu'elle reposera sur une perception plus directe de cette réalité. Voilà ce qui constitue l'immense avantage des sciences de la coexistence, qui placent les faits que l'observateur veut étudier, devant ses propres yeux.

En histoire, nous avons vu que la perception des faits est, en général, impossible d'une façon directe. Elle ne le serait que pour l'histoire contemporaine, et encore les faits de l'histoire étant toujours fugitifs, et ne pouvant être reproduits, la perception même de ceux qui se passent sous nos yeux est le plus souvent défectueuse. Il faut donc recourir, en histoire, à la reconstitution des faits qui la composent. Cette reconstitution s'opère, ainsi que nous l'avons remarqué, au moyen des restes contenus dans les sources : monuments et documents.

Le monument est un élément qui date du temps où le fait s'est passé. Tels sont les monuments proprement dits, dus à l'activité artistique de l'homme ; tels sont encore — par extension — les vestiges préhistoriques, les outils, les pilotis, les kjökkenmöddings, les mots des langues, les chansons anciennes, les danses populaires, en un mot, toutes les formes qui incorporent en elles le passé lui-même, dans lesquelles on voit et on entend ce dernier, dans lesquelles donc, ce qui était autrefois, peut être encore perçu par les sens, au moins comme enveloppe, sinon comme contenu. La base de toute connaissance étant la perception sensuelle, on comprend aisément l'importance que de pareils éléments peuvent avoir pour la reconstitution du passé.

Il ne faut pas pourtant exagérer les choses. Tous les monuments n'ont pas la même portée en histoire. Ceux qui reproduisent les conceptions artistiques, représentent les faits mêmes du passé, et peuvent être comparés aux faits coexistants, que l'on peut percevoir directement, et faire repasser à volonté devant les yeux. La plupart des autres ne représentent pas les faits eux-mêmes, mais ne font que les rappeler souvent d'une façon vague et confuse, qu'il faut préciser, par une opération intellectuelle. Prenons, comme exemple, les mots des langues qui nous ont permis de reconstituer la famille aryaque. La parenté des différents peuples qui parlent les idiomes semblables a été solidement établie ; mais lorsqu'il s'agit de déterminer par l'étude comparée du langage, le berceau primitif des Aryas, la question offre des difficultés d'interprétation, et on sait que cette discussion est encore loin d'être close. Après avoir admis presque unanimement que, ce berceau était le plateau de Pamir, d'autres chercheurs le transportèrent en Scandinavie, et maintenant on le fait descendre vers les bords de la mer Noire. Les mots identiques conservés par les langues d'origine aryaque, ne sont pas le fait même qu'il s'agit d'établir, comme c'est le cas avec une statue ou un temple ancien. Les mots, au moyen desquels on cherche à fixer le berceau primitif des Aryas, ne sont plus que des preuves — de grande valeur, il est vrai, puisqu'elles rapprochent de nous, d'une façon intuitive, le passé lui-même — mais dont il faut interpréter le sens, interprétation qui peut varier.

Il en est de même pour les monuments artistiques, aussitôt qu'ils ne sont plus considérés en eux-mêmes, comme produits de l'esprit d'un peuple, mais qu'il faut reconstituer, par leur moyen, les idées ou les croyances religieuses auxquelles ils servaient d'interprète. Ici aussi, il peut y avoir souvent matière à controverse. M. *Sybel* nous paraît aller trop loin, lorsqu'il dit : « c'est pour l'historien un avantage incomparable, lorsqu'il trouve des restes des événements passés. En pareil cas, il se trouve dans une situation en tout semblable à celle du naturaliste. Procédant comme le géologue, qui établit le développement primitif de l'écorce terrestre, par le moyen des fossiles, l'historien établit les périodes écoulées du passé humain, par le moyen des monuments. Là où il nous est donné d'utiliser de pareils matériaux, la critique historique peut se borner à la question de l'authenticité [1] ». Nous observerons que la question d'interprétation peut se poser, même pour le géologue ; d'autant plus pour l'historien qui a affaire à un matériel bien plus délicat.

Mais en dehors de cette difficulté d'interprétation, les documents, lorsqu'ils se présentent, sans aucune explication écrite, ne peuvent nous procurer qu'une connaissance très générale, sans aucune précision, quant au temps, sans aucune individualisation, quant à la provenance des faits qu'ils reproduisent. L'inspection d'un monument peut être très intéressante, et nous donner les renseignements les plus complets sur un peuple, une classe de la

---

1. *Uber die Gesetze des historischen Wissens* dans ses *Vorträge und Aufsätze*, Berlin, 1888, p. 6.

société ; mais on ne peut jamais rien préciser, ni comme personnages, ni comme date certaine des faits rapportés. L'individualisation, dans le temps comme dans l'espace, fera toujours défaut. C'est ainsi que « les parois des tombeaux memphites de la quatrième et cinquième dynasties, nous font pénétrer dans tous les secrets de l'existence de féodalité patriarcale que menaient les grands de l'Egypte, il y a soixante siècles. Nous visitons les fermes vastes et florissantes, éparses dans leurs domaines ; nous connaissons leurs bergeries, où les têtes de bétail se comptent par milliers ; leurs parcs où des antilopes, des cigognes, des oies de toute espèce sont gardées en domesticité. Nous les voyons eux-mêmes dans leurs élégantes demeures, entourés du respect et de l'obéissance de leurs vassaux, on pourrait presque dire de leurs serfs. Nous connaissons les fleurs qu'ils cultivent dans leurs parterres, les troupes de chant ou de ballet qu'ils entretiennent dans leurs maisons, pour leur divertissement [1] ». Voilà certes des connaissances historiques du plus grand prix, qui nous sont révélées par les seuls dessins des monuments. Mais ces connaissances ne se rapportent qu'à la généralité de la classe des nobles égyptiens. Il est impossible de fixer un nom, de rapprocher une date quelconque. Les grandes lignes peuvent seules être reconnues par ces restes. Aussitôt que nous voulons préciser quelque chose, les monuments restent muets.

Passons aux documents. Ceux-ci ne transmettent pas les vestiges du fait passé lui-même, mais bien l'image de ce dernier, à travers l'intelligence de l'homme qui les a perçus et les a fixés par l'écriture. Ici se place, immédiatement, une question de la plus haute importance. Ce miroir réfléchit-il la vérité ? « Il est toujours possible qu'une seule notion, une observation, dont le contenu ne serait que la reproduction d'une impression sensuelle, soit conforme à la réalité. Il en est tout autrement, aussitôt qu'il s'agit d'une continuité de choses singulières, d'un groupement ou d'un développement, d'une exposition ou d'un jugement. Dans ce cas, non seulement l'expérience historique, mais aussi l'expérience psychologique, nous montre que l'objet le plus insignifiant, et le plus à même d'être observé, n'est jamais reproduit de la même façon par deux témoins, et que le même rapporteur, lorsqu'il décrit le même

---

1. Lenormand, *Histoire ancienne de l'Orient*, 1, 1869, p. 339.

événement plusieurs fois de suite, modifie chaque fois son exposition ; que même l'homme le plus consciencieux et le plus sincère, a besoin de se contrôler avec la plus grande exactitude, pour ne grouper les détails de son exposition, que d'après l'enchaînement des faits, et non d'après ses dispositions subjectives. En un mot, pas un fait ne passe par la conception et l'exposition de l'esprit humain, sans souffrir une transformation plus ou moins importante, par l'action de la substance de cet esprit lui-même [1] ». Voilà pourquoi Niebuhr pose, comme principe de critique historique, qu'il ne faut jamais oublier que les relations historiques ne rendent jamais directement le fait raconté, mais en premier lieu l'impression qu'il a laissée dans l'esprit de celui qui le rapporte. L'image de l'événement doit être tirée de cette impression, et l'historien doit s'efforcer d'en découvrir les traits, non plus tels qu'ils sont rendus par les yeux du rapporteur, mais bien, en passant par dessus, aller droit à l'objet, et en déterminer les lignes [2].

Les documents eux-mêmes sont de deux sortes : ceux d'origine consciente, et ceux d'origine inconsciente. Les premiers exposent les faits, tels qu'ils se reflètent dans l'entendement de celui qui nous en a laissé une description. Les seconds peuvent toujours rajuster et colorer l'événement, d'après l'intérêt de la personne qui le rapporte. Si l'image du fait peut être faussée, même dans les documents inconscients, l'altération n'est qu'involontaire ; dans les documents conscients elle est faite, au contraire, de propos délibéré. Exemple : la lettre qu'un soldat d'une armée vaincue écrirait à ses parents, comparée au rapport officiel du général commandant qui a perdu la bataille, ou bien encore un chroniqueur qui attribue des actes tyranniques à un souverain, tandis que les jugements prononcés constatent qu'il n'avait puni que des criminels et ainsi de suite.

Il ne saurait y avoir de doutes sur la classe de documents à laquelle il faut accorder la préférence. Ce ne sera jamais aux documents conscients, mais bien à ceux de caractère inconscient, qui n'ont pas été rédigés par des personnages intéressés à donner aux faits une certaine couleur, ni qui ont été écrits en vue de servir à l'histoire. Nous arrivons donc à la conclusion, qui peut paraître paradoxale, que les documents rédigés en vue de l'his-

1. Sybel, dans l'ouvrage cité, p. 327.
2. *Kleine Schriften*, I, p. 132.

toire, méritent en général moins de confiance, pour une exposition historique, que ceux qui n'ont pas été rédigés dans un pareil but. Et pourtant, ce n'est que très naturel. L'histoire doit procéder, d'abord, par rétablir les faits. Ces derniers percent seuls à travers les documents inconscients, quand même ils seraient altérés par l'esprit qui leur a donné naissance. Dans les documents conscients au contraire, il faut toujours dégager les faits, de l'enveloppe intentionnelle dont ils sont revêtus. Pourtant, nous ne croyons pas que la tâche de l'historien soit facile, même lorsqu'il veut établir son exposition sur des documents inconscients ; d'abord, parce que le fait peut être tout de même dénaturé, par l'esprit à travers lequel il a passé ; puis parce qu'il y aura toujours matière à interprétation, quelquefois même davantage qu'il n'en faut, pour pénétrer le sens des monuments. Mais dans tous les cas, le rapport contenu dans le document inconscient, sera de beaucoup supérieur en véracité, à celui qui est reproduit par le document conscient, quoiqu'il puisse lui être inférieur en clarté et en précision.

Nous pourrons donc classer de la façon suivante les sources historiques, dans l'ordre de leur importance, pour l'établissement de la vérité : En premier lieu, viennent les *monuments* qui fournissent le matériel le plus exact, pour la reconstitution des événements. Comme le dit M. *Gustave le Bon* : « ils sont trop inconscients, pour n'être pas sincères [1] ». En second lieu, il faut placer les *documents inconscients* qui partagent avec les monuments, le caractère d'une sincérité plus parfaite. En troisième et dernier lieu, viennent les *documents conscients*, qui sont en général doués de moins de sincérité. Quant à l'explicité, elle est communément en rapport inverse de la sincérité. Les sources sont, en général, d'autant plus lucides, qu'elles sont moins véridiques.

L'histoire de nos jours cherche, autant que possible, à baser ses données sur les sources les plus dignes de foi, et on peut attendre avec *Ranke*, le temps, où nous établirons l'histoire moderne non plus sur les écrits mêmes des historiens contemporains — excepté lorsqu'il s'agira des faits qu'ils ont eus sous leurs yeux, — moins encore sur des travaux plus indirects ; mais où nous tirerons les relations, de témoins oculaires, des documents les plus véridiques et les plus immédiats [1] ». Voilà le véritable état de

---

1. *Lois psychologiques du développement des nations*, Paris, 1895, p. 61.
2. *Geschichte der Deutschen im Zeitalter der Reformation*, Préface.

la science historique, par rapport à la méthode qu'elle suit, pour garantir, autant qu'il est humainement possible de le faire, la vérité dans l'établissement des faits historiques, et nous sommes bien loin des imputations que certains auteurs, comme M. *Bourdeau*, pensent pouvoir lui adresser à ce sujet. Cet auteur s'occupe, dans un très long chapitre de son ouvrage, à contester la possibilité de découvrir la vérité en histoire, par la méthode qu'il appelle narrative, par la raison que les chroniqueurs et les historiens, qu'il considère, à ce qu'il paraît, comme les seules sources de l'histoire, ne mériteraient aucune confiance, d'où il résulte que « la certitude, éternel postulat de la science, fait et fera toujours défaut à l'histoire narrative ». Il suffit pourtant d'ouvrir le premier livre d'histoire de nos jours, pour se convaincre que l'histoire narrative a fait son temps, et que la tendance générale de notre époque est de la remplacer par l'histoire démonstrative. Les faits sont toujours mieux prouvés, leur conformité à la réalité est établie tous les jours davantage, et, pour les grands événements surtout, on peut dire que le travail accompli jusqu'à nos jours, est arrivé à leur donner la complète certitude scientifique. Quant aux détails, l'histoire, il est vrai, a encore beaucoup à faire pour les établir d'une façon tout aussi sûre. Il est même des cas, malheureusement assez nombreux, où la conformité à la réalité ne pourra probablement jamais être suffisamment établie. L'histoire n'en est pas moins une science ; les faits principaux qui la constituent étant tout aussi sûrs que la lumière du jour. D'ailleurs M. Bourdeau ne semble pas avoir beaucoup de consistance dans ses idées ; puisque, à quelques pages seulement de l'endroit où il conteste à l'histoire narrative, telle qu'elle a été traitée jusqu'à présent, la faculté de pouvoir établir la vérité, il dit que « les témoignages des historiens passés ne sont pas moins dignes de foi que ceux des historiens présents [1] ». Comment ces témoignages peuvent-ils être dignes de foi, puisqu'ils n'établissent pas la certitude ? Il est assez étonnant que M. Bourdeau vienne renouveler, à la fin du XIXe siècle, les imputations que l'on adressait à l'histoire, au XVIe et XVIIe siècles ; qu'il ne fasse que rééditer les lamentations d'*Agrippa de Weitesheim*, dans son livre De incertitudine et vanitate scientiarum, Anvers, 1510, ou de *François de la Motte le Vayer*, dans son œuvre, Du peu de certitude qu'il y a dans l'histoire, Paris, 1668, comme si l'histoire de nos temps,

---

1. *L'histoire et les historiens*, p. 281. Comp. p. 344.

pouvait se comparer aux récits de Froissart et de Commines, les seuls historiens que M. Bourdeau paraît connaître [1].

Etablissement des faits et de leurs causes par inférence. — Il arrive souvent, en histoire, que les faits ne sont pas connus, et qu'il faut les établir par une opération logique. Ce qui nous est donné, ce sont certains faits constatés par les monuments ou les documents, et il faut à l'aide de ces éléments connus, découvrir d'autres faits inconnus. Nous avons donné plus haut l'exemple du berceau primitif des Aryas, qui doit être retrouvé par la comparaison des mots des langues. Quelle est l'opération logique que l'esprit emploie pour reconstituer les faits inconnus, au moyen de ceux qui lui sont connus ? Cette opération ne paraît pas pouvoir être autre, que celle qui est employée par les sciences de la coexistence, pour faire leurs découvertes : les méthodes bien connues de l'induction et de la déduction.

« L'induction, nous dit *John Stuart Mill,* est l'opération de l'esprit, par laquelle nous inférons, que ce que nous savons être vrai dans un ou plusieurs cas particuliers, sera vrai dans tous les cas qui ressemblent au premier, sous certains rapports assignables. En d'autres termes, l'induction est le procédé par lequel nous concluons, que ce qui est vrai de certains individus d'une classe, est vrai de la classe entière, ou que ce qui est vrai certaines fois, le sera toujours, dans des circonstances semblables. L'induction est donc une généralisation de l'expérience. L'induction conclut toujours du connu à l'inconnu. Le fondement de cette opération logique réside dans la conviction à priori, que la marche de la nature est uniforme, et que ce qui est arrivé jusqu'à présent dans certaines conditions, s'accomplira aussi à l'avenir, et que ce qui a lieu dans un endroit, se passe de la même façon dans tous les autres. La parfaite assurance qu'il y a une loi à trouver, si on sait comment la trouver, est la source de la validité des règles de la logique inductive [2] ».

La déduction, par contre, est l'opération de l'esprit qui établit l'existence du phénomène individuel, au moyen de la loi ou du principe général. Quoique le concret soit implicitement contenu dans le général, on peut dire qu'explicitement, la déduction sert

---

1. Voir une énumération plus complète des critiques que l'on a dirigées contre l'histoire dans Oswald Orth, *Versuch einer Theorie der historischen Wissenschaft*, Rostock, 1865.
2. *Logique*, trad. Peysse, I, p. 324, 346 et 370.

aussi à établir l'inconnu concret, au moyen du connu général.

Ces deux méthodes trouvent, cela est certain, leur application en histoire. Il s'agit seulement de déterminer, avec précision, dans quels cas cela peut arriver. D'après la définition même de ces deux méthodes, elles ne peuvent être employées que là, où il y a des idées générales, existantes, ou à trouver. Or, c'est le cas en histoire, pour tous les éléments coexistants qui se rencontrent sur la route du temps. C'est ainsi que l'on pourra toujours établir, par voie d'induction, les principes généraux qui régissent les faits coexistants, et que l'on pourra déduire de ces principes généraux, les faits individuels. Les principes de la logique, de la psychologie, de l'économie politique, de la morale, du droit, etc., pourront être formulés d'une façon inductive, pour établir des vérités historiques, c'est-à-dire, des faits qui furent jadis, et, à l'aide de ces prémisses une fois établies, on pourra conclure déductivement à l'existence de cas individuels, ou bien expliquer ceux que l'on rencontrera dans la vie des sociétés. C'est ainsi que l'on pourra toujours établir inductivement, les conséquences désastreuses de la falsification des monnaies, et comprendre ensuite déductivement, ce qui arriva dans tel cas particulier. On peut se rendre compte de la ruine du système de Law, si on lui applique déductivement les principes généraux du crédit. L'appauvrissement des petits propriétaires sera toujours une conséquence des guerres faites à leurs frais, dans tous les temps et chez tous les peuples. La naissance de l'aristocratie, par suite d'une différenciation économique, sera la conséquence universelle d'une loi de sociologie *statique* des plus caractéristiques. Il en sera de même de la puissance des prêtres, amenée par l'autorité de la religion ; de la formation des grandes villes, qui dérivera toujours de la concentration des affaires ; de la corruption morale qui suivra l'accumulation des richesses ; de l'état de l'agriculteur, qui sera toujours lié à la propriété du sol ; de la rivalité entre les prétendants au trône, qui se montrera partout où le principe de l'hérédité fera défaut ; de la présence de mots semblables dans des langues différentes, qui supposera toujours un développement commun de ces langues pendant un certain temps, et ainsi de suite, dans une infinité de cas. Ces principes généraux pourront toujours être formulés inductivement, et, une fois connus, ils serviront à établir, par voie déductive, les vérités singulières.

Une autre sphère de la succession, où les principes de l'induction et de la déduction peuvent être dûment appliqués, sera celle des lois abstraites du développement, qui ont aussi une portée universelle, dans tous les temps et chez tous les groupes humains. C'est ainsi que la loi du développement de haut en bas a été formulée par voie d'induction, et nous pouvons en conclure déductivement que, dans chaque cas particulier, ce principe trouvera son application rigoureuse.

Mais, ces deux cas exceptés — les faits coexistants passés et les lois du développement — l'induction et la déduction ne trouvent plus d'application en histoire, et notamment point pour les faits successifs, c'est-à-dire précisément pour ce qui constitue son essence. On ne saurait donc dire, avec M. *René Worms*, que « la méthode inductive, celle qui va, non plus du général au particulier mais au contraire du particulier au général, est la seule qui convienne en histoire [1] », ou avec M. *Lamprecht*, que « la science historique est une science inductive [2] ».

Les développements que nous avons donnés jusqu'ici, feront aisément comprendre pourquoi, ni déduction, ni induction, ne sont possibles en histoire.

Nous avons vu que l'induction n'est possible, qu'en tant que nous sommes convaincus, que la marche de la nature est uniforme, que les phénomènes se répètent toujours, et que, par conséquent, il y a une loi à découvrir. Mais en histoire, et en général dans le développement, où les choses changent continuellement, on ne saurait jamais s'attendre à une marche uniforme, et il n'existe pas de lois de manifestation des phénomènes. La base de l'induction fait défaut. Puis, les faits historiques, c'est-à-dire les faits successifs de l'esprit, ne sont jamais généraux dans le sens de l'universalité ; leur extension est toujours limitée à un espace et à un temps. On ne saurait donc jamais remonter en histoire, d'un cas singulier à tous les cas de la même espèce, de ce qui est arrivé une fois, à ce qui arrivera toujours, comme l'exige l'opération de l'induction, ni descendre de l'universel au particulier, comme le veut la déduction.

Si l'induction et la déduction peuvent être appliquées, pour établir la vérité universelle de caractère coexistant, que la disparition de la petite propriété aura toujours de mauvaises conséquences pour l'organisme social, on ne pourra jamais établir par ces opérations logiques, le caractère de ces conséquences chez

---

1. *Organisation scientifique de l'histoire*, Paris, 1894, p. 9.
2. *Alte und neue Richtungen in der Geschichtswissenschaft*, Berlin, 1896, p. 3.

les différents peuples (Rome et l'Angleterre, par exemple). Il en est de même de la loi du développement de haut en bas, établie comme principe par voie d'induction. La façon dont cette loi unique déterminera les formations historiques, dans chaque cas particulier (peinture italienne, littérature classique, révolution française) ne peut plus être formulée par la méthode inductive.

L'histoire, ne rattachant les uns aux autres que des faits individuels, et leur enchaînement se faisant aussi d'une façon individuelle, c'est-à-dire, une seule fois dans le cours du temps, ni induction, ni déduction ne peuvent jamais y trouver d'application.

Et pourtant, nous avons vu que, souvent, on est obligé, pour l'établissement des faits successifs, de procéder du connu à l'inconnu, de suivre donc la même marche que l'induction ou la déduction. Comment concilier cette nécessité logique avec cette impossibilité également logique ?

L'opération mentale, que l'histoire applique pour découvrir l'inconnu individuel, au moyen du connu toujours individuel, est celle qui est désignée, en logique, par le terme d'*inférence*. Elle consiste à conclure de l'existence d'un fait, à celle d'un autre fait qu'il suppose nécessairement. *L'inférence est donc une opération de l'intelligence, par laquelle étant donnés un ou plusieurs faits connus par attestation directe, on conclut à l'existence d'autres faits ou causes individuelles qui ne nous sont pas connus par attestation directe.*

L'inférence peut être de trois sortes, eu égard à la position que le fait cherché occupe par rapport au fait connu. Elle peut être *remontante*, lorsque le fait à établir précède celui qui sert à le découvrir. Par exemple, nous voyons qu'à partir d'une date, les documents ne sont plus signés par un roi, mais bien par son fils. Nous en inférons que le père est mort, ou bien qu'il a abdiqué, quoique ni sa mort, ni son abdication, ne nous soient attestées directement ; ou bien, nous voyons les barbares demandant continuellement aux Romains la permission de s'établir dans l'empire. Nous en inférons la cause, l'attraction que la civilisation romaine exerçait sur eux. L'inférence peut être *latérale*, lorsque le fait inconnu coexiste avec celui qui est connu. C'est ainsi que la présence du bronze chez un peuple, dont le pays ne contient que du cuivre, nous fera absolument admettre, ou que l'étain nécessaire à la fabrication de cet alliage était importé, ou que les objets en bronze étaient de provenance étrangère ; ou bien encore, la présence de mots semblables, dans deux langues différentes, nous prouvera que les deux peuples qui les parlent, ont dû posséder les notions relatives, en commun, avant de se séparer. L'inférence peut enfin être *descendante*, c'est-à-dire, qu'un fait connu peut nous pousser à conclure à l'existence d'un fait postérieur. Exemple : une inscription donne l'année de la mort d'un personnage. Des chroniques rapportent des faits qu'il aurait accomplis postérieurement à cette date. On en conclut que les faits n'existent pas, ou qu'ils sont faussement datés.

On pourrait donner à cette dernière forme de l'inférence (descendante) le nom de déduction individuelle, comme l'inférence ascendante n'est qu'une induction individuelle, et l'inférence latérale, une sorte de loi de coexistence appliquée à un cas particulier.

Les auteurs qui se sont occupés de la méthode employée en histoire, voient les choses d'une autre façon, que nous ne croyons pas être la vraie. Confondant les faits successifs avec les faits coexistants, ils ne pensent pas pouvoir admettre d'autres formes logiques, que l'induction et la déduction, et quoiqu'ils s'aperçoivent bien de l'impossibilité d'appliquer ces méthodes en histoire, ils cherchent à imposer aussi à la sphère de l'individuel (l'histoire), les méthodes qui dérivent de la sphère de l'universel. On ne s'étonnera pas, si ces tours de force ne réussissent guère qu'à introduire la confusion dans l'esprit du lecteur.

C'est ainsi que M. *Bernheim* dit que « l'enchaînement historique est de telle sorte, qu'on ne saurait en général y appliquer les méthodes de probation usitées dans les sciences, ni la déduction pure, ni la pure induction, avec l'aide de l'expérience, attendu qu'à cause de la spontanéité individuelle, ni le spécial ne dérive du général avec nécessité, ni le conséquent de l'antécédent, et que d'ailleurs les conditions des événements ne se répètent jamais d'une façon identique. Ce sont des *jugements de référence* (Referirende Urtheile) basés sur la perception immédiate ou médiate des faits, par lesquels nous reconnaissons l'enchaînement des événements, et ces jugements sont appuyés partout, sur un procédé usité d'induction et de déduction qui, par un enchevêtrement intime, caractérise les investigations historiques[1] ». Il serait bien extraordinaire que les opérations logiques fussent si compliquées en histoire, lorsqu'elles sont d'une si grandiose simplicité dans les sciences théoriques. M. Bernheim se perd

---

1. *Lehrbuch*, p. 123.

dans son explication, d'abord, parce qu'il ne distingue pas entre les faits passés qui peuvent être établis par déduction ou par induction — les faits coexistants qui furent jadis — et les faits successifs proprement dits ; puis parce qu'il ne voit pas la contradiction dans laquelle il se place, en voulant appliquer à la science de l'individuel, les méthodes des sciences de l'universel.

Quant à *Bain*, il est très difficile de se rendre un compte exact de ce qu'il veut dire, lorsqu'il parle de l'induction et de la déduction en histoire. « La vérification déductive est nécessaire surtout, pour déterminer les causes d'un événement historique ; à moins qu'il n'y ait d'autres événements analogues, notre induction est en effet aussi courte que possible. La succession peut être prise pour la causalité. Ainsi, l'explication de la naissance des institutions libres, dans l'Europe moderne, doit être plutôt déductive qu'inductive. Toute inférence sur les résultats politiques ou autres du christianisme, aura grand besoin d'une confirmation déductive. C'est la méthode que l'on emploie en effet. On cherche déductivement les tendances de la religion chrétienne, et l'on s'efforce de montrer qu'elles coïncident avec les faits [1] ». Comment peut-on appliquer une vérification pour déterminer, c'est-à-dire, pour découvrir quelque chose ? La vérité doit déjà être découverte pour pouvoir être vérifiée. Et s'imagine-t-on un historien, qui s'amuserait à trouver déductivement les conséquences d'une doctrine ou d'une institution, pour *s'efforcer* de les prouver ensuite par des faits. Ce serait la démonstration d'une thèse, et non plus l'exposition de la réalité passée, l'histoire. *J. Stuart Mill* ne diffère pas sensiblement de Bain, lorsqu'il recommande, pour traiter l'histoire, la *méthode déductive inverse* qui consisterait « dans l'établissement de lois empiriques du développement par voie d'induction, puis dans leur vérification déductive, par le moyen des lois psychologiques de la nature humaine [2] ».

La difficulté de trouver des phrases claires qui rendent leurs idées, précisément chez des penseurs qui sont la clarté même, prouve que les idées qu'ils veulent reproduire ne sont pas l'expression d'une conception nette, et cela devait arriver fatalement puisque toutes ces autorités confondent deux ordres de faits absolument différents, les faits coexistants et les faits successifs.

Il va sans dire que tous les procédés d'inférence, que l'histoire

1. *Logique*, I, p. 498.
2. *Logique des sciences morales*, Paris, 1897, p. 147 et 164.

doit employer pour se mettre sur les traces de la vérité, n'ont, aussitôt qu'ils doivent servir à établir des faits positifs, qu'une valeur hypothétique, qu'il faut vérifier aussitôt que faire se peut. Mais cette vérification ne sera pas obtenue par une autre opération logique, mais bien par les faits.

L'historien doit toujours se sentir très heureux, lorsqu'il peut vérifier ses hypothèses, par des attestations découvertes postérieurement. Un fait, ou une cause établie par inférence peut toujours être renversée par une attestation postérieure, comme aussi elle n'est définitivement établie, que lorsqu'elle est vérifiée par une pareille attestation. L'inférence, tant ascendante que latérale ou descendante, ne peut donc jamais établir la vérité d'une façon indubitable ; elle ne sert qu'à diriger les recherches dans le sens de la découverte de la vérité, ou à remplacer cette dernière d'une façon incomplète, lorsque l'attestation directe est impossible à trouver. Cette impuissance de l'inférence, vis-à-vis de l'induction et de la déduction, qui peuvent au contraire établir des vérités parfaitement certaines, provient de son caractère même, et de la nature de l'enchaînement causal dans la succession.

En histoire, l'effet ne sort jamais nécessairement de la cause. Cette dernière peut toujours donner naissance à plusieurs résultats, dont celui qui se réalise devient le seul nécessaire, par suite de sa réalisation. La conclusion de la cause à l'effet n'étant jamais absolue, et ne devenant telle qu'après son accomplissement, on comprend que tout fait établi par inférence peut toujours être renversé, et qu'il n'est véritablement prouvé, que lorsqu'il est directement attesté, c'est-à-dire, lorsqu'il est prouvé que ce fait a existé. Si la liaison de cause à effet n'est jamais fatale, il est clair que l'effet peut être tout aussi variable que la cause, et que si une cause peut avoir plusieurs effets, un effet peut être dû aussi à plusieurs causes. La conclusion rationnelle de la cause à l'effet est tout aussi soumise à révision, que la conclusion de l'effet à la cause. Voilà pourquoi tous les genres d'inférence ne peuvent conduire qu'à des vérités hypothétiques, qui ont toujours besoin de la preuve directe, pour se transformer en vérités démontrées. En d'autres termes, tandis que dans les sciences théoriques et pour les faits coexistants du passé, ainsi que pour les lois du développement, la vérité peut être établie par les opérations logiques de l'induction et de la déduction — dans le domaine des faits successifs, l'inférence ne peut conduire qu'à des vérités probables, dont il faut toujours attendre la confirmation, par l'attestation directe.

C'est ainsi, par exemple, que les restes de pilotis trouvés dans les lacs des différents pays, et les débris d'ustensiles et d'instruments découverts au fond de l'eau, entre ces pilotis, firent conclure à l'existence passée des habitations lacustres. Cette conclusion, par inférence, reçut sa confirmation définitive par l'attestation d'*Hérodote*, qui rapporte que « les Paeoniens du lac de Prasias se sont construit au milieu de ce lac, un sol artificiel, composé de planchers en bois, soutenus par de longs pilotis, et cet emplacement ne communique à la terre, que par une chaussée très étroite et un seul pont [1] ». Depuis, on a découvert des habitations lacustres, encore existantes, chez quelques tribus sauvages de l'Amérique du Sud, par exemple, le village lacustre de Santa-Roza dans les lagunes de Sinamaïca, près de Maracaïbo, dans le Vénézuéla [2]. Autre exemple : dans mes recherches sur l'histoire des Roumains, j'ai trouvé que du temps où les Turcs avaient commencé à trafiquer avec les trônes de Valachie et de Moldavie, une princesse roumaine, Kiajna, fille de Pierre Rarèche, femme intrigante et ambitieuse, entreprit de placer ses deux fils, et plus tard son petit-fils, sur les trônes des pays roumains, par la voie de la corruption ottomane. Du fait que c'était une femme qui conduisait maintenant les intrigues, j'inférai que Kiajna dut s'adresser de préférence aux femmes du harem. Cette conclusion par inférence, fut confirmée plus tard, par la découverte de plusieurs rapports des ambassadeurs vénitiens de Constantinople, qui attestaient ce fait, admis par le raisonnement [3]. Avant que les actes des frères Arvales eussent été découverts, on inférait, d'après les médailles, que Trajan était parti pour son expédition contre les Daces, vers le commencement de l'année 101. La découverte de ces actes, qui attestent le sacrifice fait par Trajan, le 25 mars 101, pour l'heureuse réussite de son entreprise, confirme cette inférence [4].

Nous avons déjà observé que, l'inférence peut servir d'abord à établir des faits non attestés directement, puis à trouver les causes, c'est-à-dire, à établir le lien causal avec un fait antérieur.

Le premier point ne trouve son application que pour les pé-

---

1. Hérodote, V, 16.
2. Elysée Reclus. *Géographie*, XVIII, p. 185.
3. Xénopol, *Histoire des Roumains de la Dacie trajane*, Paris, 1896, I, p. 317.
4. Ibidem, 1, p. 42.

riodes mal connues de l'histoire, et où les sources font défaut ou sont insuffisantes. Ainsi, par exemple, pour toute la période préhistorique, dont les faits sont établis en grande partie par inférence. Pour l'histoire plus rapprochée, nous pouvons citer des exemples de faits, établis en grande partie par inférence, dans l'histoire des Roumains, dont les événements sont loin d'être attestés, d'une façon indubitable, pendant une très longue période de leur développement. Par exemple, le grand fait de la continuité de l'habitation des Daco-Romains dans leur patrie originaire, ne peut être établi directement, faute d'attestations contemporaines. Il doit être inféré de plusieurs faits postérieurs. Il en est de même de la présence du Christianisme, dans sa forme latine, chez les Roumains, qui est inférée de la présence de termes chrétiens de caractère latin dans l'Eglise de ce peuple, et dont, par inférence latérale, on doit admettre la coexistence à un même moment, de la religion chrétienne et de la langue latine dans l'esprit du peuple qui présente ce phénomène. Un autre exemple d'inférence pour l'établissement d'un fait, c'est la fondation de la principauté de Valachie par une émigration des Roumains d'outre-mont, de la Transylvanie.

Mais l'inférence trouve un champ bien plus vaste d'application, et cela à toutes les époques de l'histoire, jusqu'à nos jours, lorsqu'il s'agit de la découverte des causes. Les causes peuvent être ou manifestes, incorporées dans des faits extérieurs, ou bien, elles sont données par des faits intérieurs de l'état de l'âme, des combinaisons d'idées qui ne se montrent pas au dehors. C'est surtout dans ce dernier cas, que l'inférence joue le plus grand rôle, attendu que le fait causal est soustrait à notre perception immédiate.

Comme exemples d'inférence des causes intérieures, nous rapporterons le cas d'Annibal qui craint d'attaquer Rome, même après la grande victoire remportée à Cannes sur les Romains. Nous avons trouvé que la véritable cause de son inaction git dans son caractère, ou plutôt dans un motif psychologique, le manque d'énergie qui s'empare quelquefois précisément des natures les plus audacieuses. Mais cette inférence a pu être élevée à l'état de certitude par le rapport de Tite-Live. *Fustel de Coulanges* trouve de même, par inférence, la cause de la disparition des impôts sous la royauté mérovingienne, dans l'idée que les rois s'étaient formée, que ces impôts n'ayant pas d'autre but, si ce n'est celui de les enrichir, ils constituaient une injuste spoliation du peuple, spoliation que Dieu devait punir. Sur ce terrain, l'inférence a à lutter souvent avec de grandes difficultés. Les hypothèses se multiplient, et comme elles présentent souvent, avec tout autant de probabilité, il est difficile de se prononcer pour l'une ou pour l'autre, la tradition ou les documents ne venant en aucune façon à l'appui de l'une d'elle. Telle est, par exemple, la cause qui poussa Charles IX à massacrer les protestants, la nuit de la Saint-Barthélemy [1].

Cette découverte des causes internes par inférence, doit être appliquée non seulement pour expliquer la conduite personnelle des personnages historiques, mais aussi pour trouver la clef de certains grands faits de l'histoire. Par exemple, la cause de la direction réaliste de la littérature et de certains arts, — direction qui s'est prononcée de nos temps — ne peut être trouvée que par inférence, dans la prédominance de l'esprit scientifique, et la recherche de la vérité. L'explication causale de l'école mystique qui tend à reparaître de nos jours, doit être cherchée aussi par la voie de l'inférence. Elle trouverait son explication dans le malaise intellectuel, produit par la science qui découvre toujours des vérités nouvelles, sans pouvoir en donner l'explication, circonstance qui a pour effet de donner de nouveau l'essor à l'esprit religieux, et à son corollaire nécessaire, l'esprit mystique.

L'inférence, comme l'induction, doit se rattacher à un élément quelconque qui autorise la conclusion du connu à l'inconnu. L'induction se base sur le cas individuel observé, sur la répétition des phénomènes et sur l'expérimentation, lorsque cette dernière est possible. Ce sont ces circonstances qui permettent à l'esprit de passer du particulier à l'universel, du cas singulier à la loi. L'inférence n'établit pas une relation entre le phénomène individuel, et le même phénomène sous une forme universelle ; elle établit une relation entre *un phénomène et un autre phénomène*, réel ou idéal. La liaison ne pourra donc plus être cherchée comme pour l'induction, dans l'essence du phénomène lui-même, afin d'en dégager l'élément universel. Elle devra être établie entre le phénomène, et l'autre qu'elle sert à découvrir, par le *moyen d'un élément, extérieur aux deux phénomènes*, mais qui les met en relation. Cet élément extérieur ne peut être qu'une indication *indirecte* contenue dans une source, qui autorise à établir une relation entre le phénomène connu et celui qui ne l'est pas encore,

---

1. Cf. M. C. Martens dans *l'Histoire générale* de Lavisse et Rambaud, V, p. 145.

et qui fait deviner ce dernier. Plus cette indication indirecte sera accentuée, d'autant mieux établie sera l'inférence ; là où tout lien extérieur manque, le rôle de l'hypothèse est bien plus marqué. C'est ainsi, par exemple, que *Fustel de Coulanges* établit par inférence la cause pour laquelle les Mérovingiens perdirent leurs impôts, dans l'idée que les rois de cette dynastie se faisaient de la contribution. Mais cette inférence fut suggérée au grand historien, par plusieurs passages des écrits du temps, qui reproduisent de pareilles idées. Nulle part dans les sources, cette relation n'est directement indiquée ; mais elle est établie par l'inférence rapportée, d'une façon presque indubitable.

L'inférence ne peut que très rarement être établie sans aucune indication, ou à l'aide d'indications vagues, comme l'induction ne peut aussi que très rarement être formulée avec exactitude par des généralisations très peu étendues. Dans ce cas, c'est le génie de l'invention qui supplée au manque d'éléments.

Ce sont les seules observations que nous avons cru devoir faire, par rapport à la méthode, car elles se rapportent directement au sujet de notre ouvrage qui n'est pas une méthodologie de l'histoire, mais bien une analyse des principes, sur lesquels repose la connaissance du passé.

FIN

ADDITIONS ET CORRECTIONS

L'impression de l'ouvrage ayant duré presque une année, par suite de circonstances imprévues, je n'ai pu me rapporter dans le texte à plusieurs ouvrages apparus dans le courant de l'année 1898. Je redresse en partie cette omission involontaire, dans les additions suivantes :

P. 25, ligne 7 du haut, *vivifier* au lieu de vérifier.

P. 29, note 3, ligne 1, *chap. VII* au lieu de chap. VIII.

P. 44, note 1, ligne 2, *chap. VII* au lieu de chap. VIII.

P. 46. Langlois et Seignobos, *Introduction aux études historiques*, Paris, 1898, p. 253 (cet ouvrage ne nous est parvenu que lorsque l'impression était arrivée au chap. X) : « Toute l'histoire des événements est un enchaînement évident et incontesté d'accidents (?), dont chacun est la cause déterminante de l'autre. Le coup de lance de Montgomery est la cause de la mort d'Henri II, et cette mort est cause de l'avènement des Guise au pouvoir, qui est cause du soulèvement du parti protestant ». Comment *un accident* peut-il être la cause *d'un autre accident?* Les accidents ont tous des causes extrinsèques à l'enchaînement des faits. (Voir p. 161.)

P. 50. Ajouter Langlois et Seignobos, *Ibidem*, p. 218 : « Dans l'évolution humaine, on rencontre de grandes transformations qui n'ont pas d'autre cause intelligible qu'un accident individuel... C'est ce qu'on peut présumer en deux cas : 1) quand son action agit comme exemple sur une masse d'hommes, et a créé une tradition ; 2) quand il a été en possession du pouvoir de donner des ordres et d'imprimer une direction à une masse d'hommes, comme il arrive aux chefs d'Etat, d'armée, d'église. Les épisodes de la vie d'un homme deviennent alors des faits importants ».

P. 158. Langlois et Seignobos, *Ibidem*, p. 205 : « Dans un cadre réduit aux faits généraux de la vie il n'y aurait pas place pour la victoire de Pharsale ou la prise de la Bastille, faits accidentels et passagers, mais sans lesquels l'histoire des institutions de Rome ou de la France ne serait pas intelligible ».

P. 160. A la fin du premier alinéa, après *que ne lui en veut reconnaître*, M. Bourdeau, ajouter : « Attendu que coordonnant les vérités acquises, ils font faire souvent à la science des pas de géant ».

P. 165. M. Seignobos dont nous avons reproduit quelques lignes plus haut (note à la p. 46), y dit que : « toute l'histoire des événements est un enchaînement évident et incontesté d'*accidents* ». Il semble donc ne voir dans toute l'histoire qu'une série de faits dus au hasard ou à l'influence personnelle de certaines individualités. C'est la même idée qu'il professe aussi dans son ouvrage sur l'*Histoire politique de l'Europe contemporaine*, Paris, 1897, p. 805, où il dit que : « la Révolution de 1830 a été l'œuvre d'un groupe de républicains obscurs, servis par l'inexpérience de Charles X ; la Révolution de 1848, l'œuvre de quelques agitateurs démocrates et socialistes, aidés par le découragement subit de Louis-Philippe ; la Guerre de 1870, l'œuvre personnelle de Bismark, préparée par la politique personnelle de Napoléon III. A ces trois faits imprévus, on n'aperçoit aucune cause générale, dans l'état intellectuel, politique ou économique du continent européen. Ces trois accidents ont déterminé l'évolution politique de l'Europe contemporaine ». Ecrire de pareilles lignes, c'est méconnaître complètement l'influence réciproque du général et du personnel en histoire, thèse que nous avons soutenue dans notre livre. Aussi approuvons-nous la critique que M. André Matter fait du livre de M. Seignobos dans la *Revue internationale de sociologie*, 5me année, 1897, N° II. Mais cet auteur partage une autre conception erronée sur l'histoire : Il dit que « l'explication du développement général de l'Europe n'est pas scientifique, qu'elle repose sur une hypothèse et non sur des documents, et que tant qu'on n'aura pas découvert les archives secrètes de la Providence, on sera réduit à faire des hypothèses, pour rendre compte des courants historiques ». Il est peut-être vrai que les documents n'indiquent pas toujours d'une façon explicite le sens des grands courants historiques ; mais leur ensemble, leurs relations, l'indication des faits généraux qu'on peut y puiser, nous donnent assez de points d'attache pour l'explication causale qui cesse par là même de ne constituer qu'une hypothèse, et devient une certitude plus ou moins établie. Quand on trouve les causes de la Révolution française dans l'oppression du gouvernement et les inégalités de l'état social, ainsi que dans les idées répandues par les grands écrivains du XVIIIe siècle, l'explication de ce grand courant historique n'est pour sûr pas hypothétique, mais aussi scientifique que possible, étant basée sur la vérité nantie de preuves (comp. plus haut, p. 32).

On voit combien il est nécessaire de bien déterminer le caractère de l'histoire, puisque les uns le font consister en une succession d'accidents, et ceux qui critiquent une pareille opinion, en font une science basée rien que sur des hypothèses, ce qui ne vaut guère mieux. D'autres en font une science conjecturale (Camille Julian, *Extraits des Historiens français du XIXe siècle*, Paris, 1897, p. CXXVIII). Accidents, hypothèses, conjectures sont des éléments de fait ou intellectuels, qui entrent dans l'histoire ; mais son développement réel n'est pas plus une succession d'accidents, que son exposition n'est une suite d'hypothèses ou de conjectures. Dans le chapitre sur le *caractère scientifique de l'histoire*, nous avons fait justice de toutes ces opinions.

P. 175, ligne 10 du bas : *rayons vecteurs*, au lieu de rayons secteurs.

P. 215. Ajouter Langlois et Seignobos, *Ibidem*, p. 212 : « L'histoire est ici dans la même condition que la cosmographie, la géologie, la science des espèces animales ; elle n'est pas la connaissance abstraite des rapports généraux entre les faits ; elle est une étude explicative de la réalité ; or la réalité n'a existé qu'une seule fois. Il n'y a eu qu'une seule évolution de la terre, de la vie animale, de l'humanité ». Comp. p. 225 : « La précision de la connaissance, en matière humaine, ne s'obtient que par les détails caractéristiques, car seuls ils font comprendre en quoi un fait a différé des autres et ce qu'il a eu de propre ».

P. 252, ligne 14 du haut, *romain* au lieu de roumain.

P. 265, ligne 7 du bas, *celle* au lieu de celles.

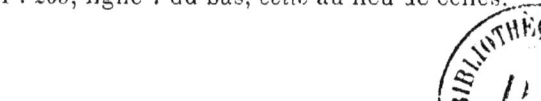

TABLE DES MATIÈRES

Avant-propos... i

CHAPITRE Ier
Les phénomènes coexistants et les phénomènes successifs

Rapport des phénomènes à l'espace et au temps, p. 1. — Coexistence et succession, p. 12. — Les sciences historiques, p. 18.

CHAPITRE II
Caractère scientifique de l'histoire

Objections contre le caractère scientifique de l'histoire, p. 23. — Définition erronée de la science, p. 26. — Véritable nature de la science, p. 32. — Etablissements des faits historiques, p. 35. — Compréhension des phénomènes, p. 39. — Objection tirée de l'équivalence entre la cause et l'effet, p. 48. — Théorie de M. Roberty, p. 50.

CHAPITRE III
Opinions erronées sur le but de l'histoire

L'histoire et le patriotisme, p. 52. — Enseignement pour le présent, p. 54. — L'histoire censure, p. 56. — L'histoire descriptive, p. 68.

CHAPITRE IV
Les facteurs constants de l'histoire

La race, p. 72. — Mélanges des races, p. 82. — Influence combinée de la race et du milieu, p. 84. — Fausses lois de développement établies par Buckle, p. 88. — Lois inexactes formulées par Herder et M. Mougeolle, p. 91.

CHAPITRE V
L'évolution dans l'histoire

L'évolution, p. 96. — Évolution dans les trois règnes, p. 100. — Evolution de l'esprit humain, p. 106. — Principe de l'évolution intellectuelle, p. 113. — Avenir de l'évolution, p. 119. — Développement par le haut, p. 122.

CHAPITRE VI
Les forces auxiliaires de l'évolution

L'action du milieu intellectuel, p. 126. — Instinct de conservation, p. 131. — a) L'expansion, p. 132 ; b) Lutte pour l'existence, p. 135 ; c) Réaction contre l'action, p. 142 ; d) Imitation, p. 144. — L'élément individuel dans l'histoire. Rôle des grands hommes, p. 153. — Le hasard, p. 161. — Théorie de M. Tarde, p. 166.

CHAPITRE VII
Les lois du développement

La notion de loi, p. 174. — Lois de causation, p. 178. — Lois de la succession, p. 192.

CHAPITRE VIII
Les lois sociologiques

La sociologie et l'histoire, p. 201. — Les lois sociologiques, p. 208. — Prévision et prédiction, p. 216. — Prétendue loi de l'évolution religieuse, p. 225. — Prétendue loi de l'évolution politique, p. 228. — Autres prétendues lois sociologiques, p. 232. — Prétendues lois de la statistique, p. 240. — Lois philologiques, p. 248.

CHAPITRE IX
Le matériel de l'histoire

Le fait historique, p. 252. — Les formes générales de la vie de l'esprit, p. 255. — Production des faits historiques, p. 258. — Généralité et contingence, p. 261.

CHAPITRE X
Les séries historiques

Les idées générales de la coexistence et celles de la succession, p. 267. — Production des séries historiques, p. 270. — Différents modes de production des séries, p. 282. — Constatation et importance des séries historiques, p. 286.

CHAPITRE XI
Conception de l'histoire

Elément principal de l'histoire, p. 289. — La matérialisme historique, p. 296. — Exposition du passé, p. 303 ; a) Reproduction des faits successifs, p. 306 ; b) Enchaînement causal, p. 307 ; c) Prise en considération des séries historiques, p. 318.

CHAPITRE XII
La Méthode dans l'histoire

Les sources de l'histoire ; les monuments et les documents, p. 324. — Etablissement des faits et des causes par inférence, p. 332.

Additions et corrections, p. 343.

BAUGÉ (MAINE-ET-LOIRE). — IMPRIMERIE DALOUX

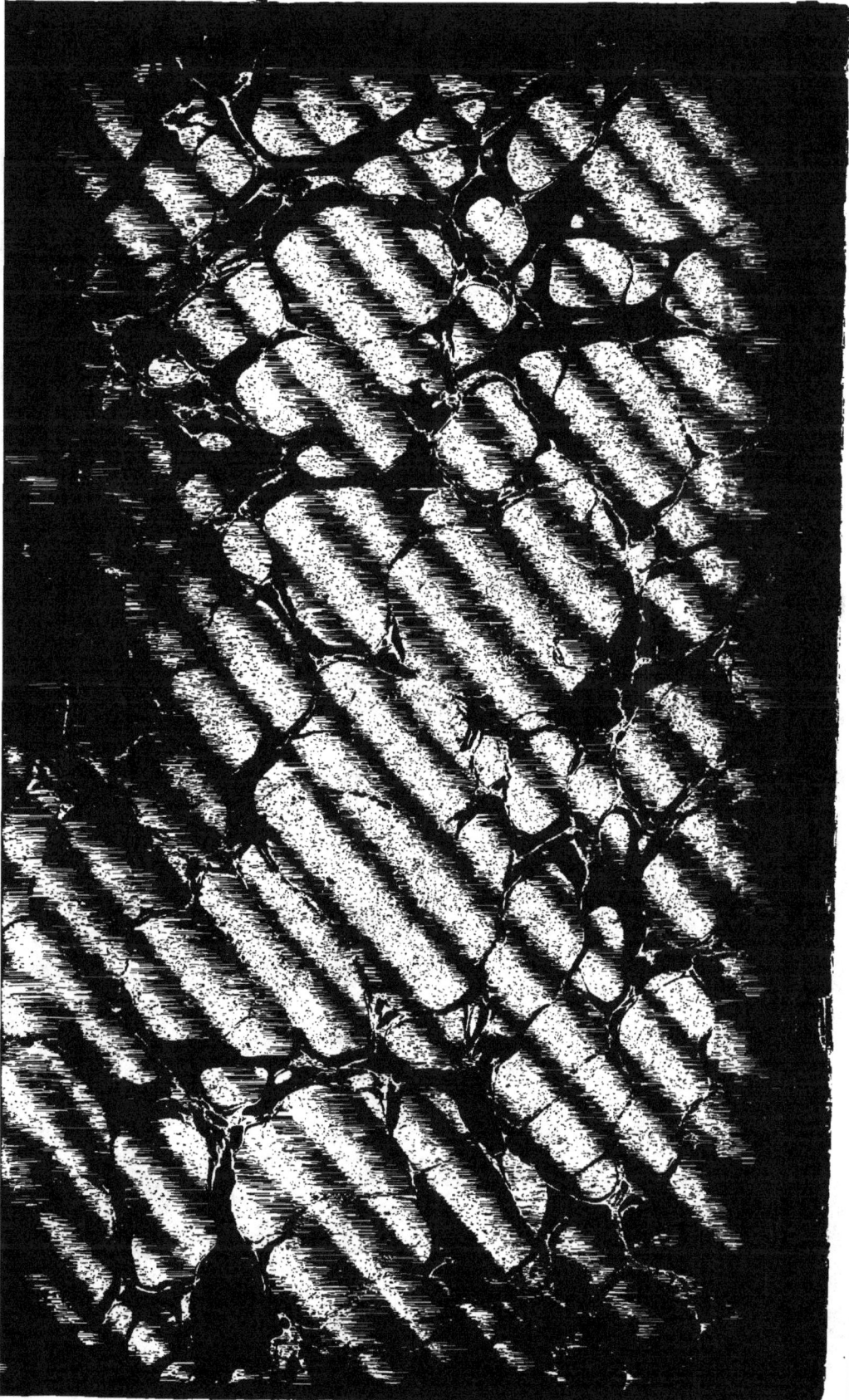

www.ingramcontent.com/pod-product-compliance
Lightning Source LLC
Chambersburg PA
CBHW050548170426
43201CB00011B/1606